国家电网有限公司
STATE GRID
CORPORATION OF CHINA

国家电网有限公司
技能人员专业培训教材

供电所综合服务

国家电网有限公司　组编

中国电力出版社
CHINA ELECTRIC POWER PRESS

图书在版编目（CIP）数据

供电所综合服务 / 国家电网有限公司组编. —北京：中国电力出版社，2020.6
（2022.7重印）
国家电网有限公司技能人员专业培训教材
ISBN 978-7-5198-4246-8

Ⅰ．①供⋯　Ⅱ．①国⋯　Ⅲ．①供电–工业企业–商业服务–中国–技术培训–教材
Ⅳ．①F426.61

中国版本图书馆 CIP 数据核字（2020）第 022753 号

出版发行：中国电力出版社
地　　址：北京市东城区北京站西街 19 号（邮政编码 100005）
网　　址：http://www.cepp.sgcc.com.cn
责任编辑：肖　敏（010-63412363）
责任校对：王小鹏
装帧设计：郝晓燕　赵姗姗
责任印制：石　雷

印　　刷：三河市百盛印装有限公司
版　　次：2020 年 6 月第一版
印　　次：2022 年 7 月北京第三次印刷
开　　本：710 毫米×980 毫米　16 开本
印　　张：23.25
字　　数：453 千字
印　　数：3501—4500 册
定　　价：70.00 元

本书编委会

前　言

　　为贯彻落实国家终身职业技能培训要求，全面加强国家电网有限公司新时代高技能人才队伍建设工作，有效提升技能人员岗位能力培训工作的针对性、有效性和规范性，加快建设一支纪律严明、素质优良、技艺精湛的高技能人才队伍，为建设具有中国特色国际领先的能源互联网企业提供强有力人才支撑，国家电网有限公司人力资源部组织公司系统技术技能专家，在《国家电网公司生产技能人员职业能力培训专用教材》（2010 年版）基础上，结合新理论、新技术、新方法、新设备，采用模块化结构，修编完成覆盖输电、变电、配电、营销、调度等 50 余个专业的培训教材。

　　本套专业培训教材是以各岗位小类的岗位能力培训规范为指导，以国家、行业及公司发布的法律法规、规章制度、规程规范、技术标准等为依据，以岗位能力提升、贴近工作实际为目的，以模块化教材为特点，语言简练、通俗易懂，专业术语完整准确，适用于培训教学、员工自学、资源开发等，也可作为相关大专院校教学参考书。

　　本书为《供电所综合服务》分册，由姜庆林、周建锋、肖正永、姜一涛、李民、曹爱民、战杰、刘严、贺永平编写。在出版过程中，参与编写和审定的专家们以高度的责任感和严谨的作风，几易其稿，多次修订才最终定稿。在本套培训教材即将出版之际，谨向所有参与和支持本书籍出版的专家表示衷心的感谢！

　　由于编写人员水平有限，书中难免有错误和不足之处，敬请广大读者批评指正。

目　录

第三部分　供电所生产运行

第四部分　系统应用及规程规范

第一部分

供电所安全质量监督检查

第一章

安全管理体系建立

▲ 模块 1　供电所安全管理（Z36E1001Ⅱ）

【**模块描述**】本模块包含供电所安全管理的重要性、目标及体系、安全管理的内容和要求、安全管理工作的实施等内容。通过概念描述、条文说明、要点归纳，掌握国家电网有限公司对供电所安全管理的要求。

【**模块内容**】

一、安全管理重要性

供电所作为县级供电企业的派出机构，其安全生产管理处于供电企业管理的执行地位，供电所安全管理直接关系到整个电力系统的经济运作，体现着"人民电业为人民"的服务宗旨。如果不能保证安全供电，将直接影响电能的传输和使用，不仅给供电企业本身带来损失，而且对所供区域的经济和人民生活造成重大影响，甚至产生严重后果。因此，保证安全供用电是供电所管理的第一要务，也是供电所管理水平的综合体现。

二、安全管理目标

供电所安全目标是根据上级安全生产总目标和本所的实际情况，制定出本所及个人的分目标。总目标指导分目标，分目标保证总目标，形成全企业的目标体系，并把目标完成情况作为对个人进行考核的依据。根据 Q/GDW 1799.1—2013《国家电网公司电力安全工作规程变电部分》、Q/GDW 1799.2—2013《国家电网公司电力安全工作规程线路部分》（以上两标准简称《安规》）要求，供电所安全生产的控制目标是：

（1）控制未遂和异常，不发生轻伤和障碍。

（2）不发生中低压的电力设备事故和电力设施失窃事件。

（3）不发生本所负同等及以上责任的触电伤亡事故。

三、安全管理的体系

供电所安全管理涉及各专业、各客户，贯穿于整个供用电过程的始终，必须作为一项系统工程来管理，才能实现运转、监督和保障到位。具体要建立起供电所安全管理的五个体系：

（1）思想保证体系。主要是处理好安全与生产、安全与效益的关系，统一全所人员思想，贯彻安全生产的方针政策和上级安全工作的指示，做到责任明确，有计划、有布置、有检查、有总结、有整改措施，在各项工作实施过程中保证安全生产。

（2）组织保证体系。主要是明确所长、管理人员及专职电工的安全责任制，明确安全监督人员的管理细则和安全监督网的组织保证，做到在整个供用电（含施工）管理工作过程流程明细、分工明确、措施得力、上下贯通、指挥灵活、监督到位。

（3）管理保证体系。主要任务是确保各岗位的工作人员都是经过培训合格的人员，保证用户侧电气操作人员是经过劳动部门、电力部门培训并取得进网证的特种工，才能保证供电过程不违章，使用人员有章可循。

（4）"两措"（反措与安措）保证体系。主要是从新建、投运到维护、检修始终确保设备安全管理在监控之中，使安措和反措得到贯彻落实。

（5）信息反馈保证体系。主要是监督各体系的运行状态，通过信息流程，会议汇报、报表等手段反馈各体系运转信息，从而制定新的工作目标，强化人员安全管理意识，保证供电所安全生产工作顺利进行。

四、安全管理内容和要求

1. 主要工作内容

（1）承担供电区域内所辖配电网的安全运行、维护检修和电力设施保护工作。根据职能划分，配合做好所辖配电网的规划及配电网的建设与改造工作。

（2）加强现场作业安全管理，保障作业人员的安全。

（3）负责供电区域产权范围内剩余电流动作保护装置的检测和维护管理。

（4）组织开展本所人员安全知识、业务技能培训。

2. 安全管理主要要求

（1）坚持"安全第一、预防为主、综合治理"的方针，认真贯彻执行国家有关安全生产的方针、政策、法律法规和电力行业有关安全生产的规程、标准和制度。

（2）建立健全以所长为第一责任人的安全生产责任制，明确各类人员的安全生产职责。

（3）配齐安全生产规章制度，结合本所实际制定相关细则。

（4）定期组织开展安全活动和安全分析。

（5）建立健全安全生产管理的各种技术资料、台账、记录，按规定及时编报反事故措施计划、安全技术措施计划、设备大修和更新改造计划。

（6）严格界定设备的产权分界点，依产权归属明确各方的安全责任。

（7）按有关规程的要求，对供电区域内所辖配电线路及设备设置明显的标志，主要内容如下：

1）配电线路名称和杆塔编号。

2）配电台区的名称和编号。

3）相位标志。

4）线路开关、隔离开关的调度名称及编号。

5）变压器、电容器、电缆端头、柱上开关和隔离开关、户外配电箱（柜）以及配电设备经过特殊地段的警示牌。

（8）对供电区域内设备管理分工明确，责任到人，并按照有关规程要求开展设备的巡视、检查试验、维护和检修。对设备缺陷要作好记录，并按缺陷等级分类处理。

（9）对供电设备进行操作和检修时，必须严格执行"两票三制"：

1）从事电气操作和作业时，认真执行《安规》，严格遵守操作票、工作票管理制度，做好保证安全的组织措施和技术措施；

2）开展反习惯性违章，落实反事故措施；

3）积极开展现场标准化作业；

4）供电所工作票签发人、工作负责人、工作许可人、工作监护人由县供电企业组织培训、考试，并发文公布；

5）"两票"（工作票、操作票）应按月统计、妥善保管，"两票"合格率应100%。

（10）根据相关规定，定期或不定期地对供电区域内的客户安全用电情况进行检查。对检查中发现的问题应以书面形式通知客户，并按相关规定处理。

（11）加强设备的负荷管理，防止设备过负荷运行和三相负荷严重不平衡运行。

（12）宣传《中华人民共和国电力法》《电力供应与使用条例》《电力设施保护条例》等法律法规和电力行业的规章制度，做好电力设施的保护和安全用电知识的普及工作。

（13）按"择优选购、按需配备、登记造册、定期检验、坏的封修、缺的补齐、正确使用、妥善保管"的三十二字原则，搞好安全工器具和施工工具的配备、检验、使用和保管。

（14）根据设备状况和备品备件管理制度，编制备品备件的计划，配齐备品备件，分类存放，妥善保管，用后及时补齐。

（15）发生农电生产和农村触电伤亡事故，应及时报告县供电企业并立即组织事故处理：

1）坚持"四不放过"（事故原因未查清不放过、责任人未处理不放过、整改措施未落实不放过、有关人员未受到教育不放过）的原则，协助县供电企业搞好事故的调查、分析、处理和上报。

2）尽快查出事故地点和原因，消除事故根源，防止事故扩大。

3）尽量缩小事故停电范围和减少事故损失，对已停电的用电客户要尽快恢复供电。

五、安全管理工作的实施

供电所的安全管理工作，按电压等级分为 10kV 配电设备的安全管理、低压设备的安全管理、客户侧安全管理三个方面。具体工作内容主要包括"两票"管理、"三制"（交接班制、巡回检查制度、设备定期试验轮换制）管理、危险点预控措施票管理、"两措"管理、安全教育活动和安全统计分析、电气安全工器具管理、车辆交通安全管理、消防安全管理、剩余电流动作保护器管理、安全检查、电力设施保护、安全性评价、安全宣传等内容。

在电气设备上从事相关作业时，安全管理人员和作业人员应严格执行安全规程规定的组织措施和技术措施。其中，在低压电气设备上工作，保证安全的组织措施有工作票制度，工作许可制度，工作监护制度和现场看守制度，工作间断和转移制度，工作终结、验收和恢复送电制度。在全部停电和部分停电的电气设备上工作时，必须完成停电（断开电源）、验电、挂接地线、装设遮拦和悬挂指示牌等技术措施。

（一）"两票""三制"管理

1."两票"管理

电力系统人员将运用于电气设备工作的工作票、操作票合称为"两票"，实施"两票"工作的全过程称为"两票"管理。

（1）"两票"管理应遵守的规程。

1）在高压线路及设备上工作应遵守《安规》的规定。

2）在低压线路和电气设备上工作应遵守 DL/T 477—2010《农村低压电气安全工作规程》的规定。

（2）工作票管理。工作票是依据工作计划，执行电气设备设施的安装、检修、试验、消缺、维护等工作的作业文件。根据工作条件分别填用电力线路第一种工作票、电力线路第二种工作票、低压第一种工作票（停电作业）、低压第二种工作票（不停电作业）。这四种工作票的格式、工作票的使用范围见《安规》和 DL/T 477—2010《农村低压电气安全工作规程》。

（3）操作票管理。当电气设备由一种状态转换到另一种状态或改变电力系统的运行方式时，需要进行一系列的操作，这种操作叫电气设备的倒闸操作。运行人员依据运行负责人的命令，执行设备操作的作业文件叫操作票。操作票的书面格式应符合《安规》和 DL/T 477—2010《农村低压电气安全工作规程》。

2."三制"的监督和检查工作管理

电力系统为了保证设备的安全运行，执行交接班制、巡回检查制度、设备定期试验轮换制，上述三个制度的简称为"三制"。供电所执行"三制"的主要内容是严格执行安全生产责任制,切实落实各项安全生产经营工作程序,有计划地进行线路、设备巡视检查和设备定期检验、试验、检修、维护工作。供电所所长和安全员负责对"三制"执行情况进行监督、检查,并向上级报告检查结果,提出改进建议,并作好监督检查。

监督检查的主要内容是:

(1)是否认真执行设备巡视维护制度、设备缺陷管理制度、设备运行管理制度等有关安全生产管理制度。

(2)是否按规定进行设备巡视检查,巡视路段、内容是否存在漏项,巡视记录是否齐全完整。

(3)是否按期完成设备预防性试验计划,检验试验的周期、项目是否符合规程规定,记录是否齐全完整。

(4)是否按期完成设备检修(大修和小修)计划,检修的项目、质量是否符合规程的规定,记录是否齐全完整。

(5)供电所所长和安全员在进行"三制"检查和其他安全检查后,是否及时填写《安全检查记录》。

(二)危险点预控措施票的管理

实施危险点预控法的作业文件称为危险点预控措施票。危险点预控法是引导职工对电力生产中的每项工作,根据作业内容、工作方法、环境、人员状况等分析可能产生危及人身或设备安全的危险因素,也就是不安全因素,再依据规程规定,采取可靠的防范措施,以达到防止事故发生的目的。对作业全过程的危险因素进行分析控制,是针对性很强的一种补充安全注意事项。它便于提高职工的安全意识,增强职工的自我防护能力,有利于纠正习惯性违章,是电力安全生产规范化管理的重要内容。

1. 填写危险点预控措施票的基本要求

(1)真实性。每一个操作任务,每一个施工现场,都有不同特征的作业危险点,要调查研究分析,不能照抄照搬、弄虚作假应付检查。

(2)具体性。作业点控制措施的制定应深入现场实地调查,根据作业任务,对照有关规程条款和事故通报有关防范措施,结合工区地理、气候、现场条件,工器具,高低压施工跨越,邻近带电部位和人员素质等情况,认真分析研究,做到内容具体,便于操作。

(3)全面性。要有全过程控制措施,要从明显的或隐蔽的各个环节,开工前的准备、工作中和完工的各个环节,组织工作人员进行全面的分析讨论。

(4)专责性。制定好的危险点预控措施,必须在开工前及时向工作班成员宣讲,交代清楚,并指定专人落实负责,必须实行全过程专人监控,及时纠正和查处违章。

（5）完整性。对已执行的危险点控制措施，要认真总结经验，查找不足和隐患，以利于下次执行得更好。

2. 危险点预控措施票程序

（1）在接受工作任务后，工作负责人组织工作班成员讨论分析存在的危险因素并制定具体的控制措施。

（2）工作负责人负责填写现场作业危险点及控制措施票，控制措施应明确、具体，责任落实到人。

（3）现场作业危险点及控制措施票经主管人审核批准后，工作负责人组织落实控制措施。

（4）到达工作现场后，工作负责人再次指明危险点和控制措施，并严格监护执行；发现问题及时纠正。

（5）工作完成后，工作负责人按规定妥善保存现场作业危险点及控制措施票。

（三）"两措"的执行

1. "两措"的工作任务

"反事故措施计划"（简称反措）和"安全技术劳动保护措施计划"（简称安措）统称为"两措"。

反措的主要任务是采取组织和技术措施，消除设备隐患，提高设备可靠性，保证电网安全、人身安全和设备安全。

安措的主要任务是加强劳动保护工作，改善生产工作条件，防止伤亡事故，预防职业病和职业危害，保证职工身心健康。

2. 工作流程

"两措"是由计划编制—计划实施—效果检验评价—工作总结四个阶段组成的闭环管理过程，是一个计划期完成后即进入下一个计划期的螺旋状不断盘升的过程。

（四）电气安全工器具的管理

电气安全工器具是指电气作业中，为了保证作业人员的安全，防止触电、坠落、灼伤等工伤事故必须使用的各种电工专用工具或用具。电气安全工器具管理是整个安全管理工作的重要内容，对安全生产至关重要。

1. 电气安全工器具管理范围

（1）电器部分：绝缘棒、绝缘手套、绝缘靴、绝缘鞋、绝缘测绳、绝缘钳、线路接地线、配电变压器高压接地线、低压接地线等。

（2）机械部分：安全带、安全帽、防护网、护目眼镜。

2. 配备原则

安全工器具最低定额的数量确定原则，以满足本班进行工作时，能按规程要求布置安全措施和使用安全护具不留余量为准，但对易损的安全工器具，应有适量的储备，以备损坏后及时补充。

3. 安全工器具管理

（1）每年的年底，各单位将下一年度安全工器具购置计划一式两份报安监部门。安监部门根据安全用具最低定额的数量确定原则，审核下发配置计划。

（2）安全工器具的领用，由基层单位的安全员到安监部门办理领用手续，领取前认真检查工器具的试验报告合格证是否齐全，并对每一件进行外观检查，领料必须有安监部门主管人员签字后方可发放。建立安全工器具台账，做到账、物、试验报告三齐全。安全工器具有专门库房，摆放整齐，账、卡、物相符。

（3）安全员负责安全工器具的管理、使用、监督，领用工器具进行登记。

（4）在交接班时和使用前应认真检查安全工器具，发现有损坏的应及时停止使用，并尽快修理和更换，不合格的应及时销毁并登记入档，不得与合格品混放在一起。

（5）各种安全工器具均按安全工作规程规定的周期进行试验，试验后应有试验报告，并将试验日期及被试品的编号一起记入记录簿内，各种安全工器具均不得超过试验周期。安全工器具试验后，在适当的位置贴上统一的试验标签。各种安全工器具应有明显的编号，每月进行一次外观检查。

（五）消防安全

提高防火意识，预防火灾事故的发生，是安全管理的重要工作内容。供电所应以落实 DL 5027—2015《电力设备典型消防规程》为重点，不断加强防火工作管理。

（1）增强全员防火意识。充分利用宣传媒介对全体职工进行防火安全教育，落实各级人员防火责任制，预防火灾事故的发生。

（2）建立防火工作组织，培养防火骨干，组建防火工作网络，健全防火管理制度。

（3）明确配电室、营业厅（室）、库房等重点防火部位，对严禁烟火的重点部位应标志醒目的警告牌，禁止在附近焚烧各种杂物。

（4）按 DL 5027—2015 规定，配齐消防器具，做到人人能正确使用消防器具，掌握安全灭火的操作方法。

（5）消防龙头、消防带应存放在专用箱内严加保管。其他消防器具应存放在固定地点，每个消防器具应挂检查记录卡，每半年检查一次，保证消防器具的完好性，并作好记录。

（6）做好消防器具的防冻、保暖工作并防止阳光暴晒。

（7）供电所每月对消防器具进行检查维护和清扫工作，并填写消防安全管理工作记录。

（8）供电所所长和安全员要定期进行防火检查，发现问题及时处理，并填写消防安全管理工作检查记录。

（六）车辆交通安全

做好车辆交通安全管理、防止交通事故是保证人身安全的重要措施。交通事故是指车辆驾驶人员、行人、乘车人员以及其他在道路上进行与交通有关活动的人员，因违反国家《中华人民共和国道路交通安全法》和其他交通法规、规章的行为、过失造成人身伤亡或者财产损失的事故。因此，交通安全管理的内容包括机动车辆管理、驾驶员管理和职工的交通安全教育。

（七）剩余电流动作保护器的管理

推广和使用剩余电流动作保护器是安全用电、有效防止人身触电的一项重要技术措施，也是防止因漏电而引起的电气火灾和电气设备损坏事故的技术措施。

（1）所有配电变压器都必须安装线路剩余电流动作保护器，并正常投入使用；客户应主动安装使用家用剩余电流动作保护器。

（2）线路剩余电流动作保护器由供电所负责指导安装，客户家用剩余电流动作保护器按规定安装。配电台区变压器及家用剩余电流动作保护器的安装费用由设备产权所有者承担。

（3）剩余电流动作保护器必须购置国家批准的定点厂家生产的合格产品。

（4）剩余电流动作保护器安装点以后的线路绝缘性应良好，否则会发生误动影响正常供电或使剩余电流动作保护器无法投入运行。

（5）低压电网总保护采用电流型剩余电流动作保护器时，变压器中性点应直接接地；电网的零线不得有重复接地，并应保持与相线一样的良好绝缘；剩余电流动作保护器安装点后的中性线与相线，均不得与其他回路共用。

（6）照明以及其他单相用电负荷要均匀分配到三相电源线上，偏差大时要进行调整，力求使各相漏电流相等；当低压线路为地埋线时，三相的长度宜相近。

剩余电流动作保护器安装要求、动作值的整定、运行维护管理参照 DL/T 499—2001《农村低压电力技术规程》、GB/T 13955—2017《剩余电流动作保护装置安装和运行》、DL/T 736—2010《农村电网剩余电流动作保护器安装运行规程》等相关内容。

（八）安全性评价

安全性评价定义是：综合运用安全系统工程的方法，对系统的安全性进行度量和预测，通过对系统存在的危险性进行定性和定量分析，确认系统发生危险及其严重程度，提出必要措施，以寻求最低事故、最小事故损失和最良好的安全投资效益。

1. 安全性评价的作用

（1）通过安全性评价，对企业安全可靠性进行一次综合性诊断，挖掘出安全生产责任制、设备设施、生产环境、安全管理等方面的薄弱环节，揭示出安全隐患和安全风险程度，并实现初步量化，为各级领导对安全工作的决策提供有效依据。

（2）实现安全大检查工作的系统化、规范化、科学化、标准化，提高安全大检查的实效，为制定"两措"计划提供可靠依据。

（3）通过安全性评价工作，有利于克服盲目乐观情绪，对全体职工是一次全面、深刻的安全教育。

（4）评价项目和查证方法是一部很好的岗位培训教材，层层分解，纳入日常工作中，以提高安全工作管理水平。

2. 安全性评价的内容

安全性评价的目的是从防止电网事故、人身事故、设备事故出发评价企业安全基础状况。评价内容以反映上述事故的有关危险因素为主。安全基础是指保证安全生产必须具备的基本条件，包括生产设备、劳动安全和作业环境、安全生产管理三个方面。主要评价内容包括：

（1）安全生产责任制是否完善落实。

（2）生产、安全规章制度是否健全并认真贯彻执行。

（3）生产设备、设施是否符合安全条件。

（4）生产工具、器具、机具是否符合安全条件。

（5）人员技术素质是否达到安全工作要求。

（6）"两措"计划是否落实。

（7）生产劳动环境是否符合安全要求。

（8）抵抗重大自然灾害的措施是否落实。

安全性评价是依据规程、制度制定评价标准，依据评定标准进行逐条逐项检查核实并逐项打分，进行量化统计。

（九）安全用电宣传

供电所安全管理需要有计划有实效地向广大客户进行多种形式的安全用电宣传，普及安全用电知识，预防事故的发生，更好地为"三农"服务。农村安全用电管理的主要内容包括以下方面：

（1）加强安全用电目标管理，与村民小组、用电客户签订安全用电合同，做到安全目标人人明白，安全用电人人有责。

（2）开展安全用电宣传工作，利用会议、广播、有线电视、标语、板报、案例图片等多种形式，广泛深入地宣传安全用电知识，普及触电急救常识，增强群众安全用电意识。

（十）《电力设施保护条例》的实施

电力设施保护是供电所一项重要的工作。其目的是贯彻《电力设施保护条例》，保证电力线路畅通运行，确保安全供电，防止人民生命财产受到损害。供电所是电力设施保护直接责任者，对电力设施保护起着关键作用。

【思考与练习】

1. 供电所安全生产的控制目标是什么？
2. 事故调查"四不放过"是指什么？
3. "反事故措施计划"和"安全技术劳动保护措施计划"的含义是什么？
4. 供电所安全管理工作中"两票""三制"指的是什么？
5. 电气安全工器具管理范围有哪些？
6. 安全性评价的作用是什么？

第二章

农网工程现场安全督查

▲ 模块 1　施工现场安全管理（Z36E1002Ⅱ）

【模块描述】本模块包含农网施工的一般规定，保证现场安全的组织措施、技术措施要求，并列举作业前检查要点，对 16 类施工现场工作的主要危险点及安全措施进行了论述。通过概念描述、条文说明，掌握国家电网有限公司对农网施工现场安全管理的要求。

【模块内容】

一、一般规定

（1）农村配网工程要按照"五制"要求，认真落实项目法人和承包单位的安全责任，按规定签定安全协议，明确安全管理责任、界面、奖惩规定等内容。

（2）对农配网工程实行工程监理时，必须签订工程监理合同，明确监理范围、责任主体、管控环节、违规处理等内容，确保对安全、质量全过程监理。

（3）工程发包程序应符合要求，要严格审查承包单位的资质，严禁资质不符合要求的单位承包或变相承包工程，特别是严防采取挂靠等方式参与工程承包。

（4）项目建设单位要将现场施工安全管理作为安全督查的重点，重点检查落实保证安全的组织措施、技术措施的情况。坚决杜绝不办票、不交底、不监护、不停电、不验电、不挂接地线等行为。要督促、指导施工人员正确使用安全帽、安全带等个人安全防护用品及安全工器具。

（5）施工单位应根据现场情况编制施工"三措一案"，建立作业现场分级勘察制度。"三措一案"必须经设备运行管理单位审查合格后方可执行，现场勘察记录应随工作票一同存档。

（6）发包工程施工涉及运行设备时，工作票应实行"双签发"。可根据作业现场需要，使用工作任务单等。建设单位对作业现场进行安全检查时，发现有违章行为等，应立即制止并纠正，必要时可责令施工单位停工整顿。

（7）应认真落实"防触电、防高坠、防倒断杆"的安全防护措施。要抓好"勘察、工作许可、安全技术交底、监护、工作终结"等关键环节的安全管控，务必使作业人员做到"工作任务清楚、工作程序清楚、工作危险点清楚、现场安全防范措施清楚"。

二、保证安全组织措施要求

1. 现场勘察

（1）工作要点。应明确工作内容、停电范围、保留带电部位、停电设备范围等，应查看交叉跨越、同杆架设、邻近带电线路、反送电等作业环境情况及作业条件等。勘察时应认真、仔细。要对照勘察记录，制定对应安全措施并落实到工作票中。

重点防范触电、高处坠落、误登带电杆塔等危险。下列情况，工作票签发人或工作负责人应到现场组织勘察：

1）带电作业且配电系统非单一电源；

2）离带电部位、邻近带电线路或交叉跨越距离等情况不清楚；

3）现场施工环境、设备接线方式不清楚，设备识别标识不清晰或缺失；

4）可能造成误登电杆、误入带电间隔，停电线路为同杆架设的多回路线路；

5）外单位队伍承包工程；

6）存在反送电可能。

（2）邻近带电线路、交叉跨越线路以及同杆架设线路的勘察工作要求。必须查明工作线路（设备）和邻近带电线路（设备）、交叉跨越、同杆架设的线路的双重称号以及色别、相邻杆塔起止杆号等。重点防范误碰带电设备、误登带电杆塔等行为。需配合停电时，必须停电作业，严禁强令冒险作业。

（3）与配合停电设备运行单位的联系。应事先书面申请，明确停送电联系人、联系方式、停电线路名称及操作程序等。重点是要对配合停电线路进行验电、挂工作地线。

（4）加强双电源管理，防止反送电。应查明作业线路是否有双电源用户，是否存在反送电，特别是低压反送电可能性。重点是在作业地段所有可能来电方向线路的高低压侧挂接地线。同时要加强对试验电源的管理，防止发生触电事故。

（5）检查杆根、基础、拉线牢固情况。

1）电杆埋深是否符合要求、回填土是否夯实；杆身是否存在超过规定的纵向、横向裂纹；检查电杆周围基础是否存在掏挖、塌方、滑坡等情况。

2）老旧拉线埋深是否符合要求；拉线是否严重锈蚀；对埋设于水田等易受腐蚀地段的拉棒应进行掏挖检查；拉线、拉棒等拉线组件的强度是否满足要求。

3）农村低压线路中使用的老旧小方杆（手模杆）、木杆是否牢固；是否存在杆根断裂等。

2. 工作票签发

（1）工作票签发人必须认真分析现场查勘记录，结合作业任务，确定工作区域、停电范围及制定对应的安全措施，根据工作需要安排充足的施工力量。

（2）施工单位办理的工作票应由设备运行管理单位签发，必要时实行施工单位与运行单位"双签发"。

（3）工作负责人、工作许可人可根据作业现场实际情况，补充安全措施。对工作票上所列的安全措施、停电范围存在疑问时，应向工作票签发人核实，确有错误的，应立即停止工作，重新办理工作票，布置安全措施。

（4）对不涉及运行设备的新建农配网工程，要制定相应补充规定，如采用执行施工作业安全措施票等，对其安全管理要求与工作票等同。严禁农配网工程无票作业。

3. 工作许可

（1）电话许可必须坚持复诵核对制度，并书面记录清楚。现场许可必须逐项交代、确认现场安全措施正确、完备后，双方签字确认，并详细记录许可时间。

（2）工作许可人必须确保工作线路可能来电的各方面（含用户）都拉闸停电，验电挂好接地线后，方能发出许可命令。

4. 现场安全技术交底

（1）工作许可后，正式开工前，工作负责人必须向全体工作人员进行安全技术交底，主要内容应包括：

1）工作任务。

2）停电范围。

3）作业现场保留的带电部位、线路。

4）工作地线悬挂位置及数量、作业现场已布置的其他安全措施。

5）作业计划起止时间。

6）工作人员分工及专责监护人安排情况。

7）工作程序。

8）工作地段邻近、平行、交叉跨越的高电压等级电力线路运行状态及位置，使用个人保安线的要求。

9）容易误登的电杆或误入的带电间隔情况以及采取的相应防范措施。

10）作业现场是否存在反送电可能及采取的防范措施。

11）作业中应注意的技术要点。

12）补充安全措施布置情况。

（2）交底完后，全体工作人员应签字确认。

5. 工作监护

工作负责人、专责监护人应始终在工作现场，对工作班人员进行认真监护，及时纠正不安全行为，不得擅离职守。以下情况必须使用工作任务单并指派专责监护人：

（1）工作地点分散，工作负责人不能在作业现场同时监护多班组作业，工作安全风险较大。

（2）工作地点存在同杆架设线路、交叉跨越线路、邻近带电线路。

（3）工作地点附近有同类型设备，易造成误登杆塔、误入间隔。

（4）工作地点有需要配合停电的设备。

（5）工作地点存在需要单独增设的安全措施。

（6）有较多雇佣民工或临时工参加工作。

（7）工作地点跨越河流、沟渠、房屋、公路等。

（8）工作负责人根据现场情况认为有必要时。

6. 工作终结恢复送电制度

完工后，工作负责人应确认设备上无遗留工具、材料等物品，查明全部工作人员确已离开工作现场，方可下令拆除接地线，办理工作终结和恢复送电手续。

三、保证安全的技术措施要求

（1）停电时必须断开所有可能送电至工作设备各侧的断路器、隔离开关、熔断器，并加挂工作接地线。停电设备各端应有明显断开点，必要时派人看守。

（2）为防止低压反送电，应拉开配电变压器高低压侧开关（熔断器），并摘下熔管。可直接在地面操作的开关（隔离开关）的操动机构上应加锁，并悬挂"禁止合闸，有人工作！"等标示牌。

（3）验电时应使用合格、相应电压等级的接触式验电器。

（4）对开关柜、环网柜验电时，应先认真查看设备一次系统接线图，验电过程中要严格遵守验电工作程序，防止发生触电或验电位置错误。特别要注意对可能存在低压反送电和感应电压伤人等情况的设备验电，确认其无电压。

（5）装拆接地线必须按照规定程序进行，禁止反程序操作。所有可能送电至工作设备的线路高低压各侧均应可靠接地，不能遗漏。工作地线的装设位置应合理，应以确保作业现场安全、防止触电如反送电、突然来电等为核心。

（6）个人保安线应严格按规定使用，禁止用个人保安线代替接地线使用。工作结束时，工作人员应拆除个人保安线。

（7）装设遮拦（围栏）应能够明确划分工作区域、带电区域和非工作区域，并悬挂标识牌。工作区域涉及跨越公路、集镇等人口密集区等时，安全围栏应醒目、充足，必要时指派专人看守，防止无关人员误入工作现场。

（8）在一经合闸即可送电到作业现场的隔离开关、开关等设备处，应悬挂醒目的安全标示牌，必要时指派专人看守。在配电双电源用户接入点和有反送电可能的高低压电源侧，应悬挂"禁止合闸，线路有人工作！"等安全标示牌。

四、线路施工现场安全管理

1. 作业前检查要点

（1）现场安全措施是否执行到位，是否存在遗漏、缺失、损坏及移动等情况。重点检查接地线布置、防反送电、防倒断杆、防高处坠落等安全措施。

（2）作业区域电杆（设备）双重称号以及色标、起止杆号及相邻杆塔号是否与工作票所列内容一致。

（3）电杆、配电设备本体及附属设施是否存在缺陷，如电杆纵（横）向裂纹超标、横担及金具腐（锈）蚀、拉线断股、拉线基础松动、电杆倾斜超标等。

（4）杆根、基础、拉线是否牢固；是否需要增设临时拉绳等安全措施。

（5）老旧线路设备存在的危险点、周围环境和电气连接状况等。

（6）施工机具、安全工器具、施工机械的安全性能。

2. 立杆、撤杆工作

主要危险点：① 高处坠落；② 触电；③ 倒断杆；④ 机具砸碰。

主要安全措施：

（1）分工明确，信号统一，动作协调。要划定作业区域，严禁无关人员进入施工现场。

（2）控制好电杆重心和电杆起立角度。控制、牵引等拉绳的控制应由有经验的人员操作、指挥，必要时可采取增加临时拉绳等措施。

（3）起吊作业的施工机械自身安全措施必须到位，防止因重心偏移、支撑不牢靠、操作不规范等原因而发生倾翻。起重吊钩必须有防脱扣闭锁。

（4）邻近带电的高压设备立（撤）杆作业时，生产技术人员应在现场指导，必要时制定"三措"一案，并采用有效措施，确保作业过程中人体、施工机具、牵引绳、拉绳等无触及带电设备可能。导线、拉线、施工机具应可靠接地。

3. 撤除小方杆（手模杆）

主要危险点：① 倒断杆；② 触电；③ 高处坠落。

受材质、制造工艺等因素制约，目前运行的小方杆普遍存在承重能力差，抗折断能力弱，杆体老化、损伤严重等情况，因此：

（1）在未采取确保人身安全措施的情况下，严禁工作人员直接攀登小方杆进行杆上作业。

（2）原则上不主张登杆作业拆除旧线路，宜采用施工机械等措施进行安全拆除。

（3）为防止拆除老旧线路发生成片倒杆断线，施工前应对交叉跨越或临近带电的线路进行停电，防止老旧线路拆除过程中触及带电线路、设备。拆除老旧线路工作若跨越街道、公路、交通道口等处，应设专人看守，必要时设置围栏，悬挂安全标示牌，防止发生交通事故、导线拉伤人等。

4. 杆塔上作业

主要危险点：① 高处坠落；② 触电；③ 物体打击。

主要安全措施：

（1）登杆前应仔细检查杆根、基础、拉线等，工作前应再次确认作业范围无触电危险，如不能确定，则需重新验电。

（2）登杆前应认真核对、确认杆塔双重称号。应正确使用安全带（带后备保护绳），禁止杆上移位或上杆过程中不使用安全带。严禁安全带低挂高用。

（3）攀登老旧电杆前，应重点检查杆身是否牢固、埋深是否满足要求、电杆拉线是否牢靠。杆上作业前还应检查横担、金具等是否严重锈蚀。

（4）新立杆塔在杆根基础未完全牢固前禁止攀登。

（5）在经泥石流冲刷、内涝洪水浸泡、大风吹刮、强降雨冲刷后的线路上作业时，工作前应对线路、配电设施进行仔细检查，必要时在采取增加临时拉绳（或支好架杆）、培土加固等措施后，在专人监护下登杆作业，严禁不采取可靠措施盲目作业。

（6）登杆前须认真检查登高器具（登高板、脚扣）是否牢固、可靠。严禁借助绳索、拉线上下杆塔。冰冻天气作业应增加相应防滑、防冻、保暖等措施。

（7）在可能有感应电的杆塔上作业时，在人体接触导线前应挂接保安线，作业结束人体脱离导线后方可拆除。

（8）杆上有人时禁止调整或拆除拉线。

（9）禁止用突然剪断导地线的方式松线。不得随意拆除受力构件。杆上作业、移位时必须手扶牢固构件，禁止失去保护绳进行作业或换位。

5. 搭、拆头工作

主要危险点：① 触电；② 高处坠落；③ 误登电杆；④ 高空坠物；⑤ 导线脱落。

主要安全措施：

（1）触电、防高处坠落、防倒断杆、防误登电杆、防高处坠物等安全措施同前相应条款。

（2）首先必须验电确认无电。为防止突然来电，在工作地点可能来电各侧均应装设工作地线。

（3）禁止作业人员擅自扩大工作范围、增加工作内容或变更安全措施。

6. 调整弧垂工作

主要危险点：① 触电；② 高处坠落；③ 高空坠物；④ 误登电杆。

主要安全措施：

（1）触电、防高处坠落、防倒断杆、防误登电杆、防高处坠物等措施同前相应条款。

（2）应做好防止导线抽跑、掉落的措施，涉及跨越河流、公路、铁路、人口密集区的线路时，要做好对应安全措施，必要时专人看守。应提前联系主管部门，协调做好相应安全措施。

（3）调整弧垂工作应综合考虑风偏、强对流天气、季节（高温、严寒）、公路、铁路路（轨）面高度、房屋高度等因素。

7. 装、拆拉线工作

主要危险点：① 触电；② 高处坠落；③ 高空坠物；④ 倒断杆；⑤ 误登电杆。

主要安全措施：

（1）触电、防高处坠落、防倒断杆、防误登电杆、防高空坠物等安全措施同前相应条款。

（2）杆上有人时，禁止装拆拉线。

（3）老旧线路拆除拉线时，必要时增加临时拉线等安全措施，防止倒断杆。

（4）转角杆、耐张杆、终端杆及跨越高速公路、铁路、河流等线路电杆的拉线装拆工作，应增设临时拉绳，防止倒断杆。

（5）对于水田、圩区、山区（大挡距）电杆拉线装拆工作，必须综合考虑地形地貌、受力平衡、设施状况等因素，必要时进行补强，防止倒断杆。

8. 放（紧、撤）线工作

主要危险点：① 触电；② 高处坠落；③ 高空坠物；④ 导线抽甩；⑤ 倒断杆。

主要安全措施：

（1）防触电、防高处坠落、防倒断杆、防误登杆塔、防高空坠物等安全措施同前相应条款。

（2）放（紧、撤）线应专人指挥、统一信号、畅通信息、步调协调，并加强监护。

（3）交叉跨越、邻近电力线路时，要提前勘察现场，做好相应安全措施。

（4）跨越河流、高速公路、铁路时，应提前联系相关主管部门，协调做好相应安全措施，必要时可采取封航、封路、搭设跨越架、专人在交通道口看守、设置明显的警示标志等安全措施。

（5）遇有障碍物挂住时，应先松动导线，沿线巡查，待查明原因并处理后方可重新开工，不能生拉硬拽。

（6）人员应站在牵引绳、导线外侧，不能站在导地线线圈内或牵引绳、架空线等下方，防止跑线伤人。

（7）放（紧、撤）线前应检查杆根、桩锚、拉线、基础。必要时应增加临时拉绳、桩锚，防止倒断杆。

（8）禁止采用突然剪断导线的方法松线。

（9）放（紧、撤）线作业，在关键地点、部位应增设专责监护人，工作负责人、专责监护人不得擅自离开现场。

9. 坑洞开挖工作

主要危险点：① 地下设施、管线外破；② 塌方；③ 煤气、沼气中毒；④ 误坠坑洞；⑤ 地埋线、地下电缆外破触电。

主要安全措施：

（1）施工前，应与地下管线、电缆等地下设施主管单位沟通，根据作业区域地下设施埋设走向图，掌握其分布情况，确定开挖位置。特别是涉及天然气（煤气、自来水、地埋电线电缆）管道等地下设施时，应请其主管单位现场指挥、协调。

（2）要及时清理坑口土石块，土质松软处应加设挡板、撑木等，防止塌方。圩区、水田等地段应采取相应防塌措施。

（3）已开挖的沟（坑）应设盖板或可靠遮拦，挂警告标牌，夜间设置警示照明灯，并设专人看守。

（4）在下水道、煤气（天然气）管线、潮湿地、垃圾堆或腐质物等附近从事挖沟（坑）时，应在地面上设监护人。挖深超过 2m 时，应采取戴防毒面具、带救生绳、向坑中送风等安全措施。监护人应密切注意沟（坑）内的工作人员状况，防止人员气体中毒。

10. 起重与运输工作

主要危险点：① 起重设备倾倒、损坏；② 电杆等超长设备挂碰；③ 装卸过程砸碰；④ 误碰带电线路。

主要安全措施：

（1）起吊物品不得超过起重机械额定载荷。吊件重量达到额定载荷的 95% 时，要由起重专业技术人员在现场指挥。

（2）起吊前，工作负责人应全面检查吊绳、吊钩、支腿等，确认起重机械支平停稳。起吊时，应设专人指挥，明确分工，统一信号，发现异常应立即停止，查明原因处理后方可继续起吊。

（3）吊件全部离地后应暂停起吊，同时检查吊车自身稳定、重物捆绑、钢丝绳受力等情况。上述检查确认完好后方可继续起吊。

（4）起吊物应绑牢，吊钩悬挂点应与吊物重心在同一垂线上，吊钩钢丝绳应垂直，严禁偏拉斜吊。落钩时应防止吊物局部着地引起吊绳偏斜。吊物未固定好严禁松钩。

（5）在起吊过程中，受力钢丝绳的周围、上下方、内角侧和起吊物的下面，严禁有人逗留和通过。吊运重物不得跨越人员头顶，吊臂旋转半径以内严禁站人。

（6）起吊成堆物件时，应采取防止滚动或翻倒的措施。钢筋混凝土电杆应分层起吊，每次吊起前，剩余电杆应用木楔掩牢，防止散堆伤人。

（7）吊件不得长时间悬空停留；短时间停留时，操作人员、指挥人员不得离开工作岗位。

（8）吊车在带电设备下方或附近吊装时，须办理安全施工作业票，并有专业技术人员在场指导。吊车操作人员应与起吊指挥人员保持持续通信。吊车应接地，严禁起重臂跨越带电线路进行作业，起重臂及吊件的任何部位（在最大偏斜时）与带电体的最小距离不得小于最小安全距离。拉绳应使用绝缘绳。

（9）人力搬运时，道路应平坦畅通。山区机械牵引作业，牵引线路两侧 5m 以内不得有人。

11. 线路倒闸操作

主要危险点：① 误登杆塔；② 误操作；③ 触电；④ 高处坠落；⑤ 高空坠物；⑥ 倒断杆。主要安全措施：

（1）作业前应认真核对线路双重称号、杆号、位置，查明交叉跨越、邻近带电线路、同类性杆塔、易误登杆塔等设施情况。

（2）登杆作业前，必须检查杆跟、基础、拉线、杆体等安全状况，登杆过程必须使用安全带。杆上作业应使用工具袋和传递绳，防止高空落物伤人。攀登老旧电杆作业时，应采取增加临时拉绳等安全措施，防止倒断杆。

（3）操作前必须认真核对、复诵确认拟操作设备，防止误操作。在专人监护下逐步逐项操作，严禁跳项或无票、无监护操作。

12. 安装、更换配变工作

主要危险点：① 触电；② 高处坠落；③ 物体打击；④ 吊运过程砸碰。

主要安全措施：

（1）拆除旧变压器时，应断开所有可能送电至原变压器各侧的断路器（隔离开关），应有明显断开点，验明确无电压后可靠接地，并悬挂标识牌。

（2）在作业区域外围设置遮拦并悬挂"止步，高压危险！""从此进出！""在此工作！"等标识牌。在人口密集区、交通道口作业，应增设专人看守，防止无关人员进入作业区域。作业前，应检查变台杆基、杆跟、拉线是否良好，防止倒断杆。

（3）吊运设备过程中应做好防范措施，防止吊臂、吊绳、吊物等与周围带电线路安全距离不足。起吊时应轻起慢放、平稳移动，防止剧烈摆动，必要时应增加临时拉绳。

（4）使用链条葫芦吊运变压器前，应检查钢构件等承力部件是否可靠、牢固，变压器与台架固定是否牢固、水平。

（5）台架上作业应使用安全带，传递工具、材料等物件应使用绳索，禁止上下抛掷。

（6）安装调试完工后，应检查清理现场。严格遵守工作终结和恢复送电制度，按照操作流程进行恢复送电，严禁擅自盲目操作。

13. 安装、更换配电柜、配电屏（以下简称屏柜）工作

主要危险点：① 触电；② 高处坠落；③ 高空坠物；④ 移动屏柜时挤碰。

主要安全措施：

（1）防触电、防高处坠落、防倒断杆、防误登电杆、防高处坠物等安全措施同前相应条款。

（2）拆除前，首先应断开连接至屏柜的所有电气接线，应有明显断开点，经验明确无电压后可靠接地并悬挂标示牌。

（3）屏柜金属外壳应接地良好。

（4）搬运屏柜时应统一指挥、步调一致。起立、就位过程中，应做好防止侧滑、挤压、砸碰等措施。

（5）完工后应认真检查、清理作业现场，检查接线情况。接引、恢复送电工作应严格按照操作流程进行，严禁擅自盲目送电。

14. 配电屏、台区低压出线检修工作

主要危险点：① 触电；② 低压短路；③ 高处坠落。

主要安全措施：

（1）防触电、防高处坠落、防倒断杆、防误登电杆、防高空坠物等安全措施同前相应条款。

（2）作业前应认真核对设备编号、名称、位置，防止误登带电杆塔。

（3）正确使用个人工器具，并做好相应安全措施，如用绝缘胶带缠绕螺丝刀等工具金属裸露部位，防止低压短路。

（4）断路器、隔离开关等操作把手应可靠闭锁，并悬挂"禁止合闸，（线路）有人工作！"等标示牌，必要时设专人看守。

15. 剩余电流动作保护器安装测试工作

主要危险点：① 触电；② 相间短路、单相接地。

主要安全措施：

（1）安装前，应先断开低压电源。安装、试验台区总保护工作，应事先通知相关用户，防止反送电。

（2）正确使用工器具，对相线、零线进行绝缘处理，防止相间短路，单相接地。作业时人员应站在绝缘垫或干燥的木凳上。

（3）接线前应认真核对剩余电流动作保护器接线方向、接线位置，防止误接线。

（4）安装完毕后，应按要求进行试验、试跳等项目，填写安装记录，并告知用户相关使用常识。

16. 低压带电作业

主要危险点：① 触电或电弧烧灼；② 相间短路、单相接地；③ 误接线；④ 高处坠落；⑤ 马蜂蜇伤。

主要安全措施：

（1）低压带电作业应设专人监护。使用有绝缘柄的工具，并对其外裸导电部分进行绝缘处理，防止相间短路、接地。

（2）作业人员应穿全棉工作服、绝缘鞋，并戴手套、安全帽、护目镜等，操作时应站在干燥的绝缘物上。禁止在带电线路上直接使用锉刀、金属尺、金属毛刷等工具。

（3）在高低压同杆架设线路的低压带电线路上作业，应做好防止误碰高压带电设备的安全措施，确保作业人员工作活动范围与高压线路间保持足够的安全距离，无误触高压线路、断路器、熔断器等设备的可能。

（4）登杆前，应先分清相线、零线。断开导线应先断开相线，后断开零线。搭接导线时顺序相反。人体不准同时接触两根导线。

（5）在杆上进行低压带电作业时，宜采用升降板登高，人体与电杆及金属构件接触部位宜用绝缘物进行包裹、隔离。

（6）使用配电作业车（绝缘斗臂车）作业，应专人指挥，提前选好工作方位、移动（升降）路线，确保升降过程中人体、车臂等与高压带电线路保持足够的安全距离。

17. 装表、接电工作

主要危险点：① 触电或电弧烧灼；② 高处坠落；③ 误登杆塔；④ 误接线。

主要安全措施：

（1）带电更换表计时，要采取与低压带电作业相同的安全防护措施。

（2）电表与电流互感器、电压互感器配合接线工作应停电进行。

（3）登杆前应认真核对杆塔名称、杆号、位置，防止误登杆塔。

（4）高处作业及杆上移动过程中必须使用安全带，防止高处坠落。

（5）要做好相应防范措施，防止因低压线路裸露部分误碰、误触有线电视、光缆、电话线等线路而造成其线路带电误伤人。

（6）在居民小区等多用户地点安装电表时，应提前查看低压线路接线及分布，分清电源点和相线、零线，防止因误接线造成短路、触电危险。

【思考与练习】

1. 正式开工前，工作负责人必须向全体工作人员进行安全技术交底，应包括哪些主要内容？

2. 立杆、撤杆工作的主要安全措施是什么？

3. 低压带电作业应采取哪些安全措施？

4. 施工作业现场工作人员要做到"四清楚"，指的是什么？

第三章

安 全 用 电 检 查

▲ 模块 1　电气设备安全接地（Z36E1003 Ⅰ）

【模块描述】本模块介绍保护接地、保护接零等概念和作用。通过形象化介绍和定性、定量分析，熟悉安全接地概念，掌握安全接地作用。

【模块内容】

一、基本概念

安全接地是防止接触电压触电和跨步电压触电而采取的接地措施。安全接地包括保护接地和保护接零。

1. 接地装置

（1）接地。把电气设备的某一金属部分通过导体与土壤间作良好的电气连接称为接地。

（2）接地体。与土壤直接接触的金属体或金属体组称为接地体（或接地极）。

（3）接地线。连接于接地体与电气设备之间的金属导体称为接地线。接地线和接地体合称为接地装置。

2. 电气"地"和对地电压

（1）电气"地"。当电气设备发生接地短路时，在距单根接地体或接地短路点 20m 以外的地方，电位已近于零。电位等于零的地方称为电气"地"。

（2）对地电压。电气设备的接地部分（如接地外壳和接地体等）与"大地零电位"之间的电位差，称为接地时的对地电压。

3. 接地电阻

（1）接地体的流散电阻。接地电流自接地体向周围大地流散时所遇到的全部电阻称为流散电阻。

（2）接地电阻。接地体的流散电阻和接地线的电阻之和称为接地电阻。

4. 零线和接零

（1）零线。由变压器和发电机的中性点引出，并连接地的接地中性线称为零线。

（2）接零。电气设备的某部分（如外壳）直接与零线相连接，叫作接零。

二、保护接地

1. 保护接地的含义和适用范围

保护接地是将一切正常时不带电，而在绝缘损坏时可能带电的金属部分（如电气设备的金属外壳、配电装置的金属构架等）与独立的接地装置相连，从而防止工作人员触及时发生触电事故，是防止接触电压触电的一种技术措施。保护接地适用于中性点不接地的低压电网中。在中性点直接接地的低压电网中，电气设备不采用保护接地是危险的。采用了保护接地，仅能减轻触电的危险程度，但不能完全保证人身安全；在高压系统中，其作用就更小。

2. 在中性点不接地系统中保护接地的作用

（1）电气设备的外壳无保护接地时，例如电动机因某种原因，其金属外壳带电并长期存在着电压，该电压数值接近于相电压，当人体触及电动机的外壳时，就要发生单相触电事故，如图 3-1-1（a）所示。此时，通过人体的电流 I_t 和作用于人体的电压 U_{jc} 为

$$I_r = \frac{3U_{ph}}{|3R_r + Z_c|} \qquad (3-1-1)$$

式中 Z_c——电网对地绝缘阻抗；

       R_r——人体电阻；

       U_{ph}——系统运行相电压。

$$U_{jc} = \frac{3U_{ph}R_r}{|3R_r + Z_c|} \qquad (3-1-2)$$

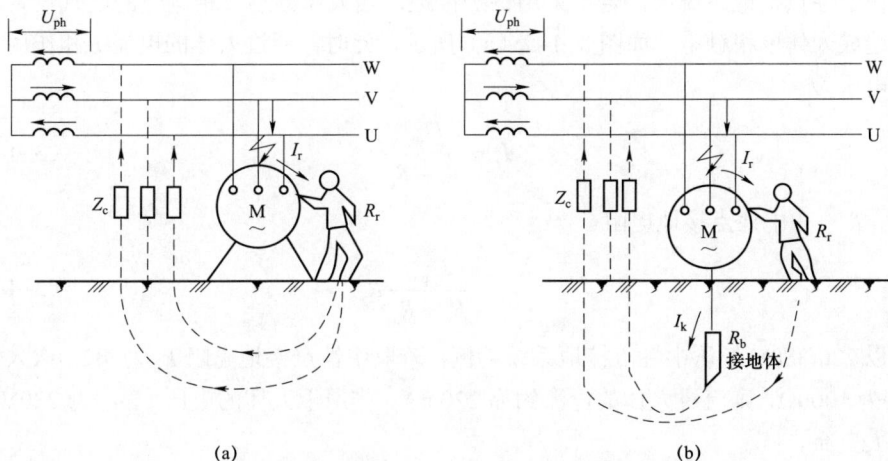

图 3-1-1 中性点不接地系统的保护原理图
（a）无保护接地时；（b）有保护接地时

（2）当电动机装设了接地保护时，如图 3–1–1（b）所示，保护接地电阻 R_b 与人体电阻 R_r 并联，如果电动机外壳带电，则通过人体的电流 I_t 和作用于人体的电压 U_{jc} 为

$$U_{jc} = \frac{3U_{ph}R_h}{|3R_b||R_r + Z_c|} \approx \frac{3U_{ph}R_b}{|3R_b + Z_c|} \qquad (3\text{–}1\text{–}3)$$

式中　R_b——接地体的接地电阻。

$$I_t = \frac{U_{jc}}{R_r} = \frac{3U_{ph}R_h}{|3R_h + Z_c|} \qquad (3\text{–}1\text{–}4)$$

比较公式可知，由于 Z_c 远大于 R_r、R_b，因此两者分母近似相等，而分子 R_r 远大于 R_b，采取保护接地后，作用于人体的电压和流过人体的电流都大大降低，只要适当选择接地体的接地电阻，即可避免人体触电。

例如，在 220/380V 中性点不接地系统中，取电网对地绝缘阻抗 Z_c 为 7000Ω，取人体电阻 R 为 1000Ω，取接地体的接地电阻且为 4Ω，则不采取保护接地时，流过人体的电流约为 66mA，采取保护接地后，流过人体的电流约为 0.26mA，如此小的电流不会危及人身安全。

同理，在 6～10kV 中性点不接地系统中，若采用保护接地，尽管其电压等级较高，也能减小设备发生碰壳事故时人体触及设备所流过人体的电流，减小触电的危险性，如果进一步采取相应的防止触电措施，增大人体回路电阻，如穿绝缘鞋，也能将人体电流限制在 50mA 以内，保证人身安全。

3. 在中性点接地系统中的保护接地系统

在中性点接地系统中，若不采用保护接地，当人体接触一相碰壳的电气设备时，就会造成人体单相触电，如图 3–1–2（a）所示，此时，通过人体的电流 I_t 和作用于人体的电压 U_{jc}

$$I_r = \frac{U_{ph}}{R_r + R_0} \qquad (3\text{–}1\text{–}5)$$

式中　R_0——中性点接地电阻。

$$U_{jc} = \frac{U_{ph}}{R_r + R_0} R_t \qquad (3\text{–}1\text{–}6)$$

以 220/380V 低压中性点接地系统为例，若取中性点接地电阻 R_0 为 4Ω，取人体电阻 R_r 为 1000Ω，则流过人体的电流约为 220mA，作用于人体的电压 U_{jc} 约为 220V，足以使人致命。

若采用保护接地，如图 3–1–2（b）所示，电流经人体电阻 R_r 和设备接地电阻 R_b 的并联的支路、电源中性点接地电阻、电源形成回路。若取接地体的接地电阻 R 为 4Ω，

则通过人体的电流 I_t 和作用于人体的电压 U_{jc} 为

$$U_{jc} = I_d R_b = \frac{U_{ph} R_b}{R_0 + R_b \| R_r} \approx \frac{U_{ph} R_b}{R_0 + R_b} = 110\,(\text{V}) \qquad (3\text{-}1\text{-}7)$$

$$I_r = \frac{U_{jc}}{R_r} = \frac{U_{ph} R_b}{R_r (R_0 + R_b)} \approx 110\,(\text{mA}) \qquad (3\text{-}1\text{-}8)$$

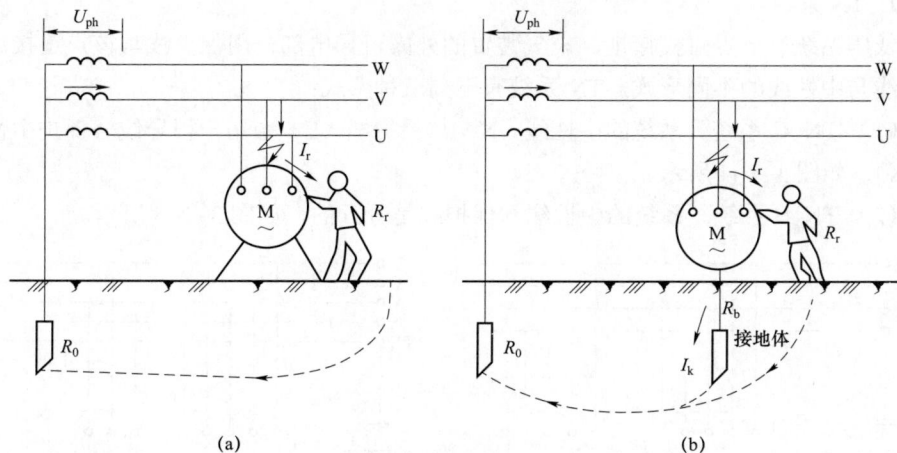

图 3-1-2 中性点接地系统的保护接地示意图

从上面分析可知，在中性点接地系统中，装设保护接地后，流过人体的电流大约降低了一半，从 220mA 降到 110mA，但对人身安全仍有致命危险，不能保证人身安全。在高压系统中，这种保护接地作用更小。

三、保护接零

1. 保护接零的含义和适用范围

在中性点直接接地的低压供电网络一般采用的是三相四线制的供电方式。将电气设备的金属外壳与电网的中性线（发电机或变压器中性线）相连接，称为保护接零。当采用保护接零时，除电源变压器的中性点必须采取工作接地外，零线还要在规定的地点采取重复接地。如图 3-1-3 所示。

2. 保护原理

采用保护接零时，当电气设备某相绝缘损坏发生碰壳时，接地短路电流流经短路线和零线构成回路。由于零线阻抗很小，接地短路电流较大，

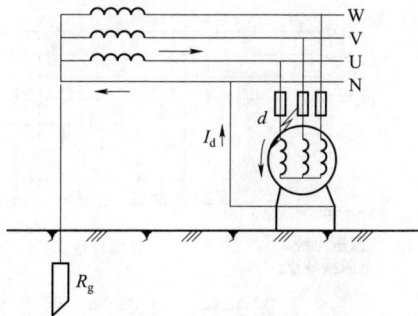

图 3-1-3 保护接零

足以使线路上（或电源处）的自动开关或熔断器以很短的时限将设备从电网中切除，使故障设备停电。另外，人体电阻远大于接零回路中的电阻，即使在故障未切除前，人体触碰故障设备外壳，接地短路电流几乎全部通过接零回路，也使流过人体的电流接近于零，保证了人身安全。

四、低压电力网接地方式

1. TN 系统

低压系统有一点直接接地，电气装置的外露可导电部分用保护线与该点连接。因保护线与中性线的不同形式，TN 系统有下列三种形式：

（1）TN–C 系统。系统的中性线（N）与保护线（E）合用一根导线——保护中性线（PEN），如图 3–1–4 所示。

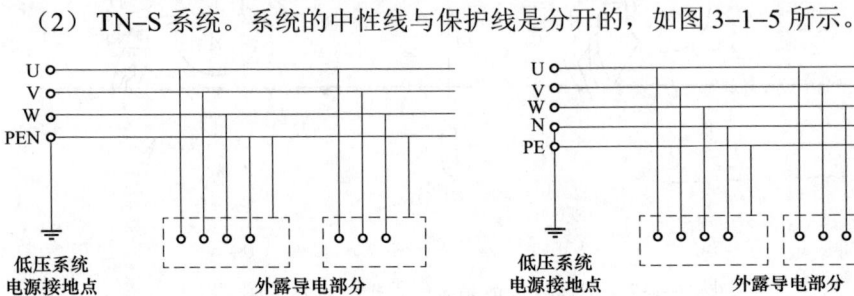

（2）TN–S 系统。系统的中性线与保护线是分开的，如图 3–1–5 所示。

图 3–1–4　TN–C 系统　　　　　　图 3–1–5　TN–S 系统

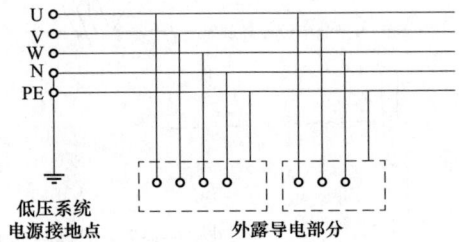

（3）TN–C–S 系统。系统前边是 TN–C 系统，后边是 TN–S 系统（或部分为 TN–S 系统），如图 3–1–6 所示。

2. TT 系统

电源中性点直接接地，电气装置的外露可导电部分用保护接地线（PEE）接至电气上与电力系统的接地点无直接关联的接地极上，如图 3–1–7 所示。

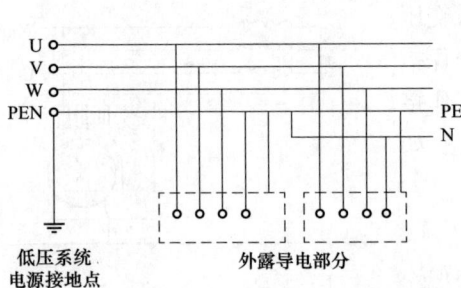

图 3–1–6　TN–C–S 系统　　　　　　图 3–1–7　TT 系统

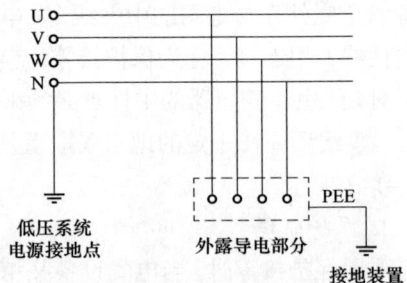

3. IT 系统

电源中性点不接地或经高阻抗接地，电气装置的外露可导电部分用保护接地线（PEE）单独接至接地极上，如图 3-1-8 所示。

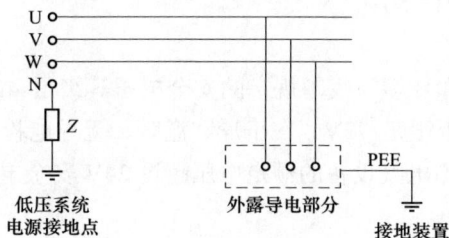

图 3-1-8 IT 系统

【思考与练习】

1. 什么叫保护接地？它适用于什么范围？
2. 在中性点不接地系统中，采用保护接地为什么可以避免发生人体触电？
3. 简述保护接零的原理。

▲ 模块 2 安全电压（Z36E1004 I ）

【模块描述】本模块介绍安全电压。通过概念描述和条文解释，掌握安全电压的概念。

【模块内容】

一、安全电压定义

安全电压是在各种不同环境条件下，人体接触到有一定电压的带电体后，其各部分组织（如皮肤、心脏、呼吸器官和神经系统等）不发生任何损害的电压。它是为了防止触电事故而采用的由特定电源供电的电压系列，是制定安全措施的依据。这个电压系列的上限值，在空载和故障情况下，任何两导体间或任一导体与地之间的电压均不得超过交流（50~500Hz）有效值 50、43、29、15V 和 8V。

二、确定安全电压的依据

安全电压是以人体允许通过的电流与人体电阻的乘积来表示的。一般情况下，人体的允许电流可以看成是受电击后能摆脱带电体而解除触电危险的电流。人体电阻随条件不同而在很大范围内变化，人体接触电压时，随着电压的升高，人体电阻会下降；人体接触高压时，皮肤因击穿而破裂，人体电阻也会急剧下降。

通常低于 40V 的对地电压可视为安全电压。国际电工委员会规定接触电压的限定值（相当于安全电压）为 50V，并规定在 25V 以下时，不需考虑防止电击的安全措施。接触电压的限定值 50V 就是根据 30mA 人体允许电流和 1700Ω 人体电阻的条件确定的。因此在正常工作或故障情况下，两导体间或任一导体与地之间的电压均不得超过交流（50～500Hz）有效值 50V。

三、安全电压等级

根据我国具体条件和环境，我国规定的安全电压等级是 42、36、24、12、6V 五个等级。直流安全电压上限是 72V。在干燥、温暖、无导电粉尘、地面绝缘的环境中也有使用交流 65V 的。当电气设备的额定电压超过 24V 安全电压等级时，应采取直接接触带电体的保护措施。

四、安全电压的选用

电气设备的安全电压应根据使用场所、操作人员条件、使用方式、供电方式和线路状况等多种因素进行选用，我国对此还无具体规定，一般可结合实际情况选用。目前我国采用的安全电压以 36V 和 12V 较多。当前我国电力系统中使用的安全电压体系有以下几种：

（1）携带式作业灯、隧道照明、机床局部照明、离地面 2.5m 高度的照明，以及部分手持电动工具等，安全电压均采用 36V。

（2）在发电机静子膛内一般采用 24V。

（3）在地方狭窄、工作不便、潮湿阴暗、有导电粉尘、高温等工作场所，以及在金属容器内工作必须采用 12V。

（4）电焊设备的二次开路电压为 65V。

（5）电力电容器在切断电源后应通过放电装置放电，以保证运行和检修人员在停电的电容器上工作时的安全。停电 30s 内，其端电压不得超过 65V。

五、注意事项

不能把 50V 空载上限值作为正常的安全电压额定值，或者认为即使人体长时间直接接触 50V 空载上限值带电体也不会有危险，这是一种误解，当人直接接触 24～42V 电压时，就有一定的危险，此时的人体触电会发生痉挛甚至心室颤动的伤害。在不同环境下人体接触不同电压时的人体电阻和通过人体的电流，如表 3-2-1 所示。不能认为这些电压就是绝对安全的，如果人体在汗湿、皮肤破裂等情况下长时间触及电源，也可能发生电击伤害或者是由于触电刺激而引起的高处坠落、摔伤等二次性伤害事故。

表 3-2-1 在不同环境下人体接触不同电压时人体电阻和通过人体的电流

接触电压（V）	皮肤情况	人体电阻（Ω）	通过人体的电流（mA）
50	干燥	4000	12.5
	潮	2000	25.0
	湿	875	57.1
42	干燥	4200	10.0
	潮	2100	20.0
	湿	900	47.0
36	干燥	4500	8.0
	潮	2250	16.0
	湿	950	36.0
24	干燥	5000	4.8
	潮	2500	9.6
	湿	1000	24.0
12	干燥	6000	2.0
	潮	3000	4.0
	湿	1200	10.0
6	干燥	7000	0.9
	潮	3500	1.7
	湿	1300	4.6

注 人体在"干燥"与"潮"两种状况下获得的人体电阻值，其通电途径为单手至双脚。"湿"状况下获得的人体电阻值，其通电途径为双手至双脚。

【思考与练习】

1. 什么叫安全电压？
2. 我国规定的安全电压等级有哪些？
3. 安全电压是如何确定的？

▲ 模块 3 电气安全距离（Z36E1005 I）

【模块描述】本模块介绍电气安全距离。通过概念描述，掌握电气安全距离的概念和各类电气安全距离的要求。

【模块内容】

一、安全距离的定义及制定原则

当人体过分接近带电体时会造成触电，两个带电体之间由于距离过近也会发生放电或短路现象，在这种情况下只有使带电导体与附近接地的物体、地面、不同相带电导体以及人体之间，保持一定的距离（间隙），当上述各实际距离大于这个距离时，人体及设备才是安全的，这个距离称为安全距离。

安全距离的大小取决于电压的高低、设备的类型、安装的方式等因素。安全距离不仅要保证在各种可能的最大工作电压或过电压的作用下，不发生闪络放电，还应保证工作人员在对设备巡视、操作、维护时的绝对安全。安全距离的确定主要以高压实验中空气间隙的放电特性为依据，同时考虑了在超高压电力系统中的静电感应和高压电场的影响。

二、电气专业规程中规定的安全距离

在电气专业规程中，根据工作需要规定了各种不同的安全距离，这些都可以在有关资料中查到。这些安全距离概括起来主要有以下四个方面。

（1）设备带电部分至接地部分和设备不同相带电部分间的安全距离（A）。上述安全距离，随电压等级不同而异。其具体数值，见表3-3-1。

表3-3-1　　　　　　　各种不同电压等级的安全距离 A 值　　　　　　　　　cm

设备额定电压（kV）		1~3	6	10
带电部分至接地部分（A_1）	屋内（A_{1N}）	7.5	10	12.5
	屋外（A_{1N}）	20	20	20
不同相带电部分之间（A_2）	屋内（A_{2N}）	7.5	10	12.5
	屋外（A_{2N}）	20	20	20

（2）设备带电部分至各种遮拦间的安全距离（B）。因为一般现场遮拦有三种，即栅栏、网状遮拦和板状遮拦，故安全距离也规定了三种，见表3-3-2。

表3-3-2　　　　　　　设备带电部分至各种遮拦的安全距离 B 值　　　　　　cm

设备额定电压（kV）		1~3	6	10
带电部分至栅栏（B_1）	屋内（B_{1N}）	82.5	85	87.5
	屋外（B_{1N}）	95	95	95
带电部分至网状遮拦（B_2）	屋内（B_{2N}）	17.5	20	22.5
	屋外（B_{2N}）	30	30	30
带电部分至板状遮拦（B_3）	屋内（B_{3N}）	10.5	13	15.5

（3）无遮拦裸导体至地面间的安全距离 C 值见表 3-3-3。

表 3-3-3 无遮拦裸导体至地面间的安全距离 C cm

设备额定电压（kV）		1～3	6	10
无遮拦裸导体至地面间距离（C）	屋内（C_N）	237.5	240	242.5
	屋外（C_W）	270	270	270

（4）工作人员在设备维护检修时与设备带电部分间的安全距离 D。考虑到对设备维护检修时的下述三种情况：

1）设备不停电的情况下，仅对设备进行一般性的检查维护。

2）部分设备停电检修，而邻近设备带电运行。

3）在设备上带电作业。

规定了三种安全距离 D_1、D_2、D_3，具体数值见表 3-3-4～表 3-3-6。

表 3-3-4 设备不停电时的安全距离 D_1

电压等级（kV）	安全距离（m）	电压等级（kV）	安全距离（m）
10 以下（13.8）	0.70	20、35	1.00

表 3-3-5 工作人员工作中正常活动范围与带电设备的安全距离 D_2

电压等级（kV）	安全距离（m）	电压等级（kV）	安全距离（m）
10 以下（13.8）	0.35	20、35	0.60

表 3-3-6 带电作业时人身与带电导体间的安全距离正 D_3

电压等级（kV）	10	35
安全距离（m）	0.4	0.6

所谓一般性的检查维护是指清扫设备基础，在已接地的注油设备上取油样，用钳形电流表测量电流等；检查是指巡视检查，在设备的固定遮拦外进行。

在高压设备部分停电检修时，为了保证人身安全，规定了一个基本的安全距离 D_2，要求检修时工作人员正常活动范围与设备带电部分的距离不允许小于 D_2，否则必须将设备全部停电。

因为在带电作业时采取了一系列措施，所以在保证工作人员安全的基础上，安全裕度可适当减小一些，安全距离减小了，作业范围扩大了，过去必须停电才能检修的工作，有的在带电情况下也可以进行，因而大大减少了停电次数。

三、电力线路间距

1. 架空线路

架空线路所用导线可以是裸线，也可以是绝缘线，但即使是绝缘线，若是露天架设，导线绝缘也会因导线发热和经风吹日晒老化而极易损坏。因此，架空线路的导线与地面、各种工程设施、建筑物、树木、其他线路之间，以及同一线路的导线与导线之间均应保持一定的安全距离。除新安装的线路或大修后的线路外，运行中的旧线路也应保持足够的安全距离。

（1）架空线路导线与地面或水面的安全距离，不应低于表 3–3–7 所列数值。

（2）架空线路导线与建筑物的安全距离。架空线路应尽量避免跨越建筑物，尤其不应跨越用燃烧材料作屋顶的建筑物。如架空线路必须跨越建筑物时，应与有关主管部门取得联系并征得同意。架空线路与建筑物的距离不应低于表 3–3–8 的数值。

表 3–3–7 　　　　　　架空线路导线与地面或水面的最小距离 　　　　　　　　m

线路经过地区	线路电压（kV）		
	1 以下	10	35
居民区	6	6.5	7
非居民区	5	5.5	6
不能通航的河、湖（至冬季水面）	5	5	5.5
交通困难地区	4	4.5	5

表 3–3–8 　　　　　　架空线路导线与建筑物的最小距离 　　　　　　　　m

线路电压（kV）	1 以下	10	35
垂直距离	2.5	3.0	4.0
水平距离	1.0	1.5	3.0

（3）架空线路导线与街道或厂区树木的安全距离不应低于表 3–3–9 的数值。

表 3–3–9 　　　　　　架空线路导线与街道或厂区树木的最小距离 　　　　　　　　m

线路电压（kV）	1 以下	10	35
垂直距离	1.0	1.5	3.0
水平距离	1.0	1.5	

（4）架空线路导线间的最小安全距离不得低于表 3–3–10 所列数值。

表 3-3-10 架空线路导线间最小距离 m

电压	挡距								
	40 及以下	50	60	70	80	90	100	110	120
高压	0.6	0.65	0.7	0.75	0.85	0.9	1.0	1.05	1.15
低压	0.3	0.4	0.45	0.5					

（5）同杆线路的导线间最小安全距离。几种线路同杆架设时应与有关主管部门联系并取得同意，而且必须保证电力线路在通信线路上方，高压线路在低压线路上方。其线路间距不应低于表 3-3-11 所列数值。

表 3-3-11 同杆线路的导线间最小距离 m

项目	直线杆	分支或转角杆
10kV 与 10kV	0.8	0.45、0.60[①]
10kV 与低压	1.2	1.0
低压与低压	0.6	0.3
低压与弱压	1.5	1.2

① 转角或分支线横担距上面的横担采用 0.45m，距下面的横担采用 0.6m。

2. 接户线和进户线

接户线是指从配电网到客户进线处第一个支持物之间的一段导线；进户线是指从接户线引入到室内之间的一段导线。其安全距离分述如下：

（1）10kV 接户线对地距离不应小于 4.5m。

（2）低压接户线对地距离不应小于 2.75m。

（3）低压接户线跨越通车街道时，对地距离不应小于 6m；跨越通车困难的街道或人行道时，不得小于 3.5m。

（4）低压接户线与建筑物有关部分的距离，不应小于下列数值：

1）与接户线下方窗户的垂直距离 30cm。

2）与接户线上方阳台或窗户的垂直距离 80cm。

3）与窗户或阳台的水平距离 75cm。

4）与墙壁、构架的距离 5cm。

另外，低压接户线的挡距不宜越过 25m，挡距超过 25m 时宜设接户杆。

（5）低压接户线的线间距离不应小于表 3-3-12 所列数值。

表 3-3-12　　　　　　　　低 压 接 户 线 间 距 离　　　　　　　　　m

架设方式	挡距	线间距离
自电杆上到下	25 及以下	15
	25 以上	20
沿墙敷设	6 及以下	10
	6 以上	15

（6）低压进户线进线管口对地面距离不应小于 2.75m；高压一般不应小于 4.5m；进户线进线管口与接户线端头之间的距离一般不应超过 0.5m。

【思考与练习】

1. 什么叫安全距离？

2. 安全距离的大小取决于哪些因素？

3. 在电气专业规程中，规定了哪些不同的安全距离？

▌ 模块 4　电气火灾的预防与施救（Z36E1006 Ⅰ）

【模块描述】本模块介绍电气火灾的预防和施救。通过定性分析，了解电气火灾的形成、电气火灾的特点，掌握电气火灾的预防及正确扑救的方法。

【模块内容】

在电力生产过程中，不可避免地存在许多引起火灾和爆炸的因素。燃烧的实质是伴随有热和光的强烈的氧化反应。它的发生必须具备三个基本要素：可燃物质、助燃物质（氧化剂）和着火源。这三个要素必须同时存在并相互作用才能发生燃烧。然而电气设备的绝缘大多数是采用易燃物（绝缘纸、绝缘油等）组成。火电厂的煤、煤粉及发电机冷却用的氢气等都是易燃物，它们在导体经过电流时的发热、开关产生的电弧及系统故障时产生的火花（着火源）的作用下，极易发生火灾和爆炸。若不采取切实的预防措施及正确的扑救方法则会酿成严重的灾难。

一、电气火灾及其特点

电气火灾是指由电气原因引起的超出有效控制范围而形成灾害的燃烧。电气火灾的原因主要有过负荷、短路、静电、雷电、电火花和电弧、导线接触不良等。电气火灾可能造成人身伤亡和设备损坏、财产损耗，还可能造成电力系统事故，引起大面积、长时间停电。

电气火灾有以下两个特点：① 着火后电气装置或设备可能仍然带电，而且因电气绝缘损坏或带电导线断落接地，在一定范围内会存在跨步电压和接触电压，如果不注意，可能引起触电事故；② 有些电气设备内部充有大量油（如电力变压器、电压互感器等），着火后受热，油箱内部压力增大，可能会发生喷油，甚至爆炸，造成火灾蔓延。

二、电气设备的防火防爆措施

1. 预防变压器火灾和爆炸的措施

（1）防火（防爆）技术措施。

1）预防变压器绝缘击穿。

2）预防铁芯多点接地及短路。

3）预防套管闪络爆炸。

4）预防引线及分接开关事故。

5）加强油务管理和监督。对油应定期做预防性试验和色谱分析，防止变压器油劣化变质；变压器油尽可能避免与空气接触。

（2）防火（防爆）常规措施。

1）加强变压器的运行监视。

2）保证变压器的保护装置可靠运行。

3）保持变压器的良好通风。

4）设置事故蓄油坑。

5）建防火隔墙或防火防爆建筑。

6）设置消防设备。

2. 电动机的防火措施

（1）根据电动机工作环境的防火要求，选择合适的电动机。

（2）电动机周围不得堆放杂物，电动机及其启动装置与可燃物之间应保持适当距离，以免引起火灾。

（3）检修后及停电超过 7 天以上的电动机，启动前应测量其绝缘电阻，以防不合格投入运行后，因绝缘受潮发生相间短路或对地击穿而烧坏电动机。

（4）电动机启动应严格执行规定的启动次数和启动间隔时间，避免频繁启动。

（5）加强运行监视。

（6）发现缺相运行时，应立即切断电源，防止电动机缺相运行时过载发热起火。

（7）电动机一旦起火，应立即切断电源，用电气设备专用灭火器进行灭火。

3. 电力电缆的防火防爆措施

（1）选用满足热稳定要求的电缆。

（2）防止运行过负荷。

（3）遵守电缆敷设的有关规定。

（4）定期巡视检查。

（5）严密封闭电缆孔、洞和设置防火门及隔墙。

（6）剥去非直埋电缆外表黄麻保护层。

（7）保持电缆隧道清洁，并适当通风。

（8）保持电缆隧道或沟道有良好照明。

（9）防止火种进入电缆沟内。

（10）定期进行检修和试验。

三、电气火灾的扑救

1. 切断电源

发生电气火灾时，首先设法切断着火部分的电源，切断电源时应注意下列事项：

（1）切断电源时应使用绝缘工具操作。因发生火灾后，开关设备可能受潮或被烟熏，其绝缘强度大大降低，因此，拉闸时应使用可靠的绝缘工具，防止操作中发生触电事故。

（2）切断电源的地点要选择得当，防止切断电源后影响灭火工作。

（3）要注意拉闸的顺序。对于高压设备，应先断开断路器，后拉开隔离开关；对于低压设备，应先断开低压断路器，后断开隔离开关或熔断器，以免引起弧光短路。

（4）当剪断低压电源导线时，剪断位置应选在电源方向的支持绝缘子附近，以免断线线头下落造成触电伤人，发生接地短路；剪断非同相导线时，应在不同部位剪断，以免造成人为短路。

（5）如果线路带有负荷，应尽可能先切除负荷，再切断现场电源。

2. 断电灭火

在着火电气设备的电源切断后，扑灭电气火灾的注意事项如下：

（1）灭火人员应尽可能站在上风侧进行灭火。

（2）灭火时若发现有毒烟气（如电缆燃烧时），应戴防毒面具。

（3）灭火过程中，若灭火人员身上着火，应就地打滚或撕脱衣服，不得用灭火器直接向灭火人员身上喷射，可用湿麻袋或湿棉被覆盖在灭火人员身上。

（4）在灭火过程中应防止全厂（站）停电，以免给灭火带来困难。

（5）在灭火过程中，应防止上部空间可燃物着火落下危害人身和设备安全，在屋顶上灭火时，要防止高空坠落"火海"中。

（6）室内着火时，切勿急于打开门窗，以防空气对流而加重火势。

3. 带电灭火

在来不及断电或由于生产或其他原因不允许断电的情况下，需要带电灭火。带电灭火的注意事项如下：

（1）根据火情适当选用灭火剂。由于未停电，应选用不导电的灭火剂。如手提灭火器使用的二氧化碳、四氯化碳、二氟一氯一溴甲烷（1211）、二氟二溴甲烷或干粉等灭火剂都是不导电的，可直接用来带电喷射灭火。泡沫灭火器使用的灭火剂有一定导电性，且对电气设备的绝缘有腐蚀作用，不宜用于带电灭火。

（2）采用喷雾水枪灭火。用喷雾水枪带电灭火时，通过水柱的泄漏电流较小，比较安全；若用直流水枪灭火，通过水柱的泄漏电流会威胁人身安全。为此，直流水枪的喷嘴应接地，灭火人员应戴绝缘手套，穿绝缘鞋或均压服。

（3）灭火人员与带电体之间应保持必要的安全距离。用水灭火时，水枪喷嘴至带电体的距离为 110kV 及以下不小于 3m，220kV 及以上不小于 5m。用不导电灭火剂灭火时，喷嘴至带电体的最小距离为 10kV 不小于 0.4m，35kV 不小于 0.6m。

（4）对高空设备灭火时，人体位置与带电体之间的仰角不得超过 45°，以防导线断线危及灭火人员人身安全。

（5）若有带电导线落地，应划出一定的警戒区，防止跨步电压触电。

4. 充油设备灭火

绝缘油是可燃液体，受热气化还可能形成很大的压力造成充油设备爆炸。因此，充油设备着火有更大危险性。

充油设备外部着火时，可用不导电灭火剂带电灭火。如果充油设备内部故障起火，则必须立即切断电源，用冷却灭火法和窒息灭火法使火焰熄灭，即使在火焰熄灭后，还应持续喷洒冷却剂直到设备温度降至绝缘油闪点以下，以防止高温使油气重燃造成重大事故。

如果油箱已经爆裂，燃油外泄，可用泡沫灭火器或黄沙扑灭地面和贮油池内的燃油，注意采取措施防止燃油蔓延。

发电机和电动机等旋转电机着火时，为防止轴和轴承变形，应使其慢慢转动，可用二氧化碳、二氟一氯一溴甲烷或蒸汽灭火，也可用喷雾水灭火。用冷却剂灭火时注意使电机均匀冷却，但不宜用干粉、砂土灭火，以免损伤电气设备绝缘和轴承。

四、电气防火的一般措施

（1）改善环境条件，排除易燃易爆物质。防止易燃易爆物质的泄漏，对存有易燃易爆物质的容器、设备、管道、阀门要加强密封，杜绝易燃易爆物质的泄漏，从而消除火灾和爆炸事故的隐患；保持环境卫生，在有易燃易爆物质的场所一定要保持良好通风，把易燃易爆物质的浓度降低到爆炸极限以下，才能达到有火不燃、有火不爆的效果；加强对易燃易爆物质的管理，严禁带进火种，实行严格的进出人制度。

（2）强化安全管理，排除电气火源。排除电气火源就是消除或避免电气线路、电气设备在运行中产生电火花、电弧和高温。

（3）土建的要求。电气建筑应采用耐火材料，如配电室、变压器室应满足耐火等级的要求。隔墙应采用防火材料。充油设备之间应保持防火距离，当间距不能满足要求时，其间应装设耐火的防火隔墙；为了防止充油设备发生火灾时火势的蔓延，应为充油设备设置储油和排油设备。在容易引起火灾的环境要在显著位置装配灭火器和消防工具。

（4）防止和消除静电火花。一方面要选择适当的设备或材料限制流体速度和物体间的摩擦强度以减少静电的产生和积累；另一方面，采用静电接地、抗静电添加剂、静电中和器等方法消除物体上产生的静电，避免静电火花的产生。

【思考与练习】

1. 什么叫电气火灾？有何特点？发生电气火灾的危害如何？

2. 电气防火防爆一般性措施有哪些？

3. 发生电气火灾时，如何设法切断着火部分的电源？

模块 5　线路设备安全用电检查（Z36E1007Ⅱ）

【模块描述】本模块介绍线路设备安全用电检查种类。通过填写内容要点及要求讲解，了解线路设备安全检查的特点，掌握线路设备安全用电检查的方法。

【模块内容】

安全检查工作是供电所的一项重要工作，是发现问题制定整改计划的依据，是推进安全管理水平的一种有效手段，通过对设备、电网、规章制度等方面定期和不定期检查，达到及时发现事故隐患、有效控制事故发生的目的。

一、供电所安全检查工作组织和要求

1. 定期检查

（1）根据供电企业下达春（秋）查计划安排，制定供电所安全检查计划，落实任务，明确责任项目、工作进度和要求；

（2）组织实施安全大检查计划项目，供电所所长和安全员不间断进行监督检查，并按项目分类及时填写《春秋查实施情况记录》；

（3）召开月度分析会，检查和小结春秋查实施情况；

（4）计划任务完成后，及时总结，以书面形式向主管部门报告安全检查情况。

2. 不定期检查

（1）由供电所内部组织，制定抽查内容及具体要求；

（2）由安全员组织抽查，所长监督，填写安全检查记录；

（3）在月度分析会上，对查出的问题制定整改措施；

（4）整改结束后进行总结考核。

二、安全大检查内容

1. 例行检查内容

（1）检查个人安全工器具保管、使用情况；

（2）检查"两票""三制"执行情况；

（3）检查现场安全措施执行情况；

（4）检查线路设备问题整改落实情况；

（5）检查客户安全情况。

2. 定期检查内容

春秋查是全方位大检查，春查是以防止雷击伤害为主要内容的综合性安全大检查；秋查是以防止冰冻和污闪伤害为主要内容的季节性大检查。

（1）安全管理工作检查；

（2）查领导的安全意识；

（3）查各级人员安全思想是否牢固；

（4）查规章制度执行情况；

（5）查劳动纪律遵守情况；

（6）查安全工器具配置、保管使用和执行情况。

3. 设备状态检查

（1）设备检修（停电式状态检修）清扫检查；

（2）设备预防性试验；

（3）查防雷设备的投入，防冰害装置的投入。

【思考与练习】

1. 供电所安全大检查中例行检查的内容主要有哪些？

2. 供电所安全大检查中春秋查有哪些项目？

3. 供电所安全大检查有哪几种形式？

第四章

安全活动与分析

◢ 模块 1　供电所安全活动（Z36E1008Ⅱ）

【模块描述】本模块介绍供电所安全活动的组织要求以及开展安全活动的内容形式，通过开展安全活动全面提升供电所的安全管理水平。

【模块内容】

每周（星期）进行一次的安全活动，是对全体职工进行安全思想教育的有效方法，是提高职工安全意识、消除不安全因素、预防事故发生的有力措施，供电所所长应切实抓好落实。

（1）安全活动的组织和要求：

1）所长组织并主持安全日活动，按照本企业规定的时间进行（一般在每周最后一个工作日下午），因特殊工作不能按规定进行的，可提前或推后 1~2 天进行。每次活动不少于 2h。

2）安全活动情况记录在《安全活动记录》中，记录的内容应详实具体。

3）安全活动内容要紧扣当前安全形势和生产任务，防止流于形式。

4）所长和安全员要定期检查安全活动情况，提出改进意见或评价。

（2）安全活动的内容：

1）供电所及个人一周来的安全情况小结；

2）对本所发生的"未遂"和"异常"，按"四不放过"的原则认真分析，制定防范措施；

3）总结现场安全工作中的好人好事；

4）学习安全规程、事故通报、安全简报以及有关安全方面的上级文件，并结合本所实际认真分析讨论，制定贯彻落实的措施；

5）对本所辖区内设备的运行情况和设备缺陷进行分析、提出对策；

6）根据下周生产安排，讨论制定安全措施和明确注意事项；

7）对安全工器具进行检查；

8）对"两票"的填写和执行情况进行检查分析；

9）进行技术回答、现场考问、反事故演习；

10）《安规》、"安措"的考试及问答等。

安全活动内容不限以上几项，可根据实际情况充实。

【思考与练习】

1. 供电所安全活动的组织和要求是什么？

2. 供电所安全活动的主要内容是什么？

3. 供电所安全活动的目的是什么？

▲ 模块 2　供电所安全教育培训（Z36E1009Ⅱ）

【模块描述】本模块介绍供电所安全教育培训的形式，通过填写内容要点及要求讲解，掌握供电所安全教育培训的方法。

【模块内容】

安全教育培训是提高职工安全思想意识，提高安全作业技能的重要措施，供电所要根据实际情况，有计划地开展安全教育和培训工作。每位农电工应熟知 DL/T 493—2015《农村低压安全用电规程》、DL/T 477—2010《农村低压电气安全工作规程》、DL/T 499—2001《农村低压电力技术规程》，经考试合格后持证上岗。

一、安全教育培训的组织

（1）制定年度安全教育培训计划，明确培训的内容、时间、进度和要求，并如期执行。安全教育培训计划可列在"安措"计划中。

（2）所长和安全员负责组织并督促检查安全教育培训工作，每年对安全教育培训情况进行总结、分析和评价。

（3）每次进行安全教育培训工作后，应及时填写《安全培训记录》。

二、安全教育培训的形式

（1）举办专题培训班或参加上级举办的培训班。

（2）专题技术讲座。

（3）反事故学习。

（4）专业技术比武。

（5）技术问答。

（6）《安规》考试。

三、安全教育培训的主要内容

（1）安全规程、安全措施的研讨。

（2）登高作业、安全工器具的正确使用等标准化作业培训、训练。

（3）专业安全工作方法研讨。

（4）防火知识及消防器材的应用。

（5）新技术、新工艺、新材料的安全运用。

（6）触电急救常识。

【思考与练习】

1. 供电所安全教育培训的形式主要有哪些？

2. 供电所安全教育培训的主要内容有哪些？

3. 如何组织供电所安全教育培训？

▲ 模块3　供电所安全分析（Z36E1010Ⅲ）

【模块描述】本模块介绍供电所安全统计分析的形式，通过填写内容要点及要求讲解，掌握供电所安全统计分析的方法。

【模块内容】

每月进行安全分析，是供电所及时查找安全管理工作的薄弱环节，不断提高安全管理水平的重要工作，必须认真执行。

一、安全分析会的组织

（1）安全分析会由供电所安全员组织，供电所所长主持，每月定期召开。

（2）供电所管理人员、班组长及班组安全员均应参加安全分析会。

（3）安全分析会的会议情况由供电所安全员负责记录并妥善保存，会议记录可以采用《安全活动记录》，记录内容应详实准确。

二、安全分析会的主要内容

（1）各班组汇报本班组当月安全情况，内容包括：安全措施执行情况，设备运行情况，"两票"和"两措"执行情况，安全工器具检查情况，主要的成绩和存在的问题。

（2）供电所安全员汇报全所安全情况，内容包括：现场安全检查情况，违章查处情况，"两票"和"两措"评价情况，月度安全工作计划执行情况，交通和防火设施检查情况，事故、障碍、异常的调查、分析情况和今后防范措施等。

（3）所长对全月安全情况进行全面总结。肯定成绩，表扬在安全管理工作中的好人好事。指明问题，明确改进的措施。提出下一月度安全管理重点工作内容和要求。

三、安全分析会会后的工作：

（1）供电所安全员根据会议结论，制定下一月度安全工作计划，下发执行。

（2）供电所安全员按规定填报以下报表：

1)《农村触电死亡事故分类统计月（年）报表》；

2)《农电生产人身事故分类统计月（年）报表》；

3)《农村生产事故（率）统计月（年）报表》；

4)《主变压器/配电变压器烧毁情况年报表》；

5)《配电线路事故（障碍）报表》；

6)《人身轻伤（障碍）统计月报表》；

7)《"安措"完成情况季度报表》；

8)《反事故技术措施完成情况报表》；

9)《未遂（异常）统计月报表》；

10)《（　）月份"两票"报表》；

11)《"两票"管理考核统计月报表》；

12)《火灾情况季报表》；

13)《交通违章、肇事月报表》；

14)《季度"反措"及运行工作计划》。

注：1)～4)项年末填报；5)～12)项每季末填报；13)、14)项每月/季填报。

上述报表经供电所所长审核后上报上级主管部门。

【思考与练习】

1. 供电所安全分析会的主要内容是什么？

2. 供电所安全员按规定需要填报哪些报表？

3. 供电所安全分析会如何组织？

第二部分

营 业 业 务

第五章

业务受理与业务扩充

▶ 模块 1　业务扩充的内容（Z36F1001Ⅰ）

【模块描述】本模块包含业扩报装的定义和业扩报装的内容。通过概念描述、术语说明、要点归纳，掌握业务扩充的主要内容。

【模块内容】

正确理解业扩的内容是确保业扩报装的质量、提高业扩报装效率的重要因素，本节主要介绍业扩的定义和内容。

一、业务扩充的定义

业务扩充（即业扩或业扩报装），是电力企业营业工作中的习惯用语，即为新装和增容客户办理各种必需的登记手续和一些业务手续。业务扩充是供电企业电力供应和销售的受理环节，是电力营销工作的开始。

二、业务扩充的主要内容

业务扩充工作的主要内容包括：

（1）受理客户新装、增容和增设电源的用电业务申请。

（2）根据客户和电网的情况（通过现场查勘），制订供电方案。

（3）组织因业务扩充引起的供电设施新建、扩建工程的设计、施工、验收、启动。

（4）对客户内部受电工程进行设计审查、中间检查和竣工验收。

（5）签订供用电合同。

（6）装表接电。

（7）汇集整理有关资料并建档立户。

三、新装用电和增加用电

（1）新装用电。供电所的业扩工作主要是低压新装，低压新装也是供电所增供扩销的一个重要途径。新装用电指要求用电的申请者就所需用电容量，申请与供电企业建立长期的供用电关系。

（2）增加用电。增加用电容量指原有用户由于原协议约定的用电容量或注册容量不能满足用电需要，申请在原约定用电容量的基础上增加新的用电容量。

【思考与练习】

1. 什么是业务扩充？

2. 业务扩充的主要内容包括哪些？

3. 什么是增容？

▶ 模块2 日常营业工作（Z36F1002Ⅰ）

【模块描述】本模块包含日常营业管理类工作和服务类工作的主要内容。通过分类介绍，熟悉日常营业工作的主要内容。

【模块内容】

所谓"日常营业"是供电企业日常受理运行中电力客户各种用电业务工作的统称。它与"业务扩充，电费抄、核、收管理"三位一体，构成了整个电力营销管理工作的全过程。"日常营业"在电力营销活动工作中，是一个承前启后的环节，是沟通电力供需渠道的桥梁，不仅对电力企业内部工作起到协调作用，而且成为各道工序之间联系的纽带。

供电所日常营业工作的主要内容分为两大类：

1. 管理性质

属于管理性质的有：用电单位改变或用户名称变更；用电容量变动；用电性质、行业、用途发生变动；电能计量装置变更；违约用电行为稽查工作；对临时供用电及转供用电的管理等。

（1）营业普查。针对客户用电情况专项检查或对某台区客户用电进行全面检查，主要检查客户用电性质、容量以及用电主体有无变更；检查客户计量装置有无异常；检查客户有无违约用电、窃电行为；检查临时用电及转供电情况。

（2）指标分析。主要对供电所线损、售电收入、平均电价等经济技术指标分析，针对原因提出整改措施及意见。

2. 服务性质

属于服务性质的有：受理客户申请、客户档案建立、费用收取、解答客户咨询、信息查询、报修、处理和接待客户来电、来信、来访，排解用电纠纷等。

（1）受理客户申请。客户办理申请用电或变更用电时，指导客户填写工作传票，告知客户应具备的相关证件及资料。

（2）客户档案建立。包括客户电子档案及纸质档案按照要求进行分类归档。

（3）费用收取。供电所营业场所收取电费、业务费，收取方式有现金、支票等。

（4）咨询。主要体现在停电查询、业扩进程及其他用电业务查询、电量电费查询、电价政策查询等。

（5）受理报修。主要根据客户提供的故障报修初步判断故障原因及类型，如客户内部故障向客户解释资产分界管理相关规定，电话引导客户排除故障，必要时协助客户联系维护单位处理；属于非故障类停电的，如欠费停电、计划停电等，向客户说明解释清楚；无法判断或属于供电企业维修范围的故障，联系相关班组或人员尽快处理。

（6）客户回访。完成装表接电后向客户征询供电企业服务态度、流程时间、装表质量等意见，准确记录回访结果；客户报修后，对于属于供电企业维修范围的故障，在工作人员消除故障后进行电话回访。

（7）处理和接待客户来电、来信、来访，排解用电纠纷，详细记录客户来电、来访、来信内容，转递到相关人员处理，对处理过程进行跟踪、催办，对于不能处理的要将信息及时反馈到客户并说明原因，形成闭环管理。

【思考与练习】

1. 日常营业指的是什么？
2. 日常营业工作中属于管理性质的有哪些工作？
3. 日常营业工作中属于服务性质的有哪些工作？

▲ 模块 3 供电方案的确定与审批（Z36F1003Ⅱ）

【模块描述】本模块包含现场勘察的内容、确定低压供电方案的依据、供电方案所要明确的内容、供电所答复客户供电方案的时限、供电方案的有效期等内容。通过概念描述、术语说明、案例介绍，掌握确定供电方案的基本知识。

【模块内容】

供电方案主要是解决供多少、如何供的问题，供电方案的正确与否将影响电网的结构与运行是否合理、灵活，用电的供电可靠性是否得到满足等。因此，正确的供电方案是确保安全、稳定、经济、合理供电和用电的重要环节，也为正确执行电价分类、正确安装电能计量装置、合理收费等工作创造必要的条件。

一、现场勘察

必须经过现场勘察以后才能确定供电方案，注意客户的用电地点、用电设备容量、供电电压、客户用电性质和执行电价类别，供电区域内电网结构、用电的可行性和安全性、电能计量方式和计量装置的安装地点、客户提供的资料的真实性、有无影响系统电能质量的设备等。

二、确定供电方案

1. 确定供电方案的基本原则

（1）应能满足供用电安全、可靠、经济、运行灵活、管理方便的要求，并留有发展裕度。

（2）符合电网建设、改造和发展规划的要求；满足客户近期、远期对电力的需求，具有最佳的综合经济效益。

（3）具有满足客户需求的供电可靠性及合格的电能质量。

（4）符合相关国家标准、电力行业技术标准和规程，以及技术装备先进要求，并应对多种供电方案进行技术经济比较，确定最佳方案。

2. 确定供电方案的基本要求

（1）根据客户的用电容量、用电性质、用电时间，以及用电负荷的重要程度，确定高压供电、低压供电、临时供电等供电方式。

（2）根据用电负荷的重要程度确定多电源供电方式，提出保安电源、自备应急电源、非电性质的应急措施的配置要求。

（3）客户的自备应急电源、非电性质的应急措施、谐波治理措施应与供用电工程同步设计、同步建设、同步投运、同步管理。

3. 确定低压供电方案的依据

低压新装根据客户的用电申请要求、性质以及现场勘察的信息确定供电方案。

4. 供电方案所要明确的内容

供电方案要确定客户的供电容量、供电电压、供电方式、电能计量方式、供电电源点、供电线路路径、客户用电性质及执行电价类别等。

5. 供电所答复客户供电方案的时限

供电所答复客户供电方案的时限要遵守供电服务承诺的约定，根据国家电网公司公布的供电服务"十项承诺"的规定，供电方案答复期限为：居民客户不超过 3 个工作日，低压电力客户不超过 7 个工作日，高压单电源客户不超过 15 个工作日，高压双电源客户不超过 30 个工作日。

三、供电方案的有效期

《供电营业规则》第二十一条规定：供电方案的有效期是指从供电方案正式通知书发出之日起至受电工程开工日为止。高压供电方案的有效期为 1 年，低压供电方案的有效期为 3 个月，逾期注销。客户遇有特殊情况，需延长供电方案有效期的，应在供电方案有效期到期前 10 天向供电企业提出申请，供电企业应视情况予以办理延长手续，但延长时间不得超过上述规定期限。

四、举例

【例 5-3-1】 一农村居民客户新建一栋两层居民楼房，向供电所申请用电，受理后，供电所工作人员到客户处勘察，了解客户用电地址、设备及供电情况，列出客户用电设备清单，确定了该用电容量合计为 15kW，经过分析，附近的配电变压器容量和线路容量可以接入该客户的设备容量，确定由××台区变压器和 380V×× I 线供电，搭头位置（××线××号杆处）、新架 1 基 8m 低压电杆，新架线路长度 50m，单回路供电，计量方式为低供低计，电能表安装位置在 1 楼户外左边窗户上部，安装预购电能表，用电性质为居民生活照明用途等。居民照明用电申请表见表 5-3-1。

表 5-3-1　　　　　　　　　　居民照明用电申请表

××××年××月××日　　　　　　　　　　　　　　　　　　低××字第××号

户名：×××				用电地址：×××		
联系人：×××	电话：×××			通信地址：×××		
邮政编码：×××	预计用电时间：××××年××月××日			行业分类：居民生活照明		
新增装设备明细表	建筑名称	建筑面积（m²）	照明用电（kW）	空调用电（kW）	家用电器（kW）	其他电器设备（kW）	总计设备容量（kW）
	二层小楼	300	4	3	6	2	15
	合计	300	3	3	6	4	15
原装设备	建筑名称	建筑面积（m²）	照明用电（kW）	空调用电（kW）	家用电器（kW）	其他电器设备（kW）	总计设备容量（kW）
	合计						
原装电能表：							
备注：经现场勘察核实用电容量为 15kW，确定由××台区变压器、380V×× I 线供电，搭头位置（×× I 线××号杆处）、新架 1 基 8m 低压电杆，新架线路长度 50m，单回路供电，计量电能表安装位置在 1 楼户外左边窗户上部，安装 40（A）预购电能表一块。							
本人对申请书所填写内容真实性负责，并遵守《居民生活用电须知》。申请人签名：×××　　　　　　　　　　　　　　　　　　　申请日期××××年××月××日							

说明：1. 请逐栏填写清楚。

　　　2. 增容客户需持原供用电合同。

　　　3. 家用电器是指彩电、冰箱、电风扇、电炊具、电热器等。

【思考与练习】

1. 现场勘察需要注意哪些事项？

2. 供电所答复客户供电方案的时限是如何规定的？

3. 供电方案有效期是如何规定的？

模块 4 低压用电工程验收项目及标准（Z36F1004 Ⅱ）

【模块描述】 本模块包含低压用电工程验收项目、验收条件、验收标准及验收准备等内容。通过概念描述、要点归纳，掌握低压用电工程验收项目及标准。

【模块内容】

一、验收时间

低压客户工程施工结束以后，由供电所组织验收。

二、验收条件

（1）工程项目按设计规定全部竣工。

（2）自验收合格。

（3）竣工验收所需资料已准备齐全。

三、验收项目

（1）工程施工是否依照施工图纸、设计说明和施工要求并按照相关规范进行施工，工程中发生的施工变更是否按规定程序进行。

（2）工程量是否全部完成。

（3）工程决算资料。

（4）所用设备材料质量是否符合规定要求。

（5）施工工艺是否达标，有无安全隐患。

（6）工程相关档案资料收集、整理是否齐全。

（7）各种电气设备试验是否合格、齐全。

（8）变电站（室）土建是否符合规定标准。

（9）全部工程是否符合安全运行规程以及防火规范等。

（10）安全工器具是否配备齐全，是否经过试验。

（11）操作规程、运行值班制度等规章制度的审查。

（12）作业电工、运行值班人员的资格审查。

四、验收标准

（1）工程建设批复、规划、设计等相关文件资料。

（2）DL/T 499—2001《农村低压电力技术规程》。

（3）DL/T 477—2010《农村低压电气安全工作规程》。

（4）相关规程。

五、验收准备

工程施工结束后，施工单位必须首先进行自验收，验收合格后提供工程竣工图、隐蔽工程记录、设备材料使用清单等资料，提交竣工申请报告，申请验收。

【思考与练习】

1. 低压用电工程验收应选择在什么时间？

2. 低压用电工程验收哪些项目？

3. 低压用电工程如何申请验收？

▲ 模块 5 变更用电的内容（Z36F1005Ⅱ）

【模块描述】本模块包含变更用电业务的概念、内容和注意事项等内容。通过概念描述、要点归纳，掌握各项变更用电的工作内容。

【模块内容】

变更用电是电力营业部门日常性工作，具有项目多、范围广、服务性强及政策性强的特点。它的主要对象是已用电的各类正式用电客户。

一、变更用电

变更用电业务指客户在不增加用电容量和供电回路的情况下，由于自身经营、生产、建设、生活等变化而向供电企业申请，要求改变原《供用电合同》中约定的用电事宜的业务。

二、变更用电业务的内容

（1）减少合同约定的用电容量（简称减容）。

（2）暂时停止全部或部分受电设备的用电（简称暂停）。

（3）临时更换大容量变压器（简称暂换）。

（4）迁移受电装置用电地址（简称迁址）。

（5）移动受电计量装置安装位置（简称移表）。

（6）暂时停止用电并拆表（简称暂拆）。

（7）改变客户的名称（简称更名或过户）。

（8）一户分列为两户及以上的客户（简称分户）。

（9）两户及以上客户合并为一户（简称并户）。

（10）合同到期终止用电（简称销户）。

（11）改变供电电压等级（简称改压）。

（12）改变用电类别（简称改类）。

三、变更用电的注意事项

（1）客户需要变更用电时，应事先提出申请，并携带有关证明文件及原《供用电合同》，到供电企业用电营业厅办理手续，变更《供用电合同》。

（2）凡不办理手续而私自变更的，均属于违约行为，应按违约用电有关规定处理。

（3）供电企业不受理临时用电客户的变更用电事宜，临时用电客户不在办理变更用电的范围。

（4）从破产用电客户分离出去的新户，必须在还清原破产用电客户电费和其他债务后，方可办理用电手续。否则，供电企业可按违约用电处理。

四、变更用电业务的办理

（一）变更用电工作流程

供电所根据客户变更需求，在业务办理权限范围内，开展低压变更用电业务。低压变更用电工作流程如图 5-5-1 所示。受理客户需求后，进行现场勘察、制定方案，然后进入审批环节。若审批通过，则进行实施、验收、重新签订《供用电合同》（或解除合同）；若审批未通过，则通知客户并填写值班记录。

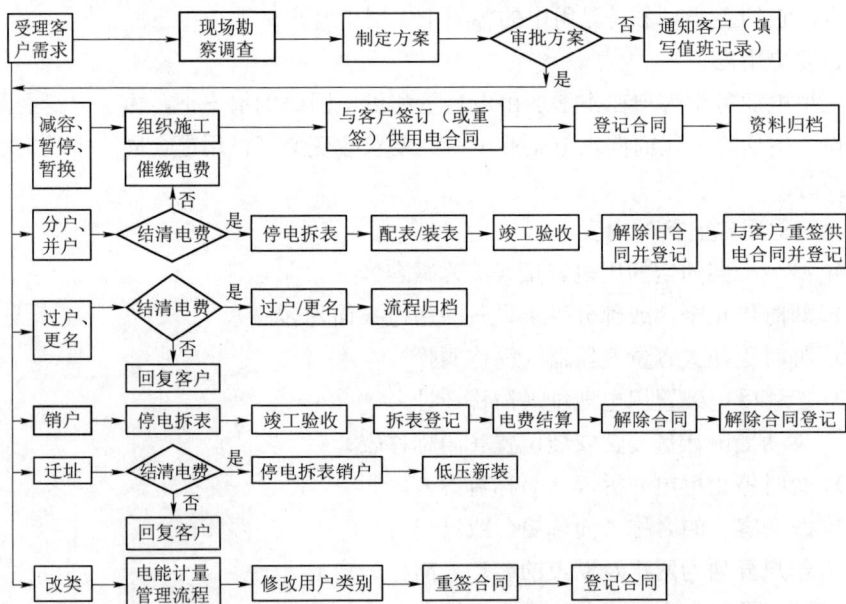

图 5-5-1　低压变更用电工作流程图

（二）办理变更用电的规定

1. 减容

客户申请减容，须在 5 天前向供电企业提出申请。供电企业应按下列规定办理：

（1）减容必须是整台或整组变压器的停止或更换小容量变压器用电。供电企业在受理之后，根据客户申请减容的日期对设备进行加封。从加封之日起，按原计费方式减收其相应容量的基本电费。但用户申明为永久性减容或从加封之日起期满 2 年又不办理恢复用电手续的，其减容后容量达不到实施两部制电价规定容量标准时，应改为单一制电价计费。

（2）减少用电容量的期限，应根据客户所提出的申请确定，但最短期限不少于 6 个月，最长期限不超过 2 年。

（3）在减容期限内，供电企业保留客户减少容量的使用权，超过减容期限恢复用电时，应按新装或增容手续办理。

（4）减容期限内要求恢复用电时，应提前 5 天向供电企业办理恢复用电手续，基本电费从启封之日起计收。

（5）减容期满后的客户以及新装、增容客户，2 年内不得申办减容或暂停。如确需继续办理减容或暂停的，则减容或暂停部分容量的基本电费应按 50%计算收取。

2. 暂停

暂停是指客户在正式用电以后，由于生产、经营情况发生变化，需要临时变更、设备检修、季节性用电等原因，为了节省和减少电费支出，需要短时间内停止使用一部分或全部用电设备容量的一种变更用电事宜。

客户暂停，需提前 5 天向供电企业提出申请。供电企业按下列规定办理：

（1）客户在每一日历年内，可申请全部（含不通过受电变压器的高压电动机）或部分用电容量的暂时停止用电 2 次，每次不得少于 15 天，一年累计暂停时间不得超过 6 个月。季节性用电或国家另有规定的客户，累计暂停时间可以另议。

（2）按变压器容量计收基本电费的客户，暂停用电必须是整台或整组变压器停止运行。从设备加封之日起，按原计费方式减收其相应容量的基本电费。

（3）暂停期满或每一日历年内累计暂停用电时间超过 6 个月者，不论客户是否申请恢复用电，供电企业须从期满之日起，按合同约定容量计收其基本电费。

（4）在暂停期限内，客户申请恢复暂停用电容量时，需在预定恢复日前 5 天向供电企业提出申请。暂停时间少于 15 天者，暂停期间基本电费照收。

（5）按最大需量计收基本电费的用户，申请暂停用电须是全部容量（含不通过受电变压器的高压电动机）的暂停，并遵守本规定的（1）～（4）项。

3. 暂换

客户运行中的变压器发生故障或计划检修，无相同容量变压器可替换时，需要临时更换大容量变压器代替运行的，称为"临时更换大容量变压器"，简称"暂换"。

客户申请暂换，供电企业按下列规定办理：

（1）必须在原受电地点内暂换整台变压器。

（2）暂换时间，10kV 及以下的不得超过 2 个月，35kV 及以上的不得超过 3 个月。逾期不办理手续的，供电企业可终止供电。

（3）暂换的变压器，经检验合格后才能投入运行。

（4）对执行两部制电价的客户须在暂换之日起，按替换后的变压器容量计收基本电费。

4. 迁址

迁址是指客户由于生产、经营或市政规划等原因需迁移受电装置地址的变更用电事宜。迁址需提前 5 天向供电企业提出申请，供电企业应按下列规定办理：

（1）原址按终止用电办理，供电企业予以销户，新址用电优先受理。

（2）迁址后的新址不在原供电点的，新址用电按新装用电办理。

（3）迁址后的新址在原供电点供电，且新址用电容量不超过原址容量的，新址用电无需按新装办理，但新址用电引起的工程费用由客户承担。

（4）迁移后的新址仍在原供电点，但新址用电容量超过原址用电容量的，超过部分按增容办理。

（5）私自迁移用电地址而用电者，除按《供电营业规则》规定办理外，私迁新址不论是否引起供电点变动，一律按新装用电办理。

供电点是指客户受电装置接入供电网的位置。

5. 移表

移表是客户在原用电地址内，因修缮房屋、变（配）电室改造或其他原因，需要移动用电计量装置位置的业务。

客户移表须向供电企业提出申请，供电企业按下列规定办理：

（1）在用电地址、容量、类别、供电点等不变的情况下，可办理移表手续。

（2）移表所需费用由客户负担。

（3）客户不论何种原因，不得自行移动表位，否则，按违章用电处理。

6. 暂拆

暂拆是客户因修缮房屋或其他原因需要暂时停止用电并拆表的业务。

客户须持有关证明向供电企业提出申请，供电企业按下列规定办理：

（1）客户办理暂拆手续后，供电企业应在 5 天内执行暂拆。

（2）暂拆时间最长不得超过 6 个月。暂拆期间，供电企业保留该用户原容量的使用权。

（3）暂拆原因消除，用户要求复装接电时，须向供电企业办理复装接电手续，并按规定缴付费用。上述手续完成后，供电企业应在 5 天内为该户复装接电。

（4）超过暂拆规定时间要求复装接电者，按新装手续办理。

7. 更名或过户

更名是原户不变而仅依法变更企业、单位或居民用电代表人的名称的业务。过户是原户迁出、新户迁入，改变了用电单位或用电代表的业务。

客户应持有关证明向供电企业提出申请，供电企业按下列规定办理：

（1）在用电地址、容量、类别不变的条件下，允许办理更名或过户。

（2）原客户与供电企业结清债务，才能解除原供用电关系。

（3）不申请办理过户手续而私自过户者，新客户应承担原客户所负债务。经供电企业检查发现私自过户时，供电企业应通知该户补办手续，必要时可中止供电。

8. 分户

分户是指原客户由于生产、经营或改制等原因，一户分列为两户及以上的计费客户。

客户分户，应持有关证明资料向供电企业提出申请，供电企业按下列规定办理：

（1）在用电地址、供电点、用电容量不变，且其受电装置具备分装的条件时，允许办理分户。

（2）在原客户与供电企业结清债务的情况下，方可办理分户手续。

（3）分立后的新客户应与供电企业重新建立供用电关系。

（4）原客户的用电容量由分户者自行协商分割，需要增容者，另行办理增容手续。

（5）分户引起的工程费用由分户者承担。

（6）分户后受电装置应经供电企业检验合格，由供电企业分别装表计费。

9. 并户

客户在用电过程中，由于生产、经营或改制方面原因，两户及以上用户合并为一户，简称并户。

客户持有关证明资料向供电企业提出并户申请后，供电企业按以下规定办理：

（1）同一供电点、同一用电地址的相邻两个及以上客户允许办理并户。

（2）原客户应在并户前向供电企业结清债务。

（3）新客户用电容量不得超过原各客户容量之和。

（4）并户引起的工程费由并户者承担。

（5）并户的受电装置应经检验合格，由供电企业重新装表计费。

10. 销户

销户是指客户由于合同到期终止供电、企业破产终止供电、供电企业强制终止客户用电的业务,即供用电双方解除供用电关系。

客户合同到期终止供电的办理规定:

(1) 客户必须停止全部用电容量的使用。

(2) 客户与供电企业结清电费和所有账务。

(3) 查验用电计量装置完好性后,拆除接户线或用电计量装置。

企业依法破产终止供电的办理规定:

(1) 供电企业予以销户,终止供电。

(2) 从破产客户分离出去的新客户,必须在偿清原破产客户电费和其他债务后,方可办理变更用电手续。否则,按违约用电处理。

供电企业强制终止客户用电的办理规定:客户连续 6 个月不用电,也不申请办理暂停用电手续者,供电企业须以销户终止其用电。客户需再用电时,按新装用电办理。

11. 改压

客户正式用电后,由于客户原因需要在原址改变供电电压等级的,称为改压。

客户改压应向供电企业提出申请,供电企业按下列规定办理:

(1) 改压后的容量不大于原容量者,由客户提供改造费用;超过原容量者,按增容办理。

(2) 由于供电企业的原因引起的客户供电电压等级变化的,改压引起的客户外部工程费用由供电企业负担。

12. 改类

客户由于生产、经营情况发生变化,电力用途发生了变化,而引起用电电价类别的改变,称为改类。

客户持有关证明资料向供电企业提出改类申请后,供电企业按以下规定办理:

(1) 在同一受电装置内,电力用途发生变化而引起用电电价类别改变时,允许办理改类手续。

(2) 擅自改变用电类别应按违约用电处理。

【思考与练习】

1. 简述变更用电业务的内容。

2. 简述变更用电应注意的事项。

3. 办理减容有什么规定?

▲ 模块 6　低压电力客户业务办理（Z36F1006Ⅱ）

【模块描述】本模块包含业扩报装和变更用电的工作流程和规定。通过概念描述、流程介绍、框图示意、要点归纳，掌握低压电力客户业务办理的步骤和要求。

【模块内容】

低压电力客户业务主要包括两部分，即业扩报装和变更用电。供电营业人员需要掌握客户办理各项用电业务的步骤和要求。

一、业扩业务的办理

业扩流程是指供电企业受理新装或增容等业扩报装工作的内部传递程序。流程的具体运转是由供电企业营业窗口—供电营业厅"一口对外"完成的。低压业扩范围是指用电电压等级在 1kV 以下的客户新装工作，低压业扩工作涉及面广，工作量较大，供电所要严格按承诺时间做好流程中各环节工作，为客户提供优质服务，低压电力客户新装工作流程图如图 5-6-1 所示。

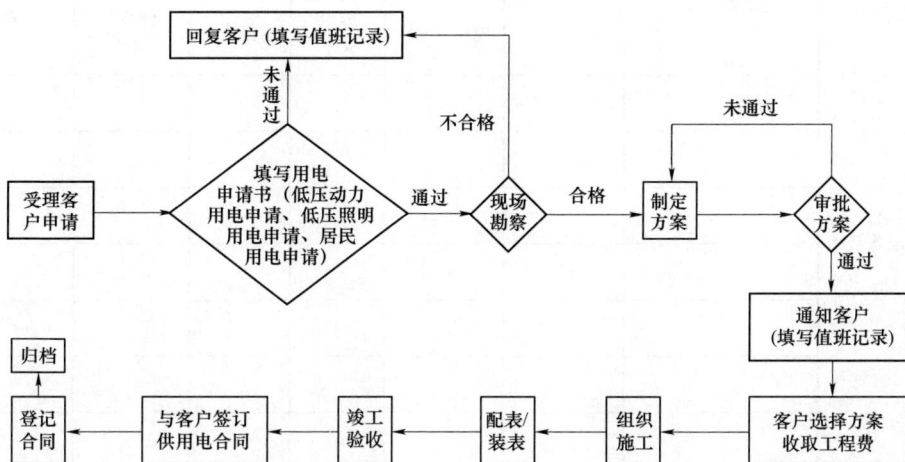

图 5-6-1　低压电力客户新装工作流程图

二、用电申请书

用电申请书一般分为：居民用电申请书、低压用电申请书（见表 5-6-1）。

用电申请书是供电企业制定供电方案的重要依据，客户应如实填写，包括用电地点、用电性质、用电设备清单、用电负荷（负荷特性）、保安电源、用电规划、工艺流程、用电区域平面图，以及对供电的特殊要求等。

三、××供电公司低压用电申请书

表 5-6-1 　　　　　　　××供电公司低压用电申请书

年 　 月 　 日 　　　　　　　　　　　　　　　　　　　　　　　　　　　低 　 字第 　 号

户名：				用电地址：		
联系人：		电话：		通信地址：		
用电性质：		预计用电时间：		邮政编码：		
行业分类：		负荷等级：		生产班次：		
电力用途						
原装设备	动力： 　 kW	照明： 　 kW	合计： 　 kW	同时使用： 　 kW		
	原装电能表					

新（增）装设备	设备名称	电动机规范				合计容量（kW）	同时使用（kW）
		相	电压（V）	容量（kW）	台数		
	合　　计						

说明：1. 请逐栏填写清楚，填写不下可附动力设备登记表；

　　　2. 备文说明用电规模，用电可靠性要求，投入使用时间；　　　　　　用户签章

　　　3. 新装增容需附平面图一张，郊区应附 1:2000 地形图一张；

　　　4. 凡列入基建项目，须带批准文件；

　　　5. 增容客户须带原用电容量协议书（供用电合同书）。

低压照明用电申请表见表 5-6-2。

表 5-6-2 低压照明用电申请表

年　月　日 低　字第　号

户名：				用电地址：		
联系人：		电话：		通信地址：		
邮政编码：		预计用电时间：		行业分类：		

	建筑名称	建筑面积（m²）	照明用电（kW）	空调用电（kW）	家用电器（kW）	其他电器设备（kW）	总计设备容量（kW）
新增装设备明细表							
	合计						
	建筑名称	建筑面积（m²）	照明用电（kW）	空调用电（kW）	家用电器（kW）	其他电器设备（kW）	总计设备容量（kW）
原装设备							
	合计						
原装电能表：							
备注：							

说明：1. 请逐栏填写清楚；

　　　2. 增容客户需持原供用电合同；

　　　3. 家用电器是指彩电、冰箱、电风扇、电炊具、电热器等；

　　　4. 其他电器设备是指办公设备用电等。

四、低压客户的供电方案确定

低压客户采用低压供电方式，即以 0.4kV 及以下电压实施的供电。

低压供电方式分为单相和三相两类。

单相低压供电方式主要适用于照明和单相小动力，单相低压供电方式的最大容量应以不引起供电质量变差为准则。当造成的影响超过标准时，需改用三相低压供电方式。

三相低压供电方式主要适用于三相小容量客户。

《供电营业规则》规定，客户用电设备容量在 100kW 及以下或需要变压器容量在 50kVA 以下的，可采用三相低压供电。

（1）确定低压客户供电方案应考虑的问题：

1）本身线路的负荷。

2）本站变压器的负荷。

3）负荷自然增长因素。

4）冲击负荷、谐波负荷、不对称负荷的影响。

（2）确定供电电源和进户线时，应注意的问题：

1）进户点应尽可能接近供电电线路处。

2）容量较大的客户应尽量接近负荷中心处。

3）进户点应错开漏雨水的水沟、墙内烟道，并应与煤气管道、暖气管道保持一定距离。

4）一般应在墙外地面上看到进户点，便于检查、维修。

5）进户点的墙面应坚固，能牢固安装进户线支持物。

五、供用电合同签订

供用电合同应当具备以下条款：

（1）供电方式、供电质量、供电时间。

（2）用电容量、用电地址、用电性质。

（3）计量方式和电价、电费结算方式。

（4）供用电设施维护责任的划分。

（5）合同的有效期限。

（6）违约责任。

（7）双方共同认为应当约定的其他条款。

六、装表接电

装表接电是供电企业将申请用电者的受电装置接入供电网的行为。接电后，客户合上自己的开关，即可开始用电。这是业务扩充工作中最后一个环节。一般安装电能计量装置与接电同时进行。

【思考与练习】

1. 客户用电申请填写的内容有哪些？

2. 确定低压客户供电方案应考虑哪些问题？

3. 供用电合同应当具备哪些条款？

▲ 模块 7　10kV 电力客户申请（Z36F1007Ⅲ）

【模块描述】本模块包含客户新装或增容申请时应携带的资料、用电申请书的主要内容与格式、电力客户用电申请表样例等内容。通过概念描述、案例介绍、要点归纳，熟悉 10kV 电力客户申请主要内容。

【模块内容】

依据《电力供应与使用条例》《供电营业规则》，用户新装或增加用电容量均要求事先到供电公司用电营业场所提出申请，办理手续。用户在新建项目的立项、选址阶段，应与供电公司联系，就供电可能性、用电容量和供电条件达成原则协议，方可定项目选址。

客户新建项目定址后，应提供上级主管部门批准的文件及有关资料，并依照供电公司规定的格式如实填写用电申请书及办理所需手续，供电公司应密切配合，尽快确定供电方案。客户未按规定办理时，供电公司有权拒绝受理其用电申请。

营业工作人员在接受客户用电申请时，必须根据客户的用电性质，对资料进行审查，特别要查清工程项目是否已得到批准，提供的资料是否可以满足审定供电方案和设计、施工的要求。进行供电可能性和合理性的审查，通过客户提供的用电资料及现场调查，要查明供电网络的输、变、配电等情况以及电源供应情况，进行综合研究。受理用电申请后，要进行编号、登记、建账、记录经办情况等。

一、客户需要新装或增容申请时应携带的资料

1. 10kV 电力客户需要新装或增容申请时，应携带的有关资料

（1）用电申请报告（内容包括客户名称、工程项目名称、用电地点、项目性质、申请容量、所属行业及主要产品、供电时间要求、联系人和联系电话等）。

（2）房产证或房屋租赁合同。

（3）用电设备清单。

（4）营业执照或组织机构代码证。

（5）法人代表身份证。

（6）规划平面图。

（7）政府立项批复文件及规划选址意见书。

（8）如客户委托他人办理，须提供授权委托书及受托人身份证。

（9）采矿等特种生产企业，政府核发的许可证照。

2. 增容客户还应提供以下原装容量的有关资料

（1）客户受电装置的一、二次接线图。

（2）继电保护方式和过电压保护。

（3）配电网络布置图。

（4）自备电源及接线方式。

（5）供用电合同书。

二、用电申请书的主要内容与格式

（1）户名，指电费缴付者。

（2）用电地址，指装表地址。

（3）开户银行与银行账号。

（4）单位性质，指企业、事业、机关团体等。

（5）行业，指工业、商业、宾馆、餐饮、服务、娱乐等。

（6）联系人和电话号码。

（7）主要产品及年产能力。

（8）新建（扩建）项目批准文号。

（9）投资总额。

（10）用电性质及要求。

（11）预计需要最高用电负荷。

（12）生产班次，指一班制、两班制、三班制。

（13）申请容量，指原有容量、新装容量、增加容量、合计容量。

（14）申请单位盖章，负责人签章。

（15）主管部门意见，签章。

（16）用电设备容量明细表，指设备名称、台数、容量。

三、电力客户用电申请表样例表，见表 5–7–1。

表 5–7–1 　　　　　　　××供电公司非居民客户用户申请表（正面）

总户号：×××

户名		×××	用电地址		×××	
开户银行		×××	银行账号		×××	
电费托收银行		×××	银行账号		×××	
单位性质	×××	行业	×××	用电期限	□正式用电　□临时用电	
联系人		×××	联系电话		×××	
新（扩）建项目批准文号		×××		传真：E-mail：	×××	
申请容量		新装	原装		增容	合计
		630kVA				630kVA
供电方式		□单相　　□三相　　□单电源　　□多电源				
用电设备容量明细	设备名称					
	生产流水线					
	升降机					
	车间空调器					
	水泵					
	生产用插座					
客户申明	本申请表中的信息和提供的相关文件资料真实准确，谨此确认。 用电客户：　　　　　　　　　　　　　　　　经办人：××× （签章）　　　　　　　　　　　　　　　　　　（签字） 　　　　　　　　　　　　　申请日期：××××年××月××日					

××供电公司非居民客户用户申请表（表反面）　　　　　续表

以下信息由供电公司填写						
受理登记	资料齐全，受理申请。 受理人：×××　　　　　　　　　日期：××年××月××日					
收费记录	收费项目	金额	票据号码	日期	业务	收费
	用电启动方案编制费					
	负荷管理终端设备费					
	临时用电定金					
	高可靠性供电费用					
	业扩接入工程费用					
办理业务须知	1. 用电客户的联系人、联系电话（传真）等是供电公司联系客户的重要渠道，为保证能够及时将有关用电信息、电网运行信息等告知用电客户，请用电客户认真填写。以上联系信息如有变更，请用电客户及时通过供电服务热线 95598 或亲临供电公司营业网点更改。 　2. 用电地址是指报装用电设备的安装地址。 　3. 房产证明是客户用电地址（建筑物）合法性的重要证明资料，可以是房产证、购房合同或房管公房的租赁证等。 　4. 客户在办理业务时请提供如下材料。 　1）低压用户：营业执照（法人资格证书）（原件和复印件）、税务登记证、开户许可证、房屋所有权证明（原件和复印件）、增容需提供总户号或近期电费发票复印件。 　2）高压用户：项目批文复印件、厂区平面图、宗地测量成果报告或规划红线图复印件、营业执照（法人资格证书）（原件和复印件）、税务登记证、开户许可证、房屋所有权证明（原件和复印件）、增容需提供总户号或近期电费发票复印件。 　3）供电公司提请客户提供的其他材料。 　5. 客户所提供的复印件需注明用途并签字（盖章）。					
备注						

【思考与练习】

1. 营业工作人员在接受客户用电申请时应做好哪方面的审查？

2. 客户需要新装申请时应携带哪些资料？

3. 用电申请书的主要内容与格式？

◢ 模块 8　10kV 电力客户业扩的流程（Z36F1008Ⅲ）

【模块描述】本模块包含业扩工作流程的定义、业扩工作流程及各环节的内容和职责要求。通过概念描述、框图示意、流程介绍、要点归纳，熟悉 10kV 电力客户业扩流程。

【模块内容】

一、业扩的工作流程的定义

业扩的工作流程是指供电公司受理客户新装或增容等业扩报装工作的内部传递程序。制定流程的原则是为客户提供快捷便利的服务。流程的具体运作是由供电公司营业窗口供电营业厅"一口对外"完成的。"一口对外"是把营业窗口建设成客户服务中心，服务中心的运作遵循"内转外不转"的原则，即公司内部传递的所有程序均由客户经理牵头，服务中心办理，而客户只要进营业厅一个门，找一个人，交一次费，就能在规定期限内办完一次业扩报装申请。

二、单电源供电的客户

（1）客户应持有关部门批准的文件到供电公司营业管理部门营业厅办理新装或增容用电申请手续。

（2）业务受理人员应审查用户所提供的文件是否符合申请用电的要求，如果符合要求，则应受理并予以登记，然后将客户用电申请书及其所提供的文件、资料，转给外勤人员进行必要性、合理性、可能性的调查。

（3）客户经理根据用电申请书填写的用电要求，对用电现场进行调查，如有外部供电工作时，则应根据现场实际情况，以及 10kV 电源的进线位置，拟订供电方案，绘制图纸以便审核。

（4）会同营业管理、生技等部门召开业扩会议，生技部门根据营业部门转过来的用电申请书以及拟订的供电方案、图纸，对 10kV 线路的"T"接或延伸进行审核，如需由变电站重新出线的，则须以计划部门为主，生技部门与营业管理部门配合，共同审核提出意见，然后按容量大小的审批权限分工，逐级审批。

（5）业务受理人员根据批准的供电方案计算客户应缴纳的费用，并通知客户同意报装。客户则可按同意报装的通知进行工作，如向供电公司营业管理部门缴纳费用，内部工程即可委托设计与施工。在施工期间，负责该项目的用电检查人员（或客户经理）应适时对工程进行跟踪检查，最终进行竣工检查，直到合格，确认具备接电的条件。

（6）业务受理人员在外部供电工程验收合格后，通知计量中心按批准的用电容量、计量方式、配备和安装相应的电能计量装置、负荷控制装置，最后将客户申请用电的资料集中，转电费管理部门建账、立卡，完成立户手续。

三、双电源供电的客户

对申请以双电源供电的客户，除了按以上单电源供电各项工作流程进行工作外，业务受理人员还须对客户使用双电源的必要性及对供电可靠性的依赖程度，以及电网供给双电源的可能性，进行逐级审查。

四、新装客户业扩流程图

供电公司高压客户新装、增容业扩流程图如图 5-8-1 所示，箭头所指方向为流程顺序。对高压供电的客户，应本着"大户集中管理"的原则，根据本单位机构的实际状况，采取相对集中统一报装的办法。对高压供电方案的审批，因牵涉有关部门较多，可采取业扩会的方式，但应尽量缩短审批周期，按规定期限要求，及时给客户答复。对于暂无法批准的用电申请，也应在答复期限内，向客户说明不能批准的原因。

流程中各环节运行的允许期限（有效工作日），总的要求如下：

（1）受理用电申请后，将确定的供电方案书面通知客户的期限是：高压单电源客户 15 日；高压双电源客户 30 日。客户若对答复的供电方案有不同意见时，应在 1 个月内提出。

（2）对客户送审的设计文件，审核期限一般为 1 个月。供电公司的审核意见应以书面形式连同审核过的受电工程设计文件一份和有关资料一并退还客户，以便客户据以施工。

（3）竣工验收合格后的接电期限一般为 5 个工作日。

受理增容用电申请时，应认真核查客户原供用电合同，查验原报装容量及计量安装情况。

外部工程的设计、施工由供电公司供电工程管理部门组织实施。客户内部工程的设计、施工可根据本地区实际情况自行选择设计、施工单位，但必须是国家或地方主管认可的具有相应资格的设计部门和施工单位。

流程中规定竣工验收合格，认为客户具备送电条件，才能装表、接电。

【思考与练习】

1. 业扩工作流程的含义是什么？
2. 受理用电申请后，将确定的供电方案书面通知客户的期限是如何规定的？
3. 试画出新装客户业扩流程图。

```
                开始
                 │
               业务受理
                 │
               勘察派工
                 │
               现场勘察
                 │
          ┌──拟订供电方案
          │      │
          └───  审批
                 │
              答复供电方案 ──────────────────┐
                 │                          │
               确定费用                 供电工程进度追踪
                 │                          ↑
               业务收费                      │
                 │                          │
              设计文件审核                    │
                 │                          │
               中间检查 ──────────────→ 签订合同
                 │                          │
          ┌──竣工报验 ──→ 安装采集终端        │
          │      │                          │
          └──  竣工验收 ←──────────────────┘
                 │
                装表
                 │
                送电 ←──────────────────
                 │
              信息归档
                 │
                归档
                 │
          ┌──新户编本 ──→ 确定检查员
          │      │             │
          └──   结束 ←─────────┘
```

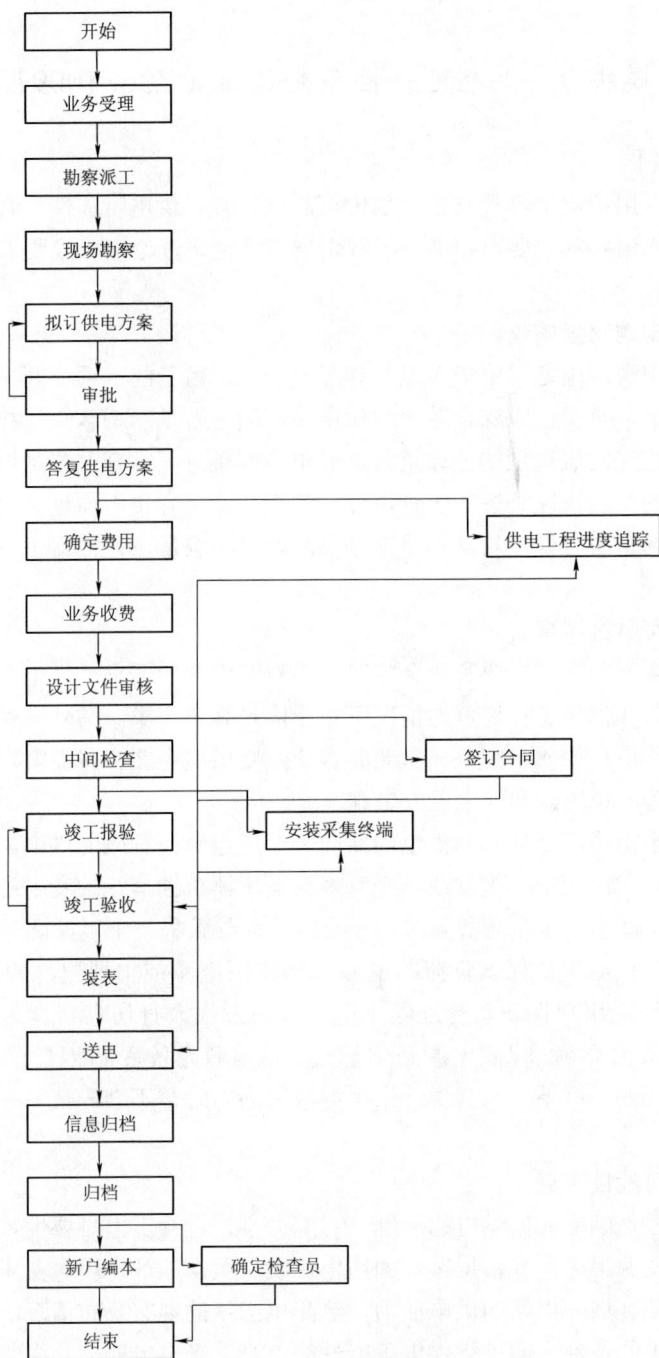

图 5-8-1　高压新装、增容流程图

▲ 模块 9 供电可行性审查论证（Z36F1009Ⅲ）

【模块描述】

本模块包含用电申请容量核查、供电可靠性审查、供电可能性、合理性审查。通过概念描述、术语解释、要点归纳，了解供电可行性审查论证一般要求。

【模块内容】

一、用电申请容量核查

电力客户申请用电是《中华人民共和国电力法》赋予的一项权利。为了体现公司服务宗旨并对客户负责，应综合客户用电申请原因。若是新增客户，按照客户提出近期申请计划和将来发展规划的计算负荷，对申请容量进行审查；若是增容客户，则应对原供电容量的使用情况等进行核查论证，测算在原有容量中通过其内部挖潜改造，有多少可利用的富余容量，对其不足部分需新增多少容量，这样就可以撤销或减少申请用电容量。

二、供电可靠性审查

客户根据自己的生产需要和资金状况提出双路电源的需求，供电企业可以对客户进行技术指导，在供电条件许可的情况下尽量满足客户需求。另外，供电企业应该核查客户的负荷性质，如属于高危（重要）客户，则供电企业应督促客户配备双电源供电，同时应自备应急电源和非电保安措施。

双电源供电指由两个独立的供电线路向一个用电负荷实施的供电。这两条线路由两个电源供电，即由两个变电站或一个有多台变压器单独运行的变电站中的两段母线分别提供电源。其中一个电源故障时，不会因此而导致另一个电源同时损坏。

保安电源为供给用户保安负荷的电源。当常用电源或主要电源故障断电时，保安电源用来保证对用户保安负荷连续供电，以防发生人身伤亡和设备事故，造成重大经济损失和政治影响。保安电源必须是与其他电源无联系而能独立存在的电源，或与其他电源有较弱的联系，当其中一个电源故障断电时，不会导致另一个电源损坏的电源。

三、供电可能性审查

供电可能性是确定如何供电的问题。对电力客户进行供电必要性审查后，供电公司要落实供电资源渠道，并根据客户的用电性质、用电地址、用电变压器容量及用电负荷，结合当地区域变电站的供电能力、输配电网络的现有分布情况，来确定是否具备对该客户供电的条件，即进行供电可能性的审查。当供电能力受限制时，应对相应的输、变、配电设备进行统一规划建设。

电力客户新建受电工程项目在立项阶段，事先应与供电公司联系，就工程供电的可能性、用电容量和供电条件等达成意向性协议，方可审批、确定项目。未履行上述手续的，电力公司有权拒绝受理其用电申请。

四、供电合理性审查

根据国家的能源政策和环境保护的有关规定，审查电力客户能源使用是否合理，应严格控制高耗能设备。客户在设备选型配套中，是否采用用电单耗小、效率高的设备和国家推广的新技术、新工艺。对受电变压器容量在 100kVA 及以上者，应按要求进行无功补偿。

根据电力客户的用电性质和用电容量、未来电力发展规划，审查变压器申请容量是否合理，确定变压器容量时既要考虑现有负荷状况，又要考虑留有发展余地；既要满足高峰负荷时的用电需求，又要防止低谷负荷时变压器轻载、空载无功损耗大的问题；通常以客户总负荷不超过其所供配电变压器额定容量的 70% 为好，并选用国家推广的低损耗变压器。

批准变压器申请容量后，要进一步论证供电电压和供电线路回路数，论证是新建变电站还是从现在已有变电站中出线，是采用架空线路供电，还是采用电力地埋电缆供电等。上述问题既是供电合理性审查的主要内容，又是确定供电方案中所要解决的问题。

【思考与练习】

1. 供电可行性审查论证主要有哪些部分？

2. 电力客户是否需要双电源取决于什么？

3. 电力客户新建受电工程项目在立项阶段应履行哪些手续，电力公司才可受理其用电申请？

▲ 模块 10　10kV 电力客户供电方案（Z36F1010Ⅲ）

【模块描述】 本模块包含确定供电方案基本原则、供电条件勘察、变压器容量、供电电压、供电方式、电能计量方式，答复客户等内容。通过概念描述、条文说明、公式解析、列表示意、案例分析、要点归纳，熟悉 10kV 电力客户供电方案的内容及要求。

【模块内容】

确定供电方案是业扩报装工作的一个重要环节。供电方案要解决的主要问题为两部分：第一是供多少，第二是如何供。供多少，是指确定受电容量是多少比较适宜。如何供的主要内容是确定供电电压等级，选择供电电源，明确供电方式与计量方式等。

供电方案制定得正确与否，将直接影响电网的结构与运行，影响电力客户所需的供电可靠性和电压质量能否得到满足和保证。此外，供电方案还为正确执行分类电价，正确选择、安装电能计量装置，合理计收电费以及建立供用双方的业务关系，解决日常用电中的各种问题奠定了一定的基础，创造了必要的条件。因此，从电力客户申请用电开始，就要抓住这个关键环节。

一、确定供电方案基本原则

（1）在工程投资经济合理基础上，满足电力客户对供电安全、可靠、经济、合理的原则。

（2）电力客户受电端电压符合规定要求。

（3）考虑运行、检修维护方便，施工建设的可能性。

（4）结合区域电网规划、当地供电条件等因素。

（5）考虑客户未来发展的前景。

（6）对特殊用电设备，要考虑对电网的影响。

（7）将工程投资与供电损耗一起进行技术经济比较。

二、供电条件勘察

供电公司在受理电力客户用电申请后，应组织人员对电力客户用电申请资料进行现场勘察，以便制定更为合理的供电方案。

现场勘察由供电公司用电营销部门统一组织，勘察人员由用电检查人员（或客户经理）、线路和变电工程技术人员组成。勘察内容主要包括：

（1）对电力客户用电申请，核查一般资料，包括户名、用电地址、联系人与联系电话、行业分类、项目批文、投资金额、用电类别等。

（2）核查用电现状及用电容量，包括电源性质、原装容量、新增容量、合计容量等。

（3）制定审批的供电方案草案，主要包括受电点、用电范围、主接线方式、运行方式、变电站布置形式、双电源联锁装置、负荷等级、电源性质、确定容量、电压等级、计量方式、互感器变比、无功补偿、供电线路名称、受电变压器容量等。

三、确定变压器容量

电力客户申请用电后，首先要审核申请的受电变压器容量是否合理。通过审核客户的负荷计算是否正确（目前的用电量和今后的发展前景），综合安全与经济两大因素，论证并确定变压器的台数与容量。

对于用电容量较小的城镇居民、市政照明负荷、中小型工商业和一些小型动力负荷，一般都以低压供电。在确定供电容量时，可根据负荷计算和负荷预测，或者以安装的用电设备提出的用电容量来确定变压器的容量。

对于用电容量较大的电力客户，一般规定为容量在 100kW 及以上的用户，在确定用电变压器容量时，首先审查客户负荷计算是否正确，如果采用需用系数计算负荷时，计算负荷确定后，一定要根据无功补偿应达到的功率因数，求出相应的视在功率，再利用视在功率选择变压器容量。

1. 审核负荷计算

在已知设备容量的前提下，采取需用系数法求出计算负荷，即

$$P = K_c \sum P_c \qquad (5\text{--}10\text{--}1)$$

式中　P——计算负荷，kW；

　$\sum P_c$——用电设备容量，kW；

　K_c——需用系数。

计算负荷求出后，根据无功补偿要求达到的功率因数，可分别求出相应的无功功率和视在功率，即

$$Q = P \tan\varphi \qquad (5\text{--}10\text{--}2)$$

$$S = P / \cos\varphi \qquad (5\text{--}10\text{--}3)$$

式中　P——计算负荷，kW；

　Q——与 P 相对应的无功功率，kvar；

　S——变压器的视在功率，kVA；

　$\cos\varphi$——划定的功率因数；

　$\tan\varphi$——与 $\cos\varphi$ 相对应的正切函数值。

2. 确定变压器容量的原则

（1）在满足近期电力需求的前提下，保留合理的备用容量，为未来发展留有余地。一般来讲，备用容量不宜过大，否则变压器利用率低，客户设备投资和运行费用高，电网无功损耗大，功率因数低。

（2）在确保变压器不超载及安全运行的前提下，同时考虑减少电网的无功损耗，一般选择计算负荷等于变压器额定容量的 70%～75% 为宜，这个容量是比较安全经济的。

（3）对于用电季节性强、负荷分散性大的客户，既要能满足旺季或高峰期用电的需要，又要防止用电淡季或低谷期变压器轻载、空载，无功损耗过大。例如，对于农业排灌泵站和一些临时用电：可适当降低单台变压器容量，增加变压器台数，即采取小容量密布点的方式加以解决。

确定变压器容量是一项重要而复杂的工作，一定要满足安全、经济、合理的要求。

四、确定供电电压

对用户供电电压，应根据用电容量、用电设备特性、供电距离、供电线路的回路数、当地公共电网现状、通道等社会资源利用效率及其发展规划等因素，经技术经济比较后确定：

1. 供电电压等级标准

（1）低压供电电压：单相 220V，三相 380V。

（2）高压供电电压：10、20、35（63）kV。

除发电厂直配电压可采用 3kV 或 6kV 外，其他等级的电压应逐步过渡到上述额定电压。电力客户需要的电压等级不在上述范围时应自行采取变压措施解决。

（3）供电公司供电的额定频率为交流 50Hz。

2. 供电电压的选择

供电公司对电力客户的供电电压，应从供用电的安全、经济、合理和便于管理等综合效益出发，根据国家的有关政策和规定、电网的规划、用电需求以及当地供电条件等因素，进行技术经济比较，与各户协商确定。

（1）客户单相用电设备总容量不足 10kW 的可采用低压 220V 供电，但有单台设备容量超过 1kW 单相电焊机、换流设备时，客户必须采取有效的技术措施以消除对电能质量的影响，否则应改为其他方式供电。

（2）客户用电设备总容量在 100kW 及以下或需用变压器容量在 50kVA 及以下者，可采用低压三相四线制供电，特殊情况也可采用高压供电。

（3）对于用电设备总容量超过 250kW 或需用变压器容量超过 160kVA 的客户，一般宜采用 10kV 供电。

（4）对于大容量、远距离的大电力客户，根据需要与可能，可采用 35～220kV 供电。

（5）对于农村用电，应根据负荷大小和距离远近，采用 35～110kV 输电，10kV 配电。在灌溉用电较多的地区，10kV 级电压很难保证合格的电压质量，可采用 35kV 直配电和 35kV 降压 10kV 配电网联合供电的方式。

五、确定供电方式

营销管理部门应根据用电地点、用电容量和确定的供电线路回路数，并经详细调查用户周围的地形环境、电源布局、电网供电能力和负荷等情况后，拟定供电方式，其主要内容包括确定供电电源和选择供电线路两部分。

1. 确定供电电源

（1）按照就近供电的原则选择供电电源。供电距离近，电压损耗低，电压质量容易保证。

（2）客户需要备用电源、保安电源时，供电公司应按其负荷重要性、用电容量和供电的可能性，与客户协商解决。

备用电源是指供电设施发生故障或检修时，能使客户的部分或全部生产过程正常用电而设置的电源；保安电源是指正常电源故障情况下，为保证客户重要负荷仍能连续供电和不发生事故而设置的电源。

重要负荷是指对中断供电后会产生下列后果之一者：

1）造成人身伤亡者。

2）造成环境严重污染者。

3）造成重要设备损坏，连续生产长期不能恢复者。

4）在政治上造成重大影响者。

客户重要负荷的保安电源可由供电公司提供，也可由客户自备。遇有下列情况之一者，保安电源应由客户自备：

1）在电力系统瓦解或不可抗力造成供电中断时，仍需保证供电的。

2）客户自备电源比电力系统供给更为经济合理的。

（3）对基建工地、农田水利、市政建设等非永久性用电，可供给临时电源。临时用电期限除经供电公司准许外，一般不得超过 6 个月～4 年，逾期不办理延期或永久性正式用电手续的，供电公司应中止供电。

使用临时用电的客户不得向外转供电，如需改为正式用电，应按新装用电办理。因抢险救灾需要紧急供电时，供电公司应迅速组织力量架设临时电源供电。其工程费和电费应由地方政府有关部门负责从救灾经费中拨付。

（4）供电公司对客户一般不采用趸售方式供电，电网经营企业与趸购转售电的单位应就趸购转售事宜签订供电合同，明确双方的权利和义务。趸购转售电单位需新装或增加趸购容量时，应按规定办理新装增容手续。

（5）用电客户不得自行转供电。在公用供电设施尚未到达的地区，供电公司在征得该地区有供电能力的直供客户同意后，可采用委托方式向其附近的客户转供电力，但不得委托重要的国防军工客户转供电。

（6）为保障用电安全、便于管理，客户应将重要负荷与非重要负荷、生产用电与生活区用电分开配电。

2. 选择供电线路

可根据用户的负荷性质、负荷大小、用电地点和线路走向等选择供电线路及其架设方式。根据我国目前的情况，郊区县以架空线为主。对于城市电网，正逐步考虑电缆入地的配电问题，已从 35、20、10kV 和 380V 全面展开，美化了城市，减少了道路占用。报装时，电力线路建议按经济电流密度选择导线。

在供电线路走向方面，应选择在正常运行方式下具有最短的供电距离，以防止发生近电远供或迂回供电的不合理现象。

六、确定电能计量方式

供电公司应在用户每一个受电点按不同电价类别，分别安装电能计量装置，且每个受电点作为用户的一个计费单位。具体要求参照 DL/T 448—2000《电能计量装置技术管理规程》相关规定。

1. 明确电能计量点

计量点就是用电计量装置或计费电能表的安装位置，应在供电方案中予以明确规定，以便在设计变电站时预留安装位置，作为计收电费的依据。所谓电能计量装置包括计费电能表（有功、无功电能表及最大需量表）和电压、电流互感器及二次连接线或二次导线。计费电能表及附件的购置、安装、移动、更换、校验、拆除、加封、启封及表计接线等，均由供电公司负责办理，用户应提供工作上的方便。

（1）对于高压供电用户原则上电能计量装置应安装在变压器的高压侧，在高压侧计量。对于用电容量较小的用户，10kV 供电、容量在 500kVA 及以上者，或 35kV 供电、容量在 315kVA 及以下者，也可在变压器的低压侧装表计量。计费时，应负担变压器本身的有功、无功损耗和线路损耗。

（2）对于专用线路供电的高压用户，应以产权分界处作为计量点，也可在供电变压器处装表计量。如果供电线路属于用户，则应在电力部门变电站出线处安装电能计量装置。

（3）对于有冲击性负荷、不对称负荷、谐波负荷和整流用电的用户，计量装置必须装在用户受电变压器一次侧。为了使计量点能够反映用户消耗的全部电能，对于双电源供电的用户，每路电源进线均应装设与备用容量相对应的电能计量装置。对大容量内桥接线的用户，计量点应设在主变压器的电源侧。电流互感器的变比可按单台主变压器的额定电流选择，以提高计量的准确度。对于单电源供电的用户，原则上只装设一套电能计量装置。但是，如因季节性用电主变压器容量与实际用电悬殊，也可酌情加装计量表计分别计量。对于双电源供电、经常改变运行方式的用户，应保证电能计量点在任何方式下都能正确计量，防止发生电能表失电情况。

2. 确定电能计量方式的原则

（1）用电计量装置原则上应装在供电设施的产权分界处。如不在分界处，变压器的有功、无功损耗和线路损失由产权单位负担。对高压供电用户应在高压侧计量，经双方协商同意，也可在低压侧计量，但应加计变压器损耗。

（2）电能计量装置尽可能做到专用。装设在 35kV 及以下的计量装置应设置专用互感器或专用计量柜。属高压供电用户，应按照计费的要求，提供或移交计量专用柜，包括计量用互感器，并应妥善地运行、维护和保管。自行投资建设专用变电站的用户，应当在供用电合同中予以明确。

（3）根据电热价格方面规定，普通工业用户、非工业用户的生活照明与生产照明用电，大工业用户的生活照明用电都应分表计量，按照明电价交、收电费。在用户报装时，必须明确规定分线分表或装两套表，计量收费。

（4）对于农村用户应以村为单位，对排灌、动力和照明用电，实行分线分表计量收费，并在送电前加以检查落实。对农村趸售用户应以上述三种用电的实际构成确定趸售电价，从用户报装开始，就应予以明确。

（5）对执行两部制电价，依功率因数调整电费的用户，必须装设有功与无功电能表。

对于不同电价类别的负荷除分别装设计量装置外还可以采取定比定量的方式计算。电能计量装置装设后，用户应妥为保护，不应在表前堆放影响抄表或计量准确性和不安全的物品，要防止发生计费电能表丢失、损坏或过负荷烧坏等情况。供电公司应当按国家批准电价，依据用电计量装置的记录计算并收取电费。

七、答复客户

经现场勘察后，营销部门将勘察单按职责分工呈报上级，履行公司内部供电方案审批手续，审批后将供电方案审批单传递给用电营业机构，由用电营销部门向客户开出同意供电通知单，对客户用电申请予以正式答复。答复的主要内容是：户名、地址、主接线方式、运行方式、电源性质、容量、供电线路、电压等级、计量方式、进（接）户方式、变压器容量等。

书面通知单答复客户的期限为：居民客户不超过 3 天；低压电力客户不超过 7 天；高压单电源客户不超过 15 天；高压双电源客户不超过 30 天。客户应根据确定的供电方案进行受电工程设计。

八、举例

供电方案应以经供电方与用户协商确定的供电方案为依据，并按照各省供电公司制定的《电力用户业扩工程技术规范》中相关规定和国家、省级颁布的标准、规范以及电力行业标准进行。如用户委托设计任务的内容与供电方案的内容不一致，应以供电方案为准。任何设计单位，不得变更供电方案中所确定的供电电压等级、受电容量、电气主接线、两路电源的运行方式、保安措施、计量方式、计量电流互感器变比。非居民客户用电申请表见表 5–10–1。

表 5–10–1   ××供电公司
                                  非居民客户用电申请表（正面）

总户号：×××

户名		×××		用电地址		×××	
开户银行		×××		银行账号		×××	
电费托收银行		×××		银行账号		×××	
单位性质	×××	行业		×××	用电期限	□正式用电 □ 临时用电	
联系人		×××		联系电话		×××	
新（扩）建项目批准文号		×××			传真： E-mail:	×××	
申请容量		新装		原装	增容	合计	
		630kVA				630kVA	
供电方式		□单相　　□三相　　□单电源　　□多电源					
用电设备容量明细	设备名称						
	生产流水线						
	升降机						
	车间空调器						
	水泵						
	生产用插座						
客户申明	本申请表中的信息和提供的相关文件资料真实准确，谨此确认。 用电客户： （签章） 				经办人：××× （签字） 申请日期：××××年××月××日		

××供电公司供电方案答复意见书（表反面） 续表

供电方案答复意见	××公司： 　　关于贵单位于××年××月××日对位于×××的用电项目向我公司递交的用电申请，经现场勘查，现将意见答复如下： 　　1. 供电电源：113 南城线 　　2. 供电电压：10kV 　　3. 电源进线方式：电缆进线 　　4. 负荷性质：一般负荷 　　5. 供电方式：单电源供电 　　6. 电气主接线方式线路变压器组 　　7. 确定需用（装接）变压器容量、变压器类型：630kVA 节能型变压器一台 　　8. 电能计量方式：高供高计，照明安装分表 　　9. 总表电流互感器（TA）变比、分（套）表变比或电能表容量： 　　力总：高压侧分计量 TA100/5A；3×4×1.5（6）A、3×380/220V 有功电能表一块 　　10. 根据经贸委加强电力需求侧管理要求，现场需安装电力负荷管理终端装置 　　申请编号：××× 　　客户经理：××× 　　　　　　　　　　　　　　　　　　　　　　　　　　　　联系电话：××× 　　　　　　　　　　　　　　　　　　　　　　　　　　××供电公司客户服务中心 　　　　　　　　　　　　　　　　　　　　　　　　　　××××年××月××日
客户须知	（1）客户对供电公司答复的供电方案有不同意见时，应在一个月内提出意见，双方可再行协商确定。 　　（2）高压供电方案的有效期为一年，低压供电方案的有效期为三个月，逾期注销。客户遇有特殊情况，需延长供电方案有效期的，应在有效期到期前十天向供电公司提出申请。 　　（3）客户应根据既定的供电方案，委托取得国家相应资质的电力送变电工程勘测（设计）单位进行受电工程设计。 　　（4）客户应选择取得《承装（修、试）电力设施许可证》的合法企业进行受电工程施工
客户签收记录	签收人 ××× 联系电话 ××× 签收日期 ××××

【思考与练习】

1. 对高压供电用户的电能计量装置应如何安装？

2. 我国目前给电力用户供电电压等级标准有哪些？

3. 供电方案包括哪些主要内容？

4. 国家电网公司对供电方案书面通知单答复客户的期限有何要求？

◢ 模块 11　10kV 电力客户配电线路方案（Z36F1011Ⅲ）

【模块描述】本模块包含电源点的选择确定、双电源或备用电源供电选择等内容。通过概念描述、术语解释、图解示意、要点归纳，了解 10kV 电力客户配电线路方案的选择。

【模块内容】

一、电源点的选择确定

1. 供电电源点

（1）电源点应具备足够的供电能力，能提供合格的电能质量，以满足用户的用电需求，确保电网和用户变电站的安全运行。

（2）对多个可选的电源点选择，应进行技术经济比较后确定。

（3）应根据电力客户的负荷性质和用电需求，来确定电源点的回路数和种类，满足客户的需求，保证可靠供电。

（4）应根据城市地形、地貌和城市道路规划要求就近选择电源点，线路路径应短捷顺直，减少与道路的交叉，避免近电远供、迂回供电。

2. 一级负荷

（1）一级负荷应由两个电源供电；当一个电源发生故障时，另一个电源不应同时受到损坏。

（2）重要用户应增设应急电源，并严禁将其他负荷接入应急供电系统。

3. 二级负荷

（1）二级负荷的供电系统宜由两回线路供电。

（2）在负荷较小或地区供电条件困难时，二级负荷可由一回 6kV 及以上专用的架空线路或电缆供电。当采用架空线时，可为一回架空线供电；当采用电缆线路时，应采用两根电缆组成的线路供电，其每根电缆应能承受 100% 的二级负荷。

4. 三级负荷

三级负荷的电力客户由单电源供电。

5. 多回电源供电

（1）由两回及以上供配电线路供电的客户，宜采用同等级电压供电。但根据各负荷等级的不同需要及地区供电条件，也可采用不同电压等级供电。

（2）同时供电的两回及以上供配电线路中一回路中断供电时，其余线路应能承担 100% 一、二级负荷的供电。

6. 低压电力客户电源点

（1）应就近接入低压配电网。

（2）低压客户选择电源点时，宜采取下列措施，降低电源系统负荷的不对称度：

1）由地区公共低压电网供电的 220V 照明负荷，除单相变压器供电外，线路电流在 80A 及以下时，可采用 220V 单相供电；在 80A 以上时，宜采用 220V/380V 三相四线制供电。

2）220V 单相或 380V 两相用电设备接入 220V/380V 三相系统时，宜使三相平衡。

7. 居住区电源点

（1）电源要求。

1）居住区一级负荷应由双电源供电。

2）居住区二级负荷宜由双回路供电。

3）居住区三级负荷一般由单电源供电，可视电源线路裕度及负荷容量合理增加供电回路。

（2）高压供电。居住区宜采用配电站（环网柜）和变电站方式，可采用环网柜、分支箱和箱式变压器方式，或两者相结合的方式实行环网供电。

（3）低压供电。

1）新建居住区，低压供电半径不宜超过150m。

2）0.4kV电缆分接可采用低压分支箱，位置应接近负荷中心。

3）变电站应装设低压无功补偿装置，箱式变压器具备条件时宜装设低压无功补偿装置。

4）低压线路应采用三相四线制，各相负载电流不平衡度应小于15%。

5）低压电缆及单元接户线、每套住宅进户线截面应力求简化并满足规划、设计要求。

8. 特殊负荷

对有特殊负荷（如电气化铁路单相整流型负荷、轧钢冲击负荷等）用户，可能会引起公共电网产生负序、谐波和电压波动、发电机组功率振荡，必须研究其对公共电网的电能质量影响，提出解决措施和解决方案，在满足GB/T 12326—2008《电能质量电压波动和闪变》、GB/T 12325—2008《电能质量供电电压偏差》、GB/T 14549—1993《电能质量公用电网谐波》等标准的条件下，方可接入系统。

二、双电源或备用电源供电

客户双电源供电或备用电源的配置主要取决于负荷性质和客户自身生产需要以及资金状况。对于电网供电条件许可的应尽量满足客户双电源或备用电源的需求。对于I级负荷，应由两个或多个电源供电。业扩部门应根据客户提供的用电负荷性质，严格审核是否需要双电源供电，对于确实需要双电源供电的客户，应在确定供电方式时明确用双电源供电。如果电网没有条件供给双电源，客户应自备发电机组。如果I级客户不愿意或拒绝双电源供电方案，供电公司应说服客户采用双电源供电，否则一切后果与损失应由客户承担。对于II级负荷，一般不批准双电源供电方式。如果客户用电量比较大，可以采用双回路供电，以保证线路在检修时不会造成客户全部停电的情况。

供电线路方案选择时，除了考虑应具有最短的供电距离外，还应考虑电压质量。如图5-11-1所示，A为电源，1~4为负荷。当申请用电的客户在点5时，从图中可以看出点 5 离点 4 的距离最短，如果点 5 由点 4 架空线路 L4-5 供电，那么点 5 成为电源 A 的供电末端，电压质量就很难保证。为了解决迂回供电的不合理现象，可以从电源 A 架设 LA-5 线路，这样线路投资虽然增加了一点，但线路损耗可以减少，电压质量可以得到保证。再如图 5-11-2 所示，点 3 的负荷由电源 B 供电比由点 2 供电更为合理。总之，供电线路路径的选择应从技术、经济两方面来综合考虑。

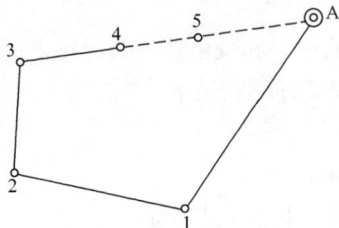

图 5-11-1 单电源供电线路走向图   图 5-11-2 双电源供电线路走向图

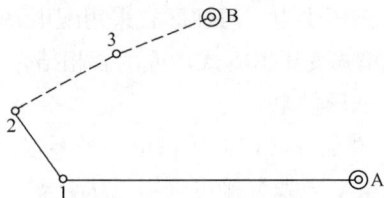

客户变电站的接线，也应从技术、经济等方面来考虑，有关变电站接线的类型、特点、应用等问题，在电气部分课程中作详细的叙述，这里不再赘述。

另外，营销部门批复供电方式时，应紧密结合城市建设规划，把业扩工程与城市电网建设和改造结合起来，以减少不必要的重复投资，使电网布局既经济又合理。

【思考与练习】

1. 一级负荷的供电电源一般应有哪些要求？

2. 二级负荷的供电电源一般应有哪些要求？

3. 电力客户采用双电源或备用电源供电由什么决定？

◢ 模块 12   高压用户新装的设计审核与现场竣工检验（Z36F1012Ⅲ）

【模块描述】本模块包含受电工程（变配电站）的设计审核、工程竣工检验等内容。通过概念描述、术语解释、要点归纳、案例介绍，了解高压用户新装的设计审核与现场竣工检验的主要内容及要求。

【模块内容】

一、受电工程（变配电站）的设计审核

1. 设计单位资质审核

设计单位应有相应资质。

2. 审核依据

（1）国家、行业及地方的相关法规、规范、标准及政策。

（2）用户申请用电以及设计单位提供的用电性质及用电需求资料。

（3）供电方案答复。

（4）运行、维护工作的需要和经验。

3. 设计方案审核要点

供电企业应当审核的用户受电工程设计文件和有关资料一般包括：

（1）低压用户：负荷组成和用电设备清单。

（2）高压用户：

1）受电工程设计及说明书。

2）用电负荷分布图。

3）负荷组成、性质及保安负荷。

4）影响电能质量的用电设备清单。

5）主要电气设备一览表。

6）主要生产设备、生产工艺耗电以及允许中断供电时间。

7）高压受电装置一、二次接线图与平面布置图。

8）用电功率因数计算及无功补偿方式。

9）继电保护、过电压保护及电能计量装置的方式。

10）隐蔽工程设计资料。

11）配电网络布置图。

12）自备电源及接线方式。

供电企业如确需用户提供其他资料，应当提前告知用户。供电企业审核用户受电工程设计文件和有关资料的期限自受理之日起，低压供电用户不超过 8 个工作日，高压供电用户不超过 20 个工作日。

4. 施工设计审核要点

施工设计应在已审核确定的设计方案基础上完成。新技术、新设备选用具有合理性。

（1）重要用户选用新技术、新设备宜掌握其理论论证、型式试验数据及一定时间的运行经验；进口设备的可靠性应有合同保证。

（2）一次设备选型（含规格）符合环境条件、正常运行的负荷、电压及动热稳定。断路器还应符合通断电流的要求，成套配电装置还应符合"五防"要求。

（3）配电装置、控制设备的布置及走线合理，安全距离符合规范及运行要求，整体布局紧凑，不浪费建筑面积。

（4）继电保护、自动装置及常测仪表接线正确，符合规范要求；设备选型（规格）与互感器匹配；符合整定要求，符合环境条件；继电保护、自动装置整定值符合灵敏性、选择性和可靠性要求；互感器二次回路负载符合规范规定。

（5）控制、保护、交直流屏（台）的排列、盘面布置合理，符合规范要求。

（6）直流电源（蓄电池、硅整流、电容储能）容量满足使用方式（包括事故情况下）要求；直流系统接线及保护、监测（绝缘、电压、电流、声光）符合规范要求。

（7）配电装置的防误装置、连锁装置符合标准及本站控制操作的要求（包括与生产工艺要求的连锁）。

（8）控制电缆的选用（型号、规格）及配置符合规范规定，其敷设途径应在一次设备正常运行条件下能进行维护工作。

（9）无功补偿容量及其配置方式、投切方案合理，并符合规程要求。

（10）过电压保护装置配置、选型、保护范围符合规范规定，并与进线段保护匹配。

（11）接地网、接地装置及接地线的配置，符合规范规定。接地电阻不大于规定值。

（12）建筑物内部分隔合理，内外通道、门窗、沟井符合规范要求（人身安全、防火防汛通风、设备装运）；建筑物、构筑物结构设计符合当地地震防范等级要求。

（13）照明回路配置合理，灯具位置符合安全和维护要求，不同场所的插座应适应单相、三相及容量的需要。一个室内的照明灯具应错位控制。

（14）施工设计文件、图纸齐全，符合施工所需。

审核后的受电工程设计文件和有关资料如有变更，供电企业复核的期限为：高压供电用户一般不超过 15 个工作日，低压供电用户一般不超过 5 个工作日。

二、工程竣工检验

施工单位按标准要求竣工验收合格。相关资料收集齐全后填写客户电气安装竣工检验申请表（申请参考表样例见后），由供电公司组织人员验收。供电公司根据客户提交的受送电工程竣工报告，验证资料齐全后组织竣工检验。

1. 工程竣工检验依据

供电企业对用户受电工程的竣工检验应当符合 GB 50150—2016《电气装置安装工程 电气设备交接试验标准》、GB 50169—2016《电气装置安装工程 接地装置施工及验收规范》、GB 50168—2018《电气装置安装工程电缆线路施工及验收标准》、GB 50171—2012《电气装置安装工程盘、柜及二次回路接线施工及验收规范》、GB 50172—2012《电气装置安装工程 蓄电池施工及验收规范》、GB 50173—2014《电气装置安装工程 66kV 及以下架空电力线路施工及验收规范》、GB 50147—2010《电气装置安装工程 高压电器施工及验收规范》、GB 50148—2010《电气装置安装工程电力变压器、油浸电抗器、互感器施工及验收规范》、GB 50 149—2010《电气装置安

装工程 母线装置施工及验收规范》、JGJ 16—2016《民用建筑电气设计规范》等国家和行业标准。

2. 工程竣工资料

（1）工程竣工图及说明（工程竣工图应加盖施工单位竣工图专用章）。

（2）变更设计的证明文件。

（3）主设备（变压器、断路器、隔离开关、互感器、避雷器、直流系统等）安装技术记录。

（4）电气试验及保护整定调试报告（含整组试验报告）。

（5）安全工具的试验报告（含常用绝缘、安全工器具）。

（6）主设备的厂家说明书、出厂试验报告、合格证。

（7）隐蔽工程施工及试验记录。

（8）运行管理的有关规定。

（9）值班人员名单和上岗资格证书。

（10）供电企业认为必要的其他资料或记录。

组织竣工检查时限：自受理之日起，低压电力客户不超过 5 个工作日，高压电力客户不超过 7 个工作日。对检验不合格的，应及时以书面形式通知客户，同时督导其整改，直至合格。

3. 工程竣工检验的具体内容

（1）客户工程的施工是否符合审查后的设计要求，隐蔽工程是否有施工记录。

（2）设备的安装、施工工艺和工程选用材料是否符合有关规范要求。

（3）一次设备接线和安装容量与批准方案是否相符，对低压客户应检查安装容量与报装是否相符。

（4）检查无功补偿装置是否能正常投入运行。

（5）检查计量装置的配置和安装，是否正确、合理、可靠，对低压客户应检查低压专用计量柜（箱）是否安装合格。

（6）各项安全防护措施是否落实，能否保障供用电设施运行安全。

（7）高压设备交接试验报告是否齐全准确。

（8）继电保护装置经传动试验动作准确无误。

（9）检查设备接地系统，应符合 GB 50169—2016 的要求。接地网及单独接地系统的电阻值应符合规定。

（10）检查各路联锁、闭锁装置是否齐全可靠。检查多路电源、自备电源的防误联锁装置及协议签订情况。

（11）检查各种操动机构是否有效可靠。电气设备外观清洁，充油设备不漏不渗，设备编号正确、醒目。

（12）客户变电站（站）的模拟图板的接线、设备编号等应规范，且与实际相符，做到模拟操作灵活、准确。

（13）新装客户变电站（站）必须配备合格的安全工器具、测量仪表、消防器材。

（14）建立本所（站）的倒闸操作、运行检修规程和管理等制度，建立各种运行记录簿，备有操作票和工作票。

（15）站内要备有一套全站设备技术资料和调试报告。

（16）检查客户进网作业电工的资格。

用户受电工程启动竣工检验的期限：自接到用户受电装置竣工报告和检验申请之日起，低压供电用户不超过 5 个工作日，高压供电用户不超过 7 个工作日。

三、举例

客户电气安装竣工验收申请表见表 5-12-1。

表 5-12-1 ××供电公司
客户电气安装竣工验收申请表

户名	×××		地址	×××			客户签章	
报装容量	新装		原装	增容		合计		
	630kVA					630kVA		
用电设备容量明细	设备名称	台数	容量（kW）	设备名称	台数	容量（kW）	无功补偿方式及容量	
	生产流水线	1	200	办公楼照明		10	实行功率因数考核的客户填报： 1. 设计数据： 预计有功负荷 500kW； 预计平均自然功率因数值 0.8； 功率因数考核标准 0.9，所需电容器补偿 133kvar。 2. 电容器原装： /台/kvar； 新装：9 台 15kvar。 3. 投切方式：手/自动投切	
	升降机	1	30	办公楼空调	10	20		
	车间空调器	4	40	办公楼插座	10	20		
	水泵	2	20	生活区照明		10		
	生产用插座	10	50	生活区空调	10	20		
				生活区插座	10	20		
安装单位竣工报告	1. 安装电工姓名××× 电工合格证号码××× 2. 承装（修、试）许可证号××× 3. 安装竣工日期×××年××月××日 4. 相关材料附后						安装单位公章：	

续表

以下信息由供电企业填写	
受理登记	资料齐全，受理竣工报验。 　　　　　　　　　　受理人×××　　×××年××月××日
竣工报验须知	1. 客户受电工程施工、试验完工后，应向供电企业提出工程竣工报告，报告应包括： 1）工程竣工图及说明； 2）电气试验及保护整定调试记录； 3）安全用具的试验报告； 4）隐蔽工程的施工及试验记录； 5）运行管理的有关规定和制度； 6）值班人员名单及资格； 7）供电企业认为必要的其他资料或记录。 2. 供电企业接到客户的受电装置竣工报告及校验申请后，将及时组织检查。对检验不合格的，供电企业将以书面形式一次性通知客户改正，改正后予以再次检查，直至合格。自第二次检验起，每次检验前客户须按规定交纳重复检验费

【思考与练习】

1. 受电变配电站设计审核的依据是什么？
2. 受电变配电站设计方案审核要点有哪些？
3. 工程竣工资料主要包括哪些内容？
4. 工程竣工检验的具体内容包括哪些？

◢ 模块 13　高压用户新装接电前应履行的工作内容（Z36F1013Ⅲ）

【模块描述】本模块包含高压用户新装接电前应履行完毕的各项工作介绍，包括签订供用电合同，受电设备继电保护、自动装置整定，受电变电站现场竣工检验，计费计量装置安装，供电设施施工，制定启动方案等内容。通过概念描述、术语解释、要点归纳，熟悉高压用户新装接电前应履行完毕的工作内容。

【模块内容】

电力客户在结清一切业务费用及电费逾欠（扩建、改建用户）的前提下，新装接电前应履行以下工作。

一、签订供用电合同

供用电合同标准格式的填写及非标准格式的起草，宜由用电检查员（或客户经理）根据相关法规、电力公司有关制度及本供用电项目过程中的有效文件、资料，在协调供电公司内部相关部门（一般为调度、运行管理、电费抄核收等部门）意见的基础上，并经业务主管审核,完成草本,经与电力客户协商一致,由双方各自的合同授权委托代理人批准,履行供用电合同签订手续。合同正本应由供电公司(或电力营销部门)档案管理部门归档。根据需要,各相关部门可分存副本或进入计算机信息管理系统共享。

二、受电设备继电保护、自动装置整定

若受电变电站的主变压器、受电断路器继电保护、自动装置规定由供电公司整定、校验,应由用电检查人员(或客户经理)在校验之前向供电公司继电保护专职部门提出整定要求及需用日期,同时提供以下技术资料。现场校验宜在竣工检验之前完成。

(1) 受电变电站主接线,受电电压级变压器的额定容量、电压电流比、百分阻抗、绕组联结组别、中性点接地状况,受电电压级电动机的类型、额定功率、功率因数、启动方式(全压或降压,降压设备及其规格,重载或轻载)、额定电压下启动电流。

(2) 供电线路名称及编号(供电工程中新放供电线路,则提供供电线路电源站名、供电线路类型、规格及长度)。

(3) 可能的运行方式(对保护及整定有影响的)。

(4) 相关继电保护、自动装置原理图及设备型号、规格。

三、受电变电站现场竣工检验

变电站现场竣工检验由供电公司用电检查人员(或客户经理)根据有关电气工程施工验收规程组织完成。参与竣工检验人员有供电公司有关技术人员、施工单位技术人员、电力客户电气负责人等。

四、计费计量装置安装

(1) 根据计量装置设备准备的需要,用电检查人员(或客户经理)应提前向供电公司表计管理部门书面提出计量装置需用信息(型号、规格、数量及需用时间)。计量互感器应在受电变电站施工期间提供,电力客户提供的计量设备应通知客户在施工前经供电公司有权计量鉴定部门(或当地电能表强制鉴定站)检验合格。

(2) 采用非常规的计量装置设备应取得有权计量管理部门的认可,并就设备资产、备品等事项同电力客户协商一致。

(3) 计量装置的接线安装应安排在供用电合同签订后,宜紧接受电变电站竣工检验完工后。

五、供电设施施工

应由生产运行部门(或工程部门)向调度部门提供工程完工报告,并提供相应的电网变更前后接线图,相关保护(包括自落熔丝)变更前后的型式和定值。

六、制定启动方案

(1) 启动方案由用电检查人员(或客户经理)经协调供电公司调度部门及客户进

行编写，并经相关技术主管批准。在受电变电站送电前分送参加受电变电站启动的供电公司有关部门及客户。对于涉及电网（电厂）要进行复杂操作或用户内部涉及电源解、并等较复杂操作，必要时宜通过会议协、调启动方案，明确各方的准备工作，操作任务及相互配合的工作中。

（2）启动方案内容如下：

1）启动日期、时间。

2）启动条件。包括启动设备安装调试完毕，由施工单位出具相关试验报告。一、二次设备电气搭接完好，相位正确，经验收合格，具备投运条件。

3）启动前的检查内容。包括送电当前受电变电站一、二次设备的巡视检查内容；送电前供电设施需要进行的巡视检查、电气试验报告、缺陷处理等情况。

4）启动操作内容。包括配电电网需要进行的操作，受电变电站内的送电范围及相应的操作票（包括检查相序正确、多电源相位核对）。

5）送电过程中可能发生的异常、缺陷及故障处理的预案。

6）参加启动的人员，新装送电用户负责人（与供电公司调度部门联系送电），受电变电站操作人、监护人。

【思考与练习】

1. 高压用户新装接电前应履行完毕的工作内容有哪几项？

2. 启动方案主要由哪几部分组成？

3. 受电变电站现场竣工检验由哪些人参与？

第六章

供用电合同管理

▲ 模块 1　合同的基本知识（Z36F2001Ⅰ）

【模块描述】本模块包含合同的定义、分类、基本内容、要约和承诺、格式条款合同、签订合同应遵循的基本原则、违约责任等内容。通过概念描述、术语说明、条文解释、要点归纳，掌握合同的基本知识。

【模块内容】

学习合同知识是确保供用电合同质量的基础，本节介绍合同的基本知识。

一、合同的定义

合同又称契约，《中华人民共和国合同法》（以下简称《合同法》）规定：合同是平等主体的自然人、法人、其他组织之间设立、变更、终止民事权利义务关系的协议。

平等主体：指合同双方当事人的法律地位是平等的，在合同的缔结和履行过程中，任何一方当事人都不能将自己的意志强加给另一方，合同双方是平等的法律关系，《合同法》就是一部调整平等主体之间的合同关系的法律。

二、合同的分类

1. 有名合同与无名合同

（1）有名合同，即法律已经命名的合同。

（2）无名合同，即法律上尚未确定一定名称的合同。

区分有名、无名的意义：无名合同的适用规则在《合同法》第 124 条中有两个：① 无名合同适用合同法总则；② 参照合同法分则或者其他法律中相类似的规定。

1）借用合同。借用合同指以非消耗物的使用权为标的的合同。

借用与租赁的区别：租赁有租金、有对价；而借用无对价。借用无对价决定了借用合同是单务的、无偿的、实践性的合同。

2）消费借贷合同。

借贷与借用的区别：借用不转移所有权，借贷要转移所有权。

消费借贷：以可消耗物的占有使用为目的的合同。

例：甲、乙为邻居，甲借乙 500kg 大米并签订借米合同，该合同即消费借贷合同。

消费借贷与借用的区别：借用是无偿的；消费借贷可能是有偿的，可能是无偿的。一般认为，消费借贷合同是诺成合同。

2. 单务合同与双务合同

如果双方都负有义务，为双务；如果仅有一方负有义务，为单务。

常见的单务合同有保证合同、借用合同、赠予合同、民间借贷。

区分单务、双务的意义：履行抗辩权只能发生在双务合同中。

三、合同的基本内容

合同的内容，在《合同法》中叫合同的主要条款，包括：

（1）当事人的名称或者姓名和住所。

（2）标的。标的是合同当事人的权利义务指向的对象，表明了当事人订立合同的目的与要求。

（3）数量。数量是标的量的规定，是对标的的计量，是衡量标的大小、多少、轻重的尺度。

（4）质量。质量是标的的质的规定性。质量是指标的内在素质和外观形态的状况。标的质量包括产品质量、工程质量和劳务质量。

（5）价款或者报酬。价款是取得标的物一方当事人向对方用货币支付的价金，是有偿合同的主要条款。价款是标的物本身价值的货币表现形式。报酬是合同一方当事人对提供劳务或者劳动成果的另一方当事人给付的酬金。

（6）履行期限、地点和方式。合同履行期限，就是合同当事人实现权利和履行义务的时间界限。履行地点是指合同当事人一方履行义务和另一方当事人接受履行义务的地方。履行方式是合同当事人约定的履行合同义务的方法。

（7）违约责任。违约责任是指合同一方当事人或双方当事人违反合同规定，不履行或者不全面、适当履行合同义务，应承担的法律责任。

（8）解决争议的方法。争议又称纠纷。解决争议的方法是指合同争议的解决方式。解决争议的方式有：一是双方通过协商和解；二是由第三人进行调解；三是通过仲裁解决；四是通过诉讼解决。

四、要约和承诺

（1）要约又称发盘、出盘、发价、出价或报价等，要约是希望和他人订立合同的意思表示。提出要约的一方称为要约人，对方称为受要约人。要约人在发出要约时，一般要规定承诺的期限。

（2）承诺是受要约人同意要约的意思表示。承诺要以通知的形式作出，可以是口头的，也可以是书面的，根据交易习惯或者要约表明可以通过行为作出承诺的，可以用行为表示承诺，承诺应当在要约规定期限内到达要约人，要约没有规定期限的，应当在合理期限内到达要约人。承诺通知到达要约人时生效。

五、格式条款合同

格式合同，又称标准合同、定型化合同，是指当事人一方预先拟定合同条款，对方只能表示全部同意或者不同意的合同。因此，对于格式合同的非拟定条款的一方当事人而言，要订立格式合同，就必须全部接受合同条件；否则就不订立合同。现实生活中的车票、船票、飞机票、保险单、提单、仓单、出版合同等都是格式合同。

格式合同的产生及其普遍运用是基于一定的社会经济基础的。一般而言，某一交易内容的重复性，交易双方所要求的简便、省时导致了格式合同的存在并大量运用于商业和生活领域。

格式合同具有以下法律特征：

（1）格式合同的要约向公众发出，并且规定了在某一特定时期订立该合同的全部条款；

（2）格式合同的条款是单方事先制定的；

（3）格式合同条款的定型化导致了对方当事人不能就合同条款进行协商；

（4）格式合同一般采取书面形式；

（5）格式合同（特别是提供商品和服务的格式合同）条款的制定方一般具有绝对的经济优势，而另一方为不特定的、分散的消费者。

格式合同虽然具有节约交易的时间、事先分配风险、降低经营成本等优点，但同时也存在诸多弊端。由于格式合同限制了合同自由原则，格式合同的拟定方可以利用其优越的经济地位，制定有利于自己、而不利于消费者的合同条款。例如，拟定方为自己规定免责条款或者限制责任的条款等。但无论如何，格式合同作为社会经济不断发展的产物，必然有其存在的合理性，法律当然不能因为格式合同的诸多弊端而取消格式合同的存在。因此，不断完善格式合同，规定哪类不利于格式合同条款非制定方的条款无效、规定条款制定方的提示义务和说明义务是《合同法》规范格式合同、保护条款非制定方利益的表现。

六、签订合同应遵循的基本原则

合同的基本原则是在订立合同的过程中双方应当共同遵循的原则。合同除应遵循民法的一些基本原则外，还具有其特有的原则，主要是自愿、等价有偿、协商一致三个原则。

（1）自愿原则，即合同自由原则，主要体现在五个方面：

1）缔约自由，就是任何人可以自由决定是否和他人签订合同；

2）选择对方当事人的自由，就是可以自由决定和什么人缔结合同，不和什么人缔结合同；

3）合同内容自由，就是只要不违反法律的强制性规定，当事人可以自主决定合同的具体内容；

4）设定变更和解除合同条件的自由；

5）订立合同方式自由，当事人订立合同，可以自由选择合同的形式，包括书面形式、口头形式和其他形式。

（2）等价有偿原则，即一方所承担的义务需要另一方给付对价。双方的这种给付在客观上虽然在金钱上不一定是等值的，但却应当是一方主观上愿以自己的给付换取对方的给付，这就是等价有偿原则的体现。

（3）协商一致原则，即合同是双方进行充分协商后的结果，只有双方意思一致，才可能签订合同。《合同法》规定双方就合同主要条款协商一致，合同就成立。但是，根据以往的经验认为：双方签约的时候，应做到全部条款的协商一致，这样才能减少纠纷的发生。另外，合同的条款要明确具体，并且应像工艺流程、施工工艺一样具有操作性。

七、违约责任

违约责任条款的意义在于可以促使当事人履行合同，在发生纠纷时，可以使守约方的损失减少到最低，所以要在合同中明确约定。一般的违约条款分四层意思：一是什么是违约行为；二是如何计算违约金，例如，逾期一天，向对方支付多少违约金；三是怎么计算损失额，一方违约，给对方造成的损失额如何计算？四是违约多少天，另一方可以解除合同。

【思考与练习】

1. 合同的定义是什么？

2. 合同包括哪些基本内容？

3. 签订合同应遵循哪些基本原则？

▲ 模块2　供用电合同的种类（Z36F2002Ⅰ）

【模块描述】本模块包含供用电合同的定义、分类和适用范围等内容。通过概念描述、术语说明、要点归纳，掌握各类供用电合同的适用范围。

【模块内容】

明确供用电合同的定义及种类，掌握各类供用电合同的适用范围，是签订供用电合同的前提条件。供用电合同是以书面形式签订的供用电双方共同遵守的行为准则，也是明确供用电双方当事人权利义务、保护当事人合法权益、维护正常供用电秩序、提高电能使用效果的重要法律文书。给供用电合同进行分类的目的在于更好地签订供用电合同和促使当事人双方认真、适当地履行合同，避免不必要的纠纷。

一、供用电合同的定义

供用电合同是供电人与用电人就供用双方的权利和义务签订的法律文书。

电是一种无色、无味的特殊商品，但又是客观存在并能发挥一定效能的物质。在供用电合同中，合同主体是供电企业和客户，合同标的是电力。

二、供用电合同的分类和适用范围

（1）高压供用电合同：适用于供电电压为 6、10、35、110、220kV 的高压电力客户。

（2）低压供用电合同：适用于供电电压为 220、380V 的低压电力客户。

（3）临时供用电合同：适用于短时、非永久性电力客户。

（4）委托转供用电合同：适用于公用供电设施未到达地区，供电方委托有供电能力的电力客户（转供电方）向第三方（被转供电方）供电的情况。这是在供电方分别与转供电方和被转供电签订供用电合同的基础上，三方共同就转供电有关事宜签订的协议。

（5）居民供用电合同：适用于居民客户的电力需求。由于居民客户用电需求类同，供电方式简单，对居民客户的供用电合同也可采用发放"居民用电须知"的方式处理。

（6）非标准格式合同：是对有特殊情况的电力客户，当标准格式合同不足以满足要求时，采用的一类合同，在该类合同中必须具备以下条款：

1）供电方式、供电质量和供电时间。

2）用电容量和用电地址、用电性质。

3）计量方式和电价、电费结算方式。

4）供用电设施维护责任的划分。

5）合同的有效期限。

6）违约责任。

7）双方共同认为应当约定的其他条款。

【思考与练习】

1. 供用电合同的定义是什么？

2. 供用电合同分哪几类？

3. 非标准格式合同必须具备的条款有哪些？

▲ 模块 3　供用电合同范本的条款内容（Z36F2003 I ）

【模块描述】本模块包含供用电合同范本的条款及条款的含义等内容。通过概念描述、术语说明、要点归纳，掌握供用电合同的基本条款。

【模块内容】

一、供用电合同范本的条款

（1）用电地址、用电性质和用电容量。

（2）供电方式、供电质量和用电时间。

（3）产权分界点及责任划分。

（4）计量方式和电价、电费结算方式。

（5）违约责任。

（6）合同的有效期限。

（7）双方共同认定应当约定的其他条款。

二、条款的含义

1. 用电地址、用电性质和用电容量

用电地址是指用电人使用电力的地址。

用电性质包括用电人行业分类和用电分类，行业用电分类根据 GB/T 4754—2002《国民经济行业分类和代码》的规定，分为农林牧渔业、采矿业、制造业等 20 个类别。用电分类按照电价表中的分类方法，包括大工业用电、非普工业用电、农业生产用电、商业用电、居民生活用电、非居民照明用电、趸售用电和其他用电。

用电容量是指供电人认定的用电人受电设备的总容量，以 kW（kVA）表示。

2. 供电方式、供电质量和用电时间

（1）供电方式。是指供电人以何种方式向用电人供电，包括主供电源、备用电源、保安电源的供电方式以及委托转供电等内容。供电企业对申请用电的用户提供的供电方式，应从供用电的安全、经济、合理和便于管理出发，依据国家的有关规定、电网的规划、用电需求以及当地供电条件等因素，进行技术经济比较，与用户协商确定。

（2）供电质量。是指供电频率、电压和供电可靠性三项指标。频率（周波）质量，是以频率允许偏差来衡量；电压质量，是以电压的闪变、偏离额定值的幅度和电压正弦波畸变程度衡量；供电可靠性，是以供电企业对用户停电的时间及次数来衡量。

（3）用电时间。是指用电人有权使用电力的起止时间。双方应在合同中具体规定用电时间。规定用电时间的目的在于保证合理用电和安全用电，避免同一时间用电人集中用电，造成高峰时间供电设施因负荷过大而发生断电、停电事故，同时也可以防止低谷负荷过低而造成电力浪费。近几年，随着我国电力事业的迅速发展，电力供应的紧张状况已趋于缓和，对用电时间的限制将逐步放宽。

3. 产权分界点及责任划分

在供用电合同中，双方应当协商确认供用电设施产权分界点，分界点及电源侧供电设施属于供电人，由供电人负责运行维护管理，分界点负荷侧供电设施属于用电人，由用电人负责运行维护管理。供电人、用电人分管的供电设施，除另有约定外，未经对方同意，不得操作或更动。

供用电合同是双方法律行为，当事人还可以在协商一致的情况下，在合同中约定其他认为需要的事项，如合同的有效期限、违约责任等条款。对于合同内容的要求是提倡性和指导性的，而不是强制性的。如果供用电合同没有完全具备法律规定的内容，不影响合同的效力。供用电合同生效后，当事人就合同的某些内容没有约定或者约定不明确的，可以协议补充；不能达成补充协议的，按照合同有关条款或者交易习惯确定。

4. 计量方式和电价、电费结算方式

计量方式，是指供电人如何计算用电人使用的电量。供电企业应在用户每一个受电点内按不同电价类别，分别安装用电计量装置。用电计量装置是一种记录用户使用电力电量多少的专用度量衡器，它的记录作为向用电人计算电费的依据。用电计量方式采用高压侧计量或低压侧计量。

电价即电网销售电价，是指供电企业向用电人供应电力的价格。电价实行国家统一定价，由电网经营企业提出方案，报国家有关物价部门核准。

电费是电力资源实现商品交换的货币形式。供电企业应当按照国家核准的电价和用电计量装置的记录，向用电人计收电费；用户应当按照国家核准的电价和用电计量装置的记录，按时缴纳电费。为防止电费的拖欠，双方当事人可以在合同中约定电价、电费的结算方式。双方可采取下列结算方式：

（1）现金支付；

（2）采取预付电费制；

（3）有账务往来的，可商订价款互抵协议；

（4）采用商业承兑汇票或银行承兑汇票的结算方式；

（5）由供、用、银行三方商签每月电费分期划拨协议；

（6）其他有效方式。

5. 违约责任

供用电合同中应明确哪些属于免责条件，哪些属于违约行为，并明确违约所应承担的责任等。

6. 合同的有效期限

在合同中约定合同的有效期限及起止时间。供用电合同的有效期限一般为1～3年。合同到期，可以重新签订，原合同废止；或在合同中约定合同有效期届满，双方均未对合同履行提出书面异议，合同效力按合同有效期重复继续维持。在合同有效期内，如发生对合同部分条款进行修改、补充时，经供用电双方认可，合同继续有效。

7. 双方共同认定应当约定的其他条款。

主要约定以上没有列举的事项。

【思考与练习】

1. 供用电合同范本的条款包括哪些内容？

2. 简述用电容量的概念。

3. 合同的有效期限是如何规定的？

▲ 模块4　居民用户供用电合同的主要内容（Z36F2004Ⅰ）

【模块描述】本模块包含居民用户供用电合同的特点及相关内容。通过概念描述、案例介绍，掌握居民供用电合同的主要内容。

【模块内容】

在实际生活中，一个供电企业面对众多用电人（企事业单位、居民等），供电企业不可能和每一个用户签订需求条件各不相同的合同，而只能采取格式条款签订合同。这类格式条款因生产用电、生活用电、居民用电、电力用户用电和特殊用户用电的不同而有所不同。

所谓格式条款，是指当事人为了重复使用而预先拟订，并在订立合同时未与对方协商的条款。

由于居民客户用电需求类同，供电方式简单，对居民客户的供用电合同可以采用发放"客户用电须知"的方式处理。

下表是某省电力公司某供电所的"客户用电须知"，见表6-4-1。

表 6-4-1 _____供电公司_____供电所客户用电须知

（正面）

客户编号：_____ 合同编号：_____

根据用电人申请，供电人在用电人缴清约定的费用、办理相关手续后，在用电人已阅读本合同所有条款、供电人对本合同背面所载条款作了说明、用电人对本合同条款的含义及相应的法律后果已充分理解的前提下，签订本合同，以资双方共同遵守。

用电人：		用电人联系电话：		用电地址：
用电人身份证号：		用电人电费付款方式：		表计类型：
用电人开户银行：		用电人托收账号：		
供电方式：供电人从　　　　线路　　　　配电变压器以　　　　V 向用电人供电				
用电容量：　　kW		电能表电流值　　A		电流互感器　　A
用电性质	1. 非普工业用电（　　）		2. 居民生活用电（　　）	
	3. 非居民生活用电（　　）		4. 商业性用电（　　）	
	备注：1. 每份合同对应一套电能计量表计。 　　　2. 对应客户的用电性质，每次只能以"√"选上述四种用电性质的一种，多选无效。			

一、使用电子式预付费 IC 卡表的用电人采用预购电方式时，用电人先付费，供电人后供电。用电人应及时持 IC 卡到_____或供电人指定的其他地点购电，否则由于用电人未及时购电引起购电控制装置电费结零而造成的停电损失由用电人承担。

二、用电人应按不同电价类别申请分类装表计量，根据用电人的用电性质供电人对用电人执行由物价局核定的分类电价，如遇国家有关政策和电价调整，供电人将按调整后的电价标准执行。

三、用电人每月应在供电人规定的时间内到供电人指定的交费网点缴清电费。目前供电人规定的时间为抄表当月电费在当月月底前交清，逾期未交清者，供电人将按《供电营业规则》及相关规定加收电费滞纳违约金，直至停止供电。用电人可采取下列缴费方式：

1. 到供电营业窗口或供电人指定的缴费网点缴费；2. 使用_____银行_____卡缴费；3. 请携带用电人身份证、银行存折、客户号来_____签订银行代扣电费协议，并在指定的缴费银行开设账户（存折）进行转账缴费；4. 其他缴费方式。

四、如果用电人的 IC 卡表出现透支情形，供电人将以实际用电量为依据，对用电人的电量电费进行核补，用电人应积极配合和支持。

五、用电人必须在合同约定的容量内使用电力。因用电人违约用电或窃电造成供电人的电力设施损坏时，用电人必须承担电力设施的修复费用并进行赔偿。

六、未尽事宜，均按《供电营业规则》及相关规定处理。

七、本合同有效期为两年，自双方签字盖章之日起生效。合同期满后，如供用电双方均未提出变更、解除本合同，则本合同继续有效。合同期内，如用电人需终止用电，必须办理拆表销户手续并缴清所有费用后，则本合同终止。

八、本合同一经生效，供用电双方无正当理由不得擅自变更或废止。

用电人签章： 签约人： 　　　　　　　年　月　日	供电人签章： 签约人： 　　　　　　　年　月　日	备注：

说明：本合同的背面部分为本合同的有效组成部分，本合同一式两份，双方各执一份。

_____供电公司_____供电所
客户用电须知（背面）

1. 供电人与用电人以下户线后第一个支撑点处为产权分界点，分界点及其靠电源侧属供电人，靠负荷侧属用电人。供电人和用电人按产权分界点各自负责运行、维护和安全用电的责任。

2. 在电力系统正常运行情况下，供电人应向用电人连续供电。属用电人产权的电力设施故障时，由用电人委托具有资质的单位维修。

3. 因供电人责任造成的用电人（居民客户）家用电器损坏，供电人将按《居民用户家用电器损坏处理办法》进行赔偿，用电人（居民客户）应积极采取合理措施防止损害事故进一步扩大。因用电人（居民客户）原因造成的扩大损失，供电人不负赔偿责任。

4. 供电人遇有下列情况之一，使合同不能履行或不能完全履行时，供电人不承担违约责任：① 不可抗力；② 紧急避险；③ 用电人自身的过错；④ 依法停、限电。

5. 用电人需新装用电或增加用电容量、变更用电都应及时向供电人办理有关手续。

6. 用电人应按时足额缴纳电费。如对电能、电费计算有异议时，应先交清电费，然后双方协商解决。用电人未按期缴清电费时，应承担电费滞纳的违约责任。电费违约金从逾期之日起，居民客户每日按欠费总额的千分之一计算，其他客户当年欠费部分每日按欠费总额的千分之二计算，跨年度欠费部分每日按欠费总额的千分之三计算；电费违约金收取总额按日累加计收，总额不足 1 元者按 1 元收取。经催缴，用电人仍未付清电费的，供电人可依法按规定程序停止供电，并追收所欠电费和电费滞纳的违约金。

7. 用电人应做到安全用电，应使用绝缘合格的用电设施，装设合格的漏电保护器。不得有下列危害供电安全、影响正常供用电秩序的违约用电行为：① 擅自改变用电类别；② 擅自超过合同约定的容量用电；③ 擅自启用已被供电人查封的电力设备；④ 擅自迁移、变更、操作用电计量装置（含电力负荷控制装置和其他数据采集装置）及供电人的供电设施；⑤ 未经供电人许可，擅自引入、供出电源，临时用电应事先经供电人许可。

8. 用电人不得有下列窃电行为：① 在供电人的供电设施上，擅自接线用电；② 绕越用电计量装置用电；③ 伪造或开启供电人加封的用电计量装置封印用电；④ 破坏用电计量装置；⑤ 故意使电计量不准或失效；⑥ 安装窃电装置用电；⑦ 将电费卡非法充值后用电；⑧ 采用其他方法窃电。

9. 用电人确有以上第 7 条、第 8 条的违约事实行为的，供电人可根据违约或窃电的事实及造成的后果，按《供电营业规则》第 100～104 条规定制止违约行为或中止供电并加收违约金，窃电应按所窃电量补缴电费，并承担补缴电费三倍的违约金，情节严重的，报请电力管理部门执行行政处罚或由司法机关依法追究刑事责任。因用电人的违约用电而造成的停电期间内的一切损失由用电人承担，待用电人违约或窃电情形消失并承担相应责任后，供电人方可恢复供电。如因非供电人的原因而造成电力设施等损失的，由用电人承担责任。

10. 用电人对计量电能表的准确性有异议时，可向供电人提出校验申请并缴付验表费，如计量电能表的误差在国家规定的允许范围内，验表费不退；如误差超出允许范围时，供电人退还验表费并据实按有关规则退补电费。

11. 因电能表发生故障无法抄表计量的，用电人应及时向供电人反映，供电人应及时排除故障，并按照用电人前三个月平均用电量补收用电人电费。

12. 供电能人的查电人员、抄表人员进入用电人处查电、抄表时，应出示有关证件，用电人应提供方便。用电人对供电人违纪、违约行为，有权向电力监管部门投诉。投诉电话 95598。

（此客户用电须知为低压客户的供用电合同之背书）

【思考与练习】

1. 居民供用电合同为什么要采用格式合同？

2. 供电人遇有哪些情形，使供用电合同不能履行或不能完全履行时，供电人不承担违约责任？

3. 填写居民格式合同。

▲ 模块 5　供用电合同文本的规范格式（Z36F2005Ⅱ）

【模块描述】本模块包含供用电合同文本格式。通过案例介绍，掌握供用电合同应具备的条款、书写方法及注意事项。

【模块内容】

本模块通过供用电合同文本，举例说明供用电合同文本的规范格式。例：××门窗制造有限公司是一家新成立的生产铝合金门窗的小型企业，需要 220V/380V 电源，办理有关用电手续，与电力部门签订低压供用电合同。

合同封面：

低压供用电合同

合同编号：203012010125

供电人：××供电公司

用电人：××门窗制造有限公司

签订日期：2013 年 4 月 9 日

签订地点：××供电公司中心营业厅

合同正文：

为确定供电人和用电人在电力供应与使用中的权利和义务，安全、经济、合理、有序地供电和用电，根据《中华人民共和国合同法》《中华人民共和国电力法》《电力供应与使用条例》、《供电营业规则》等有关规定，双方经协商一致，订立本合同。

第一条 用电地址、用电性质和用电容量

1. 用电地址：__××镇新华村下南组__。

2. 用电性质：

（1）行业分类：__金属制品业__。

（2）用电分类：__非普工业__。

3. 合同约定容量为__25__kW，该容量为用电人最大用电容量。

第二条 供电方式

1. 供电人向用电人提供 __220V/380V__ 交流 __50Hz__ 电源，经以下变压器向用电人供电：

（1）__××镇新华村下南组__公用变压器。

（2）__无__公用变压器。

（3）__无__。

2. 因电网意外断电影响安全生产的，用电人应自行采取电或非电保安措施。用电人若有保安负荷时，应自备应急电源，并装设可靠的闭锁装置，防止向电网倒送电。

（1）用电人自备发电机__无__kW，闭锁方式为__无__。

（2）不间断电源（UPS）__无__kW。

第三条 产权分界点及责任划分

供用电设施产权分界点为：

1. 以供电接户线用户端最后支持物（户外墙角横担）为分界点，分界点及其靠电源侧属供电人，靠负荷侧属用电人。

2. __无__。

供用电设施产权分界点以文字和附图表述，详见《供电接线及产权分界示意图》（附件二）；如二者不符，以文字为准，分界点电源侧产权属供电人，分界点负荷侧产权属用电人。双方各自承担其产权范围内供用电设施上发生事故等引起的法律责任。

第四条 用电计量

1. 按照规定，每一受电点内按不同电价类别分别安装电能计量装置，其记录作为向用电人计算电费的依据。

计量点 1：计量装置装设在用电人户外处，为总/分表，作为用电人全部用电量的计量依据，计费倍率为 50/5。

计量点 2：计量装置装设在 无 处，为总/分表，作为用电人 无 用电量的计量依据,计费倍率为 无 。

2. 未分别计量的电量认定:

无 计量装置计量的电量包含多种电价类别的电量,对 无 电价类别的用电量,每月按以下第 无 种方式确定:

(1) 无 电量定比为: 无 %。

(2) 无 电量定量为: 无 kWh;其余电量电价类别为 无 。

以上方式及核定值双方每年至少可以提出重新核定一次,对方不得拒绝。

3. 各计量点计量装置配置如下:

计量点	计量设备名称	计算倍率	备注(总分表关系)
计量点 1	电能表	1	
	电流互感器	50/5	
	无		
无			

第五条 电价及电费结算

1. 电价按照政府主管部门批准的价格执行,根据调价政策规定进行调整。

根据国家《功率因数调整电费办法》的规定,功率因数调整电费的考核标准为 无 ,相关电费计算按规定。

2. 抄表周期为 一个月 ,抄表例日为 每月 5 日 ;如有变动,供电人应提前一个抄表周期告知用电人。

3. 抄表方式:采用 人工 方式抄录。

采用用电信息采集装置抄表的,其自动抄录的数据作为电度电费结算依据,当装置故障时,依人工抄录数据为准。

4. 电费按抄表周期结算,支付方式为 现金支付 ,用电人应在当月 28 日前结清全部电费。

双方可另行订立电费结算协议。

5. 若遇电费争议,用电人应先按结算电费金额按时足额交付电费,待争议解决后,据实清算。

第六条 计量失准及争议处理规则

1. 一方认为用电计量装置失准,有权提出校验请求,对方不得拒绝。校验应由有资质的计量检定机构实施。如校验结论为合格，检测费用由提出请求方承担；如不合格，由表计提供方承担，但能证明因对方使用、管理不善的除外。

2. 计量失准时，计费差额电量按下列方式确定：

（1）互感器或电能表误差超出允许范围时，以"0"误差为基准，按验证后的误差值确定计费差额电量。上述超差时间从上次校验或换装后投运之日至误差更正之日的二分之一时间计算。

（2）其他非人为原因致使计量记录不准时，以用电人上年度或正常月份用电量的平均值为基准，确定计费差额电量，计算退补电量的时间按导致失准时间至误差更正之日的差值确定。

3. 以下原因导致的电能计量或计算出现差错时，计费差额电量按下列方式确定：

（1）计费计量装置接线错误的，以其实际记录的电量为基数，按正确与错误接线的差额率退补电量，计算退补电量的时间从上次校验或换装投运之日至接线错误更正之日。

（2）计算电量的计费倍率与实际倍率不符的，以实际倍率为基准，按正确与错误倍率的差值确定计费差额电量，计算退补电量的时间以发生时间为准确定。

4. 抄表记录、用电信息采集系统、表内留存的信息作为双方处理有关计量争议的依据。

5. 按确定的退补电量和误差期间的电价标准计算退补电费。

第七条　供电质量

在电力系统处于正常运行状况下，供到用电人受电点的电能质量应符合国家规定的标准。

第八条　连续供电

在发供电系统正常情况下，供电人连续向用电人供电。发生如下情形之一的，供电人可按有关法律、法规、规章规定程序及本合同约定中止供电：

1. 供电设施计划或临时检修。

2. 危害供用电安全，扰乱供用电秩序，拒绝检查的。

3. 用电人逾期未交电费，经供电人催交仍未交付。

4. 受电装置经检验不合格，在指定期间未改善的。

5. 用电人注入电网的谐波电流超过标准，以及冲击负荷、非对称负荷等对电网电能质量产生干扰和妨碍，严重影响、威胁电网安全，拒不按期采取有效措施进行治理改善的。

6. 拒不按期拆除私增用电容量的。

7. 拒不按期交付违约用电引起的费用的。

8. 违反安全用电有关规定，拒不改正的。

9. 发生不可抗力或紧急避险的。

10. 用电人实施本合同第十三条第 6~第 11 款行为的。

第九条 中止供电程序

1. 因故需要中止供电的，按如下程序进行：

（1）供电设施计划检修需要中止供电的，提前七天通知用电人或进行公告。

（2）供电设施临时检修需要中止供电的，提前 24h 通知重要用电人。

2. 除以上因故中止供电情形外，需对用电人中止供电时，供电人除需履行有关法规、规章规定的报批程序外，按如下程序进行：

（1）停电前三至七天内，将停电通知书送达用电人，对重要用电人的停电，同时将停电通知书报送同级电力管理部门。

（2）停电前 30min，将停电时间再通知用电人一次。

3. 发生以下情形之一的，供电人可当即中止供电：

（1）发生不可抗力或紧急避险。

（2）用电人实施本合同第十三条第 6~第 11 款行为的。

4. 引起中止供电或限电的原因消除后，应在三日内恢复供电，不能在三日内恢复供电的，应向用电人说明原因。

第十条 配合事项

1. 供电人为用电人交费和查询电价、电费、用电量、电能表示数提供方便。

2. 为保障电网安全或因发电、供电系统发生故障以及根据本合同约定，需要停电、限电时，用电人应予以配合。

引起停电故障的原因消除后，供电人应在三日内恢复供电，否则应向用电人说明原因。

3. 供电人依法进行的用电检查或抄表，用电人应提供方便并予以配合，根据检查内容提供相应资料。

4. 用电计量装置的安装、移动、更换、校验、拆除、加封、启封由供电人负责，用电人应提供必要的方便和配合；安装在用电人处的用电计量装置由用电人妥善保管，如有异常，应及时通知供电人。

第十一条 质量共担

用电人用电时的功率因数和谐波源负荷、冲击负荷、非对称负荷等产生的干扰与影响应符合国家标准。

第十二条 供电人不得实施的行为

1. 故意使用电计量装置计量错误。

2. 随电费收取其他不合理费用。

第十三条 用电人不得实施的行为

1. 在电价低的供电线路上，擅自接用电价高的用电设备或私自改变用电类别。

2. 私自超过合同约定容量用电。

3. 擅自使用已在供电人处办理暂停手续的电力设备或启用已封存电力设备。

4. 私自迁移、更动和擅自操作供电人的用电计量装置。

5. 擅自引入（供出）电源或将自备应急电源和其他电源并网。

6. 在供电人的供电设施上，擅自接线用电。

7. 绕越供电人用电计量装置用电。

8. 伪造或者开启供电人加封的用电计量装置封印用电。

9. 损坏供电人用电计量装置。

10. 使供电人用电计量装置失准或者失效。

11. 采取其他方法导致不计量或少计量。

第十四条 供电人的违约责任

1. 供电人违反本合同约定，应当按照国家、电力行业标准或本合同约定予以改正，继续履行。

2. 供电人违反本合同电能质量义务给用电人造成损失的，应赔偿用电人实际损失，最高赔偿限额为用电人在电能质量不合格的时间段内实际用电量和对应时段的平均电价乘积的百分之二十。

3. 供电人违反本合同约定实施停电给用电人造成损失的，应赔偿用电人实际损失，最高赔偿限额为用电人在停电时间内可能用电量（该用电量的计算参照）电度电费的五倍。

前款所称的可能用电量，按照停电前用电人在上月与停电时间对等的同一时间段的平均用电量乘以停电时间求得。

4. 供电人未履行抢修义务而导致用电人损失扩大的，对扩大损失部分按本条第 3 款的原则给予赔偿。

5. 供电人故意使用电计量装置计量错误，造成用电人损失的，按用电人多承担的费用予以退还。

6. 供电人随电费收取其他不合理费用，造成用电人损失的，应退还用电人有关费用。

7. 有如下情形之一的，供电人不承担违约责任：

（1）符合本合同第八条约定的连续供电的除外情形且供电人已履行必经程序。

（2）电力运行事故引起开关跳闸，经自动重合闸装置重合成功。

（3）多电源供电只停其中一路，其他电源仍可满足用电人用电需要的。

（4）用电人未按合同约定安装自备应急电源或采取非电保安措施，或者对自备应急电源和非电保安措施维护管理不当，导致损失扩大部分。

（5）因用电人或第三人的过错行为所导致。

第十五条　用电人的违约责任

1. 用电人违反本合同约定义务，应当按照国家、电力行业标准或本合同约定予以改正，并继续履行。

2. 由于用电人责任造成供电人对外供电停止，应当按供电人少供电量乘以上月份平均售电单价给予赔偿；其中，少供电量为停电时间上月份每小时平均供电量乘以停电小时。停电时间不足 1 小时的按 1 小时计算，超过 1 小时的按实际停电时间计算。

3. 因用电人过错给供电人或者其他用户造成财产损失的，用电人应当依法承担赔偿责任。本款责任不因本条第四款责任而免除。

4. 用电人有以下违约行为，应按合同约定向供电人支付违约金：

（1）用电人违反本合同约定逾期交付电费，当年欠费部分的每日按欠交额的千分之二、跨年度欠费部分的每日按欠交额的千分之三计付。

（2）用电人擅自改变用电类别或在电价低的供电线路上，擅自接用电价高的用电设备的，按差额电费的两倍计付违约金，差额电费按实际违约使用日期计算；违约使用起讫日难以确定的，按三个月计算。

（3）擅自迁移、更动或操作用电计量装置、电力负荷管理装置、擅自操作供电企业的供电设施以及约定由供电人调度的受电设备的，按每次 5000 元计付违约金。

（4）擅自引入、供出电源或者将自备电源和其他电源私自并网的，按引入、供出或并网电源容量的每 kW（kVA）500 元计付违约金。

（5）用电人擅自在供电人供电设施上接线用电、绕越用电计量装置用电、伪造或开启已加封的用电计量装置用电，损坏用电计量装置、使用电计量装置不准或失效的，按补交电费的三倍计付违约金。少计电量时间无法查明时，按 180 天计算。日使用时间按小时计算，其中，电力用户每日按 12h 计算，照明用户每日按 6h 计算。

5. 用电人违约责任因以下原因而免除：

（1）不可抗力。

（2）法律、法规及规章规定的免责情形。

第十六条　合同的生效、转让及变更

1. 合同生效

（1）用电人受电装置已验收合格，业务相关费用已结清且本合同和有关协议均已签订后，供电人应即依本合同向用电人供电。

（2）本合同经双方签署并加盖公章或合同专用章后成立。合同有效期为 两 年，自 2013 年 4 月 10 日起至 2015 年 4 月 9 日止。合同有效期届满，双方均未对合同履行提出书面异议，合同效力按本合同有效期重复继续维持。

（3）对合同有异议的，应提前一个月向对方提出书面修改意见，经协商，双方达成一致，重新签订供用电合同；双方不能达成一致，在合同有效期届满后双方解除、终止合同的书面协议签订前，本合同继续有效。

2. 合同转让

未经对方同意，任何一方不得将本合同下的义务转让给第三方。

3. 合同变更

合同如需变更，双方协商一致后签订《合同事项变更确认书》（附件三）。

第十七条 争议解决的方式

1. 双方发生争议时，应本着诚实信用原则，通过友好协商解决。

2. 若争议经协仍无法解决的，按以下第_（1）_种方式处理：

（1）仲裁：提交××市仲裁委员会，按照申请仲裁时该仲裁机构有效的仲裁规则进行仲裁。仲裁裁决是终局的，对双方均有约束力。

（2）诉讼：向_无_所在地人民法院提起诉讼。

3. 在争议解决期间，合同中未涉及争议部分的条款仍须履行。

第十八条 附则

1. 本合同正本一式_两_份，供电人执_壹_份，用电人执_壹_份；副本_两_份，供电人执_壹_份，用电人执_壹_份。

合同签署前，双方按供用电业务流程所形成的申请、批复等书面资料，为合同附件，与合同正文具有同等效力。

本合同附件包括：

（1）附件一：术语定义。

（2）附件二：供电接线及产权分界示意图。

（3）附件三：合同事项变更确认书。

（4）___无___。

2. 本合同中特别条款已用黑体字标识，双方均已认真阅读。鉴于供用电合同的专业性，供电人亦就合同条款向用电人作了必要和合理的说明。

3. 双方是在完全清楚、自愿的基础上签订本合同。

第十九条 特别约定

本特别约定是对合同其他条款的修改或补充，如有不一致，以特别约定为准。

_____无_____

_____无_____

_____无_____

（以下无正文）

签 署 页

供电人：××供电公司　　　　　　用电人：××门窗制造有限公司

（盖章）　　　　　　　　　　　　（盖章）

法定代表人（负责人）或　　　　　法定代表人（负责人）或

授权代表（签字）：张三　　　　　授权代表（签字）：李四

签订日期：2013 年 4 月 9 日　　　签订日期：2013 年 4 月 9 日

地址：××市人民路 28 号　　　　 地址：××市××镇新华村下南组

邮编：×××　　　　　　　　　　邮编：×××

联系人：×××　　　　　　　　　联系人：×××

电话：×××　　　　　　　　　　电话：×××

传真：×××　　　　　　　　　　传真：×××

开户银行：　　　　　　　　　　　开户银行：

账号：　　　　　　　　　　　　　账号：

税号：　　　　　　　　　　　　　税号：

附件一

术 语 定 义

1. 用电地址：用电人受电设施的地理位置及用电地点。

2. 用电容量：又称协议容量，用电人申请并经供电人核准使用电力的最大功率或视在功率。

3. 供电质量：指供电电压、频率和波形。

4. 谐波源负荷：指用电人向公共电网注入谐波电流或在公共电网中产生谐波电压的电气设备。

5. 冲击负荷：指用电人用电过程中周期性或非周期性地从电网中取用快速变动功率的负荷。

6. 非对称负荷：因三相负荷不平衡引起电力系统公共连接点正常三相电压不平衡度发生变化的负荷。

7. 计划检修：按照年度、月度检修计划实施的设备检修。

8. 临时检修：供电设备障碍、改造等原因引起的非计划、临时性停电（检修）。

9. 紧急避险：指电网发生事故或者发电、供电设备发生重大事故；电网频率或电压超出规定范围、输变电设备负载超过规定值、主干线路功率值超出规定的稳定限额以及其他威胁电网安全运行，有可能破坏电网稳定，导致电网瓦解以至大面积停电等运行情况时，供电人采取的避险措施。

10. 不可抗力：指不能预见、不能避免并不能克服的客观情况。

11. 逾期：指超过双方约定的交纳电费的截止日的第二天算起，不含截止日。

12. 重要用户：指有重要负荷的用户。重要负荷的定义参见《供配电系统设计规范》（GB 50052—2009）。

附件二

供电接线及产权分界示意图

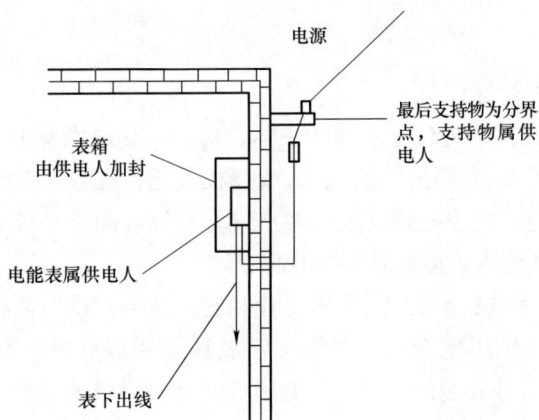

附件三

合同事项变更确认书

序号	变更事项	变更前约定	变更后约定	供电人确认	用电人确认
1				（签）章 ___年___月___日	（签）章 ___年___月___日
2				（签）章 ___年___月___日	（签）章 ___年___月___日
3				（签）章 ___年___月___日	（签）章 ___年___月___日
4				（签）章 ___年___月___日	（签）章 ___年___月___日
5				（签）章 ___年___月___日	（签）章 ___年___月___日

【思考与练习】

1. 供用电合同约定哪些行为可以中止供电？

2. 供用电合同有效期是如何规定的？

3. 按照要求填写低压供用电合同。

▲ 模块6 供用电合同的签订、履行（Z36F2006Ⅱ）

【模块描述】本模块包含供用电合同的签订应注意的事项及履行合同中出现的违约或争议的处理。通过概念描述、术语说明、条文解释、要点归纳，掌握供用电合同的签订和履行。

【模块内容】

一、供用电合同的签订

1. 签订供用电合同前的注意事项（主体、时间、资料准备）

签订合同的当事人必须是法定代表人或授权委托代理人。对于供电方来讲，供用电合同的签订必须是授权委托代理人与客户进行签订，同时经县公司合同专责人审核后方能盖章生效，其他人不能随意签订合同。

《电力供应与使用条例》规定，供电企业和客户应当在供电前根据客户需求和供电企业的供电能力签订供用电合同。合同文字表述要明确严密，不产生歧义，文理逻辑严密，双方权利义务要明确具体；合同附件及有关材料要整理齐全，一并归入合同档案。

2. 签订供用电合同需提供的资料及数据

（1）企（事）业营业执照副本复印件。

（2）法定代表人身份证明。法定代表人证明书或由工商局核发的法定代表人身份证明复印件。

（3）法定代表人的授权委托书（法定代表人本人签字，则此项可不提供）。

（4）电费结算协议。

（5）特定委托收款付款授权书。

（6）供电接线及产权分界示意图。

（7）竣工报告。

（8）产权分界点确认书。

（9）计费计量通知单。

二、供用电合同的履行

供用电合同签订生效后，供用电双方必须严格履行，在享有合同规定权利的同时，及时认真履行合同规定的义务，并监督对方履行合同情况。

1. 违约责任

（1）用电人延期支付电费。用电人有及时缴付电费的义务，用电人应当按照国家的有关规定和当事人的约定及时缴付电费。用电人逾期不缴付电费的，应当按照约定支付违约金。经催告用电人在合理期限内仍不缴付电费和违约金的，供电人可以按照国家有关规定的程序终止供电。

（2）用电人违约用电。用电人有安全用电的义务。用电人应当按照国家有关规定和当事人的约定安全用电。用电人未按照国家有关规定和当事人约定安全用电，造成供电人损失的，应当承担损害赔偿责任。

（3）供电人违约供电。供电人有按质、安全供电的义务。供电人应当按照国家的有关规定的供电质量标准和约定安全供电。供电人未按照国家规定的供电质量标准和约定安全供电，造成用电人损失的，应当承担损害赔偿责任。

供电人有中断供电及时通知的义务。供电人因供电设施计划检修、临时检修、依法限电或者用电人违法用电等原因，需要中断供电时，应当按照国家有关规定事先通知用电人。未事先通知用电人中断供电，造成用电人损失的，应当承担赔偿责任。

供电人有断电及时抢修的义务。因自然灾害等原因断电，供电人应当按照国家的有关规定及时抢修。未及时抢修，造成用电人损失的，应当承担损害赔偿责任。

2. 合同争议

（1）计量争议。

（2）价格争议。

（3）违约事实及补收电费争议。

【思考与练习】

1. 签订供用电合同前应注意哪些事项？

2. 签订供用电合同需提供哪些资料及数据？

3. 供电人有哪些义务？

◢ 模块 7　供用电合同的变更与解除（Z36F2007Ⅲ）

【模块描述】本模块包含供用电双方可以变更或解除供用电合同的情形、供用电合同的续签与废止。通过概念描述、要点归纳，了解供用电合同的变更与解除的基本情况。

【模块内容】

供用电合同的变更或解除，即在供用电合同订立后，当情况发生变化（如客户办理变更用电等业务），供用电双方及时协商，依照有关法律、法规的规定修改合同有关内容，以便双方共同执行。

一、供用电双方可以变更或解除供用电合同的情形

（1）当事人双方经过协商同意，并且不因此损害国家利益和扰乱供用电秩序。

（2）由于供电能力的变化或者国家对电力供应与使用管理的政策调整，使订立供用电合同时的依据被修改或取消。

（3）当事人一方（由于关闭、停产、并厂、转产等）依照法律程序确定无法履行合同。

（4）由于不可抗力或当事人一方虽无过失，但无法防止的外因，致使合同无法履行。

变更或者解除供用电合同后，供用电双方因供用电合同所产生的债务关系并未终止，也就是说，变更或者解除合同，不等于解除债务。只有在承担了经济责任后，双方的法律关系才真正地消失。

二、供用电合同的续签与废止

供用电合同到期，经供用电双方书面确认可延长合同期限；若对原合同主要条款要进行修改，则原合同废止，应重新签订合同。

【思考与练习】

1. 什么是供用电合同的变更或解除？

2. 列举供用电双方可以变更或解除供用电合同的情形。

3. 什么情况下，供用电合同废止，需要重新签订合同？

第七章

用 电 稽 查

▲ 模块 1　客户档案（Z36F3001 I）

【模块描述】本模块包含客户档案的分类、存档。通过案例介绍、概念描述、术语说明、条文解释、要点归纳，掌握客户档案资料的查询。

【模块内容】

用电稽查工作作为供电企业内部检查的手段，是针对营业各项工作开展的全方位的稽查工作，通过稽查来监督、检查、控制营销工作全过程及各环节，主动、及时地发现问题、暴露问题、解决问题，保证营销工作各环节按时、有序、保质完成，用以保证电力营销过程中执行国家政策的正确性，是加强和规范电力企业日常管理的必备方法。开展用电稽查工作对加强营销全过程质量监督，强化内部管理，夯实工作基础，增收堵漏，提高企业经济效益有着积极的作用。但是用电稽查最主要的依据是现场、系统和客户纸质档案，它们三者应该是完全统一的，客户档案以它特有的原始记录性，真实记录了供电服务的全过程，收集和整理生产经营活动中发生的与客户相关的各种记录、资料，建立健全客户档案，并妥善保管，是尊重客户关系，规范经营行为的基本要求，是营销基础工作管理的重要内容。

一、客户档案的分类

客户档案的归档资料应包括客户从申请用电开始到业务办理、验收送电和用电过程中的各种变更、增容直至销户所提供的各种申请资料、填写的各种表单、工作激励、审批意见、证明材料、设计图纸、协议、合同等所有与业务办理相关的原始资料。一般包括：

1. 低压居民客户

（1）《用电申请登记表》。

（2）居民身份证复印件。

（3）房产证复印件。

（4）《业扩现场勘查工作单（低压）》。

（5）《装拆表工作单》。

（6）《供用电合同》。

（7）其他需要存档的资料。

2. 低压非居民客户

（1）客户报装需要提供的相关证明材料。

（2）《用电申请登记表》。

（3）《客户用电设备清单》。

（4）《业扩现场勘查工作单》。

（5）《供电方案答复书》。

（6）《受电工程中间检查工作单》。

（7）《受电工程竣工验收单》。

（8）《装拆表工作单》。

（9）《供用电合同》及其附件。

（10）其他需要存档的资料。

3. 高压客户

（1）客户报装需要提供的相关证明材料。

（2）《用电申请登记表》。

（3）《客户用电设备清单》。

（4）《业扩现场勘查工作单》。

（5）《供电方案答复书》。

（6）审定合格的客户电气设计资料及图纸（含竣工图纸）。

（7）《受电工程中间检查登记表》。

（8）《受电工程缺陷整改通知单》。

（9）《受电工程中间检查结果通知单》。

（10）《受电工程竣工验收登记表》。

（11）《受电工程竣工验收单》。

（12）《装拆表工作单》。

（13）《受电工程送电通知书》。

（14）《供用电合同》及其附件。

（15）其他需要存档的资料。

在业扩报装工作管理方面，各地区要求不尽相同，加上客户类型、用电规模存在差异，在业务办理过程中，上述归档内容部分可能已合并或没作要求，在归档时视具体情况而定。

二、客户档案的保管

客户档案作为供电所生产营销的重要基础资料，涉及与客户交易和内部管理的商业机密，应该妥善保管。根据业务档案的特性，各单位应设专门的档案室和管理人员，并建立完整的业务资料归档、完善、保管、借阅等管理制度。

1. 档案室的管理要求

（1）坚持"以防为主、防治结合"的原则，着重做好防火、防水、防霉、防鼠工作和室内温湿度的控制等方面的工作。

（2）严防水淹，室内温度控制在 14～24℃，相对湿度控制在 45～60%，室内安装温、湿度仪表及空气调节设备，定期查看仪表并做记录。

（3）档案柜与墙壁保持一定的距离（不得小于 0.6m），与有窗的墙壁垂直，成排摆放，以便通风降温。

（4）采取有效措施防治鼠、虫、霉害，定期进行检查，一经发现及时处理。

（5）配备吸尘器，加封门和双层窗，定期清扫，保持室内清洁。

（6）配备适当的消防器材，并定期更换。

（7）室内严禁吸烟，严禁明火，严禁将易燃、易爆、易腐物品带入室内。

（8）档案室和阅档室应分开设置。

2. 客户档案号的建立

客户档案真实记录了客户在供电企业申请办理新装（增容）、变更用电等业务的全过程及依据，与企业其他档案相比具有相对的独立性，且数量大，有较强的延续性等特点，因此，客户归档应遵循"一户一档"的原则，并以字符形式赋予档案一组代码作为档案号，它是存取档案的标记，并具有统计和监督作用。

根据中华人民共和国行业标准《档号编制原则》（DA/T 13—1994）的规定，结合电力系统客户管理的特点，在编制档案号时应遵循以下原则：

（1）唯一性原则。指在一个供电营业区域内档案号应指代单一，不同客户对应不同的代码，一个代码只表示一个客户。

（2）合理性原则。档案号结构应考虑客户的分类原则，从便于查找和管理的角度，将各类客户不同特征分别用不同的特征码标识；同时结合营销信息系统客户档案的管理要求，按照营销信息系统中客户的分类和允许的客户档案编号位数，确定客户编号。

（3）稳定性原则。对客户按什么条件进行分类编号，要经过充分的考虑与论证，档号一经确定，一般不应随意改变。

（4）扩充性原则。档号必须保留有递增容量，以便适用业务不断扩充的需要。

（5）简单性原则。档号力求简短明了，以便减少代码差错，节省存储空间，提高处理效率。

目前电力客户档案号没有统一的编制标准，为查找方便，在档案归档时一般先对客户进行分类，分类方式可按电压等级、用电类别或供电台区等，档案编号可以将编号规则编进营销系统程序，由计算机按顺序自动生成，纸质档号、电子档案号和客户缴费编号一致；有的纸质档号单独手工编制，号码包含供电营业区域、客户分类、归档时间及顺序编号等。但同一供电区域必须按照统一的编号规则进行编号。

3. 档案资料的管理

归档的资料应以户（袋）为单位进行装订，按照目录顺序编制页码。一般情况下，低压客户按"一户一袋"原则进行存档，为便于查找，档案袋也可采用有一侧开口的文件封套代替，档案袋可以直接归档，也可以将多个档案袋组成一个档案盒存档，高压客户可按"一户一盒"原则建档。

客户档案袋或档案盒还应建立目录标注，其内容为档案袋或档案盒中所存客户档案表单、记录资料的名称，低压客户内容较少的，目录一般建立在档案袋或装订封面上；高压客户和档案内容较多的低压客户目录，宜单独设目录纸，目录内容包括：序号、内容、页码、归档人、归档时间、备注等。目录纸作为档案首页随档案一起装订；对内存多个客户档案的档案盒（低压及居民客户），其记录的是盒内所存档案的客户明细，内容一般包括：序号、户名、档号、归档人、归档时间、备注等。

整理好的档案袋（档案盒）按照客户档案号顺序摆放到档案室内，为了便于查阅，一般在档案柜的各个摆放空间都注明摆放的起止客户编号，高压客户和低压客户可以分开存放，另外对于临时用电客户、销户客户也应分开存放。

4. 档案的调阅

业务档案调阅一般有两种方式：一种是客户自助调阅，另一种是向业务员申请调阅。

客户自助调阅，可以凭个人（单位）缴费户号，通过供电营业大厅的自助查询系统进行查询；也可以登录 95598 客户服务系统，凭户号或户名，输入个人（单位）密码进行查询。一般来说，这两种方式查询到的信息是营销系统的实时信息，与纸质存档和现场实际情况保持一致。

客户向业务员申请调阅档案的，应凭个人身份证、单位介绍信等有效证件，业务员在审核客户提供证件的真实有效性后，帮助客户调出电子档案，并做好客户解释说明工作，一般情况下，客户不得查阅纸质档案。

内部相关工作人员需要调阅档案时，业务员应询问其调阅档案的目的，经请示领导同意后，方可帮助调出相应档案。

【思考与练习】

1. 客户档案一般分为哪几类？

2. 对客户档案室要求有哪些？

3. 如何进行调阅客户档案？

▲ 模块 2　客户用电检查（Z36F3002Ⅱ）

【模块描述】本模块包含客户用电情况检查。通过案例介绍，核实客户现场资料信息和营销系统一致性，掌握客户资料的准确性及变更处理。

【模块内容】

用电稽查有内稽外查之分，这里所说的客户用电检查专门指的电量电费异常的检查，其主要内容包括核实客户档案信息资料，核定电费审核过程中零电量、异动电量大的用户等其他抄表质量问题，查看电价执行情况，检查定比定量用户，核对计量装置资产情况，以及分线分台区线损专项检查等。

电能表真实地记载了客户使用电能的数量，在正常情况下，客户使用电能均有一定的规律性。用电营业部门在实际工作中，如发现客户的用电量发生不规则波动时，应引起高度重视。客户电量异常波动，目前国家电网有限公司尚无明确的规定，一般可根据各供电公司客户实际特点确定，一般供电企业把客户电量变化超过 30%视为异常突变。

当发现客户电量异常时，应仔细检查客户电能计量装置的安装情况，检查核对抄录的电能表数据是否正确。在确认全部正常后，再根据抄录的电量变化情况，确认变化的原因。现将电能表可能造成电量异常的现象表述如下。

一、感应式电能表的电量异常现象

1. 电能表潜动

电能表潜动是指电能表负荷为零时电能表仍然记录电量的现象。电能表潜动的原因有很多，但主要是负载的补偿力矩过大或电磁元件不对称引起的。

2. 电能表卡盘卡字、电压线圈断线、电压互感器二次侧熔断器断开等

上述故障主要为电能表内部元件损坏，与电能表生产质量，电能表的检修、校验质量等有关。电压线圈坏或断线造成电压元件不通，使单相表不走，三相表走慢，少计电量。电流线圈短路或断线，前者使表走得快慢不均，后者使表不走。

3. 电能表字轮跳字

电能表跳字是计度器故障产生的，在现场可发现。计度器"鼓轮"进位卡字，一般在字数"9"进位时发生较多；计度器鼓轮跳字，可轻拍外壳，观察字轮跳动及数字变动情况。

4. 电能表异常响声

电能表在运行中产生音响主要原因：一是感应式电能表的圆盘的机械振动；二是感应式电能表电磁元件本身的响声。

5. 电能表反向计量

电能表反转或出现反向电量时，应认真分析。一是潮流方向的改变，从而引起电能表反向计量；二是电能表出现接线错误，此时应认真检查电能表接线，找出电能表错误接线的原因并加以改正；三是采用3只单相电能表代替三相四线电能表,计量380V电焊机负荷时，在电焊机空载且电力负荷不大时有一只表会反转；四是无功电能表反转，主要是电力客户过补偿出现进相运行、相序不正确或者是接线错误等；五是电力客户采取窃电措施。

6. 电能表不计量

电能表不计量的主要原因有以下几方面：一是电能表内部出现故障，如圆盘变形出现卡盘、计度器齿轮卡住等；二是电能表出现接线错误；三是电能表本身烧坏；四是电能表失压或失流；五是电力客户采取窃电措施。

7. 电能表少计电量

电能表少计电量时，必须认真分析，找出根本原因，并进行电量的追补。主要原因有：一是电能表摩擦力矩过大或永久磁铁间隙有杂物而造成明显变慢，此时应加强电能表的定期轮换和定期检定，并确保电能表检修和检定的质量；二是某相电压回路（包括电能表电压元件及电压互感器回路）断线、开路、局部短路、二次回路接触不良；三是某相电流回路（包括电能表电流元件及电流互感器回路）短路、匝间短路、开路或烧坏；四是某相电流互感器一次绕组匝间短路；五是电压互感器高压熔丝某一相熔断；六是电能计量装置本身接线错误；七是电力客户采取窃电措施。以上故障必须定期进行电量核对，定期进行现场电能表检定及互感器检验，并判断是否有错误接线，才能发现故障并及时处理。

8. 电能表多计电量

电能表多计电量时，应对电能计量装置的质量及接线进行具体分析，找出具体原因，并把多收的电量电费退还给电力客户。可能的原因有：一是电能表本身质量出现问题，例如电能表制动退磁时，可造成电能表明显加快；二是电能计量装置接线错误。

9. 计量倍率错误

电能表计量倍率错误的原因主要有以下几方面：一是计度器齿轮比错误。一般安装电能表之前，经过室内误差检定后必须校核常数。二是互感器实际变比与电能表铭牌不符或安装错误。因此，在安装电能表之前，必须仔细核对倍率。三是倍率计算错误。必须按规定的公式计算倍率，并加强审核。

二、电子式电能表的电量异常现象

1. 电能表死机

死机一般指电能表通电后没有任何反应，事实上所谓死机大多由于以下原因造成：

（1）电流电压取样线虚焊或断开。

（2）电压分压电阻断裂。

（3）脉冲线碰到强电而损坏光耦。

（4）PCB 板上元件虚焊。

（5）电能表元件烧毁。

2. 电子式电能表字轮卡字

有时我们发现电能表的灯闪，但计度器不走，主要原因是：

（1）倒拨卡字：电子表一般采用脉冲计度器，而计度器和步进电动机之间采用齿轮啮合方式，所以禁止快速拨动转轮。但由于计度器不能倒转，当校验走字过头后往往不得不倒拨，一般只允许拨最后一位齿轮（不允许拨任何鼓轮），否则容易出现卡字现象。

（2）计度器的生产、设计有问题。

（3）长期运行中老化或电能表密封不严，致使灰尘过多等。

3. 电子式电能表无脉冲

有时电能表计度器正常，但无脉冲输出，可能原因有：

（1）脉冲线脱焊、断线。

（2）脉冲线碰到强电引起三极管损坏及 PCB 板线路烧断。

4. 电子式电能表计度器字轮不进字

其可能的原因有：

（1）由于 PCB 板虚焊、连焊造成所需供电电流偏大。

（2）由于降压电容的质量问题，造成容量减少而提供不出足够电流。

（3）由于过电压致使降压电容击穿，造成容量减少而提供足够电流。

5. 电子式电能表误差大幅度超差

电能表过快或过慢，可能有以下几个原因：

（1）由于锰铜连接片之间的焊接发生变化，导致电流采样值偏离，一般属于人为错误。

（2）电压调整回路的焊接出现虚焊、短路。

（3）电子元件的晶振坏，出现时序混乱。

三、客户电量数据异常现象的原因分析

对于电力客户，抄见电量数据突变可能存在的原因如下：

1. 正常突变

客户用电量的大小，在一定程度上能反映客户的发展状况。当发现该类客户的用电量剧变时，首先应设法询问、了解客户的实际生产、经营状况，查阅客户的值班记录等，从正面分析客户电量变化的原因。

2. 电能计量装置运行异常

包括客户的电能计量装置遭受人为的变动；计量电能表、互感器烧毁、卡字、跳字等异常迹象，计量回路压变熔丝熔断或计量二次回路故障等。

3. 电力部门营业工作差错

对本抄表周期内存在计量装置变更记录的客户，应设法检查计量接线的正确程度及计量装置的倍率是否与电费档案记录相符等。对无法直观确认的，应通知电能计量管理部门的专业人员，对客户计量装置进行现场校验。

4. 工作传票未及时到位

客户现场的电能计量装置已更新，而抄表基本档案中未记载更新记录，造成"误抄"电能计量表计，或"误乘"倍率。

5. 非生产型客户用电变化

抄表人员在发现客户电量异变时，应重点了解客户用电设施的变动及是否存在转供用电现象等。

6. 居民客户用电环境发生变化

对居民客户应设法了解客户的实际居住环境、居住人员、人员结构的变动情况，进行综合分析。对于集中式装表的居民客户，批量换表后，表后线接线错误，也是造成客户电量异常的原因之一。

7. 安装无功电能表的客户接线错误

外部原因造成电能表的逆相序运行、功率因素补偿装置故障或不合理的使用，最终都将会使客户的无功电量异常。

现场抄表人员在查找客户电量突变原因时，如果发现客户有生产经营状况恶化、搬迁倒闭、资产转移等迹象时，应及时与电费回收部门联系，使其能迅速介入，确保电费的回收。

四、异常电量客户现场检查

1. 零电量客户检查

造成零电量的原因有在抄表周期内确实没用电，客户电能计量装置损坏或接线错误，客户有窃电行为，客户有电量但抄表员没抄或漏抄等，当系统检索到零电量时，对于长期零电量的客户要检查客户是否长期无人用电，计量装置运行情况，仔细核对计量装置信息，零电量的检查也是核实抄表员抄表到位率的基本方法。

【例7-2-1】某供电所营业厅接到客户咨询，客户说他经常看到抄表员去抄表，但好几次来交电费工作人员都说没产生电费，问明情况后，供电所人员先是查询系统，确实如此，再核实现场发现现场有电量，问抄表员，抄表员也说每次都抄表到位，再经过仔细查询发现问题所在，原来抄表员抄表卡中有此表，但其对应抄表段中没该客户信息，该客户表计信息在另外抄表员抄表段下，另外抄表员一直没找到该户，所以就造成了客户电量无法录入系统，究其原因是由于系统对应信息不对应造成，抄表员也没及时发现整改。

2. 居民大电量检查

居民用电一般是有规律的，上下波动也不是太大，但当某居民用电发生大幅度增加时一定要注意，除了正常用电外，可能原因有计量装置故障、抄错电表、增加容量太多、用电主体或性质发生了变化等。

【例7-2-2】在一次营销稽查系统检索时，发现某供电所某居民客户电量剧增，到底是工作人员抄错表还是其他原因，工作人员现场检查时发现表没抄错，电能表运行正常，随后询问检查该户用电情况才得知，该户将房屋租赁给了某工程建设部，用电性质和主体发生了变化导致电量急剧上升，随后供电所根据规定进行了处理，同时对抄表员进行了教育考核，抄表员在抄表过程中要时刻掌握管辖范围内客户用电的情况，及时发现问题及时解决。

3. 电量突增变减客户检查

电量突增变减客户在系统检索时比较多，特别是季节性用电，节假日过后等均能造成电量突增变减，一般检查时发现大多客户是正常用电，对于这类客户检查重点是检查客户是否窃电、计量装置有无超差等。

4. 线损异常台区检查

对于供电所来说，低压台区线损率是供电所重要的经济技术指标之一，对于线损率波动大的台区重点检查总分表抄表时间、季节性用电、抄表员到位情况、户表关系和台区是否一致、有无私来乱接和窃电现象、故障表计更换是否及时、追补电量是否合理规范、三相负荷平衡度、线路设备有无老化及树枝碰线引起漏电情况、有无线路长末端负荷重等情况，而且对于负荷大的客户进行重点检查、核实。

五、异常电量的分析处理

计量装置的正常运行，是保证正确结算电费的基础。抄表人员在抄表的同时，一定要检查计量装置的运行情况。计量装置的正常运行应包括计量设备（含电能表、互感器、专用接线盒、二次回路及其他相关设备）运行无异常、接线方式正确无误、全部计量封印完好无损等内容。

1. 电能计量装置异常的处理方法

（1）当抄表人员或检查人员在现场抄表时发现电能计量装置故障时，应根据企业内部权限设置进行分类处理。

1）对属于自己处理权限范围的故障，应保持计量装置原有状态，做好相关记录，并通知客户代表到现场核准状况，商定电量退补方案等。只有待双方意见达成一致，客户代表在《电能计量故障记录单》上签字盖章后，方可对故障设备进行处理。

2）对不属于自己处理权限的故障，在保持计量装置原有状态，通知客户代表到现场的同时，应设法通知权限部门的工作人员到现场处理故障及商定电量退补方案等。当无法及时通知权限部门的工作人员到现场时，应对现场状况作好详细记录，请客户代表或现场其他旁证人员签字盖章后，保持计量装置原有状态，在事后将故障记录单移送权限部门进行处理。

（2）抄表或检查人员在抄表时发现计量接线有误，或怀疑电能表运行异常（非正常原因造成客户电量突变）时，应先按正常程序完成抄表工作，然后以书面的形式，与电能计量专业部门联系，请他们在规定的时间内完成对客户电能计量装置的现场校验工作。为不影响电费流程的正常进行，电费管理部门应考虑先按异常电量计收电费，然后再根据计量部门的鉴定结论（意见），参照《供电营业规则》第七十九条、第八十条的相关规定，对客户进行电量电费的退补。

（3）抄表或检查人员在现场抄表时，发现计量装置封印不全，应根据现场情况、电量记录及封印损坏可能对计量装置正常运行的影响程度等分别进行处理。

1）对一般性部位（如计量箱柜门等）计量封印被启动，并无电量波动异常的情况时，可根据《供电营业规则》第一百条第五款，私自迁移、更动和擅自操作供电企业的用电计量装置、电力负荷管理装置、供电设置以及约定由供电企业调度的客户设备者，属于居民客户的，应承担每次 500 元的违约使用电费；属于其他客户的应承担每次 5000 元的违约使用电费。

2）对有明显窃电迹象或重要部位（如接线盒、计量回路电压压片、需量表需量复位按钮盖板等）的封印不全时，除根据上述规定进行处罚外，还应以窃电行为论处，并根据《供电营业规则》的相关规定进行处罚。

2. 客户对计量装置运行有异议的处理方法

抄表人员在现场工作过程中，如遇客户反映对运行的电能计量装置的准确性表示怀疑时，抄表人员在完成正常抄表工作的同时，应认真做好相关政策的宣传解释工作。包括《供电营业规则》第七十九条规定"……客户认为供电企业装设的计量电能表不准时，有权向供电企业提出校验申请，在用户交付验表费后，供电企业应在七天内校验，并将校验结果通知客户。如计费电能表的误差在允许范围内，验表费不退；如计费电能表的误差超出允许范围时，除退还验表费外，并应按规则第八十条规定退补电费。客户对检验结果有异议时，可向供电企业上级计量检定机构申请检定。客户在申请验表期间，其电费仍应按期缴纳，验表结果确认后，再行退补电费。"

《供电营业规则》第八十条规定"由于计费计量的互感器、电能表的误差及其连接线电压降超出允许范围或其他非人为原因致使计量记录不准时，供电企业应按下列规定退补相应电量的电费。

（1）互感器或电能表误差超出允许范围时，以'0'误差为基准，按验证后的误差值退补电量。退补时间从上次校验或换装后之日起至误差更正之日止的1/2时间计算。

（2）连接线的电压降超出允许范围时，以允许电压降为基准，按验证后实际值与允许值之差补收电量。补收时间从连接线投入或负荷增加之日起至电压降更正之日止。

（3）其他非人为原因致使计量记录不准时，以客户正常月份的用电量为基准，退补电量，退补时间按抄表记录确定。退补期间，客户先按抄见电量如期缴纳电费，误差确定后，再行退补。

3. 采用瓦秒法分析现场电能表的误差

（1）测量电能表计量的功率。用秒表（用手表秒针亦可）测量电能表的转速或脉冲输出的速度。为了减小测量的误差，测量时圈数或脉冲数要多数一些，一般大于5次。

$$P' = \frac{3600 \times 1000n}{ct} \tag{7-2-1}$$

式中　c——电能表常数；

t——测量的时间；

n——测量的圈数或脉冲数。

（2）计算电能表的误差

$$r = \frac{P' - P}{P} \times 100\% \tag{7-2-2}$$

（3）根据表计的精度，判断电能表误差是否合格。

六、发现用电异常情况的处理

1. 窃电及违约用电行为

窃电及违约用电行为，不但直接使供电企业蒙受经济损失，而且严重地破坏了正常的供用电秩序。抄表人员在现场抄表过程中，如发现客户存在窃电或违约用电时，应坚决予以查处。考虑处理窃电及违约用电的程序性要求较高，事实界定又有一定的难度，一般抄表人员如在工作中发现客户有窃电及违约用电的事实时，应首先考虑保护现场，抄表员现场不得自行处理，不惊动客户，应保护现场，及时与公司用电检查人员或班组联系，等公司有关人员到达现场取证后，方可离开。现场抄表，发现封印脱落、表位移动、高价低接、用电性质变化等违约用电现象时，应在抄表微机中键入异常代码，抄表员现场不得自行处理，并不惊动客户，应及时与用电检查人员联系或回公司后填写《违约用电工作传票》交相关班组或人员处理。

2. 表号不符

现场抄表，发现表号不符时，应核对是否为供电公司的电能表，如果客户私自换表，应立即通知公司派员到现场进行处理；若是供电公司的电能表，应在抄表微机中键入异常代码，录入电能表的示数，并作好表号等记录，回公司后填写工作传票，交相关班组处理。

3. 失表

现场抄表，发现失表时，应在抄表微机中键入异常代码，录入上一个抄表周期的电量，并作好相应的记录，回公司后填写工作传票，交相关班组处理。

4. 客户私自移动计费电能表

抄表时发现客户表计（即电能表）移位后，先向客户查询是否办理有关手续，并作好记录。抄表员回公司后，应核对客户移表有关手续。如是私自移表，应填写工作传票，交相关班组处理。

5. 客户故意阻碍抄表工作

客户有堆放物品、占用表位、阻塞抄表路径等影响正常抄表工作的行为，应立即向客户指出，并要求其立即进行整改，恢复原样。如客户拒不整改，应及时向公司反映，由公司派专人进行处理。

七、退补电量计算

1. 高压电能表停电校验少计电量计算

$$少计量电量 = \frac{3600nT}{tN} \times 乘率 \qquad (7-2-3)$$

式中　n——测试电能表的转速；

　　　N——被校电能表的每 kWh 转数；

　　　T——短路 TA 的总时间，h；

　　　t——被测电能表 n 转时的秒数，s。

2. 电流互感器差错时电量退补计算

（1）穿错匝数。

$$\Delta W = W_x \left(\frac{n}{n_1} - 1 \right) \qquad (7-2-4)$$

式中　ΔW——退补电量，kWh；

W_x——抄见电量，kWh；

　n——正确穿心匝数；

　n_1——错穿的匝数。

计算结果为正值，应为补电量；为负值，应为退电量。

【例 7-2-3】一组穿心式电流互感器的变比为 75/5，本应穿心 2 匝，错穿成了 3 匝，抄表电量为 1000kWh。试计算应退补电量是多少？

解： 应退补电量

$$\Delta W = W_x \left(\frac{n}{n_1} - 1 \right) = 1000 \times (2/3 - 1) = -333.3 \,（\text{kWh}）$$

答： 应退电量 333.3kWh。

（2）电流互感器不配套（倍率错误）。

更正系数

$$G = W_0 / W_x \qquad\qquad （7\text{-}2\text{-}5）$$

由于电能表计量的电能与它反映的功率成正比，因此更正系数还可以用式（7-2-6）求取

$$G = W_0 / W_x = P_0 / P_x \qquad\qquad （7\text{-}2\text{-}6）$$

退补电量

$$\Delta W = W_0 - W_x = G \times W_x - W_x = (G-1) \times W_x \qquad\qquad （7\text{-}2\text{-}7）$$

式中　ΔW——退补电量；

　　W_0——正确电量；

　　W_x——互感器错误所造成的计算错误电量；

　　G——更正系数。

【例 7-2-4】三相四线回路一组互感器，其中一只 150/5，两只 50/5，按照 10 倍的倍率收费，抄见电量为 1000kWh。试计算应退补电量。

解：
$$P_0 = 1$$

$$P_x = \frac{1}{3} + \frac{1}{3} + \frac{1}{3} \times \frac{50/5}{150/5} = \frac{7}{9}$$

$$G = \frac{W_0}{W_x} = \frac{1}{7/9} = \frac{9}{7}$$

$$\Delta W = (G-1) \times W_x = \left(\frac{9}{7} - 1 \right) \times 1000 = 286 \,（\text{kWh}）$$

答： 应补电量 286kWh。

3. 电能表故障的电量退补

（1）电能表超差时，可按下列公式计算应退（补）电量

$$应退（补）电量=\frac{抄见电量×（±实际误差\%）}{1±实际误差\%}×倍率 \qquad (7-2-8)$$

式中，实际误差是正数时，为应退电量；实际误差是负数时，为应补电量。

【例7-2-5】某居民客户2012年3月5日换表，4月3日抄见电量为688kWh，5月3日抄见电量为713kWh，11月3日抄见电量为728kWh，客户仅反映表快，要求换表，拆回表校验误差+2.54%，应如何补退电量？

解： 应补退电量$=\dfrac{728×2.54\%}{1+2.54\%}=18$（kWh）

按《供电营业规则》第八十条规定：互感器或电能表误差超出允许范围时，以"0"误差基准，按验证后的误差值退补电量，退补时间从上次校验或换表后投入之日起至误差更正之日止的1/2时间计算。

该户3月5日换表，起讫时间清楚，跨度为8个月，按上述规定，

$$应退电量=18×8÷2=72（kWh）$$

（2）电能表空转。当电能表在无负荷时，其圆盘仍然连续不断地微微转动，此时可见负荷侧隔离开关断开，圆盘仍然继续转动，这种现象是电能表潜动。退补电量按下列公式计算

$$应退电量=\frac{空转天数×每日停电时间×3600（s）×倍率}{表盘空转一周时间（s）×电能表常数} \qquad (7-2-9)$$

式中，对于每日停电时间，电力客户按实际情况计，照明一般取16h。

【例7-2-6】某居民客户抄见电量为240kWh，已发现空转48天。经测试空转一周为120s，电能表常数为2500r/kWh，试计算应退电量。

解： 应退电量$=\dfrac{48×16×3600}{120×2500}=9$（kWh）

【思考与练习】

1. 抄表或检查人员在抄表时发现计量接线有误，或怀疑电能表运行异常（非正常原因造成客户电量突变）时应如何处理？

2. 电子式电能表的电量异常有哪些？

3. 某电力用户4月装表用电，电能表准确等级为2.0，到9月时经计量检定机构检验发现该用户电能表的误差为5%。假设该用户4~9月用电量为19 000kWh，电价为0.45元/kWh，试问应向该用户追补多少电量？实际用电量是多少？合计应缴纳电费是多少？

模块 3 业务流程检查（Z36F3003Ⅱ）

【模块描述】本模块包含用电稽查的业务流程。通过案例介绍，掌握对客户电费电价的准确把握。

【模块内容】

用电稽查中"外查"以"内稽"为基础，内稽工作作为供电企业内部检查的手段，以保证电力营销过程中执行国家政策的正确性，是加强和规范电力企业日常管理的必备方法。它的主要工作有：

1）对业扩各环节全过程的检查；

2）对客户所执行的电价正确与否、向客户收费合理与否进行检查；

3）对抄表见面率、差错率进行检查和抽查；

4）对电费差错率进行检查（出门差错和闭门差错）；

5）对电费回收率的完成情况进行检查；

6）负责退补电量、电费的审核工作；

7）对违约用电及窃电的处理情况进行检查；

8）完成各种报表的统计上报和对相关部门的经济责任制的考核统计工作，检查和分析客户信息动态，按期进行各用电专业的综合分析和专题分析，为领导决策提供参考性建议。

一、营销稽查

营销稽查人员应该每月对应稽查的项目进行检查，按月制定所辖区域的稽查计划，每季对稽查结果进行分析，写出季度的分析报告，提出改进意见。

（1）具体的稽查流程如下：

系统通过稽查主题管理的方式，实现对关键业务数据的监控查询，即根据业务监控的管理要求制定营销稽查的主题，经过审查确定并提交生效。

按照 19 个营销业务分类及相应监控管理要求制定稽查主题，根据每个主题的重要性和紧急程度确定优先等级，结合应用范围编制主题编码，确认发送到主题审查流程。

（2）针对制定的稽查主题组织相关人员进行审查，确保所稽查的主题合理、实用、定义准确、编码科学。审查完毕后，签署审查意见，对不通过的主题提出修改意见，退回稽查主题制定人员进行修改完善。

（3）稽查主题确定。对确定的稽查主题进行整理、归类、保存。

（4）常见稽查主题。

1）抄表业务监控主题：未按抄表例日抄表客户；抄表异常处理超期客户；新装未

按期分配抄表段客户；抄表段调整后抄表不连续客户；抄表示数不连续客户；连续多个月估抄客户等。

2）核算业务监控主题：电费异常波动客户；异常审核处理超期客户；容量和电量不匹配的异常客户（变压器容量大、用电量小或变压器容量小、用电量大的异常客户）；零度客户；多次退补客户；电费发行超期客户。

3）收费业务监控主题：已签订缴费协议的分次划拨客户；退费客户；欠费停电执行情况（包括应执行、已执行客户）；欠费复电执行情况（包括应复电及已复电客户）；发票使用情况；收费日终未按时解款收费员等。

4）与抄核收工作相关的其他稽查主题：违约用电与窃电查处客户；定比定量核定情况；客服投诉处理结果检查；月度线损异常波动情况；高耗能企业等。

二、工作质量考核

系统通过稽查任务管理方式，实现对工作质量的考核及改进。实现方式为针对已经确定的稽查主题制定定期或不定期的稽查任务，根据各业务类的工作质量考核标准查出异常，提出整改要求，跟踪整改，实现任务制定、任务派工、稽查处理、结果审核和归档等整个稽查工作流程的闭环管理。

（1）任务制定。根据确定的稽查主题及其优先等级制定的稽查任务计划，合理安排，打印稽查任务清单。

（2）任务派工。确认各稽查任务的责任人或责任部门，将稽查任务清单派发给稽查工作人员，必要时可派发给相关的责任部门。

（3）稽查处理。根据稽查工作单进行调查核实，对问题的原因和相关的责任进行分析，制定整改措施，提出考核意见，跟踪整改情况，记录整改结果。

（4）结果审核。对返回的稽查处理结果进行审核，检查处理的合理性，并签署审核意见。对处理结果不符合要求的重新处理。

（5）归档。对稽查任务清单、整改措施、处理结果、考核意见等资料归类、保存。

稽查是规范营销业务的管理手段，以内查为主、外查为辅，坚持内查和外查相结合运用营销业务技术支持平台，定期自动生成稽查计划，在上级部门的配合下，供电所稽查人员按照稽查计划有序地组织开展日常稽查工作，采用工作流的方式实行全过程闭环管理，做好营销管理及营销专业机构等营销业务全过程的监督和检查，不断扩大营销稽查管理的深度与广度，按有关规定、标准、流程、时限等要求对营销业务部门的工作质量进行监督与检查，确保各有关部门及工作人员依法按章处理相关业务，促进营销基础管理水平全面提高。

善于发现营销各部门、各专业的管理漏洞及部门与部门之间、专业与专业之间的管理空挡，并进行整理、分类与汇总，提出规范管理的改进意见和建议。稽查工作完成后，形成专项稽查报告，列出应查、实查和稽查结果，实行工作质量考核。用电稽查工作在营销管理工作中的位置举足轻重，新的"电力营销信息系统"运行为用电稽查工作的开展提供了有力的工具。加强用电稽查工作可以降低业务差错率，提高企业的服务质量，快速高效地解决客户投诉，杜绝电力营销过程中各个环节的疏漏，及时发现问题、解决问题，是提升电力企业的形象，促进企业效益最大化的重要手段。

【思考与练习】

1. 用电稽查的主要工作有哪些？

2. 请简述稽查与工作质量管理的主要功能？

3. 信息系统中对营销稽查流程是如何设置的？

第八章

窃电与违约用电处理

▲ 模块 1　窃电及违约用电（Z36F4001 Ⅰ）

【**模块描述**】本模块包含窃电及违约用电的定义。通过概念描述、术语说明、案例分析，掌握窃电及违约用电的分类。

【**模块内容**】

一、窃电

我国有关电力法规如《供电营业规则》《电力供应与使用条例》等对窃电的定义如下：

窃电，指以非法占用电能，以不交或者少交电费为目的，采用非法手段不计量或者少计量用电的行为。

按《供电营业规则》的规定，任何单位或个人有下列行为之一的，即为窃电：

（1）在供电企业的供电设施上，擅自接线用电。

（2）绕越供电企业的用电计量装置用电。

（3）伪造、开启法定的或者授权的计量检定机构加封的用电计量装置封印用电。

（4）故意损坏供电企业用电计量装置。

（5）故意使供电企业的用电计量装置计量不准或者失效。

（6）采用其他办法窃电。

二、违约用电

根据《供电营业规则》的规定，违约用电定义为：危害供用电安全，扰乱正常供用电秩序，不按照事先约定的供用电合同用电的，属于违约用电行为。

下列危害供用电安全，扰乱正常供用电秩序的行为，属于违约用电行为：

（1）在电价低的供电线路上，擅自接用电价高的用电设备或私自改变用电类别的。

（2）私自超过合同约定的容量用电的。

（3）擅自超过计划分配的用电指标的。

（4）擅自使用已在供电企业办理暂停手续的电力设备或启用供电企业封存的电力

设备的。

（5）私自迁移、更动和擅自操作供电企业的用电计量装置、电力负荷管理装置、供电设施以及约定由供电企业调度的用户受电设备的。

（6）未经供电企业同意，擅自引入（供出）电源或将备用电源和其他电源私自并网的。

三、举例

【例8-1-1】2004年6月，某供电公司在检查用户用电情况时，发现某宾馆计费的三相四线电能表的表尾铅封有伪造痕迹，且打开该电能表表尾盖，发现其一相电压虚接，用电检查人员现场判定该用户窃电，取证后立即向该宾馆下达《违约用电、窃电通知书》，并对其中止供电。该宾馆负责人对供电公司的检查行为不予配合，并拒绝在通知书上签字。

停电两周后，该宾馆负责人向供电公司递交"恢复供电申请"，并补交了电费，承担了违约使用电费，供电公司即对宾馆恢复了供电。但2004年7月，宾馆以供电公司违法停电给宾馆造成了经济损失为由，向当地人民法院提起诉讼，请求判令供电公司承担赔偿责任。

（原告诉称：供电公司在用电检查时以发现电压虚接，即认为原告窃电，证据不足。被告停止供电的行为违法，原告补交电费和承担违约使用电费的理由是为了恢复用电，请求法院判决被告为原告恢复名誉、退还已承担的违约使用电费，赔偿因停电造成的经济损失。）试分析：

（1）作为用电检查人员，你认为该宾馆是否存有窃电行为？

（2）你将以什么理由向法院进行抗诉？

分析：

（1）该案中的"宾馆的计费电能表的表尾铅封有伪造痕迹，电能表表尾盒电压虚接"的现象，分别符合《电力供应与使用条例》第三十一条所规定的禁止窃电行为中的"（三）伪造或者开启法定的或者授权的计量鉴定机构加封的用电计量装置封印用电；（五）故意使供电企业的用电计量装置不准或者失效"的窃电行为。

因此认为该宾馆的窃电行为成立。

（2）抗诉理由如下：

1）供电公司依照《用电检查管理办法》的有关规定，对原告进行用电检查，行为合法有据。

2）被告的"计费电能表的表尾铅封有伪造痕迹，电能表表尾两相电压与电流连接片脱开"的现象，符合《电力供应与使用条例》所规定窃电的表现形式，应认定为窃电行为。

3）供电公司应向法院提交拍摄的原告窃电现场照片、伪造的铅封封印，原告正常月份的用电量电费清单，原告补交电费和违约使用电费单据等证据。

4）《供电营业规则》第一百零二条规定："供电企业对查获的窃电者，应予制止并可当场中止供电。窃电者应按所窃电量补交电费，并承担补交电费三倍的违约使用电费。拒绝承担窃电责任的，供电企业应报请电力管理部门依法处理。窃电数额较大或情节严重的，供电企业应提请司法机关依法追究刑事责任。"

5）虽然原告未在《违约用电、窃电通知书》上签字认可，但原告补交电费和承担违约使用电费的行为，足以表明原告认可了自己的行为，现在又翻供否认，与事实不符，请求法院驳回原告的诉讼请求。

【思考与练习】

1. 窃电定义是什么？
2. 简述窃电的类型。
3. 什么是违约用电？

▶ 模块 2 窃电查处规定（Z36F4002Ⅱ）

【模块描述】本模块包含窃电查处规定。通过概念描述、案例分析，掌握窃电查处规定和程序。

【模块内容】

一、窃电查处规定

根据《中华人民共和国电力法》《电力供应与使用条例》《用电检查管理办法》《供电营业规则》等法规，选列以下窃电查处规定：

（1）窃电的检查、处理需按照程序规范、手续合法、主体明确的要求进行。

（2）查处窃电案件必须以事实为依据，证据确凿，有法律认可的物证、摄像、笔录等证据。

（3）每例案件均由主持调查责任单位填报、上报。

（4）现场取证，收取证据及材料。

（5）用电检查人员在执行检查任务时，应携带用电检查证，并按规定填写《用电检查工作单》。现场用电检查人员不得少于两人，现场检查确认有违约用电或窃电行为的，检查人员必须当场调查、取证，并下达《违约用电、窃电通知书》一式两份，由客户代表签收，一份送达客户，一份作为处理依据存档备查。

（6）检查人员发现窃电行为应保护现场，及时采取拍照、摄像、录音等手段收集证据，收缴与窃电有关的物证（对不易移动的物证应进行拍照）并及时登记备案。对于窃电工具、窃电痕迹、计量表计等需要鉴定的，检查人员应予以封存。鉴定单位或机关进行鉴定后出具的书面鉴定结论应及时登记备案。

（7）对拒绝承担窃电责任的窃电行为人，其行为构成犯罪的，应依照《中华人民共和国刑法》第一百五十一条或第一百五十二条的规定依法起诉。对已经查获且其窃电行为并构成犯罪的嫌疑人，应向当地公安部门报案，依法起诉。

（8）客户对窃电行为拒不承认和改正，用电检查人员可依照电力法规规定的程序终止供电。

（9）对违约用电、窃电行为的处理应依照查、处分开原则。用电检查部门应制定违约用电、窃电处理的内部流程，按照现场开具的连续编号的《违约用电、窃电通知书》，连续登记《违约用电、窃电处理情况登记表》，计算并填写《违约用电、窃电处理工作单》，按照审批权限经相关领导审批后，填写《缴费通知单》，并交给客户；《违约用电、窃电处理工作单》（一式两份）交营业收费部门，登记《违约用电、窃电处理情况登记表》内"转营业收费日期"栏。客户持《缴费通知单》到营业收费部门缴费。营业收费部门依据《违约用电、窃电处理工作单》收取追补电费及违约使用电费，并填写有关内容。填写完毕的《违约用电、窃电处理工作单》，一份留存，一份转回用电检查部门。用电检查部门将"工作单"存档，同时登记《违约用电、窃电处理情况登记表》；对有停限电的客户，安排恢复送电工作。违约、窃电的客户交纳一切费用后，收费营业人员应及时通知用电检查部门，保证尽快恢复对客户的正常供电。

（10）对查实窃电用户的处理，除当场停止供电，根据电量的多少，分级审批后按不同的电价，追补电费和补交追补电费的3倍违约使用电费。

（11）因窃电或违约用电造成供电企业的供电设施损坏的，责任者必须承担供电设施的修复费用或进行赔偿。

（12）私制供电企业专用的用电计量装置封印模者，造成窃电的按窃电处理，造成供电设施损坏的，按有关规定处理，情节严重的移送司法机关追究治安处罚或刑事责任。

（13）窃电量和窃电时间的认定方法：

1）在供电设施上擅自接线用电或绕越用电计量装置用电的，所窃电量按私接设备额定容量（kVA 视同 kW）乘以实际使用时间计算确定。

2）其他行为窃电所窃电量，按计费电能表最大电流值（对装有限流器的，按限流整定电流值）所指的容量（kVA 视同 kW）乘以实际窃用的时间计算确定。

3）窃电时间无法查明时，窃电日数至少以 180 天计算，每日窃电时间：电力用户按 12h 计算，照明用户按 6h 计算。

（14）供电职工在查处窃电、违约用电过程中，应遵守《供电职工服务守则》，供电职工利用职务之便，内外勾结窃电，或由于工作严重不负责任，在管辖范围内发现多次窃电案件或重大窃电案件时，用电检查应通知其所在单位负责人视其情况及时进行批评、帮助、教育，直至扣发责任者奖金或者给予行政处分、待岗、开除等提议。对构成犯罪的交由司法机关依法惩处。

二、举例

【例8-2-1】2008年9月某日，一社会群众举报沿街某客户窃电。用电稽查人员现场核实，该户装有居民生活照明单相5（30）A电能表和一般工商业三相四线5（20）A电能表两套计量装置。该户一般工商业电能表现场接待负荷共计15kW，在居民生活电能表上接用2kW的电动机一台，用于对外加工香油用电，且在居民生活电能表前接线，用于生活用电设备，共计2kW（使用时间无法查明）。该户居民生活照明用电报装容量6kW，商业用电报装容量10kW。作为用电稽查人员该如何处理（居民生活电价0.54元/kWh，一般工商业电价0.71元/kWh）？

分析：

按照《电力供应与使用条例》规定，对照客户上述用电现场检查情况，该户现场行为符合《电力供应与使用条例》第三十条第一款（擅自改变用电类别）、第二款（擅自超过合同约定的容量用电）和第三十一条第二款（绕越供电企业的用电计量装置用电）的内容。根据《供电营业规则》有关规定，应承担相应的违约用电和窃电责任。应作如下处理：

《供电营业规则》第一百条第1项规定：在电价低的供电线路上擅自接用电价高的用电设备或私自改变用电类别的，应按实际使用日期补交差额电费，并承担两倍差额电费的违约使用电费，使用起讫日期难以确定的，实际使用时间按三个月计算。

《供电营业规则》第一百条第2项规定：私自超过合同约定的容量用电的，除应拆除私增容设备外，属于两部制电价的用户，应补交私增设备容量使用月数的基本电费，并承担三倍私增容量基本电费的违约使用电费；其他用户应承担私增容量每千瓦（千伏安）50元的违约使用电费。如用户要求继续使用者，按新装增容手续办理。

《供电营业规则》第一百零二条规定：供电企业对查获的窃电者，应予制止，并可当场中止供电。窃电者应按所窃电量补交电费，并承担三倍的违约使用电费。拒绝承担窃电责任的，供电企业应报请电力管理部门依法处理。窃电数额较大或情节严重的，供电企业应提请司法机关依法追究刑事责任。

《供电营业规则》第一百零三条规定：在供电企业供电设施上，擅自接线用电的，所窃电量按私接设备额定容量（kVA视同kW）实际使用时间计算确定。窃电时间无法查明时，窃电日数至少以180天计算，每日窃电时间：电力用户按12h计算；照明用户按6h计算。

处理：

补交电费和违约使用电费计算如下：

（1）违约用电。

私改用电类别 2kW：

补交电费=2kW×90 天×12h/天×（0.71 元/kWh−0.54 元/kWh）=367.20（元）

违约使用电费=367.20×2=734.40（元）

现场私自增容=15−10=5（kW）

违约使用电费=5×50=2500（元）。

（2）窃电。

补交电费=2kW×180 天×6h/天×0.54 元/kWh=1166.40（元）

违约使用电费=1166.4×3=3499.20（元）

以上金额合计=367.20+734.40+2500+1166.40+3499.20=8267.20（元）

如该户拒绝承担违约用电、窃电责任，供电企业应报请电力管理部门依法处理，或直至提请司法机关依法追究刑事责任。

【思考与练习】

1. 窃电量、窃电时间的认定方法是什么？

2. 窃电如何查处？

3. 供电营业规则对窃电处理如何规定的？

▶ 模块 3 违约用电处理规定（Z36F4003 Ⅱ）

【模块描述】本模块包含违约用电处理规定。通过概念描述、案例分析，掌握违约用电处理方法。

【模块内容】

一、违约用电处理规定

根据《中华人民共和国电力法》《电力供应与使用条例》《用电检查管理办法》《供电营业规则》等法规，选列以下违约用电查处规定：

（1）违约用电的检查、处理需按照程序规范、手续合法、主体明确的要求进行。

（2）查处违约用电案件必须以事实为依据，证据确凿，有法律认可的物证、摄像、笔录等证据。

（3）每例案件均由主持调查责任单位填报、上报。

（4）现场取证，收取证据及材料。

（5）用电检查人员在执行检查时，应携带用电检查证，并按规定填写《用电检查工作单》。现场用电监察人员不得少于两人，现场检查确认有违约用电或窃电行为的，检查人员必须当场调查、取证，并下达《违约用电、窃电通知书》一式两份，由客户代表签收，一份送达客户，一份作为处理依据存档备查。

（6）检查人员发现窃电行为应保护现场，及时采取拍照、摄像、录音等手段收集证据，收缴与窃电有关的物证（对不易移动的物证应进行拍照）并及时登记备案，对于窃电工具、窃电痕迹、计量表计等需要鉴定的，检查人员应予以封存。鉴定单位或机关进行鉴定后出具的书面鉴定结论应及时登记备案。

（7）对拒绝承担窃电责任的窃电行为人，其行为构成犯罪的，应依照《中华人民共和国刑法》有关条款依法起诉。对已经查获且其窃电行为构成犯罪的嫌疑人，应向当地公安部门报案，依法起诉。

（8）客户对违约用电行为或窃电行为拒不承认和改正，用电检查人员可依照电力法规规定的程序终止供电。

（9）对违约用电、窃电行为的处理应依照查、处分开原则。用电检查部门应制定违约用电、窃电处理的内部流程，按照现场开具的连续编号的《违约用电、窃电通知书》，连续登记《违约用电、窃电处理情况登记表》，计算并填写《违约用电、窃电处理工作单》，按照审批权限经相关领导审批后，填写《缴费通知单》，并交给客户；《违约用电、窃电处理工作单》（一式二份）交营业收费部门，登记《违约用电、窃电处理情况登记表》内"转营业收费日期"栏。客户持《缴费通知单》到营业收费部门缴费。营业收费部门依据《违约用电、窃电处理工作单》收取追补电费及违约使用电费，并填写有关内容。填写完毕的《违约用电、窃电处理工作单》，一份留存，一份转回用电检查部门。用电检查部门将"工作单"存档，同时登记《违约用电、窃电处理情况登记表》；对有停限电的客户，安排恢复送电工作。违约、窃电的客户交纳一切费用后，收费营业人员应及时通知用电检查部门，保证尽快恢复对客户的正常供电。

（10）对查实的违约用电户，除应立即制止、拆除、查封用电设备（器具）外，还应给予经济违约处理：

1）在电价低的供电线路上，擅自接用电价高的用电设备或私自改用电类别的，应按实际使用日期补交差额电费，并承担两倍差额的违约使用电量。使用起讫日期难以确定的，使用时间按三个月计算。

2）私自超过合同约定的容量用电的，除应拆除私增容设备外，属两部制电价的用户，应补交增容设备容量使用月数的基本电费，并承担三倍私增容量基本电费的违约使用电费；其他用户应承担私增容量每 kW（kVA）50 元的违约使用电费。如用户要求继续使用者，按新装增容办理手续。

3）擅自超过计划分配的用电指标的，应承担高峰超用电力每次每千瓦 1 元和超用电量与现行电价电费五倍违约使用电费。

4）擅自使用已在供电企业办理暂停手续的电力设备或启用供电企业封存的电力设备的，应停用违约使用的设备。属于两部制电价的用户，应补交擅自使用或启用封存设备容量和使用日数的基本电费，并承担两倍补交基本电费的违约使用电费；其他用户应承担擅自使用或启用封存设备容量每次每千瓦（千伏安）30 元的违约使用电费。启用属于私增容被封存的设备的，违约使用者还应承担相关规定的违约责任。

5）私自迁移、更动和擅自操作供电企业的用电计量装置、电力负荷控制装置、供电设施以及约定由供电企业调度的用户受电设备者，属于居民的应承担每次 500 元的违约使用电费；属于其他用户的应承担每次 5000 元的违约使用电费。

6）未经供电企业同意，擅自引入（供出）电源或将备用电源和其他电源私自并网的，除当场拆除接线外，应承担其引入（供出）或并网电源容量每千瓦（千伏安）500元的违约使用电费。

（11）违约用电用户，拒绝接受处理，可按国家规定的程序和公司规定的审批权限，经批准同意后可停止供电，并追缴欠费和违约使用电费，停电造成的后果由违约者自负，情节严重的可依法起诉，追究责任。

（12）因违约用电造成供电企业的供电设施损坏的，责任者必须承担供电设施的修复费用或进行赔偿。

（13）供电职工在查处窃电、违约用电过程中，应遵守《供电职工服务守则》，供电职工利用职务之便，内外勾结窃电，或由于工作严重不负责任，在管辖范围内发现多次窃电案件或重大窃电案件时，用电检查应通知其所在单位负责人视其情况及时进行批评、帮助、教育，直至扣发责任者奖金或者给予行政处分、待岗、开除等提议。对构成犯罪的交由司法机关依法惩处。

二、举例

【例 8-3-1】某一冶炼铸造公司，10kV 供电，原报装变压器容量为 800kVA。2008年 7 月，供电公司用电检查人员到该户进行用电检查，发现变压器铭牌有明显变动的痕迹，即对变压器容量进行现场检测，经检测变压器容量实际为 1000kVA。至发现之日止，其 1000kVA 变压器已使用 9 个月，作为用电稽查人员试分析该户的用电行为，应如何处理 [基本电费按 20 元/（kVA·月）]？

分析：

该用户以上"私自更换变压器铭牌，将原报装变压器容量由 800kVA 更换为1000kVA"的行为违反了《电力供应与使用条例》所禁止的"用户不得有下列危害供电、用电安全，扰乱正常供电、用电秩序的行为：第三十条第（二）项"擅自超过合同约定的容量用电"，符合《供电营业规则》第一百条规定"危害供用电安全、扰乱正常用电秩序的行为，属于违约用电行为"，应属于违约用电行为。

《供电营业规则》第一百条第 2 项规定："私自超过合同约定的容量用电的，除应拆除私增容设备外，属于两部制电价的用户，应补交私增设备容量使用月数的基本电费，并承担三倍私增容量基本电费的违约使用电费；其他用户应承担私增容量每千瓦（千伏安）50 元的违约使用电费。如用户要求继续使用者，按新装增容办理手续。"

处理：

补交私增设备容量使用月数的基本电费 200×20×9=36 000（元），并承担三倍私增容量基本电费的违约使用电费 36 000×3=108 000（元）。

拆除 1000kVA 变压器，更换为原报装 800kVA 变压器。若用户要求继续使用1000kVA 变压器，则应到供电公司按新装增容办理手续。

【思考与练习】

1. 何谓违约用电？

2. 在电价低的供电线路上，擅自接用电价高的用电设备或私自更改用电类别的违约用电行为，应如何处理？

3. 私自迁移、更动和擅自操作供电企业的用电计量装置的违约用电行为，应如何处理？

4. 供电职工、用电检查人员违反《供电职工服务守则》的如何处理？

▲ 模块 4 防止窃电的技术措施（Z36F4004 Ⅱ）

【模块描述】本模块包含窃电分析、防窃电常用技术措施等内容。通过概念描述、公式推导、要点归纳，掌握防止窃电的常用技术措施。

【模块内容】

一、窃电分析

窃电是一直存在的问题，长期困扰着供电部门。一些个人或企业，将盗窃电能作为获利手段，采取各种方法不计或者少计电量，以达到不交或者少交电费的目的，造成电能的大量流失，损失惊人。窃电严重损害了供电企业的合法权益，扰乱了正常的供用电秩序，而且给安全用电带来威胁。

对窃电方法分析如下：

电能与功率成正比，与用电时间成正比，即

$$W = Pt \qquad\qquad (8\text{-}4\text{-}1)$$

式中 P——有功功率；

　　　t——用电时间。

单相有功功率为

$$P = U_{ph}I_{ph}\cos\varphi \qquad (8\text{-}4\text{-}2)$$

式中　U_{ph}、I_{ph} ——相电压、相电流；

　　　$\cos\varphi$ ——功率因数。

三相四线制三表法有功功率测量为三个单相功率之和。其表达式为

$$P = U_A I_A \cos\varphi_A + U_B I_B \cos\varphi_B + U_C I_C \cos\varphi_C \qquad (8\text{-}4\text{-}3)$$

三相三线二表法有功功率为

$$P = U_{ab}I_a\cos(30° + \varphi_a) + U_{cb}I_c\cos(30° - \varphi_c) \qquad (8\text{-}4\text{-}4)$$

可见，要使计量装置正确计量，三个因素不能忽视：电压、电流和电能表。

常见的窃电方式如下：

1. 改变电流的窃电

（1）把电流互感器的 k1 端与 k2 端短接，使大部分电流不经过电流互感器的一次绕组，从而绕过电能计量装置窃电。

（2）断开电流互感器二次侧、短接电流互感器二次侧或使之分流，使电流幅值从大变小或为零。

（3）改变电流互感器变比，将大电流比的电流互感器铭牌换成小电流比的铭牌。

（4）电流互感器变比过大，利用电流互感器的误差特性窃电。

（5）将电流互感器二次极性接反，使电能表反转窃电，或在电能表电流线圈中通入反向电流窃电。

2. 改变电压的窃电

（1）失压窃电，将电压互感器的熔断器断开或在电压互感器二次回路装一个开关，随时断开电压进行窃电。

（2）欠压窃电，虚接电压线。即将电压线芯线揉断，或外层塑料未剥直接压接；采用电容分压，减小电压线圈电压。

（3）将电压互感器二次相序接反，使电能表反转。

3. 改变电能表的结构和接线方式的窃电

（1）在计度器上做文章，改变电能表常数，或使计度器不显示，损坏其机械传动部分。

（2）改变永久磁铁位置，使磁铁与铝盘间隙变小，电能表走慢。

（3）改变电能表电流线圈匝数。

（4）改变电能表电压与电流相序接线，即相序错接线。

（5）改变进入电能表的相线与零线，将进电能表的相线与零线对调，负载接于相

线与外加零线之间。

（6）在电能表接线端子盒或联合接线端子盒背后安装遥控窃电装置窃电。

4. 三相四线式电能表窃电方法

（1）在三相四线计量回路内任何位置切断电能表的一相、两相或三相电压，使电能表少计。

（2）在三相四线计量回路内切断电能表的连接零线，使电能表少计。

（3）在三相四线计量回路内，将一相、两相或三相电流互感器二次侧开路，使电能表少计。

（4）在三相四线计量回路内，将一相、两相或三相电流互感器二次侧电流旁路，使电能表少计。

（5）在三相四线计量回路内接入与正常计量无联系的电压或电流，使电能表少计或反计电能。

（6）在三相四线计量回路内，改变一相、两相或三相电流互感器极性、变比。

（7）在三相四线计量回路外，将一相、两相或三相电流绕过计量装置而旁路用电，且不改变原来的用电系统，使电能表少计。

二、防窃电常用技术措施

通过对上述几种窃电方式的分析，可以看出常用的窃电方法，多是直接接触和改变电能计量装置才能达到窃电的目的。所以加强电能计量装置技术改造，使互感器、计量二次回路、电能表、联合接线盒及表箱等由以前的敞开式计量更改成全封闭式计量，是防止窃电的最有效的方法。

1. 对居民用户的防窃电措施

采用集中装表箱或全封闭表箱，即线进管、管进箱、箱加锁和封印的办法，使人、表分离，让用户无法接触到电能表和二次线。

2. 对高压用户的防窃电措施

电能计量装置的改造方案：采取加装干式组合互感器（高压计量箱），并在组合互感器一次侧用热缩护套（或冷缩护套）进行封闭，以防止在一次接线端子人为短路窃电，二次回路使用铠装导线，电能表、联合接线盒安装在设有密码和防撬锁的全封闭式表箱内等方法，使整个电能计量装置处在一个全封闭状态，并将计量点按以下方法迁移（即室内向室外迁移）。

（1）对部分专线专柜用户因历史原因计量点设在用户侧的一律依法将计量点迁移到产权分界点或变电站，并安装干式组合互感器（高压计量箱），使计量回路同其他回路分开，以避免通过中间环节窃电。

（2）对 10kV 公用线路上"T"接的专用变压器用户，特别是小型炼钢厂、页岩砖厂等私营企业、乡镇企业。将计量点迁移到 10kV 公用线与用户支线的上下层间，计量装置按高压用户的电能计量装置改造方案进行安装。表箱安装在电杆上，同时在表箱内加装无线抄表装置，使抄收人员抄表更方便、快捷。给窃电带来一定的难度和风险，使窃电者无可乘之机。

（3）对计量点设在用户侧，且计量方式为高供低计的用户，将计量方式改为高供高计，并将计量点迁移到配电室外进线电杆上或变压器高压侧，电能计量装置按高压用户的电能计量装置改造方案进行安装，使原来敷设在地下的电缆由表前线变成表后线。

3. 对低供低计带电流互感器用户的防窃电措施

（1）改造时将电能计量装置用计量箱或计量柜进行一次全封闭防止窃电。

（2）将油浸式互感器更换成干式组合互感器。将原有的油浸式组合互感器更换成精度 0.2S 级干式组合互感器。因油浸式组合互感器可以撬开在内安装遥控窃电装置，而干式组合互感器采用整体浇注成一体，同时计量用电流互感器采用 0.2S 及以上精度，铁芯采用超微晶合金，使误差曲线近似一条水平直线，即使提高电流变比，只要实际一次电流在额定一次电流的 1%以上，就有足够的计量精度，可以防止通过组合互感器窃电。

（3）更换原有的机电式电能表。使用新一代全电子式多功能电能表。因全电子式多功能电能表具有不能倒装、不可更改常数且具有失压、失流记录，电流不平衡记录及逆相序记录等事件记录式防窃电功能。

4. 对用电量大而且有窃电嫌疑用户的防窃电措施

应在表箱中加装电能计量装置异常运行测录仪，这种测录仪可以利用移动通信网络直接报警计量回路的各种故障（如失压、欠压、电流开路和短路、相序错误、接线错误等），又能随时和定时采集用户用电负荷情况，对用户的用电情况进行实时监测和科学管理。

5. 其他一些防窃电措施

（1）对原有的编程器加装设置密码程序。安装设置密码程序的编程器，可以方便快捷地为电能表加装密码保护，如果不输入正确的密码，任何编程器将无法对电能表进行操作，这是解决通过编程器窃电最为简单有效的办法。

（2）装设电量监视器。电量监视器又称防窃电装置，是利用高科技手段对计量设备的运行状况进行在线监视。一些防窃电计量监控器和监控计量箱能有效地防止三相四线制接线窃电。电量监视器是根据三相四线制平衡原理研究出来的。在三相四线回路内，计量监控器监测系统实时收集用户电能计量装置中的信号，对其进行放大、比较、逻辑判断，一旦出现三相四线制平衡被破坏，监测系统输出信号推动内部控制系统动作，切断用户供电回路，从而达到防窃电效果。另外，该类装置还具备自动识别功能，能自动识别外部低压输电线断电等。

（3）选用具有防窃电功能的有功电能表。防窃电电能表具有防倒转、防脱钩、防电流短路、防一线一地用电等功能。

（4）装设专用的计量柜、计量屏和防窃电的配电变压器。

1）高压供电且高压计量的用户。在开关室装专用的电能计量柜，高压供电、低压计量的用户在配电室装电能计量屏，各屏柜均应妥善加锁加封，钥匙由电力部门专人管理。

2）将配电变压器低压出线瓷套管用特制的铁箱罩住，不打开铁箱的门，则无法挂线，且门锁可使用专门制作的一次性门锁。

3）配电变压器与计量屏之间的引线用三相四芯电缆，防止将计量装置进出线进行短接窃电。

4）保护好电能表的表尾零线，表尾中性点零线要在计量屏柜内引接，配电变压器的零线应和相线一起，封闭于电缆内，直接引入计量屏柜，不能在计量屏柜外引接。

5）将防窃电装置的电流检测元件安装在配电变压器油箱内的低压侧出线瓷套管的下方，将测得的电流值与通过电能表的电流值相对比，用以监视用户是否有窃电行为。

【思考与练习】

1. 写出三相二表法测量有功功率的公式。

2. 对居民用户常用的防窃电措施有哪些？

3. 对高压用户的防窃电措施有哪些？

第三部分

供电所生产运行

第九章

供电所生产计划与控制

◢ 模块 1　供电质量（Z36G1001Ⅰ）

【模块描述】本模块介绍了供电可靠性、电压质量等内容。通过概念描述、要点归纳，了解供电质量基本概念。

【模块内容】

供电质量是用电方与供电方之间相互作用和影响中供电方的责任，是提供合格、可靠电能的能力和程度。包括电能质量和供电可靠性两个方面。

电能质量包括电压、频率和波形的质量。电能质量的主要指标包括电压偏差、电压波动和闪变、频率偏差、谐波和电压不对称。其中电压质量是电能质量的一项重要指标，不仅直接关系到电力系统本身的安全和经济效益，同时也影响全社会的经济效益和人民生活是衡量电力部门服务质量优劣的一项重要指标。

一、电压质量

（一）概述

1. 电压质量的重要性

因各种用电设备都是按额定电压来设计制造的，所有用电设备都是额定电压下运行才能取得最优技术经济效果。电压质量低劣将会损坏用电设备或使电气设备降低出力，从而影响用户的生产和产品的质量，严重时还将造成电压崩溃，使电网瓦解而引起大面积停电。

2. 电压质量标准

（1）35kV 及以上的电压供电的，电压偏差绝对值之和不超过额定电压值的 10%。

（2）10kV 用户电压允许偏差值，为系统额定电压的 ±7%。

（3）380V 电力用户电压允许偏差值，为系统额定电压的 ±7%。

（4）220V 电力用户电压允许偏差值，为系统额定电压的 –10%～7%。

（5）农村用户电压允许偏差值，为系统额定电压的 –10%～7%。

（6）特殊用户的电压允许偏差值，按供电合同商定的数值确定。

（二）电压调节

电压调节就是根据电压变动情况和用电设备对电压的要求，采取合理的措施来调节电压，使电压偏移不超出允许范围，从而使用电设备能够在既经济又安全点的条件下运行。其主要调节手段有：

（1）优化电网布局，适当增大导线线径，缩短供电半径，使变压器靠近负荷中心。

（2）根据电压的变化，合理选择并调整配电变压器分接头开关位置。

（3）增加无功补偿装置，根据季节特点、负荷及电压的变化，按照"分级补偿，就地平衡"的原则及时调整无功补偿容量。

（4）对电压无功设备运行情况定期进行巡视检查，发现缺陷及时处理，保证其完好率和可用率。

（三）无功补偿

无功补偿的基本原理是：把具有容性功率负荷的装置与感性功率负荷并联接在同一电路，当容性负荷释放能量时，感性负荷吸收能量，而感性负荷释放能量时，容性负荷却在吸收能量，能量在两种负荷之间互换交换，这样感性负荷吸收的无功功率可完全由容性负荷输出的无功功率中得到补偿，这就是无功功率补偿的基本原理。

1. 无功补偿的原则及标准

（1）原则，根据原电力工业部颁发的《电力系统电压和无功电力管理条例》和《电力系统电压质量和无功电力管理规定》（试行）的规定，针对乡镇电网线路长、分支线路多、负荷分散的特点，在功率因数偏低，功率损耗大的情况下，应满足总无功平衡，要求满足变电站和10kV线路无功最少。因此提出补偿原则："全面规划，合理布局，分级补偿，就地平衡。"同时，要求集中补偿与分散补偿相结合，以分散补偿为主；降损与调压相结合，以降损为主的原则。

（2）标准，供电所应保证农村电网无功分层分区平衡。凡投入运行的无功补偿设备，应随时保持完好状态。

用户在电网高峰负荷时的功率因数，应达到下列规定：

1）高供户和高供装有带负荷调整电压装置的电力用户功率因数为0.9及以上；

2）其他100kVA（kW）及以上电力用户和大、中型电力排灌站功率因数为0.85及以上。

（3）电力用户装设的各种无功补偿设备，要按照负荷和电压变动及时调整无功出力，防止无功电力倒流。

（4）凡受电容量在100kVA（kW）及以上的用户均应按国家批准的《功率因数调整电费办法》的有关规定，实行功率因数考核和电费调整。

2. 无功补偿的方法

无功功率补偿的方法很多，主要是采用电力电容器或采用具有容性负荷装置进行补偿。

（1）利用过励磁的同步电动机改善用电的功率因数，但设备复杂、价格高，只适于在具有大功率拖动装置时采用。

（2）利用调相机做无功功率电源，这种装置调整性好，可提高电力系统运行的稳定性。但价格高、投资大、损耗也较高，只适宜装设在电力系统的中枢变电站，一般用户很少采用。

（3）电力电容器作为补偿装置，具有安装方便、建设周期短、造价低、运行维护简便、自身损耗小等优点，是农村电网中广泛采用的补偿方法。

电力电容器作为补偿装置有两种方法：串联补偿和并联补偿。

1）串联补偿是把电容器直接串联到高压输电线路上，主要应用于高压远距离输电线路上，用电单位很少采用。

2）并联补偿是把电容器直接与被补偿设备并接到同一电路上，以提高功率因数。这种补偿方法所用的电容器称作并联电容器，用电企业大部分都是采用这种补偿方法。

3. 无功与电压的关系

（1）从功率三角形中得知，视在功率 S 和有功功率 P 及无功功率 Q 之间的关系。

$$p = S\cos\varphi；\quad Q = S\sin\varphi；\quad S^2 = P^2 + Q^2$$

功率因数 $\qquad\qquad\qquad \cos\varphi = P/S \qquad\qquad\qquad\qquad$ （9-1-1）

从功率三角形中也可以看出，电网的有功负荷 P 不变，无功补偿功率三角形装了补偿设备后，无功功率的消耗可以由 Q 减少到 Q'，φ 角由 φ 减少到 φ'。φ 角越小，$\cos\varphi$ 就越大。因此装设了补偿设备，功率因数就会提高。

（2）电压损失

$$\Delta U = \frac{PR + QX}{U} \qquad\qquad\qquad\qquad （9-1-2）$$

分析此公式，可以看出影响 ΔU 的因素是有功功率 P、无功功率 Q、电阻 R 及电抗 X。因此，在理论上可以借改变有功及无功来调整电压，也可以借改变电阻和电抗来调整电压。装设补偿电容器就是借改变电抗来调压，如果补偿电容器的容抗为 XC，则电压损耗为

$$\Delta U = \frac{PR + Q(X_2 - X_c)}{U} \qquad\qquad\qquad （9-1-3）$$

因此 ΔU 下降，改善了电压质量。

由以上分析可以看出，加装补偿电容器后，既可以提高功率因数，也可以改善电压质量，还可以减少电压损失，提高电压质量。

4. 电力电容器

（1）电容器容量的选择，包括：

1）按提高功率因数确定补偿容量。按提高功率因数确定补偿容量的方法简便明确，为国内外所通用。根据功率补偿图中功率之间的数量关系，可求出无功补偿容量 Q_C（单位 kvar）

$$Q_C = P\left(\sqrt{\frac{1}{\cos\varphi_1}-1} - \sqrt{\frac{1}{\cos\varphi_2}-1}\right) \qquad (9\text{-}1\text{-}4)$$

式中　P——最大负荷月平均有功功率，kW；

$\cos\varphi_1$——补偿前功率因数值；

$\cos\varphi_2$——补偿后功率因数值。

根据以上公式可以推导出表 9-1-1。

表 9-1-1　　　　　　　　　有功功率所需补偿容量表　　　　　　　单位：kvar/kW

补偿前	补偿后									
$\cos\varphi_1$	0.82	0.84	0.86	0.88	0.90	0.92	0.94	0.96	0.98	1.00
0.44	1.342	1.393	1.445	1.499	1.553	1.612	1.675	1.749	1.836	2.089
0.46	1.234	1.285	1.377	1.394	1.445	1.504	1.567	1.641	1.728	1.981
0.48	0.130	1.181	1.233	1.287	1.341	1.400	1.463	1.537	1.624	1.827
0.50	1.035	1.086	1.138	1.192	1.246	1.305	1.368	1.442	1.529	1.732
0.52	0.944	0.995	1.047	1.101	1.155	1.214	1.277	1.351	1.438	1.641
0.54	0.862	0.913	0.965	1.019	1.073	1.132	1.195	1.269	1.356	1.559
0.56	0.782	0.833	0.885	0.939	0.993	1.052	1.115	1.189	1.276	1.479
0.58	0.709	0.760	0.812	0.866	0.920	0.979	1.042	1.116	1.203	1.406
0.60	0.637	0.688	0.740	0.794	0.848	0.907	0.970	1.044	1.131	1.334
0.62	0.569	0.620	0.672	0.726	0.780	0.839	0.902	0.976	1.063	1.266
0.64	0.504	0.555	0.607	0.661	0.715	0.774	0.837	0.911	0.998	1.201
0.66	0.442	0.493	0.545	0.599	0.653	0.712	0.775	0.849	0.936	1.139
0.68	0.381	0.432	0.484	0.538	0.592	0.651	0.714	0.788	0.875	1.078
0.70	0.324	0.375	0.427	0.481	0.535	0.594	0.657	0.731	0.818	1.021
0.72	0.266	0.317	0.369	0.423	0.477	0.536	0.599	0.673	0.760	0.963
0.74	0.211	0.262	0.314	0.368	0.422	0.481	0.544	0.618	0.705	0.906
0.76	0.157	0.208	0.260	0.314	0.368	0.427	0.490	0.564	0.651	0.854
0.78	0.106	0.157	0.209	0.263	0.317	0.376	0.439	0.513	0.600	0.803

可以根据表 9-1-1 查出每 1kW 最大负荷月平均有功需补偿无功的容量。

2）对基础数据不足的电气设备可采用估算法，确定补偿电容器容量。

① 配电变压器无功补偿容量为

$$Q_c = \left[\frac{I_o(\%)}{100} + \frac{U_d(\%)}{100} \times \beta^2 \right] S_e \quad (\text{kvar}) \qquad (9-1-5)$$

式中　$I_o(\%)$——配电变压器空载电流百分数；

$\quad\quad U_d(\%)$——配电变压器阻抗电压百分数；

$\quad\quad S_e$——配电变压器的额定容量，kVA；

$\quad\quad \beta$——配电变压器负荷率。

② 异步电动机的无功补偿容量为

$$Q_c = \sqrt{3} U_e I_o \quad (\text{kvar}) \qquad (9-1-6)$$

式中　U_e——电动机额定电压，kV；

$\quad\quad I_o$——电动机空载电流，A。

$$I_o = I_e \cos\varphi_e (2.26 - K\cos\varphi_e) \qquad (9-1-7)$$

式中　I_e——电动机定子额定电流，A；

$\quad \cos\varphi_e$——电动机额定功率因数；

$\quad\quad K$——计算系数，当 $\cos\varphi_e \leq 0.85$ 时，$K=2.1$；当 $\cos\varphi_e > 0.85$ 时，$K=2.15$。

水类负荷异步电动机无功补偿容量

$$\sqrt{3} U_e I_o \leq Q_e \leq \sqrt{3} U_e I_e \sin\varphi = \sqrt{3} U_e I_e \sqrt{1-\cos\varphi^2} c \qquad (9-1-8)$$

式中 U_e、I_0、I_e 与 $\cos\varphi_e$ 分别为电动机的额定电压（kV）、空载电流（A）、定子额定电流（A）和额定功率因数。

（2）补偿电容器的运行要点。电网电压超过电容器额定电压不超过 5% 时，允许长期运行，电网电压超过电容器额定电压达 10% 时，应立即切除电容器。如果电容器组的断路器在运行中因故跳闸，不允许强行试送。为确保人身安全，人体接触电容器前，应先将电容器两极短接并接地。

二、供电可靠性

（一）概述

供电可靠性是指供电系统持续供电的能力，是考核供电系统电能质量的重要指标，反映了电力工业对国民经济电能需求的满足程度，已经成为衡量一个国家经济发达程度的标准之一。

即供电可靠性的实质是在电力系统设备发生故障时，衡量能使由该故障设备供电的用户供电故障尽量减少，使电力系统本身保持稳定运行（包括运行人员的运行操作）

的能力的程度。

供电可靠性可以用如下一系列指标加以衡量：供电可靠率、用户平均停电时间、用户平均停电次数、系统停电等效小时数等。

（二）供电可靠性指标的统计与计算

1. 统计范围

供电企业对其全部管辖范围内的供电系统用户的供电可靠性进行统计、计算、分析和评价。

所谓管辖范围内的供电系统是指本企业产权范围的全部以及产权属于用户而委托供电部门运行、维护、管理的电网及设施。农村用户的供电设施也在统计行列中。

供电可靠性统计直接反映配电系统对用户供电能力，是配电系统可靠性管理的基础，也是电力工业可靠性管理的一个重要组成部分。其统计对象是以对用户是否停电为标准。

2. 统计分类

（1）供电系统的状态包括供电状态和停电状态。

供电状态——随时可从供电系统获得所需电能的状态。

停电状态——用户不能从供电系统获得所需电能的状态，包括与供电系统失去电的联系和未失去电的联系。

（2）停电性质分类

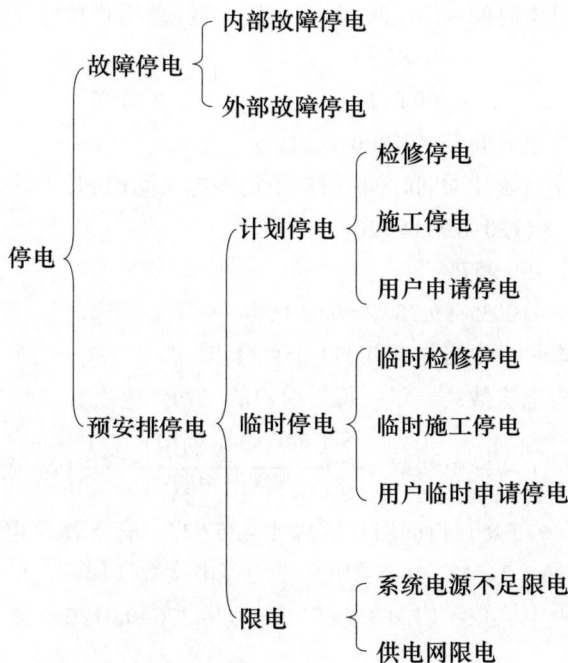

```
                        ┌── 内部故障停电
              ┌ 故障停电 ┤
              │         └── 外部故障停电
              │
              │                    ┌── 检修停电
              │         ┌ 计划停电 ┤── 施工停电
              │         │          └── 用户申请停电
停电 ┤         │
              │         │          ┌── 临时检修停电
              └ 预安排停电┤ 临时停电 ┤── 临时施工停电
                        │          └── 用户临时申请停电
                        │
                        │          ┌── 系统电源不足限电
                        └ 限电     ┤
                                   └── 供电网限电
```

3. 主要指标及计算公式

（1）供电可靠率：一年中对用户有效供电时间总小时数与统计期间时间的比值。

$$供电可靠率=\left(1-\frac{用户平均停电时间}{统计期间时间}\right)\times100\% \qquad (9-1-9)$$

（2）用户平均停电时间：一年中每一用户的平均停电时间，单位以 h 表示。

$$用户平均停电时间=\frac{\sum(每次停电的持续时间\times每次停电用户数)}{总用户数}(h/户)$$

$$(9-1-10)$$

【例9-1-1】某供电公司一条10kV线路，于某月某天进行计划施工改造，并安排三个不同的施工单位进行施工。总停电时间为7h。其中A单位为7h，B单位为5h，C单位为4.5h。（本公司有注册用户1800户，统计时间为720h，停电线路所带用户数为80户）。

（1）计算总停电时户数？

（2）用户平均停电时间？

（3）计算本次停电影响本月供电可靠率的百分点？

解：

（1）总停电时户数：7h×80户=560时户

（2）用户平均停电时间=(停电时间×停电用户数)/总用户数

$$=7h\times80户$$

$$=560时户$$

用户平均停电时间=560/1800=0.311

供电可靠率=(统计期间时间–用户平均停电时间)/统计期间时间

$$=(720-0.311)/720$$

$$=99.957\%$$

供电可靠率=100%–99.957%=0.043%

此次停电影响本月供电可靠率0.043个百分点。

（3）用户平均停电次数：一年中每一用户的平均停电次数

$$用户平均停电次数=\frac{\sum(每次停电的用户数)}{总用户数}(次/户) \qquad (9-1-11)$$

【例9-1-2】某公司8月份的用户数总计4267户，有6次停电事件，6次停电的户数分别为10、8、6、7、12、9，求用户平均停电次数（保留三位小数）。

解：用户平均停电次数=（10+8+6+7+12+9）/4276=0.0122（次/户）

（1）用户平均故障停电次数：一年中每一用户的平均故障停电次数？

$$用户平均故障停电次数 = \frac{\sum(每次故障停电的用户数)}{总用户数}（次/户）\qquad(9-1-12)$$

（2）用户平均预安排停电次数：一年中每一用户的平均预安排停电次数？

$$用户平均预安排停电次数 = \frac{\sum(每次预安排停电用户数)}{总用户数}（次/户）\qquad(9-1-13)$$

4. 统计的有关规定

由于电力系统中发、输变系统故障而造成的未能在 6h（或按供电合同要求的时间）以前通知主要用户的停电，不同于因装机容量不足造成的系统电源不足限电，其停电性质为故障停电。

用户由两回及以上供电线路同时供电，当其中一回停运而不降低用户的供电容量（包括备用电源自动投入）时，不予统计。如一回线路停运而降低用户供电容量时，应计停电一次，停电用户数为受其影响的用户数，停电容量为减少的供电容量，停电时间按等效停电时间计算，其方法按不拉闸限电的公式计算。

用户由一回 35kV 或以上高压线路供电，而用 10kV 线路作为备用时，当高压线路停运，由 10kV 线路供电并减少供电容量时，应进行统计，统计方法不按拉闸限电公式计算。对这种情况的用户，仍算作 35kV 或以上的高压用户。

对装有自备电厂且有能力向系统输送电力的高压用户，若该用户与供电系统连接的 35kV 或以上的高压线路停运，且减少（或中断）对系统输送电力而影响对 35kV 或以上的高压用户的正常供电时，应统计停电一次，停电用户数应为受其影响而限电（或停电）的高压用户数之和，停电时间按等效停电时间计算，其方法同前。

凡在拉闸限电时间内，进行预安排检修或施工，应按预安排检修或施工分类统计。当预安排检修或施工的时间小于拉闸限电时间，由检修或施工以外的时间作为拉闸限电统计。

用户申请（包括计划和临时申请）停电检修等原因而影响其他用户停电，不属外部原因，在统计停电用户时，除申请停电的用户不计外，外受其影响的其他用户必须按检修分类进行统计。

由用户自行运行、维护、管理的供电设施故障引起其他用户停电时，属内部故障停电。在统计停电户数时，不计该故障用户。

对单回路停电，分阶段处理逐步恢复送电时，作为一次事件，但停电持续时间按等效停电持续时间计算，其公式如下：

$$等效停电持续时间 = \frac{\sum(各阶段停电持续时间 \times 停电用户数)}{受停电影响的总户数}$$

$$= \frac{\sum(各阶段停电时户数)}{受停电影响的总户数}(h) \quad (9\text{-}1\text{-}14)$$

式中，"受停电影响的总用户数"中的每一用户只能统计一次。

线路跌落熔断器一相跌落时，引起的停电应统计为一次停电事件。具体规定如下：

（1）当一相熔断，全线为动力负荷时，视全线路停电。

（2）当一相熔断，该线路动力负荷与非动力负荷大体相当时，可粗略地认为该线路有一半负荷停电。

（3）当一相熔断，该线路以照明等非动力负荷为主时，可粗略地认为该线路有 1/3 负荷停电。

由一种原因引起扩大性故障停电时，应按故障设施分别统计停电次数及停电时用户数。例如：因线路故障，开关（包括相应保护）拒动，引起越级跳闸，则应计线路故障一次，其停电时户数为由该线路供电的时户数，另计开关或保护拒动故障一次，其停电时户数为除故障线路外的其他跳闸线路供电的时户数，余可类推。

（三）提高供电可靠性的措施

供电可靠性管理的目的是提高供电企业的管理水平。提高企业和社会的经济效益，在电力为主要能源的现阶段，社会各行业和人民生活对电力能源的依赖性决定了对供电连续性的高要求，供电企业努力提高设备可用率，加强可靠性管理，是非常必要的。

（1）认真做好设备管理，基建选型尽量采用安全可靠的先进设备，适当提高设计标准要求，是提高供电可靠性的首要条件。

（2）认真做好设备全面质量管理，使设备从安装调试、交接预试、维护检修、验收启动等环节，都置于全面质量监督之下，保证设备质量全优，在一个检修周期内不发生缺陷的临修，这是提高设备可用率的保证。

（3）认真做好全面计划管理，是提高设备可用率的重要措施，也是企业现代化管理的要求。加强计划的严密性，全员参加计划管理，变电工作与线路工作统筹安排；一次设备与二次设备检修统筹安排；更改工程与大修统筹安排等，尽可能减少不必要的重复停电，是提高设备可用率和全面计划管理内容之一。

（4）加强设备运行监督，随时掌握设备运行状态和规律，做好事故的预防和防范工作。

（5）认真做好电力用户的技术服务，监督电力用户做好设备管理，也是提高企业供电能力的有力措施，用户设备的安全可靠对提高供电企业可靠性运行是至关重要的。

【思考与练习】

1. 供电质量的概念？
2. 电压损失、损耗、无功补偿容量的计算？
3. 供电可靠性的概念？
4. 停电性质分哪几类？
5. 供电可靠性的主要指标及计算公式？

▲ 模块 2　供电所生产运行（Z36G1002Ⅱ）

【模块描述】本模块介绍供电所的生产运行管理、检修管理、供电质量管理知识；通过概念描述、要点归纳，掌握供电所生产运行工作主要内容。

【模块内容】

一、生产运行管理的主要任务和内容

1. 主要任务

供电所的生产管理是县级供电企业生产管理中的一部分，是根据县供电企业确定的目标、方针、计划和下达的具体生产任务组织生产活动，对经营决策的实现起着保证作用。主要任务是进行供电所的生产运行管理、设备检修管理、电压和无功管理、供电可靠性管理、电能损耗管理。

2. 主要内容

供电所生产管理的主要职责是加强设备维护管理，提高设备健康和可靠运行水平，保证电能供应质量达到标准，全面完成生产任务，实现安全生产管理目标，做到安全、可靠、经济供电。其主要内容如下：

（1）认真贯彻执行国家有关电力生产的方针、政策、法律法规和电力行业有关生产的技术规程、标准和制度，建立生产技术管理责任制。

（2）负责电网运行建设规划。严格执行设备和生产管理规章制度，做到设备管理分工明确，责任到人；定期进行设备巡视检查，对设备缺陷作好记录；并按设备缺陷等级分类处理，实现设备完好率 100%。

（3）负责电气设备和设施的全过程管理。按照"应修必修、修必修好"的原则，做好设备检修、维护、检验试验工作，及时消除设备缺陷，不断提高设备健康水平，保证设备安全可靠运行。

（4）负责电力设施的保护工作，努力维护电力设施安全运行的必要环境。

（5）加强配电网电压管理，按规定明确电压监测点并装设电压监测仪（表），采取措施提高电能质量，一般客户端电压合格率要达到 90% 以上。

（6）加强负荷管理，防止设备过负荷运行和三相负荷严重不平衡运行。

（7）严格界定设备的产权分界点，对客户要求的代理维护工作，必须签订《代理维护协议》，依据产权归属明确各方的责任，并报县供电企业批准后实施。

（8）按架空配电线路及设备运行规程要求，供电区域内配电线路及设备应有明显的标志。主要标志内容是：

1）配电线路名称和杆塔编号。

2）配电台区的名称和编号。

3）相位标志。

4）开关的调度名称和编号。

（9）建立健全设备和生产管理的各种技术资料、台账、记录；按规定及时编报生产工作计划、设备停电检修计划、设备大修和更新改造计划。

（10）根据设备状况和检修计划，编制备品备件的储备计划，并进行分类存放、妥善保管。

（11）积极组织经济运行，不断降低生产成本，提高劳动生产率。

（12）推广应用新技术、新设备、新材料、新工艺，推行标准化作业，做好环保工作。

二、生产运行管理

1. 电力线路、设备的巡视工作

（1）工作内容及要求。电力线路设备的巡视分为定期巡视、夜间巡视、特殊性巡视、故障性巡视和监察性巡视。

1）电力设备在运行期间，由于受到温度、湿度、外界作用力等种种因素影响，不可避免地要产生各类缺陷，这些缺陷有很多是直接暴露出来的，如导线断股、瓷件破损、变压器响声异常等；另外还会危及人身或线路安全运行的隐患，如违章建筑、树障、山体滑坡等。这些缺陷和隐患一般通过定期巡视就能及时发现。

2）由于某些特殊缺陷需要在夜间才能发现，如接头打火、瓷绝缘串闪络放电。因此需要在负荷高峰期、雨雾等天气进行夜间巡视。

3）在气候恶劣（如：台风、暴雨、覆冰等）、河水泛滥、火灾和其他特殊情况下，还要进行特殊性巡视检查。

4）在配电线路发生故障时，为了查清故障点，及时消除故障恢复线路正常供电，还要组织人员进行故障性巡视。

5）此外，还要由所长和专责技术人员进行监察性巡视，目的是了解线路、设备状况，并检查、指导巡线员的工作。

电力线路设备的定期巡视周期，一般高压线路每月一次，低压线路每周一次。

（2）工作流程。

1）按县供电企业要求组织开展各类巡视工作，巡视内容按 SD 292—1988《架空配电线路及设备运行规程》的规定项目进行。

2）巡视人员如实填写巡视记录，对于巡视中发现的缺陷进入缺陷处理流程。

3）不定期组织所长和技术人员进行监察性巡视，及时了解线路及设备运行状况，并检查、指导巡视人员工作。

4）对于未按要求进行巡视或巡视工作不到位的人员按有关考核标准进行考核。

2. 设备管理

（1）设备台账。设备台账是供电所的基础资料，台账管理工作是供电所生产管理的基础工作。

对于供电所管辖的电力设备，供电所应根据公司规定如实建立各类设备的基础资料台账，要做到"设备有编号、型号正确，与实际相符、元件不遗漏"，有条件的应将所有基础资料台账录入计算机，利用计算机进行管理，实现资料共享。

建立的台账，由专人负责，根据设备投运、更改情况及时更新。设备的名称、型号等参数应规范，符合有关术语标准；单位应统一，便于统计汇总；要将设备统一编号，便于管理；设备的产权、投运日期等应正确无误，能够为其他工作提供基础信息。对因各类工程（如高低压业扩工程、技改工作、农网改造工程等）发生的设备变动，均应于设备投运后建立新的设备台账，该项工作必须按期如实进行。定期向有关部门填报设备变动情况报表，录入计算机的各类基础资料档案要及时进行修改、完善。

（2）设备评级。设备按其完好程度分为一、二、三类，一、二类设备称为完好设备。完好设备与全部设备的比例，称为设备完好率，以百分数表示，即

$$设备完好率 = \frac{一类设备 + 二类设备}{全部设备} \times 100\% \tag{9-2-1}$$

供电所根据上级供电公司下发的设备评级标准，以设备单元为基本统计单位，定期进行设备评级工作。设备评级分类的基本原则如下：

1）一类设备：设备符合运行标准要求；标志及运行、检修、试验等基础资料齐全并与实际相符。

2）二类设备：设备存在一般缺陷，但不影响安全运行，基础资料基本齐全。

3）三类设备：存在重大缺陷，直接影响运行和人身安全，必须尽快处理的设备。

在评级时，要对设备的每一个元件按照标准进行评价，如一个单元内的重要设备元件同时有一、二类者应评为二类；同时有二、三类者，应评为三类。

按电力行业定级管理办法的标准和要求，组织所内定级小组所有成员，定期对高低压设备进行定级。如实填写《定级记录》。

三、设备检修管理

设备检修是设备全过程管理的一个环节，是延长设备使用寿命、最大限度发挥设备效能的基本手段。设备检修必须坚持"预防为主、安全第一、质量第一"的方针，按照计划检修与状态检修并重和"应修必修、修必修好"的原则，把周期检修和诊断检修结合起来，不断改善设备的技术状况和提高设备的技术性能。

1. 设备检修原则

电力生产对安全可靠性要求很高，因此设备的检修应遵循以下原则：

（1）贯彻"预防为主"的检修方针，做到"应修必修、修必修好"。"应修"包括达到预定检修间隔或经过分析论证可以延长检修间隔或在特殊情况下必须缩短检修间隔时，应按计划对设备进行检修。"修好"是对检修质量的要求，应注意采用科学的方法和先进的修理技术，加强设备维护，改进检修管理，延长检修周期。

（2）检修计划要按电网统一安排，做好协调配合，减少设备停运时间，提高电网运行可靠性和设备可用率。

（3）设备检修要与技术更新相结合，针对设备存在的缺陷和电网不断发展完善的需要，作出设备更新改造计划，有计划地结合检修进行。

2. 设备检修分类

（1）大修。设备大修是对设备进行全面检查、维护、消缺和改进等的综合工作，目的是恢复设备的设计性能。设备大修一般应按规定周期和预定的项目、标准进行。

（2）小修。是对设备进行扩大性的检查、维护、保养、消缺。

（3）临时检修（非计划性检修）。设备在运行中发生严重异常，必须在计划外退出运行进行检修者，一般称为临时检修（临检）。临时检修应经调度批准，一般作为小修处理。当缺陷严重，修理费用较高时，经批准也可按大修处理。

（4）事故检修。设备因事故自动退出运行或因严重异常不能等待调度批复需立即停止运行所进行的检修，称为事故检修。事故检修由供电所组织，必要时应集中所有人力、物资、车辆以尽快速度恢复运行。为能及时修复线路故障，供电所应常年组织好抢修队伍，值班电话畅通无阻，无论任何时间、任何天气下事故发生时做到及时处理。

3. 设备春秋查工作

（1）根据公司《春秋查工作计划》，充分结合本所实际，制定春秋查工作计划上报公司有关部门，详细内容包括：

1）内查。查领导安全意识，查安全思想，查规章制度的执行情况，查劳动纪律，查安全工器具，并进行 Q/GDW 1799.2—2013《国家电网公司电力安全工作规程（线路部分）》、Q/GDW 1799.1—2013《国家电网公司电力安全工作规程（变电部分）》考试。

2）外查。春查主要为迎峰度夏作准备，除按巡视管理工作进行巡视外，还应重点检查以下项目，如杆塔无裂纹、歪斜，导线接头有无松动、破损，绝缘子有无脏污、裂纹、闪络痕迹，各类交叉跨越距离是否能在最高温度时满足规程要求，配电变压器三相负荷是否调整平衡，避雷器各部件是否完好正常，接地电阻是否符合规程要求，出线走廊是否符合规定，柱上设备有无损坏现象，低压线路有无私拉乱接现象。秋查主要是检查负荷高峰期过后的绝缘状况和为防寒防风防冻作准备，重点检查导线有无松动、破损现象，电杆有无严重裂缝及倾斜，线路下有无堆积柴草现象，有无缺少杆号牌和警示牌现象。

（2）检修工作开始前由安全员填写检修任务单，将工作任务、具体要求分配给每位工作人员，做到检修项目、检修范围、检修人员"三不漏"。

（3）根据线路运行情况，按照不同线路的健康水平，可分别对待，采取"状态检修"或"停电检修"。

（4）状态检修主要以巡视为主，为明确责任，必须粘贴"巡视标志卡"，同时将发现的缺陷记录，安全员汇总后执行缺陷处理流程；停电检修则要在停电后逐杆变台进行清扫和消缺，涉及停电工作，执行相应的停电工作流程。

（5）春、秋查工作所内自查：工作人员将检修任务单返还安全员，安全员对现场检修情况进行抽查，发现检修有漏检或未检现象要立即限期整改，根据全所春秋查完成情况填写相关记录，将春、秋查工作总结上报公司有关部门。

（6）春、秋查工作如公司组织的验收未通过，要按公司提出的要求限期整改，直至合格为止。

4. 事故抢修工作

（1）明确工作内容及要求。对于事故抢修，首先要保持 24h 所内值班和值班电话的通畅，其次要做好本所常用备品备件的储备，最后还要在恶劣天气时做好抢修准备。

对于事故抢修，可以不填工作票，但要履行许可手续。

（2）规范事故抢修工作流程。供电所在下列几种情况下要进行事故抢修：

1）接到客户报告或急修电话，并核实无误后。

2）事故巡线后发现故障点需停电处理时。

四、电压和无功管理

1. 工作内容

（1）贯彻执行上级有关电压和无功专业方面的文件、规程和管理制度。制定本供电所电压和无功管理工作计划和完善改进电压质量及提高无功补偿的技术措施。

（2）对整个供电区域电网的电压质量和设备情况进行定期巡视检查，做好基础数据的统计、分析和上报。

（3）建立定期分析例会，对电压质量进行定期及时分析，加强电压和无功设备的运行管理，提高设备健康水平和投运率。

2. 工作要求

（1）电压质量标准按照原电力部颁发的《电力系统电压和无功电力管理条例（试行）》的有关规定执行。

居民客户端电压合格率按网省公司承诺标准执行。10kV 线路电压允许波动范围：额定电压的±7%；低压线路到户允许波动范围：380V 为额定电压的±7%，220V 为额定电压的+7%、−10%。

（2）供电所农村居民客户端电压合格率考核指标根据各地的供电承诺指标而定。

（3）电压监测和统计以及无功补偿容量的确定按照《国家电网公司农村电网电压质量和无功电力管理办法》的有关规定执行。电压监测点按要求定期轮换。

（4）加强对电压监测装置的运行、巡视检查，发现问题及时上报，提高监测的准确性。

（5）无功补偿方式应采用：集中补偿与分散补偿相结合，以分散补偿为主；高压补偿与低压补偿相结合，以低压补偿为主；调压与降损相结合，以降损为主。

（6）对无功补偿设备进行定期巡视检查，发现问题及时处理，确保设备可投运率95%及以上。

（7）掌握配电网络的电压情况，当电压变化幅度超过规定指标时，要采取措施提高电压质量。

五、供电可靠性管理

1. 工作内容

（1）贯彻执行上级有关供电可靠性专业方面的文件、规程和管理制度。

（2）对电网的供电可靠性进行定期分析，做好基础数据的统计、分析、汇总，并按时上报。

2. 工作要求

（1）供电可靠性的计算方法按照《供电系统用户供电可靠性管理办法》执行。

（2）供电可靠率指标根据各地供电承诺指标而定。

（3）做好设备缺陷登记及检修计划上报，加强计划停电的管理，充分利用 10kV 线路检修停电及变电站检修停电期间进行设备维护和缺陷处理，对影响同一电源线路的缺陷要进行集中处理，尽量减少停电次数和停电时间。

（4）进行配网施工和检修时，要做好施工方案优化和施工前准备工作，尽量缩短停电时间。

（5）加强故障抢修管理，保证检修工具和检修材料的及时充足供应；加强临时停电管理，控制停电时间。

（6）加强对配电设备的巡视、预防性试验和缺陷管理，做好配电变压器的负荷监测工作。

（7）加强配电设备的防护工作，防止发生外力破坏事故。

（8）认真作好客户的技术服务，指导客户提高设备的安全可靠性。

（9）定期召开分析例会，对供电可靠性进行定期及时分析，使供电可靠率得到保证并不断提高。

六、供电所电能损耗（线损）管理

1. 线损管理的意义

线损率是电网经济运行管理水平和供电企业经济效益的综合反映，是供电企业的一项重要经济技术指标。同时，线损管理涉及面广、跨度较大，又是一项政策性、业务性、技术性很强的综合性工作。供电所作为供电企业的最基层单位，线损管理水平的高低，特别是低压线损率指标的水平直接关系到县供电企业的经营业绩，甚至在一定程度上影响和决定县供电企业的生存与发展，应予以高度重视。

2. 线损管理工作内容

（1）供电所线损管理范围为所辖线路、配电变压器的电能损失。

（2）负责线损指标的分解、落实和考核，制定降损措施。

（3）及时准确统计、分析、上报有关线损管理报表。

3. 线损管理工作要求

（1）制定降损计划、措施、考核方案，每月上报线损统计、分析情况。

（2）10kV 配电线路以变电站出线总表与线路连接的配电变压器二次侧计量总表为考核依据；低压线路以配电变压器二次计量总表和该变压器所连接的低压客户计费表为计算考核依据。

（3）线损指标要责任到人，完成情况要与经济责任挂钩，奖优罚劣，严格考核和兑现。

（4）建立线损分析例会制度，及时发现和纠正问题，并对线损情况进行预测，制定降损措施。

（5）加强计量和营业管理，杜绝估抄、漏抄、错抄行为，查处违约用电，打击窃电。

（6）制定降损技术措施。

4. 供电所线损率的分析

线损分析是线损管理工作的最后一道环节，其目的在于鉴定网络结构和运行的合理性，找出计量装置、设备性能、用电管理、运行方式、理论计算、抄收统计等方面存在的问题，以便采取降损措施。另外，通过客观的统计分析，可以分清线损管理责任，是全面落实县供电企业线损指标考核的依据和基础，其重要性不言而喻。

供电所应每月召开一次线损分析会，针对每条线路、每个台区、每个电压等级的线损进行全面详细的剖析，指出存在的问题，建议应采取的措施。

5. 降低线损的主要措施

（1）技术指标

1）电能损失率指标：10kV 线路综合损失率（包括公用配电变压器损失）≤5%，低压线路损失率≤7%。

2）功率因数指标：农村生活和农业线路 $\cos\phi \geqslant 0.85$，工业、农副业专用线路 $\cos\phi \geqslant 0.90$。

（2）降低线损的技术措施。

1）做好电网中、长期规划和近期实施计划，抓住农网改造机遇，加强电网电源点的建设，提升电压等级，降低网络损耗。

2）准确预测农村用电负荷，科学选择变压器容量和确定变压器的布点，缩短低压线路供电半径，保证低压质量，减少线损。

3）合理规划和设计 10kV 和低压线路，改造"卡脖子"和迂回线路。

4）淘汰、更换高能耗变压器，使用节能型变压器。

5）淘汰、更换技术等级低的计量装置。

6）根据电网中无功负荷及分布情况，合理选择无功补偿设备和确定补偿容量，降低电网损耗。

7）逐步提高线路绝缘化水平，减少泄漏损耗。

8）做好三相负荷平衡。一般要求配电变压器低压出口电流的不平衡度不超过10%，低压干线及主干支线始端的电流不平衡度不超过 20%。

（3）降低线损的管理措施

1）首先应实事求是、合理确定低压线损考核指标，主要是低压线损管理指标。

2）在对村（台区）的农村低压线损考核管理中，要纠正片面的"全奖全赔"指标承包方法，完成线损指标要与各专责工资奖罚直接挂钩，而不能与电费收缴直接挂钩。要坚决制止违规分摊低损电量和堵住折算电量及虚假统计的问题。

3）台变总表和客户表计的准确计费是直接影响低压线损情况的重要因素，必须依法进行表计的检测，加强对农村户表和集装表箱的检查管理。

4）供电所应量化对设备的日常巡视管理工作，并落实到人。做到定期测试和合理调整、平衡变台低压出线三相负荷，加强设备维护管理，及时处理设备缺陷，努力提高线路的安全运行水平，减少供电设备的漏电损失。

5）加强电费核算环节，采用微机系统管理，建立和完善农户用电基础数据，并依据基础数字对农村低压线损指标的统计分析；对个别异常情况，要加大检查力度和及时采取相应的得力措施。

6）供电所要把农村低压线损管理作为重要指标分解落实到人，实行专责管理；要建立健全具体的管理分析制度和低压线损指标考核台账，定期进行分析和公布指标完成情况，并切实作到奖罚兑现。

7）要加强农村用电宣传工作和依法用电管电，积极争取各部门的支持与配合，严厉打击和坚决制止偷窃行为，努力建立起一个规范的农村用电市场秩序。

8）强化业扩工作流程管理，提高安装工艺质量。

【思考与练习】

1. 生产运行管理的主要任务是什么？
2. 配电线路设备巡视分为哪几类？
3. 设备评级的基本原则是什么？
4. 供电所台账管理要求有哪些？
5. 设备检修的分类有哪些？
6. 供电电压允许的偏差是如何规定的？
7. 降低线损的技术措施有哪些？

▲ 模块 3　供电所生产计划与控制（Z36G1003Ⅲ）

【模块描述】本模块包含供电所生产管理的计划、组织、控制及监督等工作内容以及对计划实施检查的具体操作方法；通过要点讲解，掌握供电所应急预案编制方法。

【模块内容】

一、生产计划

生产计划是任何一个企业组织生产活动的依据。现代化企业的生产是社会化生产，企业内部有细致的分工和严密的组织体系，若没有一个统一的计划站在企业全局的高度来协调和指挥生产活动，企业就无法进行正常的生产经营活动。根据不同组织层次管理目标的不同，生产计划也分为不同的层次，每一层次都有特定的内容。

长期计划是企业的最高层管理部门制定的计划，它涉及产品发展方向、生产发展规模、技术发展水平、新生产设施的建造等。一般跨度期限为 3～5 年。中期计划是企业中层部门制定的计划，确定现有条件下生产经营活动应该达到的目标，如产量、品种、产值、利润等，具体表现为生产计划、总体能力计划和产品出产进度计划。时间跨度为 1～2 年。短期计划是执行部门编制的计划，确定日常生产经营活动的具体安排，常以物料需求计划、能力需求计划和生产作业计划等表示。

供电所生产计划，一般是以生产作业计划的形式，由所长主持编制。供电所生产作业计划是指在某一计划期间（年、季、月、周、日）供电所完成的工作总量及安全、质量、消耗、培训等方面应达到的要求。供电所的生产作业计划是企业各项计划在供电所进行生产的具体体现形式，是供电所用以建立生产秩序，指导和组织生产活动的一种具体执行计划，是企业中最具体的行动计划。

二、生产管理

生产管理是有计划、组织、指挥、监督调节的生产活动。以最少的资源损耗，获得最大的成果。是对企业生产系统的设置和运行的各项管理工作的总称。又称生产控制。

供电所生产管理的主要职责是加强设备维护管理，提高设备健康和可靠运行水平，保证电能供应质量达到标准，全面完成生产任务，实现安全生产管理目标，做到安全、可靠、经济供电。

1. 供电所生产管理的计划

供电所的计划管理，应按企业、部门在不同计划期内的安排，结合本供电所的具体情况，不断采取新技术，对分管的设备进行更新改造，不断提高设备的安全性能和经济性能，制定供电所具体工作计划。计划内容包括：

（1）企业、部门下达给本供电所的生产任务和工作项目。

（2）本供电所分管的设备检修维护安排。

（3）完成各项任务的期限和质量要求。

（4）本供电所应完成的技术组织措施、反事故措施的实施进度。

（5）为完成以上任务，按照材料定额所需要的各种材料申请量及备品、配件需要量。

（6）工时、施工机具的平衡情况。

（7）为提高本供电所成员的技术水平而安排的培训项目及应达到的标准。

2. 计划的组织执行

执行计划的基本要求是全面、均衡地完成计划。全面，就是要力争完成所有计划指标，不能有所偏废；均衡，就是必须要做到按年、按季、按月、按周、按日地完成计划。这样有利于建立正常的生产秩序，改善各项技术经济指标。

在计划的执行中，应注意做到以下几点：

（1）加强思想政治工作。增强职工的计划观念，提高执行计划的自觉性和积极性。

（2）必须按照社会化大生产的客观要求，去组织计划的执行。在执行中要符合生产过程的比例性和连续性的要求；要抓好日常生产准备工作；要落实技术组织措施，克服薄弱环节；要强化生产指挥系统，做好调度工作。

（3）建立目标保证体系，运用经济办法促进计划的实现。要订立和完善各项规章制度，运用价格、成本等经济杠杆，开展所内核算，把计划完成的好坏与部门、职工的经济利益挂钩。

（4）供电所所长应做到：

1）供电所长要注意抓住目标管理中的关键环节和步骤；

2）合理调配和利用所需要的各种资源，为目标管理活动的正常开展创造条件；

3）注意信息反馈；

4）注重与下属的交流，进行必要的指导，充分发挥下属的积极性和创造性；

5）对下级工作中的问题不要随意训斥、指责，更不能推卸责任。

3. 计划的控制和监督

在生产作业计划的实施过程中，供电所长要紧紧掌握制定计划、执行计划、检查和分析计划执行情况、总结考核四个基本环节。要制定正常的计划检查制度，及时发现处理计划执行过程中出现的问题，确保计划的实现。

生产作业计划的检查方法多种多样，比较常用的有以下几种：

（1）日常检查。主要是检查工作进度及进行分阶段验收，使供电所成员随时了解本供电所计划完成情况及工作质量情况。

（2）定期检查。这是比较全面的检查，一般在周末、旬末、月末、季末进行，对于定期检查的结果，要进行比较详细的经济活动分析，总结经验，揭露矛盾，提出改进措施，并转入下一个计划内加以改进。

（3）专题检查。一般在某一单项工作进行中或完成以后进行，目的是处理工作中存在的问题，对该项工作进行综合评价。

对于生产作业计划执行情况的检查要由供电所长组织，作为供电所生产管理的重要内容之一。首先由每个人对自己的工作进行自查，做出评价，然后，由全供电所成员参加检查。其检查的结果应及时公布，并按经济责任制的规定考核，以便使计划管理真正发挥作用。

在计划期结束后，要及时地总结计划的完成情况，对各单位、部门的计划完成情况进行考核。对计划执行过程中存在的问题，分析原因，提出措施，以利于下期计划的编制和执行。

下面以应急预案的编制为例，进一步阐述供电所的生产计划与控制。

三、应急预案的编制

根据电监安全〔2009〕（61 号）《电力企业应急预案管理办法》，电力应急预案管理工作应当遵循分类管理、分级负责、条块结合、网厂协调的原则。

1. 预案的编制

（1）编制依据：本单位的危险因素和事故隐患、应急能力和应急资源。

（2）编制原则：依据有关法律、法规、规章和规范性文件要求，按照"横向到边，纵向到底"的原则建立覆盖全面、上下衔接的电力应急预案体系。

（3）预案内容：

1）综合应急预案：根据本单位的组织结构、管理模式、生产规模和风险种类等特点编制，作为应对各类突发事件的综合性文件，从总体上阐述处理事故的应急方针、政策，应急组织结构及相关应急职责，应急行动、措施和保障等基本要求和程序。

2）专项应急预案：针对本单位可能发生的自然灾害类、事故灾难类、公共卫生事件类和社会安全事件类等各类突发事件，以及不同类别的事故或风险组织编制，明确具体应急处置程序、应急救援和保障措施。

3）现场处置方案：根据生产经营现场的实际情况，针对特定的场所、设备设施和岗位组织编制，为应对现场典型突发事件制定具体处置流程和措施。

2. 预案的评审

（1）预案评审由电力企业组织有关人员进行，按照分级评审的原则对电力应急预案组织评审。

（2）预案评审注重预案的实用性、基本要素的完整性、预防措施的针对性、组织体系的科学性、响应程序的操作性、应急保障措施的可行性、应急预案的衔接性等内容。

3. 预案的发布

预案经评审合格后，由电力企业主要负责人签署印发。预案印发文件或单位主要负责人签署声明内容及签字作为应急预案批准页的主要内容。

4. 预案的备案

电力企业应急预案需报电力监管机构备案。需要备案的应急预案包括：综合应急预案、专项应急预案。备案需提交以下材料：应急预案备案申请表、应急预案评审意见、应急预案文本目录、应急预案电子文档。

5. 预案培训

电力企业应当每年至少组织一次预案培训，并应将应急预案培训列入电力安全监管培训计划，组织开展对电力企业安全生产负责人及应急管理人员的预案培训工作。培训的主要内容应当包括：本单位的应急预案体系构成、应急组织机构及职责、应急资源保障情况以及针对不同类型突发事件的预防和处置措施等。

6. 预案演练

电力企业应当结合本单位安全生产和应急管理工作实际情况定期组织预案演练，

以不断检验和完善应急预案，提高应急管理和应急技能水平。

（1）在开展应急演练前，应制定演练方案，明确演练目的、演练范围、演练步骤和保障措施等。

（2）应急预案演练后，应当对应急预案演练进行评估，并针对演练过程中发现的问题对相关应急预案提出修订意见。

7. 预案修订

（1）电力企业制定的应急预案应当每三年至少修订一次，预案修订结果应当详细记录。

（2）有下列情形之一的，电力企业应当及时对应急预案进行相应修订：

1）企业生产规模发生较大变化或进行重大技术改造的；

2）企业隶属关系发生变化的；

3）周围环境发生变化、形成重大危险源的；

4）应急指挥体系、主要负责人、相关部门人员或职责已经调整的；

5）依据的法律、法规和标准发生变化的；

6）应急预案演练、实施或应急预案评估报告提出整改要求的；

7）电力监管机构或有关部门提出要求的。

（3）应急预案进行修订后，应当及时向电力监管机构和有关部门或单位报告修订情况，并按照有关程序重新备案。

【例 9-3-1】应急预案的编制格式和要求

1. 封面

应急预案的封面主要包括应急预案编号、应急预案版本号、单位名称、应急预案名称、编制单位（部门）名称、颁布日期、修订日期等内容。

2. 批准页

应急预案的批准页为批准该预案发布的文件或签字。

3. 目次

应急预案应设置目次，目次中所列的内容及次序如下：

（1）批准页；

（2）一级标题的编号、标题名称；

（3）二级标题的编号、标题名称；

（4）附件，用序号表明其顺序。

4. 印刷与装订

应急预案采用 A4 版面印刷，活页装订。

【思考与练习】

1. 供电所生产作业计划是什么？
2. 什么是生产控制？
3. 供电所生产作业计划的检查方法常用的有哪些？
4. 应急预案的编制步骤包括哪些？

第十章

线路设备检查与评级

▲ 模块 1　线路设备巡视（Z36G2001 Ⅱ）

【模块描述】本模块介绍了农村电网的线路设备巡视需要遵循的《农村电力技术规程》《农村电网低压电气安全工作规程》《剩余电流保护器安装运行规程》等相关内容。通过概念描述、案例点评，掌握线路设备巡视基本操作技能。

【模块内容】

一、线路设备巡视的一般规定

1. 线路设备巡视的目的

（1）及时发现缺陷和威胁线路安全的隐患。

（2）掌握线路运行状况和沿线的环境状况。

（3）通过巡视，为线路检修和消缺提供依据。

2. 线路设备巡视的方法及要求

DL/T 477—2010《农村电网低压电气安全工作规程》规定了农村低压电网安全工作的基本要求和保证安全的措施。对巡视检查也做了明确的规定：

（1）巡视检查时，禁止攀登电杆或配电变压器台架，也不得进行其他工作。夜间巡视检查时，应沿线路的外侧进行；遇有大风时，应沿线路的上风侧进行，以免触及断落的导线。发现倒杆、断线，应立即派人看守，设法阻止行人通过，并与导线接地点保持 4m 以上的距离，同时应尽快将故障点的电源切断。

事故巡视检查时，应始终认为该线路处在带电状态，即使该线路确已停电，亦应认为该线路随时有送电的可能。

（2）巡视检查配电装置时，进出配电室应随手关门，巡视完毕必须上锁。

（3）在巡视检查中，发现有威胁人身安全的缺陷时，应采取全部停电、部分停电或其他临时性安全措施。

（4）巡视检查设备时，不得越过遮拦或围墙。

3. 线路设备巡视分类

（1）定期巡视。由专职巡线人员进行，掌握线路的运行状况，沿线环境变化情况，并做好护线宣传工作。

（2）特殊性巡视。指在气候恶劣（如：台风、暴雨、覆冰等）、河水泛滥、火灾和其他特殊情况下，对线路的全部或部分进行巡视检查。

（3）夜间巡视。在线路高峰负荷或阴雾天气时进行，检查导线接点有无发热打火现象，绝缘子表面有无闪络，检查木横担有无燃烧现象。

（4）故障性巡视。查明线路发生故障的地点和原因。

（5）监察性巡视。由部门领导和线路专责技术人员进行，目的是了解线路及设备状况，并检查、指导巡线员的工作。

4. 线路设备巡视周期

线路设备巡视周期见表 10-1-1。

表 10-1-1 线路设备巡视周期表

序号	巡视项目	周期	备注
1	定期巡视 1～10kV 线路、1kV 以下线路	市区：一般每月一次；郊区及农村：一般每季至少一次	
2	特殊性巡视		按需要定
3	夜间巡视	重负荷和污秽地区 1～10kV 线路：每年至少一次	
4	故障性巡视		由配电系统调度或配电主管生产领导决定，一般线路抽查巡视
5	监察性巡视	重要线路和事故多的线路每年至少一次	

二、线路设备巡视的流程

（1）核对巡视线路的技术资料，做到心中有数。

（2）根据巡视线路的自然状况，准备巡视所需的工器具。

（3）召开班前会，交代巡视范围、巡视内容，落实责任分工。

（4）做好危险点分析，采取周密的安全控制措施。

（5）学习标准化作业指导卡后，到巡视地段后核对线路名称和巡视范围，进行巡视。

（6）巡视结束后记录巡视手册。

设备巡视管理流程如图 10-1-1 所示。

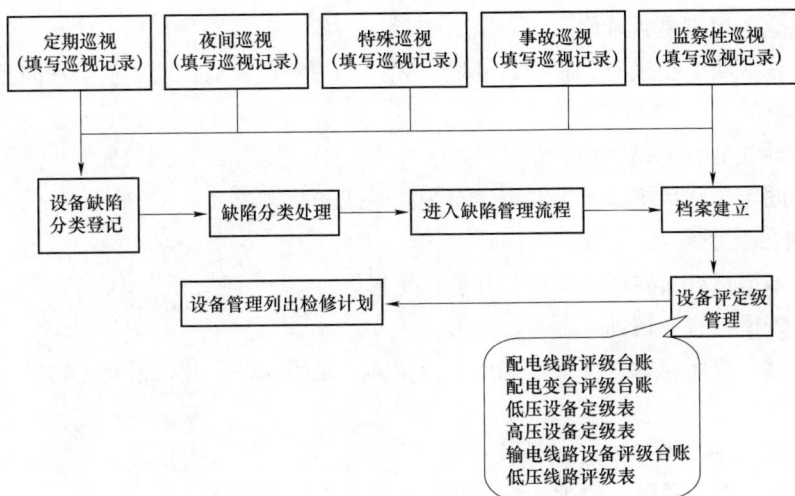

图 10-1-1 设备巡视管理流程图

三、线路设备巡视的内容

DL/T 499—2001《农村低压电力技术规程》对导线、绝缘子、横担、电杆、拉线、接户线、防雷设施、接地装置、剩余电流保护装置等线路设备的技术规程均有明确的要求。线路设备巡视时应对照规程的要求做好巡视检查和记录工作。

线路设备巡视的主要内容有：

1. 杆塔

（1）杆塔是否倾斜；铁塔构件有无弯曲、变形、锈蚀；螺栓有无松动；混凝土杆有无裂纹、酥松、钢筋外露，焊接处有无开裂、锈蚀；木杆有无腐朽、烧焦、开裂，绑桩有无松动，木楔是否变形或脱出。

（2）基础有无损坏、下沉或上拔，周围土壤有无挖掘或沉陷，寒冷地区电杆有无冻鼓现象。

（3）杆塔位置是否合适，有无被车撞的可能，保护设施是否完好，标志是否清晰。

（4）杆塔有无被水淹、水冲的可能，防洪设施有无损坏、坍塌。

（5）杆塔标志（杆号、相位警告牌等）是否齐全、明显。

（6）塔基周围有无杂草和蔓藤类植物附生，有无危及安全的鸟巢、风筝及杂物。

2. 导线（包括架空地线、耦合地线）

（1）有无断股、损伤、烧伤痕迹，在化工、沿海等地区的导线有无腐蚀现象。

（2）三相弛度是否平衡，有无过紧、过松现象。

（3）接头是否良好，有无过热现象（如：接头变色、雪先熔化等），连接线夹弹簧垫是否齐全，螺帽是否紧固。

（4）过（跳）引线有无损伤、断股、歪扭，与杆塔、构件及其他引线间距离是否符合规定。

（5）导线上有无抛扔物。

（6）固定导线用绝缘子上的绑线有无松弛或开断现象。

3. 横担及金具

（1）木横担有无腐朽、烧损、开裂、变形。

（2）铁横担有无锈蚀、歪斜、变形。

（3）金具有无锈蚀、变形；螺栓是否紧固，是否缺帽；开口销有无锈蚀、断裂、脱落。

4. 拉线、顶（撑）杆、拉线柱

（1）拉线有无锈蚀、松弛、断股和张力分配不均等现象。

（2）水平拉线对地距离是否符合要求。

（3）拉线绝缘子是否损坏或缺少。

（4）拉线是否妨碍交通或被车碰撞。

（5）拉线棒（下把）、抱箍等金具有无变形、锈蚀。

（6）拉线固定是否牢固，拉线基础周围土壤有无突起、沉陷、缺土等现象。

5. 绝缘子

（1）瓷件有无脏污、损伤、裂纹和闪络痕迹。

（2）铁脚、铁帽有无锈蚀、松动、弯曲。

6. 防雷设施

（1）避雷器瓷套有无裂纹、损伤、闪络痕迹，表面是否脏污。

（2）避雷器的固定是否牢固。

（3）引线连接是否良好，与邻相和杆塔构件的距离是否符合规定。

（4）各部附件是否锈蚀，接地端焊接处有无开裂、脱落。

（5）保护间隙有无损伤、锈蚀或被外物短接，间隙距离是否符合规定。

（6）雷电观测装置是否完好。

7. 接地装置

（1）接地引下线有无丢失、断股、损伤。

（2）接头接触是否良好，线夹螺栓有无松动、锈蚀。

（3）接地引下线的保护管有无破损、丢失，固定是否牢靠。

（4）接地体有无外露、严重腐蚀，在埋设范围内有无土方工程。

8. 拉户线

（1）线间距离和对地、对建筑物等交叉跨越距离是否符合规定。

（2）绝缘层是否老化、损坏。

（3）接点接触是否良好，有无电化腐蚀现象。

（4）绝缘子有无破损、脱落。

（5）支持物是否牢固，有无腐朽、锈蚀、损坏等现象。

（6）弛度是否合适，有无混线、烧伤现象。

9. 剩余电流动作保护器

GB/T 13955—2005《剩余电流动作保护装置安装运行》规定了剩余电流动作保护器的技术要求和使用条件，直接指导剩余电流动作保护器的安装、运行、管理。线路巡视时应注意：

（1）剩余电流动作保护器的额定电压、电流、频率和被保护设备是否一致，额定剩余电流动作值与被保护线路及设备是否匹配。

（2）连接导线的长度是否合适，接线端是否紧固可靠。

（3）运行中有无显著的杂音或过流现象。

（4）外壳有无破损，手柄是否完好，带电部分是否外露。

（5）试验按钮是否良好。

四、危险点分析

危险点分析及安全控制措施见表 10-1-2。

表 10-1-2　　　　　　　　　　危险点分析及安全控制措施

危险点	控制措施
狗咬、蜂蜇、交通意外、溺水、摔伤	巡线路过村屯和可能有狗的地方先吆喝，备用棍棒，防备被狗咬
	发现蜂窝时不要触碰。带治疗蜂蜇、蛇咬药及防中暑的药品
	横过公路、铁路时，要注意观望，遵守交通法规，以免发生意外事故
	过河时，不得趟不明深浅的水域，不得踩薄或疏松的冰。过没有护栏的桥时，要小心防止落水
	巡线时应穿工作鞋，路滑或过沟、崖、墙时防止摔伤，沿线路前进，不走险路
	单人巡视时禁止攀登杆塔
触电伤害	沿线路外侧行走，大风巡线应沿线路上风侧前进
	发现导线断落或悬吊空中，应设法防止行人靠近断线地点 8m 以内
	登杆塔检查时与带电体保持足够的安全距离，带电体上有异物时严禁用手直接取下

【例 10-1-1】

（1）巡视任务：某低洼地段 10kV 线路 1～10 号特殊巡视。

（2）巡视人：两人同时进行巡视。

（3）工器具准备：绝缘靴 2 双、绝缘手套 2 双、绝缘棒 1 组、干木棒 1 根、绝缘绳 1 条。

（4）危险点及安全措施：2 号与 3 号间跨越小河流。手持干木棒试探泥水深度。

（5）巡视过程。大雨过后，两人核对某低洼地段 10kV 线路技术资料，准备好工器具，对危险点进行准确分析，穿好绝缘靴，戴好绝缘手套，拿绝缘棒和干木棒对线路进行巡视。步行到达巡视地段，按巡视指导卡程序对线路进行巡视。经巡视，线路杆根无泥土流失，电杆没有倾斜，拉线底把没有上拔现象，导线、金具、绝缘子等无雷击放电现象。巡视结束后，记录到巡视手册中。详见表 10-1-3。

表 10-1-3　　　　　　　　　供电所线路和设备巡视记录

巡视时间	年　月　日至　年　月　日	巡视人员	
巡视范围			
巡视方式：定期巡视□　　特殊性巡视□　　夜间巡视□　　故障性巡视□　　监察性巡视□			
巡视情况			巡视人员签字：
缺陷复核			复核人签字：
安全监督			安全员签字：

【思考与练习】

1. 配电线路设备巡视的目的是什么？
2. 配电线路设备巡视可分为哪几类？
3. 配电线路设备巡视的流程是什么？
4. 配电线路设备巡视的项目有哪些？

▲ 模块 2　线路设备评级（Z36G2002Ⅲ）

【模块描述】 本模块主要包含农村电力线路设备缺陷分类、设备台账建立、评级方法、预防性试验、设备档案建立等，通过要点归纳、案例分析，掌握线路设备评级工作方法。

【模块内容】

配电线路的评级工作是农电企业技术管理的一项基础工作，设备评级是掌握和分析设备状况，加强设备管理、有计划地提高设备健康水平的一项有效措施。通过对设备定级，真正把设备管好、用好、修好。有利于加强设备的维修与技术改造，不断提高设备完好率，使其安全经济运行。

一、设备评级目的

通过对设备定级，摸清设备的健康状况。开展设备升级活动，满足标准化管理对线路设备的要求，不断提高设备的健康水平，保证安全供电，对一类设备要精心维护，不断巩固完善；对二类设备要有计划的安排整修，使其完善提高为一类设备；对三类设备要尽早安排整改，尽快升级为完好设备。

二、设备评级标准

一类设备：设备符合运行标准要求，标志及运行、检修、试验等基础资料齐全并与实际相符。

二类设备：设备存在一般缺陷，但不影响安全运行，基础资料基本齐全。

三类设备：存在重大缺陷，直接影响运行和人身安全，必须尽快处理的设备。

设备按其完好程度分为一、二、三类，一、二类设备称为完好设备。完好设备与全部设备的比例，称为设备完好率，以百分数表示：

$$设备完好率 = \frac{一类设备 + 二类设备}{全部设备} \times 100\%$$

供电所根据县公司下发的设备评级标准，以设备单元为基本统计单位，定期进行设备评级工作。

三、评级方法

（1）评定一个单元等级时，以线路设备中各主要元件综合技术状况为准。

（2）一个单元内的重要设备元件同时有一、二类者应评为二类。

（3）一个单元内同时有二、三类者，应评为三类。

按电力行业评级管理办法的标准和要求，组织所内评级小组所有成员，定期对高低压设备进行评级。如实填写《评级记录》。

四、预防性试验

设备评级主要是根据运行和检修中发现的缺陷，结合预防性试验结果，进行综合分析，权衡对安全运行的影响程度，并考虑技术管理情况来核定该设备的等级。

电气设备的预防性试验是为了保证电力系统的安全运行，预防电气设备的损坏，通过试验手段掌握电气设备的状态，从而进行相应的维护、检修，甚至调换，是防患于未然的有效措施。新安装和大修后的电气设备，要进行试验，称为交接验收试验。其目的是鉴定电气本身及其安装和大修的质量，以判断设备能否投入运行。

安全员必须进行抽查，预防性试验不合格项目中涉及需更换的材料设备，使用后进行记录，所内无法处理的，实施"技改工作流程"，以书面形式上报上级供电公司有关部门，经批准下达计划后，及时组织人员实施，直至全部合格。

五、设备评级管理工作流程，见图 10-2-1

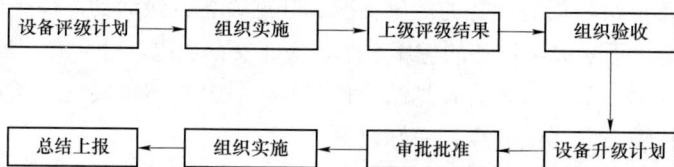

图 10-2-1 设备评级管理工作流程图

流程各节点说明：

（1）设备评级计划：由技术员根据上级文件要求，制定本所"设备评级计划"。

（2）组织实施：技术员组织相关人员配合生产技术部对 10kV 设备进行评级工作；组织相关人员对 0.4kV 设备进行评级工作。形成配电线路设备评级表。

（3）上报评级结果：由技术员对 0.4kV 设备评级进行汇总，配合生产技术部对 10KV 设备评级进行汇总，形成配电线路设备评级汇总表，并上报相关部室。

（4）组织验收：由公司生产技术部组织验收，进行评级确认。

（5）设备升级计划：技术员根据设备评级确认情况，提出"设备升级计划"，上报县公司生产技术部和相关部室。

（6）审批批准：由生产技术部和相关部室对"设备升级计划"进行审批，对设备评级过程中存在的缺陷设备进行升级批准。

（7）组织实施：由技术员组织、配电班、营业班根据审批后的升级计划组织实施设备升级工作。

（8）总结上报：由技术员对设备升级工作实施完成情况进行总结并上报生产技术部和相关部室。形成"设备升级工作总结"。

六、设备台账建立

设备台账是供电所的基础资料，台账管理工作是供电所生产管理的基础工作。

对于供电所管辖的电力设备，供电所应根据公司规定如实建立各类设备的基础资料台账，要做到"设备有编号、型号正确，与实际相符、元件不遗漏"，有条件的应将所有基础资料台账录入计算机，利用计算机进行管理，实现资料共享。

建立的台账，由专人负责，根据设备投运、更改情况及时更新。设备的名称、型号等参数应规范，符合有关术语标准；单位应统一，便于统计汇总；要将设备统一编号，便于管理；设备的产权、投运日期等应正确无误，能够为其他工作提供基础信息。对因各类工程（如高低压业扩工程、技改工作、农网改造工程等）发生的设备变动，均应于设备投运后建立新的设备台账，该项工作必须按期如实进行。定期向有关部门填报设备变动情况报表，录入计算机的各类基础资料档案要及时进行修改、完善。

设备评级后需根据设备状态情况填写设备评级记录。其主要内容有：

（1）配电线路评级记录内容包括杆塔及基础个数、导线长度、绝缘子数目、横担及金具、拉线、柱上设备、隔离开关、分支保险、接地装置、电容器等数量及状态情况。

（2）配电设备评级记录内容包括高、低压进出线的电气设备、高低压控制设备、变压器、跌落保险、避雷器、接地装置、变压器台构架、绝缘子等数量及状态情况。

（3）低压配电装置评级记录内容包括低压电力线路长度、配电室、配电箱、接地装置、接户线长度、集表箱等数量及状态情况。

（4）评级记录及台账中所有线路设备参数必须与实际相符，并与现场保持一致。

【思考与练习】

1. 设备评级的分类有哪些？

2. 设备评级的方法是什么？

3. 什么是预防性试验？

4. 简述设备评级管理的流程。

第十一章

线路设备缺陷管理

◢ 模块 1 线路设备缺陷管理（Z36G3001Ⅱ）

【模块描述】本模块介绍了农村电网线路设备常见缺陷、处理方法；通过案例点评、过程分析，掌握线路设备缺陷闭环管理工作方法。

【模块内容】

一、设备缺陷的定义、分类

1. 设备缺陷的定义

设备缺陷是指设备在运用中发生异常，虽能继续使用，但影响安全、经济运行。运行线路的各个部件，凡不符合有关技术标准规定，处于不正常运行状态者均称为线路设备缺陷。

2. 缺陷管理的目的

缺陷管理的目的是为了掌握运行设备存在的问题，以便按轻、重、缓、急消除缺陷，提高设备的健康水平，保障线路、设备的安全运行。另一方面对缺陷进行全面分析总结变化规律，为大修、更新改造提供依据。

3. 设备缺陷的分类

设备缺陷按其严重程度分为紧急、重大、一般三个等级。

（1）紧急缺陷（Ⅰ类缺陷）：指严重程度已使设备不能继续安全运行，随时可能导致发生事故或危及人身安全的缺陷。必须尽快消除或采取必要的安全技术措施进行临时处理。

（2）重大缺陷（又称Ⅱ类缺陷）：指缺陷比较严重，但设备仍可短期内继续安全运行。该缺陷应在短期内消除，消除前应加强监视。

（3）一般缺陷（又称Ⅲ类缺陷）：指对近期安全运行影响不大的缺陷。可列入年、季检修计划或日常维护工作中去消除。

二、缺陷标准

1. 紧急缺陷

主要有：

（1）架空导线及地线断股、损伤已达到需要切断重接的程度。

（2）线路的导线、地线连接处抽动位移，连接管断裂、发热、温度超过 90℃。

（3）线路上挂有异物，不立即处理会造成接地、短路或影响安全者。

（4）每串绝缘子的零值瓷瓶或破损瓷瓶片数达到：35～110kV 在 2 片以上、220kV 在 3 片以上。硅橡胶绝缘子有裂纹、伞裙残缺较大。不处理将引发事故者。

（5）承力拉线损坏、塔材被盗、连接螺丝多处被卸，不处理有可能造成倒杆者。

（6）杆塔基础塌陷、变形、破裂、损坏、被冲、倾斜，不处理会造成倒杆者。

（7）金具串钉移位、脱出、挂环断裂、变形，不处理会造成导线脱落者。

（8）导线对树木、桥梁、楼群建筑、施工吊塔、通信线路、电视天线等物体的安全距离小于规程规定值，不立即处理将要发生事故者。

（9）球头锈蚀严重、弹簧销脱出或生锈失效，不处理将造成瓷瓶脱落者。

（10）有可能造成线路停电或故障的其他缺陷及因素。

2. 重大缺陷

主要有：

（1）导线破股、断股，损坏率达总截面 10%～25%者。

（2）架空地线锈蚀严重或其破股、断股，损伤截面占总面积的 8%～17%，在短期内不处理，有可能造成断线、散股者。

（3）水泥杆塔多处裂纹、露筋，主纹长度大于 1.5m，宽度超过 2mm。对杆塔强度有较大影响者。

（4）杆塔的受力拉线断股达 1/3 以上或锈蚀严重，坚持运行有危险者。

（5）杆塔倾斜或受力弯曲，倾斜度或弯度接近 2%及以上，长期运行对安全有影响者。

（6）杆塔的主材角钢或主受力构件连接螺丝缺少只数占总数量的 1/3 以上者。

（7）杆塔的主受力处缺材或缺材条数达到 5 条以上者。

（8）杆塔的 8m 以下未进行防盗处理的螺丝个数达每基 10 个以上者。

（9）杆塔或拉线基础被冲、被撞、被损坏，影响线路安全运行者。

（10）每串绝缘子上的零值瓷瓶、破损瓷瓶 110kV 及以下电压等级 2 片、220kV 3 片者。

（11）绝缘子盐密超标或脏污严重，不及早处理将引发事故者。

（12）弹簧销子、开口销子、金具串钉、挂环螺丝锈损，不处理将要引发事故者。

（13）跳线、连线发热、连接螺丝松动，爆压连接处有温升者。

（14）跳线对电杆、对导线的间隙小于规定值者。

（15）线路对永久性建筑物、对其他电力线路及通信线路、对树木的安全距离低于规定值者。

（16）线路防护区内有危及线路安全的作业施工或者在不足300m处采石放炮，且防护措施奏效、不健全者。

（17）接地电阻低于规程规定，接地线不符合要求者。

（18）线路上挂有异物，将影响线路安全运行者。均压环、屏蔽环脱裂，严重变形者。

（19）导地线弧垂正负误差，三相不平衡值超过规定要求；即挡距400m及以下大于200mm，挡距400m以上大于500mm。

3. 一般缺陷

判断标准：不够重大缺陷者为一般缺陷。

三、设备缺陷的管理

配电线路设备的缺陷管理应做到以下方面：

（1）缺陷管理机制。成立缺陷管理小组，明确责任分工、消缺时间和保证措施等。

（2）缺陷规定消除时间。紧急缺陷必须尽快消除（一般不超过24h）或采取必要的安全技术措施临时处理；重大缺陷应在短期（1个月）内消除，消除前应加强巡视；一般缺陷列入年、季、月工作计划消除。重大及以上缺陷消除率为100%，一般缺陷消除率不能低于95%。

（3）缺陷处理程序。

1）收到缺陷报告：供电所接到调度通知后填写值班记录，并组织相关人员进行事故巡视。

供电所接到95598通知后填写值班记录，通知配电班进行巡视工作（注意对95598的闭环电话：即巡视人员到达现场后对95598进行到达现场回令电话；抢修人员处理完毕后对95598进行回复电话）。

根据五种巡视类型的要求对辖区线路、设备进行巡视。形成设备巡视记录。

2）设备缺陷分类登记：技术员根据缺陷性质判断缺陷类型进行登记，形成缺陷记录。

3）缺陷处理。

① 危急缺陷处理：所长必须立即向主管部门及分管领导汇报并组织人员抢修。需停电消缺的，技术员执行事故急修停电管理工作流程。

② 严重缺陷消缺：消缺原则不超过72h，需要停电消缺的，执行临时停电管理工

作流程。

③ 一般缺陷处理：这种缺陷安排在月度检修计划中消除，需要停电消缺的，执行计划停电管理工作流程。

4）填写消缺记录，所消耗的材料记录：技术员根据缺陷处理情况及时整理相关资料。形成备品备件出库记录、缺陷处理记录。

5）定期召开缺陷分析会：在供电所月度例会中进行缺陷分析，制定切实可行的防范措施并以执行，形成工作例会记录。详见图 11-1-1。

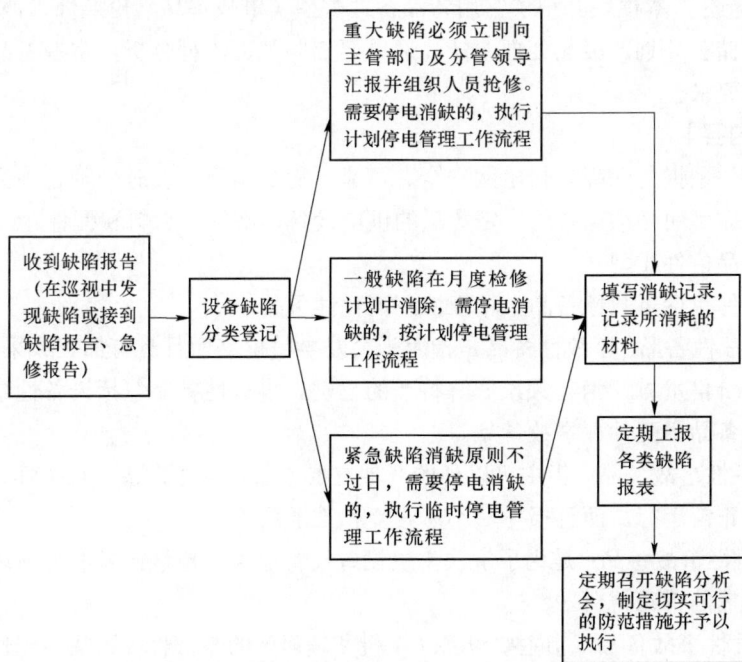

图 11-1-1　缺陷管理工作流程图

（4）消除的缺陷必须保证质量，确保在一年内不能再出现问题。

四、举例

某日张某发现某 10kV 线路 1 号杆倾斜不到 10º，随后登记在巡线手册中，并标明属一般缺陷。上报供电所技术员，经技术员审核后签字，安排在春检工作中消除。随后，所长同技术员安排以张某为工作负责人的 5 人作业组进行扶杆工作，工作结束后，技术员验收合格，登记在检修记录中，工作负责人、技术员签字存档，消缺完成。

【**思考与练习**】

1. 什么是线路设备缺陷？

2. 配电线路设备缺陷分类是怎样规定的？

3. 配电线路设备缺陷消除时间是怎样规定的？

4. 简述设备缺陷处理程序。

5. 配电线路设备的缺陷管理应包括哪几个方面？

▲ 模块2　备品备件管理（Z36G3002Ⅱ）

【模块描述】本模块介绍了常用备品备件类型（事故备品、轮换性、消耗性）、保管、使用及储备计划、废品处理方法。通过要点归纳、流程分析，掌握备品备件管理的基本工作要求。

【模块内容】

备品备件系指为保障农村电网安全、可靠、稳定运行，及时处理各种突发事件，提高供电可靠率而必须储备的一定数量的供电设备、部件、材料和配件。

一、备品备件类型

备品备件包括事故性备品、轮换性和消耗性备品。

（1）事故性备品。事故性备品是指用于突发事故抢修而且具有加工或采购周期长、修复困难、价格贵重、消耗频次低等特点的物资。事故性备品包括设备性事故备品、材料性事故备品、配件性事故备品。

1）设备性事故备品：指主机以外的其他重要设备，这些设备一旦损坏，将影响发供电设备的正常运行，而且损坏后不易修复和难于购买。

2）材料性事故备品：是为了解决主机设备及管道事故抢修储备的材料以及加工配件性备品所需的特殊材料。

3）配件性事故备品：指主要设备（主机和辅机）的零部件，这些零部件具有如下特点：在正常运行时不易损坏，正常检修时不需更换；但损坏后将造成发供电设备不能正常运行和直接影响主要设备的安全运行，而且损坏后不易修复，制造周期长，属于加工需用特殊材料。

（2）轮换性和消耗性备品。

1）消耗性备品：设备在运行中经常磨损，设备在正常检修时需要更换的零配件。

2）轮换性备品：检修工作量大的设备和零部件，修复后可作为备品继续使用。

二、备品备件的管理原则

（1）备品备件的数量和品种应能满足及时消除设备缺陷，快速抢修事故，缩短停电时间的需要。

（2）设兼职人员加强管理，备品备件应保证随时可以使用，使用后及时补充。

（3）备品备件的存储尽量做到既保证安全生产的需用，又防止资金的积压、浪费。即进行定额管理。

（4）备品备件工作要贯彻勤俭办所的方针，充分发挥和利用修复能力、大力开展修旧利费，节约物资资金。

三、备品备件管理工作流程

备品备件管理工作流程图如图 11-2-1 所示。

四、备品备件的保管、使用及储备

1. 备品备件的保管

（1）供电所备品备件应保存在专用库房中。库房应保持良好通风，能防火、防潮。易燃性备品备件应单独存放。

（2）备品备件应定置保存，分类摆放，按类别、品名、规格存放指定地点，在货位上悬挂标签，标明名称、型号、规格、数量，做到账、卡、物相符。

备品备件入库后应建立完整的清册，做到账、卡、物相符，并做好防潮防腐等工作

↓

备品备件的使用要履行出库手续

↓

每季度上报《备品、备件消耗量报表》，保持备品备件数量，满足生产所需

↓

根据全年使用情况及各类材料消耗量的实际情况，调整上报下年度备品备件计划

图 11-2-1　备品备件管理工作流程图

（3）精密零件和电气设备的备品备件，应注意温度、湿度和阳光照射的影响。

（4）需要用特殊保管方法的备品备件，应采用相应的技术措施妥善保管。

2. 备品备件的使用

供电所备品备件的使用实行审批制度。一般备品备件由供电所负责人批准，重要备品备件和统一储备的备品备件由县（区）电力局（公司）批准。领用时，应填写备品备件领用单。

备品备件出库按照"先进先出"的原则进行。

3. 备品备件的储备

（1）备品备件的储备按分级管理的原则进行储备管理。要做到备品备件质量保证合格，不受损伤、质变或丢失。设定有领运、验收、保管定期检查，领用退库，修理补充等各项制度，并符合以下规定：

1）备品备件入库时进行验收，并填入库验收卡片，由负责验收人签字，和实物一起存放；有关生产厂家的合格证，图纸等由保管人员妥善保管，验收不合格的备品备件不能入库；

2）备品备件应单独建账、分类存放；

3）备品备件的领用，要经手续审批，防止使用不当。

（2）备品备件管理工作的负责分工。

1）备品备件供应由上级单位负责，供电所负责保管核定定额的备品；

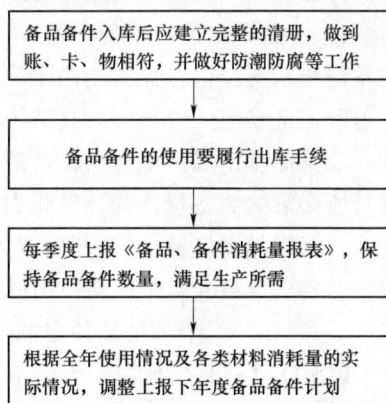

2）按备品备件的定额由供电所向上级单位申请计划；

3）供电所对消耗备品备件按月上报，及时申请补充。

（3）备品备件的储备定额。供电所物资储备定额是指在一定生产技术和管理条件下，为保证生产建设顺利进行必须的和经济合理的物资储备数量的标准。

1）备品的储备定额要合理，供电所根据上述范围结合本地区、本单位历年运行的设备健康状况及检修经验，由生产、供应、财务共同研究，从实际出发，实事求是地本着既保证安全生产需要、又节约资金的原则，进行编制报上级主管部门审批。

经常储备定额：供电所在前后两批物资进所的供应间隔期内，保证生产正常运行进行所必须的储备量，其计算式为：

$$经常储备定额=（进料间隔天数+物资准备天数）×平均每日需用量 \qquad (11-2-1)$$

式中：物资准备天数——某些物资在投产前，需要经过一定的准备时间。

$$季节性储备定额=季节性储备天数×平均每日需用量 \qquad (11-2-2)$$

【例 11-2-1】某种物资全年需要 1800t，进货周期为 1 个月，求经常储备定额。

解：经常储备定额=1800t÷360 天×30 天=150（t）

2）切实做好备品定额管理工作，加强调查研究，熟悉在用的设备及零部件的技术要求，掌握其损坏规律和更改变动状况，定期检查定额执行情况，积累有关资料，不断提高定额管理水平，使之完善化、科学化。

3）根据供电管辖范围内电力设备的等级系，10kV 及以下的低压配电线路及其设备的备品备件的定额储备按上级核定下达。

五、备品备件的废品处理

备品备件的修旧利废是勤俭办企业的一项重要工作，供电所应加强修复和管理，对修旧利废成绩突出者给予表扬和奖励。

供电所应将不能修复的备品及时送（退）回县公司修复。

【思考与练习】

1. 备品备件的类型有哪些？

2. 备品备件的保管应注意些什么？

3. 备品备件存储的要求？

4. 备品备件的废品怎么处理？

▲ 模块 3 设备检修管理（Z36G3003Ⅲ）

【模块描述】本模块包含了线路设备检修内容、要求、原则，检修分类，春秋查工作流程，事故抢修等。通过案例分析、流程分析，掌握设备检修工作内容。

【模块内容】

设备检修是设备全过程管理的一个环节，是延长设备使用寿命、最大限度发挥设备运行能力的基本手段。设备检修必须坚持"预防为主、安全第一、质量第一"的方针，按照计划检修与状态检修并重和"应修必修、修必修好"的原则，把周期检修和诊断检修结合起来，不断改善设备的技术状况和提高设备的技术技能。

一、线路设备检修内容及要求

设备检修有两种制度，一种是计划检修（周期性检修），另一种是状态检修。

（1）计划检修。计划检修是为了防止设备带病运行，有计划地进行预防检修。

供电设备的计划检修，要统筹安排好客户和所辖设备的配合检修，尽量提高设备利用率和供电可靠率，减少设备停电时间，增加供电量。

（2）状态检修。设备状态检修是通过对电气设备的测试、分析和判断，诊断发现设备运行异常及缺陷，将部分事故检修转为预见性检修，而实现设备的状态检修。设备状态检修绝不是"不坏不修"，因此要充分利用各种手段，正确分析、判断设备状态，恰当安排设备检修，同时要不断地推广和应用带电测试和在线监测技术，加强设备的监督。

供电所技术人员应综合运行、检修、试验等状态资料数据做出状态评价，提出状态检修计划，报请上级批准。

二、设备检修原则

电力生产对安全可靠性要求很高，因此设备的检修应遵循以下原则：

（1）贯彻"预防为主"的检修方针，做到"应修必修、修必修好"。"应修"包括达到预定检修间隔或经过分析论证可以延长检修间隔或在特殊情况下必须缩短检修间隔时，应按计划对设备进行检修。"修好"是对检修质量的要求，应注意采用科学的方法和先进的修理技术，加强设备维护，改进检修管理，延长检修周期。

（2）检修计划要按电网统一安排，做好协调配合，减少设备停运时间，提高电网运行可靠性和设备可用率。

（3）设备检修要与技术更新相结合，针对设备存在的缺陷和电网不断发展完善的需要，作出设备更新改造计划，有计划地结合检修进行。

三、设备检修分类

（1）大修。设备大修是对设备进行全面检查、维护、消缺和改进等的综合工作，目的是恢复设备的设计性能。设备大修一般应按规定周期和预定的项目、标准进行。

（2）小修。是对设备进行扩大性的检查、维护、保养、消缺。

（3）临时检修（非计划性检修）。设备在运行中发生严重异常，必须在计划外退出运行进行检修者，一般称为临时检修（临检）。临时检修应经调度批准，一般作为小修处理。当缺陷严重，修理费用较高时，经批准也可按大修处理。

（4）事故检修。设备因事故自动退出运行或因严重异常不能等待调度批复需立即停止运行所进行的检修，称为事故检修。事故检修由供电所组织，必要时就集中所有人力、物资、车辆以尽快速度恢复运行。为能及时修复线路故障，供电所应常年组织好抢修队伍，值班电话畅通无阻，无论任何时间、任何天气下事故发生时做到及时处理。

四、设备检修工作流程，见图 11-3-1

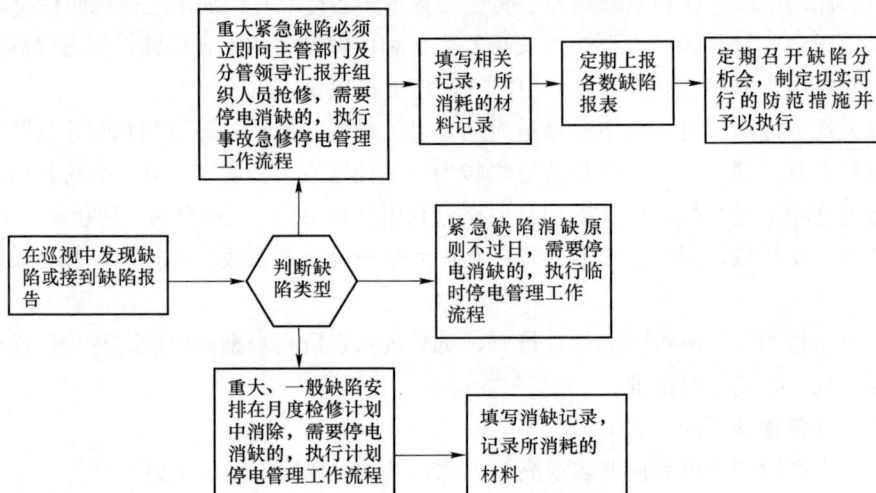

图 11-3-1 设备检修工作流程图

五、设备春秋查工作

（1）根据公司《春秋查工作计划》，充分结合本所实际，制定春秋查工作计划上报公司有关部门，详细内容包括：

1）内查。查领导安全意识，查安全思想，查规章制度的执行情况，查劳动纪律，查安全工器具，并进行 Q/GDW 1799.2—2013《国家电网公司电力安全工作规程（线路部分）》Q/GDW 1799.1—2013《国家电网公司电力安全工作规程（变电部分）》考试。

2）外查。春查主要为迎峰度夏作准备，除按巡视管理工作进行巡视外，还应重点检查以下项目，如杆塔有无裂纹、歪斜，导线接头有无松动、破损，绝缘子有无脏污、裂纹、闪络痕迹，各类交叉跨越距离是否能在最高温度时满足规程要求，配电变压器三相负荷是否调整平衡，避雷器各部件是否完好正常，接地电阻是否符合规程要求，出线走廊是否符合规定，柱上设备有无损坏现象，低压线路有无私拉乱接现象。秋查主要是检查负荷高峰期过后的绝缘状况和为防寒防风防冻作准备，重点检查导线有无松动、破损现象，电杆有无严重裂缝及倾斜，线路下有无堆积柴草现象，有无缺少杆号牌和警示牌现象。

（2）检修工作开始前由安全员填写检修任务单，将工作任务、具体要求分配给每位工作人员，做到检修项目、检修范围、检修人员"三不漏"。

（3）根据线路运行情况，按照不同线路的健康水平，可分别对待，采取"状态检修"或"停电检修"。

（4）状态检修主要以巡视为主，为明确责任，必须粘贴"巡视标志卡"，同时将发现的缺陷记录，安全员汇总后执行缺陷处理流程；停电检修则要在停电后逐杆变台进行清扫和消缺，涉及停电工作，执行相应的停电工作流程。

（5）春、秋查工作所内自查：工作人员将检修任务单返还安全员，安全员对现场检修情况进行抽查，发现检修有漏检或未检现象要立即限期整改，根据全所春秋查完成情况填写相关记录，将春、秋查工作总结上报公司有关部门。

（6）春、秋查工作如公司组织的验收未通过，要按公司提出的要求限期整改，直至合格为止。春秋查管理工作流程图见图 11-3-2。

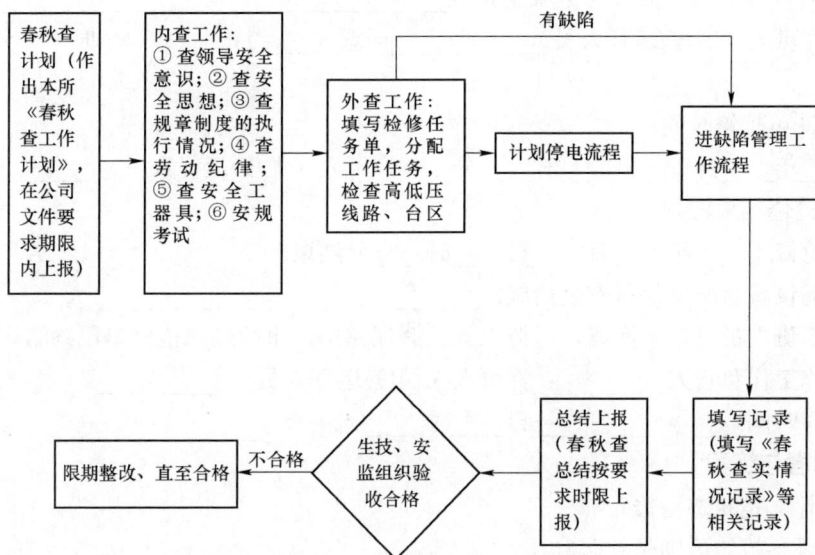

图 11-3-2　春秋查管理工作流程图

六、事故抢修工作

（1）明确工作内容及要求。对于事故抢修，首先要保持 24h 所内值班和值班电话的通畅，其次要做好本所常用备品备件的储备，最后还要在恶劣天气时做好抢修准备。

对于事故抢修，可以不填工作票，但要履行许可手续。

（2）规范事故抢修工作流程。供电所在下列几种情况下要进行事故抢修：

1）接到客户报告或急修电话，并核实无误后。

2）事故巡线后发现故障点需停电处理时。

（3）举例

【例11-3-1】电力线路事故应急抢修单格式

单位_____   编号_____

1. 抢修工作负责人（监护人）_____班组_____。

2. 抢修班人员（不包括抢修工作负责人）_____共_____人

3. 抢修任务（抢修地点和抢修内容）_____。

4. 安全措施_____。

5. 抢修地点保留带电部分或注意事项_____

6. 上述 1～5 项由抢修工作负责人_____根据抢修任务布置人_____的布置填写。

7. 经现场勘察需补充下列安全措施_____。

经许可人（调度/运行人员）_____同意（___月___日___时___分）后，已执行。

8. 许可抢修时间：

___年___月___日___时___分   许可人（调度/运行人员）_____。

9. 抢修结束汇报：

本抢修于___年___月___日___时___分结束。

现场设备状况及保留安全措施：_____。

抢修班人员已全部撤离，材料工具已清理完毕，事故应急抢修单已终结。

抢修工作负责人_____许可人（调度/运行人员）_____。

填写时间___年___月___日___时___分。

【思考与练习】

1. 什么是状态检修？

2. 设备检修原则是什么？

3. 设备检修分类有哪些？

4. 简述设备春秋查管理工作流程。

第十二章

生产运行数据监测和管理

▲ 模块 1　数据监测与采集（Z36G4001 Ⅰ）

【模块描述】本模块介绍了生产运行数据采集方法，电力负荷监测的计划、组织、实施、处理的工作流程，建立客户负荷档案。通过要点归纳，了解生产运行管理工作要求。

【模块内容】

一、生产数据采集

数据采集是根据不同业务对采集数据的要求，编制自动采集任务，包括任务名称、任务类型、采集群组、采集数据项、任务执行起止时间、采集周期、执行优先级、正常补采次数等信息，并管理各种采集任务的执行，检查任务执行情况。

在控制生产过程中，需要及时检测到生产设备的温度、电流、压力、湿度、计量值等。同时，还需要对任一参数进行随机抽查，选取某一时间段内的数据进行数据转换并提取出来分析，做出相应的改善措施，从而提高生产的品质，建立良好的经济效益。生产现场数据采集是品质过程中的非常重要的一个环节，好的数据采集方案可把品质管理人员从处理数据的繁重工作中解放出来，有更多的时间去解决实际的品质问题。即时的数据采集能真正地实现实时监控，尽早发现问题，避免更大的损失。

生产运行数据的采集方法：

（1）基于传统的数据采集方法。目前一些企业的生产现场数据采用手工填写，这些数据有的是经手算汇总，稍微先进点的则是各种生产报表、单据、窗体数据输入计算机中进行汇总。由于采用手工填写，这些数据信息会出现缺乏实时性、准确性和全面性，而且人为操作使得数据误差增多，检查数据源时困难重重。

（2）基于条码的数据采集方法。流程生产企业的数据采集一般基于设备的仪表数据采集，自动化程度较高，采用利用条码的方式建立具有敏捷化响应能力的数据采集。通过显示终端，操作员将获得条码的实际信息，同时可输入少量的加工质检信息，并将这些信息传到车间计算机上，由此完成零件的一次加工，并跟踪到车间主机上。同时，对复杂工序加工时，通过扫描工序条码，从车间计算机上获得该批零件对应工序的生产工艺信息，并显示在终端上，指导操作员加工。

二、电力用户用电信息采集

随着科学技术的发展，电网与电力市场、客户之间的关系越来越紧密，客户对电能质量的要求逐步提高。电力用户用电信息采集系统是对电力用户的用电信息进行采集、处理和实时监控的系统，实现用电信息的自动采集、计量异常监测、电能质量监测、用电分析和管理、相关信息发布、分布式能源监控、智能用电设备的信息交互等功能。

（1）采集的主要数据项。

1）电能量数据：总电能示值、各费率电能示值、总电能量、各费率电能量、最大需量等；

2）交流模拟量：电压、电流、有功功率、无功功率、功率因数等；

3）工况数据：采集终端及计量设备的工况信息；

4）电能质量越限统计数据：电压、电流、功率、功率因数、谐波等越限统计数据；

5）事件记录数据：终端和电能表记录的事件记录数据；

6）其他数据：费控信息等。

（2）主要采集方式。

1）定时自动采集。按采集任务设定的时间间隔自动采集终端数据，自动采集时间、间隔、内容、对象可设置。当定时自动数据采集失败时，主站应有自动及人工补采功能，保证数据的完整性。

2）随时召测。根据实际需要随时召测数据。如出现事件告警时，随即召测与事件相关的重要数据，供事件分析使用。

3）主动上报。在全双工通道和数据交换网络通道的数据传输中，允许终端启动数据传输过程（简称为主动上报），将重要事件立即上报主站，以及按定时发送任务设置将数据定时上报主站。

三、电力负荷监测

电力负荷监测就是通过负荷曲线，了解用电设备所耗的功率，通过合理地、有计划地安排各类用户的用电时间，减小最大负荷和最小负荷的差值，使负荷曲线图形较为平坦，从而充分利用发电、供电设备（主变压器等）容量，提高系统运行的经济性。电力负荷管理系统是采用无线、有线、载波等通信方式，由供电公司负荷管理系统主站通过安排在客户端的电力负荷管理终端，对某个区域或客户的电能使用状况实行监测和控制，并对采集的数据进行分析、应用的综合系统。包括终端、收发设备及信道、主站软硬件设备及其形成的数据库、文档等。

（一）电力负荷监测计划

电力负荷管理系统的建设应按统一规划、统一设计、统一建设、分级管理的原则组织实施，其规划设计执行国家及行业有关标准、规程、规范，建设管理严格按照工程质量标准和工作程序进行。系统的建设应充分依靠当地政府电力主管部门的支持和指导，建设项目应由网省（自治区、直辖市）电力公司统一安排。负荷监测面应达到本地区电网用电负荷的 70% 以上，其负荷控制能力应达到电网用电负荷的 10% 以上。

由电网供电的电力客户，包括工业、商业、宾馆、机关、学校等所在企、事业单位，都应装用电力负荷管理终端。一般情况下，专用变压器客户均应装用电力负荷管理终端。各地区对趸售供电和装机容量 1000kVA 及以上并网自备电厂的所有关口，原则上应装用电力负荷管理终端。

（二）电力负荷监测组织

各省（自治区、直辖市）电力公司电力营销部门为电力负荷管理系统建设和运行的归口管理部门，负责电力负荷管理系统的规划编制、督促检查、技术指导、工程审核和运行管理指令评价等工作。各供电公司电力营销部应设立"电力负荷管理中心"或相应机构，负责电力负荷管理系统的规划制定、建设管理、运行与维护管理、安全与质量管理、功能应用及效果评价等工作，并根据系统的规模和长效运行的管理要求配备运行维护人员，不得缺员抽岗。

各省（自治区、直辖市）电力公司电力负荷管理专职岗位应具备大学本科及以上文化程度，并具有一定的基层工作经验。供电公司电力负荷管理专职人员应具备大专以上学历或高级工以上职称，运行维护人员应具备相关的专业知识和熟练的操作技能。

（三）电力负荷监测实施

1. 采集的数据及信息内容

（1）负荷数据。

1）实时有功功率总和、实时无功功率总和、每日和当前有功及无功功率曲线、功率最大/最小值出现时间、最大需量及出现时间等。

2）数据采集的时间间隔为 15min 或 30min。

（2）电能量数据。

1）每月、每日和当前有功及无功电能量累积值、分时有功电能量累积值、有功及无功电能量曲线等。

2）终端与电能表直接通信读取的电能表计量数据。

（3）电能质量数据。

每日和当前电压、功率因数、谐波、频率、停电时间及相关统计数据等。

（4）工况类数据。

电能计量装置工况、开关状态等。

（5）事件记录数据。

1）越限事件、控制事件、工况变化事件、运行异常事件、操作事件等。

2）上述事件发生的起止时间、发生时的负荷及电量值。

2. 电力负荷数据采集方式

（1）定时采集（定时巡测）。系统每日定时采集终端记录的各类电量数据，对采集失败的终端数据有自动补采功能并给出相应的动作记录。

（2）随时采集（随时召测）。系统可以任意选址、选项对指定终端的指定数据进行随机数据采集。

（3）事件响应。系统应及时响应客户端事件及终端记录的相应事件，响应方式选用信道不同分类为：

1）在严格的主站与终端的主从通信方式下，终端以事件告警标志方式，待与主站通信时立即随上行报文向主站发出事件响应请求，主站响应终端请求召测相应的事件记录。在此方式下，系统对终端时间的响应必须满足实时性要求。

2）在全双工信道方式下，终端检测到客户端事件后主动向主站传送告警信息和事件记录数据。

（四）电力负荷监测数据的处理

1. 数据分析

（1）数据合理性检查。

提供采集数据完整性、正确性的检查和分析手段，发现异常数据或数据不完整时自动进行补采。提供数据异常事件记录和告警功能；对于异常数据不予自动修复，严格限制其发布，保证原始数据的唯一性和真实性。

（2）数据计算、分析。

根据应用功能需求，通过配置或公式编写，对采集的原始数据进行计算、统计和分析。包括但不限于：

1）按区域、行业、线路、自定义群组、单客户等类别，按日、月、季、年或自定义时间段，进行负荷、电能量的分类统计分析。

2）计算线损、母线不平衡、变损等。

2. 负荷控制

即在系统主站的集中管理下，通过对客户侧配电开关的控制操作，达到调整和限制负荷的目的。

（1）负荷定期闭环控制。即通过终端连续监测客户用电负荷，以负荷定值，告警和控制客户端配电开关，实现闭环控制，将用电负荷限制在主站规定的定值水平之下。

（2）电量定值闭环控制。即通过连续监测客户用电量。以电量定值自动判断越限用电、告警和控制客户端配电开关，实现闭环控制，将用电量限制在主站设定的电量定值水平之下。

（3）远方遥控。即系统主站对终端直接下达控制命令，实现对客户端配电开关的远距离控制，达到调整负荷的目的。

（五）负荷档案管理

（1）专业资料。包括各种记录、图书、文件、设备使用（程序操作）说明书等。

（2）记录资料。包括各类统计报表、运行操作记录、交接班记录、设备缺陷记录、设备台账、软件维护记录、购电记录等。

（3）备查资料。包括上级部门文件（电力负荷管理系统功能规范、建设与运行管理办法、实用化考核标准、通用技术标准、数据传输规程等）；与厂家交互的书面材料（文件、传真、会议纪要等）；与用户协议书（产权交接手续、预购电协议等）。

（4）终端档案资料，包括用户勘察单、装接通知单、终端原理及接线图、调试记录、终端竣工报告（含场强测试报告）、用户电气接线图、终端安装位置图、终端新装投运单、装置校验报告、检修维护及轮换记录、终端巡视记录等。

【思考与练习】

1. 生产数据采集方法有哪些？

2. 电力负荷的采集方式有哪些？

3. 负荷终端档案有哪些？

4. 电力负荷监测数据如何处理？

5. 负荷档案如何进行管理？

▲ 模块2　电压与无功管理（Z36G4002Ⅱ）

【模块描述】本模块介绍了农村电网电压质量管理的内容、质量标准、监测与统计方法，结合无功管理介绍农村电网电压调节的主要手段及工作流程。通过案例分析、要点归纳，掌握电压与无功管理主要内容。

【模块内容】

电压质量管理（简称电压管理）是指在保证农村电网工作电压始终在规定范围内运行的全过程管理。供电所的电压管理工作，应按照国家电网有限公司颁发的有关专业管理办法、规范和标准进行管理。

一、供电所电压管理的主要内容

根据《电力供应与使用条例》《供电营业规则》和《国家电网公司电力系统电压质

量和无功电力管理规定》《国家电网公司农村电网电压质量和无功电力管理办法》的有关规定，供电所电压和无功管理的主要内容：

（1）不断加强电压和无功电力补偿管理，执行上级规定，落实管理责任制。

（2）按照运行规程要求，对投入运行的无功补偿装置定期进行巡视检查、维护，及时检修，排除故障。

（3）严格执行上级下达的无功补偿运行计划，及时改变、调整运行方式。

（4）督促客户按规定安装无功补偿自动投切装置，实现无功功率就地平衡。

（5）认真执行《供用电合同》，做好用电管理工作，正确地执行《功率因数调整电费办法》，对客户实行功率因数考核和力率电费调整。

（6）做好电压质量监测、统计、分析、考核工作。

二、农村电网电压质量管理

电压质量是指缓慢变化（电压变化率小于每秒 1%时的实际电压值与系统标称电压值之差）的电压偏差值指标。

1. 电压质量标准

（1）农村电网各级标称电压值为：110kV、66kV、35kV、10kV、6kV、3kV、380V和 220V。

（2）供电电压允许偏差值。

1）35kV 及以上供电电压正、负偏差的绝对值之和不超过标称电压的 10%。

2）10kV 及以下三相供电电压允许偏差值为标称电压的–7%～7%。

3）220V 单相供电电压允许偏差值为标称电压的–10%～7%。

4）对电压质量有特殊要求的客户，供电电压允许偏差值根据供用电协议确定。

2. 农村电网电压监测与统计

（1）电压监测点的设置。

电压质量监测数据是评价电网电压质量管理工作的重要依据，是修订无功电压、电压曲线和技术改造计划的依据。

1）各类电压监测点的分类及设置原则。

电力客户的电压监测一般分为 A、B、C、D 四类，其定义如下：

A 类：带地区供电负荷的变电站和发电厂（直属）的 10（6）kV 母线电压；

B 类：35（66）kV 专业供电和 110kV 及以上供电的用户端电压；

C 类：35（66）kV 非专线供电的和 10（6）kV 供电的用户端电压；

D 类：380V/220V 低压网络和用户端电压。

供电所主要负责 C 类和 D 类电压监测点的安装、运行巡视、统计分析。

2）电压监测点设置原则。

变电站的 10（6）kV 母线及 35（66）kV 用户受电端，都应设定电压监测点。

变电站供电区内有 10kV 高压用户时，至少设一个高压用户监测点。

小火（水）电厂与农村电网并网的联结处应设一个电压监测点，以监测小火（水）电厂的电压质量。

每座变电站供电区至少设两个低压监测点，其中一个监测点设在配电变压器二次侧出口，另一个设在具有代表性的低压线客户端。

供电所每百台配电变压器设一个低压监测点，但不得少于一个电压监测点；县公司配电变压器总数超过 2000 台时，超过部分每 200 台设一个监测点。县城低压居民用户电压监测点不得少于 3 个，设在负荷性质不同的低压客户端。

各类电压监测点应进行定期轮换。

为抽测典型时间段居民用户电压质量状况，宜另行设置移动式统计型电压监测点，作为调查分析的补充。

（2）电压监测方法。

凡符合以上条件的监测点必须装设自动记录型电压监测仪，每天 24h 连续不间断地进行监测、统计和记录，电压监测仪要具有自动记录和自动统计功能，测量精度不低于 0.5 级，并至少保证停电 72h 不丢失已监测到的数据。

3. 电压监测统计要求

（1）各类电压监测点，都必须装设自动记录型电压监测仪。变电站已装设具有电压监测和统计功能的自动化设备，可以不再装设电压监测装置。

（2）运行中的电压监测仪测量精度不应低于 0.5 级，能按要求打印各项功能数据，每天 24h 连续不间断地进行监测记录，并至少保证停电 72h 不丢失已监测数据。

（3）电压监测仪应进行定期轮测，以确保测量准确度。

4. 电压合格率计算方法

电压合格率是指实际运行电压在允许电压偏差范围内累计运行时间与对应的总运行时间之比的百分值。它是电压质量管理的主要考核指标。

$$某监测点电压合格率=[1-监测点电压超限时间（分钟）/$$
$$监测点运行时间（分钟）]×100\% \qquad (12-2-1)$$

$$某基层单位同类监测点电压合格率=[1-（\sum 超上限时间+\sum 超下限$$
$$时间）/\sum 运行总时间] \qquad (12-2-2)$$

某基层单位农村电网综合电压合格率

$$K_z=0.5K_a+0.5（K_b+K_c+K_d）/N \qquad (12-2-3)$$

式中　K_a——A 类电压监测点电压合格率；

$$A=[1-\sum 电压监测点电压超出偏差时间（min）/$$

∑电压监测点运行时间（min）] ×100%

K_b——B 类电压监测点电压合格率；

K_c——C 类电压监测点电压合格率；

K_d——D 类电压监测点电压合格率；

N——指 K_b、K_c、K_d 类别数。

一般情况下，供电所主要对 C 类、D 类电压监测点的电压进行统计，其综合电压合格率为 V=0.5C 类电压合格率+0.5D 类电压合格率，供电所农村居民端电压合格率应达到 95%（"十项承诺"要求）。

【例 12–2–1】某供电所设有 C 类电压监测仪 2 个，分别为 C1、C2，D 类电压监测仪 4 个，分别为 D1、D2，D3、D4，2009 年 5 月该所电压监测仪自动采集数据电压合格率分别为 K_{c1}=97.4%、K_{c2}=97.6%、K_{d1}=96.6%、K_{d2}=96.8%、K_{d3}=96.0%、K_{d4}=96.2%，该所

C 类电压合格率：（97.4%+97.6%）÷2=97.5%；

D 类电压合格率：（96.6%+96.8%+96.0%+96.2%）÷4=96.4%；

供电所综合电压合格率：（97.5%+96.4%）÷2=96.95%。

三、农村电网无功补偿管理

1. 农村电网无功补偿的原则和方式

（1）无功补偿的原则：统一规划，合理布局，分级补偿，就地平衡。

（2）无功补偿的方式为：集中补偿与分散补偿相结合，以分散补偿为主；高压补偿与低压补偿相结合，以低压补偿为主；调压与降损相结合，以降损为主。

2. 功率因数的要求

（1）变电站主变压器低压侧功率因数不低于 0.9。

（2）变电站 10（6）kV 出线功率因数不低于 0.9。

（3）用户变压器功率因数不低于 0.9。

（4）公用配电变压器低压侧功率因数不低于 0.85。

（5）农业用户配电变压器低压侧功率因数不低于 0.85。

3. 无功补偿容量的确定

（1）35kV 及以上变电站原则上补偿主变压器无功损耗，补偿容量根据主变压器容量的 10%～15%确定。

（2）10（6）kV 配电变压器应进行无功补偿，补偿容量根据负荷性质确定。容量在 100kVA 及以上的专用配电变压器，宜采用分组自动投切补偿装置。

（3）10（6）kV 配电线路的无功补偿应根据无功负荷情况采取分散补偿。

（4）5kW 及以上的交流异步电动机应进行随机补偿，补偿容量依据电动机空载无功损耗确定。

四、电压无功管理工作流程

（1）供电所根据实际建立电容器台账和 C、D 类电压监测点台账，发生变动及时更改。线路责任人负责对电压无功设备定期巡视、检查设备运行情况，发现缺陷及时上报，予以处理，保证其完好率、可用率。

（2）供电所电压专责人定期抄报数据，进行汇总，上报县供电公司。

（3）电压合格率不在允许范围之内，应针对电压超偏所属类别，进行分析，制定电压调整措施（包括改变变压器分接头位置，合理调整无功补偿电源点，优化无功配置等），按照分工，由供电所或变电站进行调整，并对调整后电压质量进行监督。

补偿电容器按负荷实行手动或自动投切，可将电容器分成若干组，首先将轻负荷下的补偿容量固定下来，其余的补偿容量作为按负荷变化的调整容量。电压无功管理工作流程见图 12-2-1。

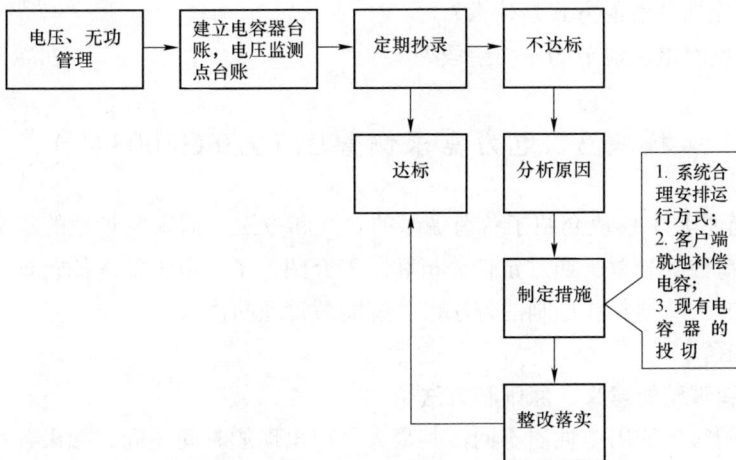

图 12-2-1　电压无功管理工作流程图

五、农村电网电压调节的主要手段

目前全国各地农村在迎峰度夏或迎峰度冬时，低电压频繁出现，其主要原因有：

（1）存在"卡脖子"线路。

（2）配电变压器过载严重。

（3）配电变压器分接开关位置选择不合理。

（4）线路长，线径细，设计不合理有迂回现象。

（5）末端负荷重，无功补偿容量不足。

（6）线路连接接触不好，铜铝接头氧化。

（7）三相负荷分配不均衡等。

电压调节的主要手段：

（1）合理布局，增大导线截面，减少供电半径。

（2）变压器尽可能靠近负荷中心，尽量选择抗过载变压器。

（3）充分利用变电站有载调压变压器实现调压运行。

（4）合理选择普通配电变压器分接开关位置，并根据电压变化及时进行调整。

（5）增加无功补偿装置，并加强无功管理工作，根据负荷和电压的变化情况及时调整无功补偿容量。

（6）及时对线路设备进行维护，合理调整三相负荷抗过载变压器。

【思考与练习】

1. 农村配电网电压质量标准是什么？

2. 电压监测点的设置原则是什么？

3. 农网无功补偿的方式是什么？

4. 农村电网电压调节的主要手段？

模块 3 电力需求侧管理（Z36G4003Ⅲ）

【模块描述】 本模块介绍了负荷调整的意义和方法、需求侧管理的意义和技术手段、电力负荷控制装置。通过定性分析和功能介绍，了解电力需求侧管理的意义和技术手段，掌握负荷调整和控制的方法，了解能效管理的技术。

【模块内容】

一、负荷调整的意义、原则和方法

由于不同客户的用电性质不同，其最大负荷出现的时间不同。如果各类客户最大负荷出现的时间过分集中，则要求电力系统有足够大容量的发、供电设备，加大了电力建设投资。负荷调整就是根据电力系统的电能供给情况及各类客户不同用电规律，调整客户的用电功率和用电时间，以适应电力系统在不同时间的发电功率。负荷调整的目标是通过削峰或移峰填谷使负荷曲线尽可能变得平坦，使电力负荷较为均衡地使用，它是缓解电力供需矛盾，做好电力供应工作，保障电力系统安全经济运行的重要举措。

1. 负荷调整的意义

（1）提高发、供、用电设备的利用率。由于电力的特点是用多少，供多少，发多少。因此发、供、用电设备必须按最大负荷来配置。如采取措施使负荷均衡，就能减少电力企业和客户的投资。

（2）减少线路损耗。线路的损耗与电流的平方成正比，平稳的负荷产生的损耗比波动的负荷产生的损耗小。

（3）减少客户的电费支出。对于执行峰谷分时电价的客户，可通过负荷调整将高峰时段用电改为低谷时段用电，减少电费支出；对于执行两部制电价的客户，可通过负荷调整压低最高负荷，减少基本电费。

（4）降低发电成本。通过负荷调整发电机可按正常负荷运行，减少机炉开停次数，提高热效率，降低发电煤耗，同时也使水电厂不发生弃水现象，充分利用了水力资源。

（5）减轻了公共服务业的压力。通过负荷调整，如各工厂职工轮休，错开上下班高峰时间，可减轻公共交通、供水供气等公共服务业的压力。

2. 负荷调整的原则

（1）负荷调整必须与落实国家产业政策、能源政策、环保政策相结合，坚持社会效益与经济效益双赢，强化电力资源的优化配置，提高电力资源的整体利用效率。

（2）负荷调整以"确保电网安全，确保社会经济稳定"为目标，严格遵循"先错峰、后避峰、再限电、最后拉路"的原则，将电力供需矛盾给社会和企业带来的不利影响降至最低限度。

（3）负荷调整要做到错峰、避峰，同时应保证重要负荷和人民生活用电的需要。优先保障居民生活、医院、学校、铁路、交通枢纽、供水供热、广播、电信、金融机构、农业生产、石油天然气生产输送等涉及公共利益和国家安全的重要客户用电需求，避免出现因限电导致的社会不稳定问题。

（4）负荷调整要按照有序用电方案确保特殊行业安全生产用电需求，严禁对煤矿、化工企业等客户随意拉闸限电。电力供应紧张地区，首先要压缩高耗能、高排放企业和产能过剩行业用电，坚决停止不符合产业政策、违规建设和淘汰类企业的用电，严格控制景观照明用电，限制娱乐场所用电。

3. 负荷调整的方法

（1）直接控制。供电企业与客户协商，在高峰用电时段切除客户一部分可间断的供电负荷，从而降低电网整体负荷的方法。对重要（VIP）客户实行实时监控、实时预警和实时管理，使用电管理人员能够及时准确地掌握客户的用电信息。

（2）间接控制。主要采用经济手段，按客户用电最大需量收取基本电费，执行峰谷分时电价、尖峰电价、可中断与高可靠性电价、丰枯季节电价和避峰电价，以此来激励客户在低谷段多用电，尽可能避开电网高峰负荷，达到移峰填谷的目的。

二、需求侧管理的意义和技术手段

1. 电力需求侧管理的概念

电力需求侧管理指对用电一方实施的管理，又称需求方管理。它是指通过采取有效的激励措施，引导电力客户改变用电方式，提高终端用电效率，优化资源配置，改善和保护环境，实现最小成本电力服务所进行的用电管理活动。它是促进电力工业与国民经济、社会协调发展的一项系统工程。

电力需求侧管理工作，要由各级政府机构大力推动和主导，加强规划管理、负荷管理、节电管理，大力开展宣传与培训，监管机构实施有效监管，利用经济、技术及必要的行政措施等多种手段，充分调动电网经营企业、发电企业、客户及能源中介机构等各方面积极性，共同参与，共享收益，以取得最佳的社会效益和经济效益。其中政府起主导作用，电网经营企业是主体。

2. 实施需求侧管理的意义

（1）改善电网的负荷特性。通过实施需求侧管理，引导客户采用蓄冷、蓄热、蓄电等蓄能方式或选择合理的用电时间，从而实现移峰填谷，减少用电峰谷差，降低电网高峰最大负荷，提高用电负荷率。

（2）节约用电，减少能源需求和污染排放。通过实施需求侧管理，优化电能消费结构，提高电能利用效率，节约了电能，相应地可以少建火电厂，使火建厂的排放物大大减少，保护了环境。

（3）减少了电力投资。通过实施需求侧管理，降低了电力最大需求，因而可减少电源和电网建设费用，降低了电网运营支出。而实施电力需求侧管理所需的资金主要用于宣传、培训和示范项目，支持客户节电技术改造、购买节电产品和实行可中断负荷的经济补贴以及建设负荷管理系统等，相对于电力建设的资金投入来说要少得多。

（4）降低了客户的用电成本。通过实施需求侧管理，使客户的用电更加经济合理，终端用能效益更高，从而减少了客户的电费支出，降低了产品成本。

（5）促进能源、经济、环境协调发展。电力需求侧管理是国家能源战略的重要组成部分，是缓解电力供应紧张情况、提高电力使用效率的重要举措，是科学发展观的具体体现，对促进能源、经济、环境协调发展具有重要意义。

3. 需求侧管理的手段

需求侧管理的手段有技术手段、经济手段、行政手段、引导手段等。

（1）技术手段主要有以下几种：

1）企业通过优化工艺、耗能设备经济运行和实施定额管理，合理有效地利用能源。如选用节能型设备，淘汰高耗能设备。

2）推广电力蓄冷（热）技术。空调负荷是夏季高峰负荷主要组成部分。电力蓄冷（热）技术用于空调系统，可以把夜间电能转化为冷（热）量储存起来，在白天高峰将储存的冷（热）量交换出来用于制冷（热）。

3）推广绿色照明技术。绿色照明是指以提高照明效率、节约电力、保护环境为主要目的的照明设计、设备选型及控制方法。目前我国照明用电占全国用电量的 12%左右，如采用高效节能灯替代普通白炽灯可节电 60%～80%，因此照明节电潜力巨大。

4）推广建筑节能技术。建筑节能是指建筑物在使用和建造过程中，合理地使用和有效地利用能源，提高建筑使用过程中的能源效率，主要包括采暖、通信、空调、照明、炊事、家用电器和热水供应等。例如北京奥运村的建设目标是要比常规建筑节能 83%，这是目前国内最高的建筑节能的要求。奥运村整改空调和供暖系统采用了污水源热泵技术，利用这套系统可以比普通空调节电 40%以上，可替代焦煤 3600 余吨；房间内使用的热水是利用楼顶上铺设的太阳能集热板，用这种方法能使奥运村每年节电约 550 万 kWh，减少 CO_2 排放约 600t。

5）采用负荷管理技术。负荷管理是指通过削峰或移峰填谷使负荷曲线尽可能变得平坦。在用电紧张期间通过调整电网和供电线路电压降低部分负荷，缓解供需矛盾；为了降低峰谷差，提高负荷率，需要在用电高峰对客户可控负荷进行周期控制；在用电紧急状态下，为确保电力客户有序用电及供电电网安全运行，需要直接对客户可控负荷进行切除来降低负荷。

（2）经济手段是指利用经济杠杆原理激励客户主动参与需求侧管理。如电价鼓励、借贷鼓励、免费安装鼓励和节电特别奖励等。

（3）行政手段是指政府和有关职能部门，通过法规、条例、标准、政策来规范电力消费和市场行为，以政府的行政力量来推动节能，约束浪费，保护环境的管理活动。

（4）引导手段是对客户的行为进行合理的引导，以消除客户在接受新型节电产品或节电技术时存在着认识上、技术上、经济上的心理障碍。如普及节能知识、传播节能信息、举办节能产品展示等。

三、电力负荷控制（管理）装置

为保证电网安全，缓解电力供求矛盾，使有限的电力创造最大的经济效益，必须对电力负荷进行控制。电力负荷控制广义地可称为电力负荷管理，它是利用计算机技术、通信技术、远程控制技术，通过用电、计量调度、通信部门配合协作，对客户的用电情况进行管理。其目的是改善电力系统负荷曲线形状，使电力负荷较为均衡地使用，以提高电力系统的经济性、安全性、投资效益和电力系统管理的自动化水平。

1. 电力负荷控制装置的类型

（1）分散型电力负荷控制装置。它是将控制装置直接装于被控制对象处，进行就地管理，按合同电量用电。这类装置主要指安装在客户处的电力定量器、电力时控开关和电力监控仪，按预先设定的定值、时段和时间程序，完成各种当地控制任务。它们价格便宜，使用方便，装置简单，其缺点是不能根据电能紧缺情况自由地直接机动调度，不能反馈负荷信息，改变定值需到现场去调整。这种装置在 20 世纪 80、90 年代应用比较广泛，目前已很少采用。

（2）集中型电力负荷控制装置。它是在主控站与客户终端之间有信息传输通道，被控终端可以通过信道被远方的主站控制。按传送通道情况可分为有线和无线两种，有线通道是将信号在导线上传送，除专用通道外，也可利用电话线、电力线等进行传送。无线传送不用放线而是由电台发射在空间传播。目前我国电力负荷控制装置普遍采用无线电力负荷控制装置。

无线电力负荷控制系统是以无线电作为电信传输通道，对地区和客户的用电负荷、电量和时间进行监视和控制的技术管理系统。该系统主要由中心站、中继站、二级站和客户终端组成。无线电力负荷控制系统具有组网灵活、安装简便、控制覆盖面大等优点，但信号在自由空间传播受外界磁场、高层建筑、地形、地貌、天气等诸多因素的影响。

2. 电力负荷控制系统的发展方向

电力负荷控制系统是一种高科技多功能的管理系统，它集微电子技术、计算机技术及通信技术于一体。今后的电力负荷控制系统，应能实现如下功能：

（1）电能量采集与监控功能。

（2）电力需求侧管理。

（3）市场管理功能。

（4）客户关系管理功能。

（5）客户缴费功能。

（6）营销辅助分析决策功能。

（7）地理信息管理功能。

（8）用电信息服务功能。

四、电力需求侧管理能效管理技术

电力需求侧管理技术方法除了负荷管理，还有以提高用户终端用电效率为目的的能效管理，它主要从两个方面着手：一是选用先进技术和高效设备；二是实行科学管理，在满足同样能源服务的同时减少用户的电量消耗。与节约电力不同，节约电量是随机和随意的，可在任何时间进行，它不受时序的约束。

电力需求侧管理致力于建立在提高终端用电效率基础上的直接节能节电，依靠科技进步实现资源有效利用的前提下节约电量，不包括依靠调整经济结构、生产力合理布局、节约使用原材料、提高产品质量、废品回收利用、减少高耗能产品出口等间接节能节电。

终端用电设备有很多种，运行方式千差万别，节电技术措施多种多样（蓄冷蓄热技术、输配电系统、电机系统、电化学、电加热、照明）。

五、举例

【例 12-3-1】绿色照明系统改造项目案例

1. 项目名称

某集团公司绿色照明

2. 项目概况

本项目为公司办公大楼照明灯具节能改造。在保证照明质量的条件下，将原有的老式白炽灯和日光灯换为新型节能灯，降低了照明用电量，共安装节能灯 31.9kW。投资 21 万元，年节电 12.15 万 kWh，年节电效益 10.94 万元，项目简单投资回收期 1.92 年。

3. 项目原系统及能耗情况

办公大楼原有照明为老式白炽灯，耗电量大，灯具寿命短，整体费用很高。原系统年耗能情况见表 12-3-1。

表 12-3-1　　　　　　　　　　　原系统年耗能情况表

灯具总容量（kW）	年耗电量（万 kWh/a）	年耗能量（tce/a）
74.44	20.19	80

4. 项目实施情况

具体内容有三项：

（1）将原有的老式白炽灯和日光灯换为新型节能灯，节能灯总容量 31.90kW。

（2）对系统进行调试、测量和运行。

（3）实施时间：2002 年。

5. 新系统及能耗情况

项目实施后，由于使用了高效照明光源，在保证照明质量的条件下，耗电量减少，达到了节电的目的，新系统年能耗情况见表 12-3-2。

表 12-3-2　　　　　　　　　　　新系统年耗能情况表

灯具总容量（kW）	年耗电量（万 kWh/a）	年耗能量（tce/a）
31.90	8.04	32

6. 节电效果

（1）节电量及节能效益。项目实施后，年节电量及节能效益见表 12-3-3。

（2）寿命期节电量。节能灯使用寿命按 3 年计，可节电约 36.45 万 kWh，折标准煤 145tce。

表 12-3-3 年节电量及节能效益表

原系统年耗电量 （万 kWh/a）	新系统年耗电量 （万 kWh/a）	年节电量 （万 kWh/a）	年节能量 （tce/a）	年节能效益 （万元/a）
20.19	8.04	12.15	48	10.94

注　电价按 0.90 元/kWh。

7. 投资回收期

投资回收期：1.92 年。

【思考与练习】

1. 什么叫负荷调整？其目标和原则是什么？

2. 什么叫需求侧管理？实施需求侧管理有何意义？

3. 需求侧管理的技术手段有哪些？

4. 什么叫电力负荷控制？其目的是什么？

第十三章

农网建设改造规划编制

▲ 模块 1　农网建设改造规划编制（Z36G5001Ⅲ）

【模块描述】本模块介绍了农村电网规划技术规程、规范要求；规划前调研、勘察、统计、分析工作方法；农网建设与改造规划编制工作流程。通过概念描述、案例点评，掌握农村电网建设与改造规划编制工作流程。

【模块内容】

农村电力网主要指为县（含旗、县级市）级区域内的城镇、农村、农垦区及林牧区用户供电的 110kV 及以下配电网，也称县级电网，简称农网。电力发展规划一般分 5 年电力发展规划（简称 5 年规划），电力发展中期规划（简称中期规划，时间为 5～15 年）和电力发展长期规划（简称长期规划，时间为 15 年以上）。农村电网规划是农村电气化和农业现代化的规划的重要组成部分，也是电力发展规划的重要组成部分。

一、农村电网规划的编制原则

（1）与县城、村镇各项规划应相互紧密配合、协调并同步实施，以适应农业现代化的需要。

（2）与上级电网规划相互配合、协调。根据县内各阶段负荷预测和电力平衡状况向上级电网提出电源点布局及供电需求，以保证上级电网和农网之间合理衔接。

（3）从实际出发研究农网的总体发展，实事求是地调查农网现状，根据需求与可能，从改造现有农网入手，新建与改造相结合，近期与远期相结合。

二、农村电网规划的基本要求

（1）农网有足够的供电能力，能满足供电区域内各类用户负荷增长的需要；

（2）因地制宜地合理确定电网的电压等级、接线方式和点线配置方案，使农网结构优化合理；

（3）输电、变电、配电容量协调，无功电源配置适当，功率因数达到合理水平；

（4）供电可靠率不断提高；

（5）优先采用新技术和性能完备、运行可靠、技术先进的新设备；

（6）符合环境保护的要求，节约土地，少占农田。

三、农村电网建设与改造的技术要求

1. 技术原则

农网建设与改造应统一规划，注重整体布局，优化网络结构，简化电压等级，提高电网的经济效益。农网建设与改造必须选用经国家认可的检测机构检测合格的产品，并符合国家产业政策和技术要求。禁止使用国家明令淘汰及不合格的产品。在保证电网安全、经济、可靠运行的前提下，农网建设与改造应因地制宜地采用新技术、新产品、新工艺。

2. 供电半径

中低压配电线路的供电半径宜满足：10kV 不超过 15km；380/220V 不超过 0.5km；在保证电压质量的前提下，负荷或用电量较小的地区，供电半径可适当延长。

3. 电压质量

保证各类用户电压质量是确定农村电网允许的最大电压损失的前提。农网改造后应达到：

（1）农网各电压等级的线损率应符合下列要求：高中压配电网综合线损率（含配电变压器损耗）不宜大于 5%；低压配电网线损率不宜大于 7%；

（2）变电站 10kV 侧功率因数达到 0.95 及以上，100kV 及以上电力用户的功率因数达到 0.9 及以上，农村公用变压器的功率因数达到 0.85 及以上；

（3）供电电压合格率符合 DL 407 要求，不应低于 90%；

（4）电压允许偏差值应达到：220V 为 –10%～7%；380V 为 –7%～7%；10kV 为 –7%～7%；35kV 为正负偏差绝对值之和小于 10%；66kV 为正负偏差绝对值之和小于 10%；110kV 为正负偏差绝对值之和小于 10%。

4. 变压器

变电站、配电变压器应设在负荷中心。110kV 线路长度不超过 120km，66kV 线路长度不超过 80km，35kV 线路长度不超过 40km。容载比宜达到：35～110kV 变电站取 1.8～2.5（以农村照明和排灌负荷为主的变电站应取下限值）；农村配电变压器取 1.5～2.0。

5. 低压配电设施

（1）配电变压器低压侧出线应安装避雷器，总开关采用自动空气开关或交流接触器，并加剩余电流动作保护器。

（2）低压配电线路布局应与农村发展规划相结合，严格按照 DL/T 499 标准进行建设与改造。

（3）低压线路导线截面不得小于 25mm²（铝绞线）。但在集镇内，为保证用电安全，通过经济技术比较，可采用绝缘导线。

（4）线路架设应符合有关规程要求。电杆宜采用不小于 8m 的混凝土杆，穿越和易接近带电体的拉线应装拉线绝缘子。

（5）接户线应采用绝缘线，铝芯线的导线截面不应小于 6mm²，铜芯线的导线截面不应小于 2.5mm²。进户线必须与通信线、广播线分开进户。进户线穿墙时应装硬质绝缘管，并在户外做滴水弯。用户应加装控制开关、熔断器和家用剩余电流动作保护器。

（6）未经电力企业同意，广播、电话、有线电视等其他线路不得与电力线路同杆架设。

6. 无功补偿

农网无功补偿，坚持"全面规划、合理布局、分级补偿、就地平衡"及"集中补偿与分散补偿相结合，以分散补偿为主；高压补偿与低压补偿相结合，以低压补偿为主；调压与降损相结合，以降损为主"的原则。变电站应安装并联补偿电容器，补偿容量宜按主变压器容量的 10%～15%配置。配电变压器的无功补偿，可按配电变压器容量的 10%配置，10kV 线路无功补偿电容器不应与配电变压器同台架设。

7. 低压计量装置

农户用电必须实行一户一表计费，公用设施用电必须单独装表计费。严禁使用国家明令淘汰的及不合格的电能表，电能表选用应符合 GB/J 63、GB/T 16934 等标准要求。电能表应按农村居民用电负荷合理配置。一般按用电负荷不小于 2kW/户进行配置。电能表箱应满足坚固、安全、易于抄表和防锈蚀、防雨等要求。

四、规划编制流程

（一）调研分析

（1）调查和搜集电力网现状资料，分析存在的问题，明确规划改造的重点。

（2）调查和搜集规划区内国民经济各部门发展规划和人民生活用电的发展变化资料，分区测算用电负荷，对近期规划应逐年列出，而中期及远期规划列出规划年度总的负荷水平。

（3）依据农村的总体规划及电力负荷的发展，分析规划年度的用电水平。

（4）分析规划区内无功电源和无功负荷的情况，进行无功平衡，合理地安排无功电源的位置，确定最经济的补偿容量。

（5）农村电网规划资料搜集的 5 项基本要求：

1）能据以进行电力负荷（电量）的测算；

2）能满足研究、确定供电方案的要求；

3）能从所取得的资料进行综合分析，对负荷测算的可靠性、规划方案的合理性、实现规划的可行性进行分析评价；

4）能据所调查的资料编写规划文件和组织规划文件的内容；

5）能有一个完整的规划指标体系，有利于规划资料的不断完善、积累和补充。

（二）规划编制

1. 进行农村电网布局规划及电网结构方案研究

（1）确定电网未来安装设备的规格。

（2）确定电网中增加新设备的地点及时间。

2. 编制规划文件

（1）农网现状分析。在了解县、乡（镇）、村社会经济现状及发展情况的前提下，主要分析农网能否适应县、乡（镇）、村社会经济现状及发展的需要，找出存在问题，包括：

1）供电能力能否满足当前负荷发展的需求，各级电网供电能力是否匹配，有无瓶颈现象。

2）电网网架、布局及主要供电设备状况。

3）供电可靠性能否满足用户要求。

4）各级电网正常运行时电压水平及干线线路电压损耗。

5）电网线损率状况。

6）电网自动化及通信状况。

（2）负荷预测。应进行总量负荷预测和分区负荷预测，包括年最大负荷预测和电量预测。有条件的应进行负荷分布预测。

（3）规划目标及技术原则。确定各规划的目标、变电站布局、网架结构及技术原则。技术原则应有一定的前瞻性。

（4）电力电量平衡。主要进行有功电力负荷平衡，必要时进行电量平衡，提出供电电源的建设要求。

（5）农村高压配电网规划。

1）近期规划：根据近期预测负荷和电网现状分析，按照近期规划目标，确定近期高压配电网的规划方案，包括：① 变电站布点、容量构成和供电范围。② 网架结构。③ 无功配置。④ 校验计算（潮流、短路、N−1）。

2）远期规划：根据预测的远期负荷水平和已确定的技术原则，按照远期规划目标，确定远期高压配电网的规划方案，包括：① 变电站布点、容量构成和供电范围。② 网架结构。③ 线路走廊和变电站站址。④ 所需电源容量和布局。

3）中期规划：根据中期预测负荷，以近期规划为基础、远期规划为指导，确定中期高压配电网的规划方案。包括：① 变电站布点、容量构成和供电范围。② 网架结构。

（6）农村中压配电网规划。中压配电网一般只做近期规划。在变电站布局、负荷分布确定的基础上，确定中压配电网的规划方案，包括：

1）电网结构。

2）主干线路路径和供电范围。

3）线路容量、导线型号。

4）无功配置。

5）校验计算（电能损耗、电压损耗、可靠率）。

（7）农村低压配电网规划。

低压配电网一般只做近期规划。在负荷分布确定的基础上，确定低压配电网的规划方案，包括：

1）配电方式（三相、单相）。

2）配电变压器的布局、供电范围和容量。

3）线路容量、导线型号（架空裸线、绝缘线、集束导线、电缆线等）。

4）校验计划（电能损耗、电压损耗）。

（8）建设规模。

1）近期各年度高、中压配电网建设项目及规模；自动化及通信系统规模；低压配电网发展规模。

2）中期期末高压配电网建设项目及规模。

3）远期期末高压配电网建设项目及规模。

（9）投资规模。根据建设规模估算各规划水平年的静态投资规模和总投资。

（10）经济评估。进行财务评价和社会效益评价。

（11）规划文本。编写规划文本及说明书。

（三）审议

结合电源规划方案，对不同的电网规划方案进行技术经济比较，对年度计划中的项目进行可行性研究。

（四）实施

依据规划，组织建立农网履行升级工程项目库，并按照轻重缓急做好项目排序，开展工程前期的工作，及时落实各类支持性文件，提出推荐的电网规划方案及输变电建设项目和投资估算。

【思考与练习】

1. 农村电网规划的编制原则是什么？

2. 农村电网规划的基本要求有哪些？

3. 农村电网规划资料搜集的基本要求有哪些？

4. 农村电网规划编制的流程有哪些？

第四部分

系统应用及规程规范

第十四章

系 统 应 用

◢ 模块 1　电力营销管理信息系统基本知识（Z36D5001 Ⅰ）

【**模块描述**】本模块包含电力营销信息系统的定义和作用等基本知识。通过概念描述、术语说明、要点归纳，掌握电力营销信息系统的基本知识。

一、SG186 工程

2006 年 4 月 29 日，国家电网公司提出了在全系统实施 SG186 工程的规划。根据规划，SG186 工程将实现四大目标：① 建成"纵向贯通、横向集成"的一体化企业级信息集成平台，实现公司上下信息畅通和数据共享；② 建成适应公司管理需求的八大业务应用，提高公司各项业务的管理能力；③ 建立健全规范有效的六个信息化保障体系，推动信息化健康、快速、可持续发展；④ 力争到"十一五"末，公司的信息化水平达到国内领先、国际先进，初步建成数字化电网、信息化企业。

SG 是国家电网英文的简拼。SG186 工程"中的"1"指的是一体化企业级信息集成平台；"8"就是指按照国家电网公司企业级信息系统建设思路，依托公司企业信息集成平台，在公司总部和公司系统，建设财务（资金）管理、营销管理、安全生产管理、协同办公管理、人力资源管理、物资管理、项目管理、综合管理等八大业务应用；"6"是指建立健全六个信息化保障体系，分别是：信息化安全防护体系、标准规范体系、管理调控体系、评价考核体系、技术研究体系和人才队伍体系。

二、营销管理信息系统总体业务

营销管理信息系统总体业务模型见图 14-1-1。

建立覆盖公司总部、网省公司及基层供电公司的营销管理业务应用，推动营销管理创新、服务创新和业务流程优化。整合服务资源，加大对营销各项管理指标、经营指标、服务指标的控制力。实现对三级电力市场建设与运营的集约化管理，实现电能信息的自动采集、购售电环节的统一管理、公司系统营销经营的实时分析，实现客户服务信息化、业务处理自动化、市场响应快速化、质量管理可控化和决策支持前瞻化。

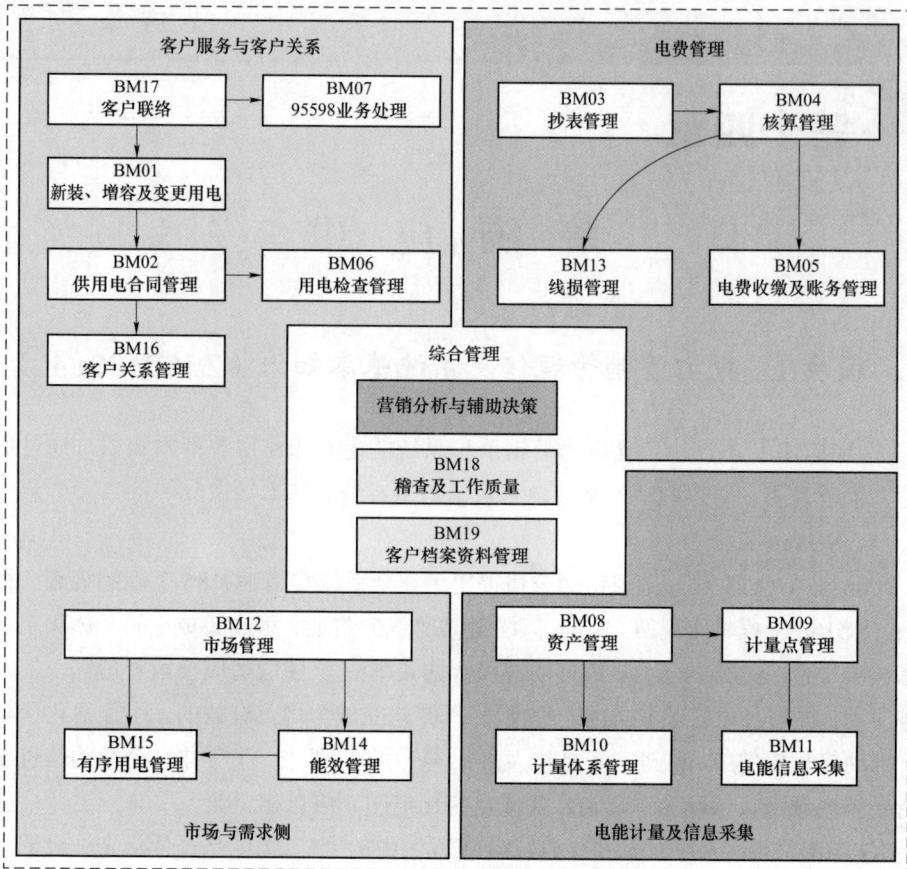

图 14-1-1 营销管理信息系统总体业务模型

统一组织电力需求侧管理、客户关系管理和营销辅助决策分析等模块的试点和推广。

整个电力营销业务划分为 19 个业务类，为客户提供各类服务，完成各类业务处理，为供电企业的管理、经营和决策提供支持；同时，通过营销业务与其他业务的有序协作，提高整个电网企业信息资源的共享度。支持营销业务应用的一体化、集成化；支撑营销"一部三中心"运作。

三、营销管理信息系统的作用

农村供电所是直接面向农业、农民、农村供用电服务的窗口，成年累月地处理着业扩报装、电量电费、电能计量、用电检查、配电网线损、配电生产、客户服务等方面的业务，所涉及的业务事项相对琐碎繁杂，服务的范围点多、面广，记录台账多、基础数据量大，且处理过程复杂。由于这些业务具有数据量大、加工处理过程复杂、工作负担重等特点，采用手工处理方式，光靠台账记录，靠人查找、统计、汇总分析，不但要耗费大量的人力，而且速度慢，容易出错，很难做到准确、完整、及时，无法满足管理好配用电业务工作的需要。同时，由于信息通信和传输手段的落后，造成信息不统一，使得各个部门之间缺乏有效协调，重复劳动，从而带来的资源浪费也是非常严重。业务数据零散不全，各专业统计口径不统一、差错漏洞多、信息不能共享等诸多弊端，都是过去一直困扰着基层供电部门的难题。

电力营销管理信息系统的作用：

（1）提升农电管理水平。电力营销管理信息系统可将农村供电所的日常工作全面纳入计算机管理，实现农电管理规范化、科学化、现代化，提高工作效率；加快资金回收，加强管理，堵住漏洞。

（2）提供新的营销服务平台。可使农电管理流程规范统一、信息传递快捷通畅；系统还可以设立网上营业厅，通过互联网，用电客户可以便捷地了解安全用电常识、电力法规、电量电费、收费标准和缴纳电费。

（3）提供强大的管理手段。各种实时报表显示各项工作的进度，如电费回收进度，线损报表显示哪些线路、哪些台区线损偏高，有的放矢抓管理。

农电营销管理的信息化是规范农电工作管理、提高工作效率、提升管理水平、降低电力企业成本、更好地为广大客户服务的基础，是实现国家电网公司农电发展战略目标的一个重要手段。

四、营销管理信息系统的发展方向

随着业务数据的不断暴增，未来智能电网在信息接入、海量存储、实时监测与智能分析方面将会有新的高要求。在信息接入方面安全变得越来越重要，需要支撑各类系统的安全性，要建设多渠道用户的入口，提升信息双向交互的安全防护能力。而智能分析方面，对数据进行决策分析和数据挖掘的能力也需增强。为此，国家电网公司在 SG186 的基础上，推出了 SG-ERP 工程，旨在建立覆盖面更广、集成度更高、智能化更高、安全性更强、可视化更优的新型 IT 构架，其区别于 SG186 之处在于，纳入了电力应用的全过程，加强了数据分析和辅助决策功能。

如今 SG-ERP 工程经历了近 3 年的发展，虽已取得一系列成果，但相关完善工作将会继续，其电网信息系统将在平台集中、业务融合、决策智能、安全适用等方面，进一步由 186 向 ERP 过渡。在此过渡的过程中，主要内容和主题架构都不变，而内容较之以前会更为全面。

SG-ERP 中的"ERP"是继承、完善、发展的意思，是 SG186 工程的继承、完善和进一步发展。

【思考与练习】

1. 电力营销管理信息系统的作用？

2. 电力营销管理信息系统由哪些业务构成？

3. SG186 工程的含义是什么？

模块 2 电力营销管理信息系统各子系统介绍（Z36D5002Ⅰ）

【模块描述】本模块包含电力营销管理信息系统各子系统的功能介绍，包括营销基础资料管理、抄核收业务、电费账务管理、计量管理、业扩与变更、线损管理等功能模块。通过概念描述、术语说明、要点归纳，掌握电力营销信息系统各子系统功能。

【模块内容】

一、系统结构和特点概述

（1）应用和数据采用全省集中管理。

（2）新系统采用 BS 模式，即客户端通过网页访问服务器，不用下载客户端。

（3）采用工作流引擎，系统的流程是通过配置流程图配置上去，功能界面简洁。

（4）采用图形化工具，实现营销业务流程的简便定义。

（5）可以动态地调整完善、修改营销工作流程，实现营销业务的实时动态重组。

（6）在流程控制方面，可进行流程回退、流程挂起、流程恢复、流程中止、流程人工调度等各种特殊流程控制的实际需要。

（7）当营销业务办量期限已到时，发出相应的消息，通知用户超时；可以在任务到期前固定时间给用户发出提醒消息。

（8）可进行各个流程活动的当前工作量统计，提供超期用户清单、超期量、超期率等，对超期工作可进行异常报警。

（9）适应营销发展方式和管理方式的转变，进一步提升营销服务能力和水平，进一步规范营销管理及业务流程，满足 SG186 工程建设原则和要求，确保"统一领导、统一规划、统一标准、统一组织实施"，实现资源集约与共享。

（10）新系统将营销业务领域相关的业务划分为"客户服务与客户关系""电费管理""电能计量及信息采集"和"市场与需求侧"4 个业务领域及"综合管理"，共 19 个业务类、138 个业务项及 762 个业务子项。

二、模块介绍

1. 客户服务和客户关系

通过统一客户联络，实现通过营业厅、呼叫中心、门户网站、银行网点和现场服务渠道与客户交互；通过业扩管理、故障报修、客户投诉、客户举报、建议表扬、信息咨询、业务查询等业务的流程化处理，达到服务便捷、响应快速，并提供客户回访、业务通知、停电通知、缴费提醒、用电检查等主动式服务，实现客户关怀；通过客户细分，定义不同属性和行为特征的客户群，在此基础上对客户价值、信用、风险进行评估，依据评估结果找出大客户以及风险所在，并对大客户以及风险进行管理，以提高客户满意度和防范电费风险。

2. 电费管理

通过抄表管理、核算管理、客户缴费管理、电价管理、营销账务管理和欠费管理等电费管理业务的处理，实现优化整合电价及电费抄核收管理流程，降低电费管理运营风险，提高电价电费整体管理绩效和资金的规模化效益。

3. 电能计量及信息采集

（1）通过计量装置从需求、采购、入库、运行、退役等全寿命周期的资产管理，明晰资产状态，促使资源优化配置；

（2）通过计量点的设计，设备安装调试、竣工验收、维护管理及电能计量装置运行维护、改造、评估管理，实现计量装置现场运行情况的全过程管理；

（3）通过室内检测、现场校验、轮换和二次压降测试等电能计量技术管理，规范电能计量检测、运行及工作流程，保证电能计量装置的准确可靠；

（4）通过售电侧电能信息采集与监控，并利用调度、配电等相关系统的采集信息，将购电侧、供电侧、销售侧三个环节的实时信息整合在一起，形成购、供、售三个环节实时信息的统一监控。

4. 市场与需求侧

（1）通过开展市场调查，获取市场数据，开展市场分析预测；

（2）根据市场分析预测结果进行市场拓展和制定售电计划，同时，市场分析结果和市场售电计划数据将为有序用电方案制定提供依据，可以根据有序用电方案执行负荷管理措施；

（3）通过跟踪重点用电单位，主要耗能工业企业单位产品能源消耗情况，总结能耗项目的实施效果，挖掘、实施有利于提高能效、降低电网峰谷差、提高电网负荷率的措施，促进电力市场的良性发展，形成社会、政府、电力企业、电力用户"多赢"的局面。

5. 综合管理

包括客户档案资料管理、稽查与工作质量管理。

（1）客户档案资料管理包括以客户编号为唯一标识的客户基本档案、用电特性、服务需求、信用评价、合同信息、客户关系及客户调查信息，通过客户信息资源统一管理，为其他业务领域提供完整的客户资料数据。

（2）稽查与工作质量管理，是通过对电力营销系统各方面运作的合法性和规范性，包括对业务、设备资产、计量、收费、服务等方面的运行和执行情况进行稽查，及时发现问题并及时处理，提高企业的经济效益和服务质量，促进电力企业依法经营，规范运作。通过对营销工作质量及管理指标考核管理，加强营销工作的质量监督、增收堵漏，提高经营管理水平和经济效益。

【思考与练习】

1. 简述客户服务和客户关系模块的功能。

2. 简述电费管理模块的功能。

3. 简述电能计量及信息采集模块的功能。

◢ 模块 3　电力营销管理信息系统的操作应用（Z36D5003Ⅰ）

【模块描述】本模块包含电力营销管理信息系统各营销业务的实现过程以及相关业务的办理情况介绍，以低压居民新装和高压新装为例。通过概念描述、流程介绍、系统截图示意、要点归纳，掌握电力营销管理信息系统的操作应用。

【模块内容】

营销管理信息系统中模块较多，涉及的操作也较多，不能一一介绍，只好选取常用的低压居民新装和信息采集终端安装调试 2 个流程，介绍操作方法。每个省的操作可能存在不同。

一、低压居民新装

1. 登录系统

（1）在地址栏内输入网址。

（2）输入工号及密码，点击"登录"。

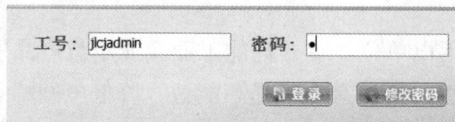

2. 建立低压居民用户路径

（1）在一级菜单中，选择"新装增容及变更用电"。

（2）在二级菜单中，选择"业务受理"。

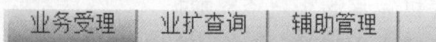

（3）在三级菜单中，选择"功能""业务受理"。

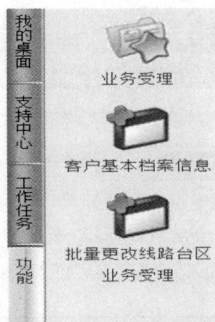

3. 业务受理

（1）填写用电申请信息。

1）在

| 用电申请信息 | 客户自然信息 | 申请证件 | 联系信息 | 银行帐号 | 用电资料 | 用电设备 | 用户标识 |

中，选择"用电申请信息"。

2）在"业务类型"选择相应的业务类型，如"低压居民新装"。

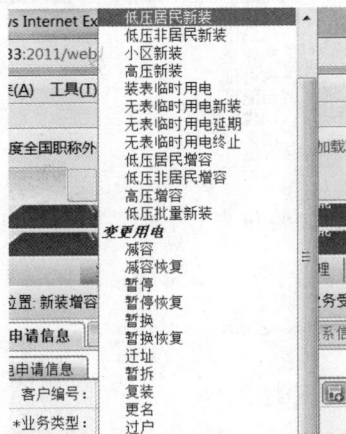

3）填写"业务子类"，选择"低压居民新装"。

4）输入用户名称：如"张志明"。

5）点击""显示"用电地址分解信息—网页对话框"填写"省、市、区县"点击"确认"。

6）在"证件类型"选择相应的证件，如"营业执照"。

7）填写"证件号码"。注：如要在"证件类型"选择"身份证"，必须如实填写"证件号码"，其他填写上即可。

8）在"联系类型"选择相应类型。

9）在"联系人"填写用户名称。

10）在"申请容量"填写用户设备容量或变压器容量。注：总容量

*申请容量：　　　　　　　5 kW/k

11）点击 显示"供电单位选择—网页对话框"选择供电单位，点击"确认"。

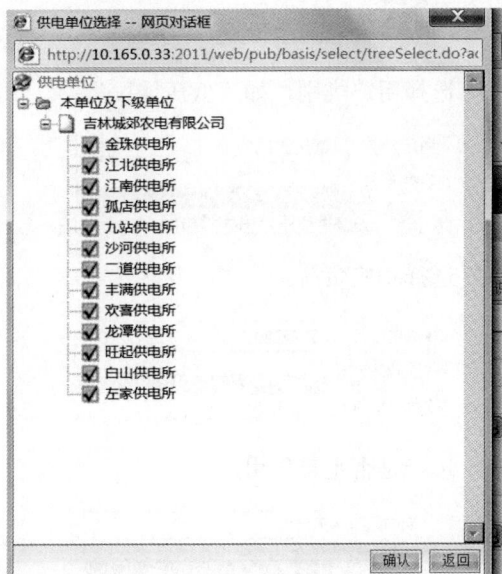

12）点击 显示"用电类别选择—网页对话框"选择用电类别，点击"确认"。

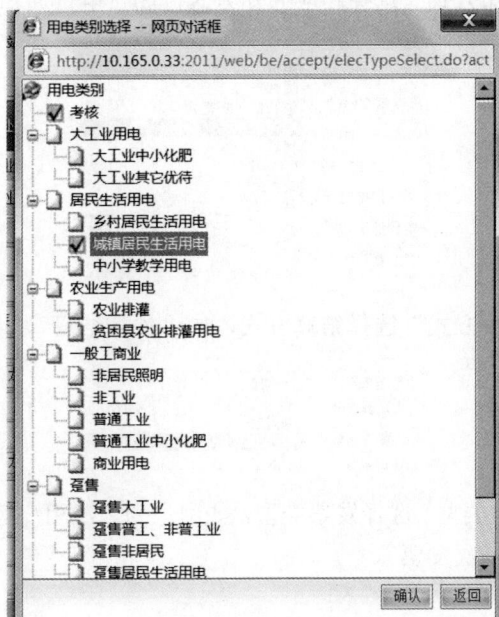

13）在"行业分类"选择相应的行业。

14）在"用户分类"选择用户类别，如"低压居民"。

15）在"供电电压"选择相应负荷。

16）在"转供标志"选择是否是转供用户。

17）在"电费通知方式"选择相应通知方式，如"电话通知"。

18）在"电费结算方式"选择结算方式，如"抄表结算"。

19）在"电费票据类型"选择发票类型，如用户为二次用户选择"农电二次发票"、一次用户选择"农电一次发票"。

20）在"缴费方式"选择相应的交费方式。

21）在"申请方式"选择相应申请方式。

22）以上信息均填写完毕，再单击"保存"。

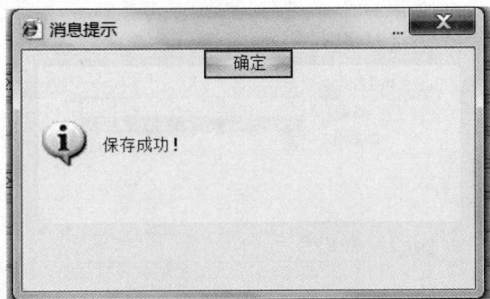

显示点击"确定"。

（2）填写客户自然信息、申请证件、联系信息、银行账号。客户自然信息、申请证件、联系信息、银行账号都是在"用电申请信息"中提取来的，一般不用填写，单击"保存"。

| 用电申请信息 | 客户自然信息 | 申请证件 | 联系信息 | 银行帐号 | 用电资料 | 用电设备 | 用户标识 |

客户自然信息

客户编号:	34845954		*客户名称:	张志明			
经济类型:			产业分类:			*客户区域:	吉林供电公司
信用等级:	最高信用度等级		价值等级:	最差价值等级		风险等级:	
VIP标志:			法人代表:			企业网址:	
VIP等级:			重要保电项目:				
电费/成本比:			企业规模:			销售区域:	
资金总额:		元	经营范围:				
注册资本金:		元	主要产品:				
年生产总值:		元	生产工艺:			产能:	
销售额:		元	主要原料:			供应来源:	

企业简介:

新增　保存　删除　查询密码　返回

（3）填写用电资料。

1）在 | 用电申请信息 | 客户自然信息 | 申请证件 | 联系信息 | 银行帐号 | **用电资料** | 用电设备 | 用户标识 | 中，选择"用电资料"。

2）填写"资料名称"。

*资料名称: 低压新装居民

3）在"资料类别"中选择相应类别。

*资料类别:	申请报告 ▼
*报送人:	申请报告
*报送时间:	产权证明
存放位置:	其他

4）填写"份数"

*份数: 1

5）在"资料是否合格"选择"是"或"否"。

*资料是否合格:	是 ▼
审查人:	是
审查时间:	否

6）填写"报送人"。

*报送人: 张志明

7）点击 🔲 显示  选择"报送时间" *报送时间: 2011-04-20

8）在 过滤 查看 批量新增 新增 保存 删除 打印 返回 中，选择"保存"。

（4）填写用电设备。

1）在 用电申请信息 客户自然信息 申请证件 联系信息 银行帐号 用电资料 **用电设备** 用户标识

中，选择"用电设备"。

2）在"设备类型"选择相应的用户设备。

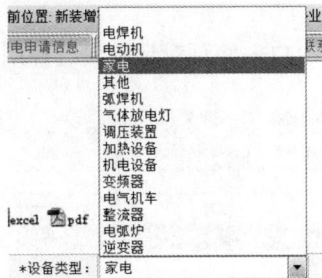

3）在"相线"选择用户的相线类别。

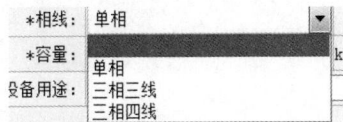

4）在"电压"选择电压负荷。

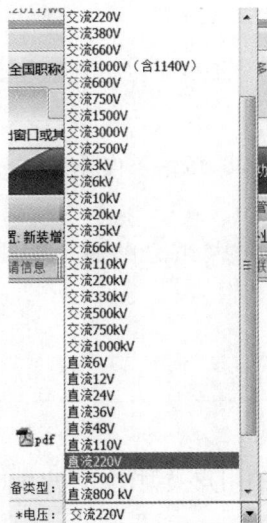

5）在"容量"填写用电设备容量。注：此容量指的是一台设备容量。

*容量： 5 kW/VA

6）在"台数"填写用电设备的台数。注：台数×容量="用电申请信息"中的"申请容量"。

*台数： 1

7）点击 显示"选择用户—网页对话框"选择用户，点击"确认"。

8）在 新增 保存 删除 返回 中，单击"保存"。

（5）填写用户标识。

1）在 用电申请信息 客户自然信息 申请证件 联系信息 银行帐号 用电资料 用电设备 **用户标识** 中，单击"用户标识"显示：

2）在"用户分类"选择用户的用户类型，如用户为二次用户选择"农电二次发票"、一次用户选择"农电一次发票"。

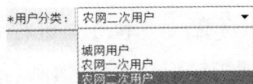

3）在 [保存] [返回]，单击"保存"。

（6）以上信息均填写完毕后，回到"用电申请信息"，在

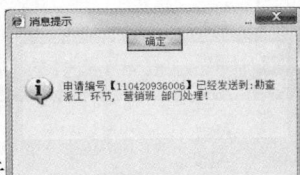

[打印] [查询] [保存] [发送] [返回] 中，单击"发送"，显示 注：要将申请编号记下来，便于进程查询。

（7）进程查询。

1）单击"工作任务"中的"待办工作单—查询"。

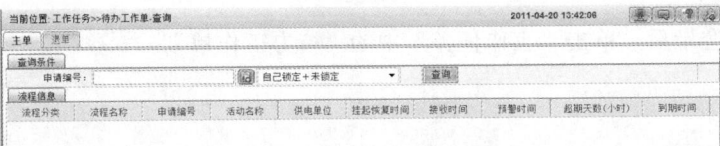

显示 。

2）在"主单"中"申请编号"输入之前记下的申请编号，单击"查询"显示如下。

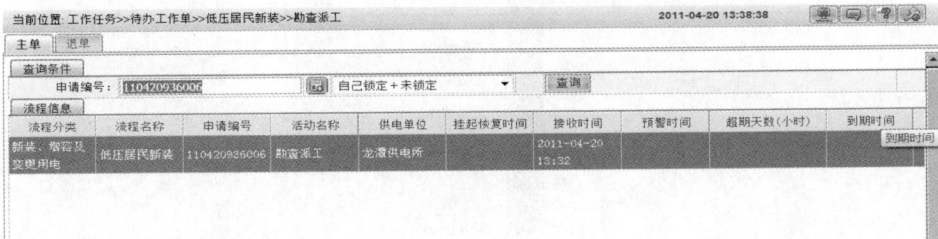

3）在 配置 进程查询 图形化流程查询 ，单击"进程查询"，显示"网页对话框"。

4）单击"激活"状态的活动名称，显示如下。

5）按照"有权限处理人员"的"用户编号"如"0201A075"重新登录后，到勘查派工环节。

4. 勘查派工

（1）重新登录后，单击"工作任务"中的"待办工作单"。

显示如下。

（2）双击需要派工的用户，显示如下。

（3）在 _____，选择"接收人员"。

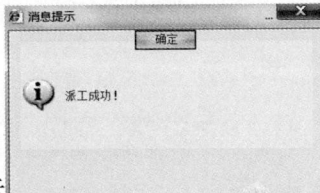

（4）在 [发送] [返回] 单击"发送"显示 _____ 单击"确定"。

（5）按上述进程查询查找下一环节的工号，按此工号重新登录。

5. 现场勘查

（1）选择要处理的工单。

1）重新登录后，单击"工作任务"中"待办工作单"选择"主单"。

2）在输入"申请编号"后，单击"查询"。

| 抄表段 | **主单** | 退单 |

查询条件

申请编号：110420936006　　自己锁定+未锁定　　査询

流程信息

流程分类	流程名称	申请编号	活动名称	供电单位	挂起恢复时间	接收时间	预警时间	超期天数(小时)	到期时间
新装、增容及变更用电	低压居民新装	110420936006	现场勘查	龙潭供电所		2011-04-20 14:05			

3）在"申请编号"处双击。

业务处理

当前位置：工作任务>>待办工作单>>低压居民新装>>现场勘查　　　　　2011-04-20 14:22:54

| 勘查方案 | 电源方案 | 计费方案 | 计量方案 | 受电设备方案 | 用电设备方案 | 接线简图 | 用电资料 | 采集点设计方案 | 采集点勘查 |

用电申请信息

申请编号：110420936006		用户编号：0219936334		业务类型：低压居民新装·低压居民新
用户名称：张志明				受理时间：2011-04-20 10:51:02
用电地址：吉林省吉林市龙潭区				受理部门：营销部
申请运行容量：	5 kVA	原有运行容量：	0 kVA	合计运行容量： 5 kVA
申请容量：	5 kVA	原有容量：	0 kVA	合计容量： 5 kVA
备注：				

| 勘查信息 | 方案信息 | 用户信息 |

*勘查人员：付雅静	*勘查日期：2011-04-20	*有无违约用电行为 无
用户重要性等级：		
*勘查意见：		
违约用电行为描述：		
勘查备注：		

（2）填写勘查信息。

*有无违约用电行为 无
　　　　　　　　　　无
　　　　　　　　　　有

1）在 ———————————————— 选择是或否。

2）在"勘查意见"填写意见，如"同意"。

*勘查意见：　同意

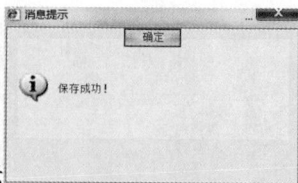

消息提示　　　　　×

确定

(i) 保存成功！

3）单击"保存"显示　　　　　　　　　后，单击"确定"。

（3）填写方案信息。

1）单击"方案信息"。

2）在"是否有工程"选择有无工程。

3）在"优惠电价标志"选择是或否。

4）单击"保存"显示 _____ 单击"确定"。

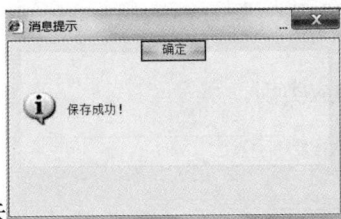

5）单击"用户信息"。

6）选择"行业分类"单击 ，显示"行业类别选择—网页对话框"选择所填的行业类别，单击"确定"。注：一定要选择到最底层。

*行业分类：(9920) 乡村居民

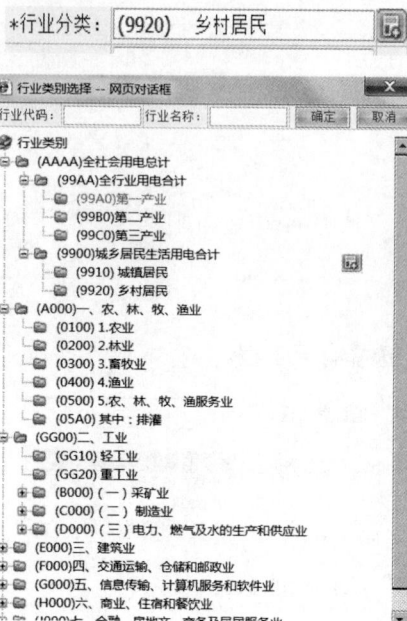

7）在"生产班次"选择班次。

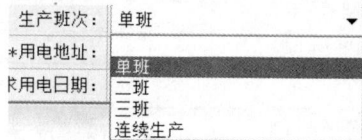

8）在"负荷性质"选择相应类别。

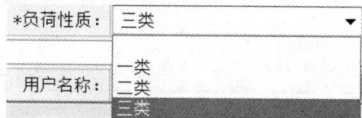

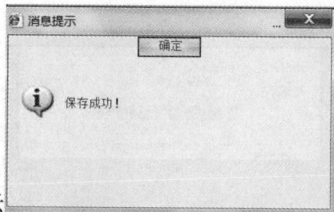

9）单击"保存"显示 ⬚⬚⬚⬚⬚⬚ 单击"确定"。

（4）填写电源方案。

1）单击"电源方案"中的"受电点方案"单击"保存"。

2）单击"供电电源方案"。

3）在"电源类型"选择台变类型。公变：与用户或台区共用一台变压器，自己无台变；专变：自己有台变的。

4）在"电源性质"选择电源性质。

5）填写 台区：[_____] 🔳 单击🔳显示"选择台区—网页对话框"输入查询条件，点击"查询"选择所属台区，单击"确定"。

6）在"进线方式"选择相应的方式。

7）在"进线杆号"输入杆号 进线杆号：[02] 。

8）选择"产权分界点" *产权分界点：[_____]🔳 。

单击🔳显示"录入信息—网页对话框"选择相应分界点，单击"确认"。

9）选择"保护方式"。

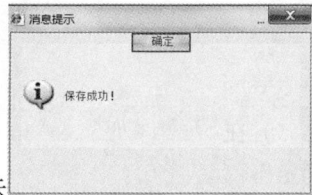

10）在 新增 拆除 保存 取消 上，单击"保存"显示 ，单击"确定"。

（5）填写计费方案。

1）单击"计费方案"。

当前位置：工作任务>>待办工作单>>低压居民新装>>现场勘查　2011-04-20 15:24:07

| 勘查方案 | 电源方案 | 计费方案 | 计量方案 | 受电设备方案 | 用电设备方案 | 接线简图 | 用电资料 | 采集点设计方案 | 采集点勘查 |

申请编号	用户编号	受电点标识	受电点名称	类型	变更说明
110420936006	0219936334	286534395	张志明受电点	箱式变	新增

用户定价策略方案

受电点标识	受电点名称	定价策略类型	基本电费计算方式	需量核定值	功率因数考核方式	变更说明
286534395	张志明受电点	单一制	不计算		不考核	新增

*定价策略类型： 单一制 　*基本电费计算方式： 不计算 　需量核定值：
*功率因数考核方式： 不考核

模版应用　　　　　　　　　　　　　　　　　　　　新增 拆除 保存 取消

2）选择"定价策略类型"。

*定价策略类型： 单一制
*功率因数考核方式： 两部制
　　　　　　　　　单一制

3）选择"基本电费计算方式"。

*基本电费计算方式： 不计算
　　　　　　　　　不计算
　　　　　　　　　按容量
　　　　　　　　　按需量
　　　　　　　　　按容需对比
　　　　　　　　　特殊算法
　　　　　　　　　按容需对比（需量）

4）选择"功率因数考核方式"。

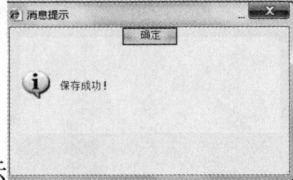

5）在 新增 拆除 保存 取消 ，单击"保存"显示 单击
"确定"。

6）在"用户电价方案"界面，

选择"执行电价" *执行电价： 单击 显示。

7）输入"用电类别"和"电压等级"点击"查询"选择相应电价，点击"确定"。

8）选择"是否执行峰谷标志"是或否。

9）选择"功率因数标准"。

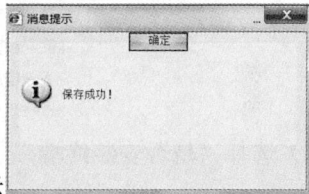

10）在 新增　撤销　保存　取消 ，单击"保存"显示 单击"确定"。

（6）填写计量方案。

1）单击"计量方案"。

点击"新增"显示"计量点方案—网页对话框"。

2）选择"计量方式"。

3）选择"接线方式"。

4）选择"是否安装终端"。

5）选择"是否具备装表条件"。

6）选择"电能计量装置分类"。

7）选择"计量点所属侧"。

*计量点所属侧：	用户侧
计量点计费信息	变电站内
*电量计算方式：	变电站外 电网侧
执行顺序：	用户侧

8）填写"计量点计费信息"。

计量点计费信息					
*电量计算方式：	实抄（装表计量）	定量定比值：		*定比扣减标志：	否
执行顺序：	0	*变损分摊标志：	否	变损分摊协议值：	
*变损计费标志：	否	*线损分摊标志：	否	线损分摊协议值：	
*线损计算方式：	不计算	有功线损计算值：		无功线损计算值：	
*线损计费标志：	否	PT有功加损：		PT无功加损：	
*电价名称：	居民生活用电（1千伏以下，无城市附加费）			是否执行峰谷标志：	否

9）选择"电量计算方式"。

*电量计算方式：	实抄（装表计量）
执行顺序：	转供电量
	电量调整
*变损计费标志：	实抄（装表计量）
*线损计算方式：	定比 定量
*线损计费标志：	按日协定

10）选择"定比扣减标志"。

*定比扣减标志：	否
变损分摊协议值：	否 是

11）选择"变损分摊标志"。

*变损分摊标志：	否
*线损分摊标志：	否 是

12）选择"变损计费标志"。

*变损计费标志：	否
*线损计算方式：	否 是
*线损计费标志：	否

13）选择"线损分摊标志"。

*线损分摊标志：	否
有功线损计算值：	否 是

14）选择"线损计算方式"。

*线损计算方式：	不计算
*线损计费标志：	不计算
	按定比
*电价名称：	按定量
	按标准公式
选台区	按标准查表
	关口线损

15）选择"线损计费标志"。

16）在"电价名称"选择电价。

*电价名称：居民生活用电（1千伏以下，无城市附加费）

17）单击 显示"相关计量点关系方案—网页对话框"电价都已在上步提取，单击"确认"即可。

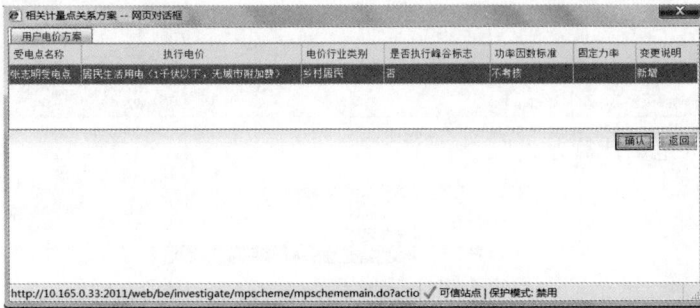

18）填写电能表方案。

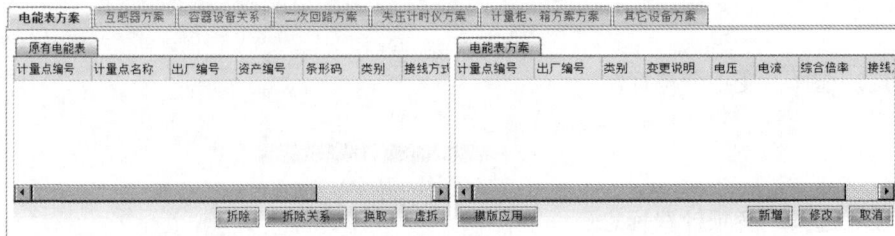

19）单击"电能表方案"点击"新增"显示"电能表方案—网页对话框"。

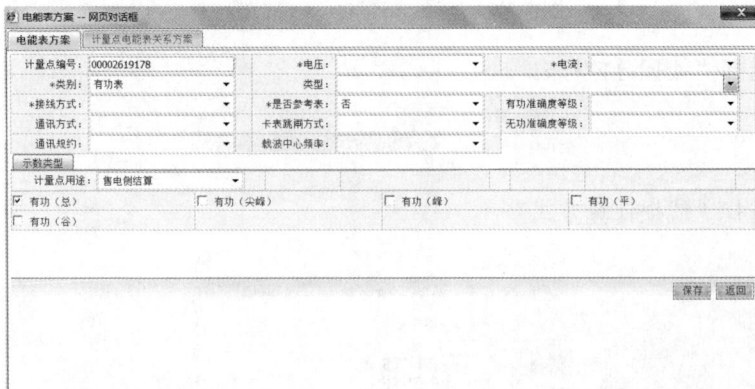

20）选择"电压"。

*电压：	220V ▼
类型：	220V
参考表：	3x380
甲方式：	3x220/380V
	3x100V
心频率：	3x57.7/100V

21）选择"电流"。

*电流：	10(40)A ▼
	0.2(1.2)A
度等级	0.3(1.2)A
度等级	1(1)A
	1(10)A
	1(2)A
	1(25)A
	1(40)A
	1(5)A
	1(50)A
	1(6)A
	1.5(1.5)A
	1.5(3)A
	1.5(6)A
	1.5(9)A
	1.5A
	10(10)A
	10(20)A
	10(30)A
	10(40)A

22）选择"类别"。

*类别：	有功表 ▼
线方式：	有功表
孔方式：	无功表
孔规约：	多功能表
	复费率表
型	需量表
	预付费表
量点用途	智能表
	有功+无功表

23）选择"接线方式"。

*接线方式：	单相 ▼
通讯方式：	单相
通讯规约：	三相三线
示数类型	三相四线

24）选择"是否参考表"。

*是否参考表：	否 ▼
卡表跳闸方式：	否
载波中心频率：	是

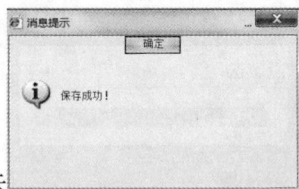

25）点击"保存"显示 单击"确定"。

（7）填写受电设备方案和用电设备方案。低压用户不填写"受电设备方案"，"用电设备方案"都是在以上信息提取过来的，直接单击保存即可。

（8）以上信息都填写完毕后，回到"勘查方案"在

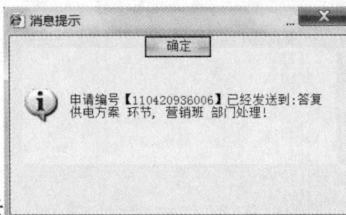

点击"发送"后，显示 单击"确定"到下一环节。

（9）按上述的"进程查询"查询下一环节待办人的工号重新登录答复供电方案环节。

6. 答复供电方案

（1）选择要处理的工单。

1）重新登录后，单击"工作任务"中"待办工作单"选择"主单"。

2）在输入"申请编号"后，单击"查询"。

3）在"申请编号"处双击。

（2）填写答复供电方案。

1）在"答复"栏，选择"答复方式"单击"保存"。

2）在"客户回复"栏，选择"客户回复方式"。

3）选择"客户回复时间" *客户回复时间：

单击 ▦ 显示 ▦ 选择客户答复时间。

4）选择"客户回复意见"点击"保存"。

*客户回复意见：　通过　　　　　　　▼
　　　　　　　　　　通过
　　　　　　　　　　不通过

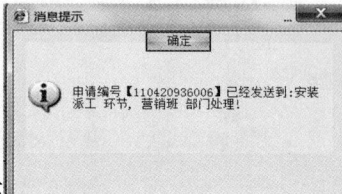

消息提示

确定

申请编号【110420936006】已经发送到：安装
派工 环节，营销班 部门处理！

5）在 [批量打印] [打印] [发送] [返回] 单击"发送"显示 单击"确定"到下一环节。

（3）按上述的"进程查询"查询下一环节待办人的工号重新登录安装派工环节。

7. 安装派工

（1）选择要处理的工单。

1）重新登录后，单击"工作任务"中"待办工作单"选择"主单"。

当前位置：工作任务>>待办工作单>>低压居民新装>>安装派工　　　　2011-04-21 10:27:12

| 抄表段 | **主单** | 退单 |

申请编号：[　　　　　] 自己锁定＋未锁定 ▼ [查询]

流程信息

流程分类	流程名称	申请编号	活动名称	供电单位	挂起恢复时间	接收时间	预警时间	超期天数（小时）	到期时间
新装、增容及变更用电	低压居民新装	110420936006	安装派工	龙潭供电所		2011-04-21 10:21			
抄表管理	105抄表计算	101230720140	抄表数据下载	龙潭供电所		2011-01-02 15:28			
抄表管理	105抄表计算	101230720141	抄表数据下载	龙潭供电所		2011-01-02 15:28			
抄表管理	105抄表计算	101230720142	抄表数据下载	龙潭供电所		2011-01-02 15:28			

2）在输入"申请编号"后，单击"查询"。

当前位置：工作任务>>待办工作单>>低压居民新装>>安装派工　　　　2011-04-21 10:27:54

| 抄表段 | **主单** | 退单 |

查询条件

申请编号：[110420936006] 自己锁定＋未锁定 ▼ [查询]

流程信息

流程分类	流程名称	申请编号	活动名称	供电单位	挂起恢复时间	接收时间	预警时间	超期天数（小时）	到期时间
新装、增容及变更用电	低压居民新装	110420936006	安装派工	龙潭供电所		2011-04-21 10:21			

3）在"申请编号"处双击。

（2）开始派工。

1）在"工作单列表"中选择要派工的用户。

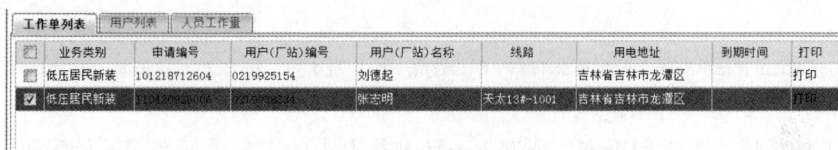

2）在"派工信息"中选择装拆人员。

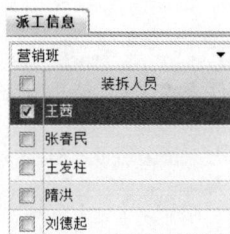

3）在"派工信息"中选择"负责人"。

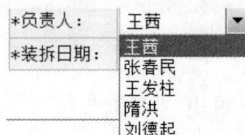

4）在"派工信息"中选择"装拆日期"。

单击 出现 选择装拆日期。

5）在 点击"派工"，显示 点击"确定"。

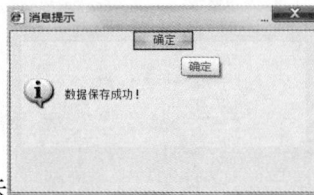

6） 点击"发送"点击"确定"到下一环节。

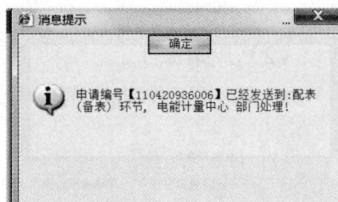

（3）按上述的"进程查询"查询下一环节待办人的工号重新登录开始配表（备表）环节。

8. 配表（备表）

（1）选择要处理的工单。

1）重新登录后，单击"工作任务"中"待办工作单"选择"主单"。

2）在输入"申请编号"后，单击"查询"。

3）在"申请编号"处双击。

（2）开始配表（备表）。

1）在"工作单列表"选择要配表的用户。

2）点击"配表"中的 。

3）显示"配表（备表）——网页对话框"选择对应的条形码，点击"确定"。

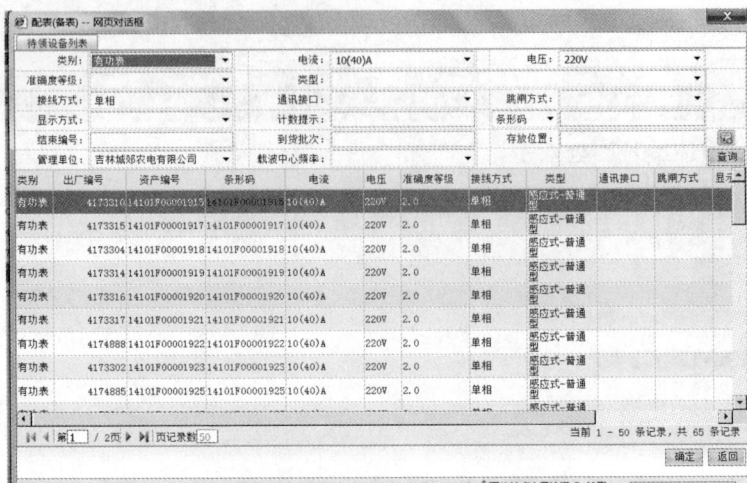

4）在 点击"领用"显示"配表（备表）——网页对话框"。

5）点击 ，显示"网页对话框"选择"领用人员"点击"确认"。

6）点击 显示 选择"信用日期"点击"确定"，显示

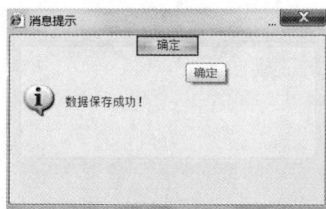

点击"确定"。

7）在 点击"发送"显示

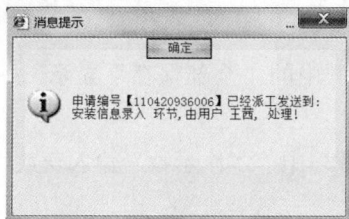

点击"确定"到下一环节。

（3）按上述的"进程查询"查询下一环节待办人的工号重新登录开始安装信息录入环节。

9. 安装信息录入

（1）重新登录后，单击"工作任务"中"待办工作单"选择"主单"。

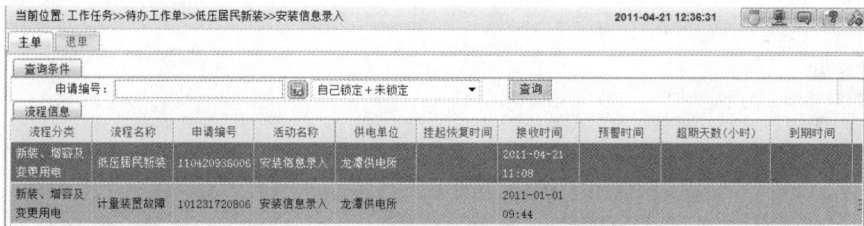

（2）双击要处理的工单。

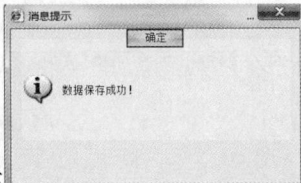

（3）点击"计量点方案"中的"全部保存"显示 点击"确定"。

（4）在"电能表装拆示数"中"本次示数"输入表数。

（5）在 点击"发送"后

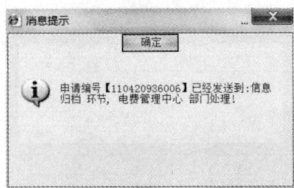

 点击"确定"到下一环节。

（6）按上述的"进程查询"查询下一环节待办人的工号重新登录开始信息归档环节。

10. 信息归档

（1）重新登录后，单击"工作任务"中"待办工作单"选择"主单"。

（2）双击要处理的工单。

| 信息归档 | 申请证件 | 联系信息 |

用电申请信息

申请编号：	110420936006		用户编号：	0219936334		业务类型：	低压居民新装·低压居民新
用户名称：	张志明					受理时间：	2011-04-20 10:51:02
用电地址：	吉林省吉林市龙潭区					受理部门：	营销部
申请运行容量：		5 kVA	原有运行容量：		0 kVA	合计运行容量：	5 kVA
申请容量：		5 kVA	原有容量：		0 kVA	合计容量：	5 kVA
备注：							

审批/审核记录

| 审批/审核部门 | 审批/审核人 | 审批/审核时间 | 审批/审核结果 | 审批审核标志 | 业务环节 |
| 电费管理中心 | 翟晶欣 | 2011-04-21 | | 审核 | 信息归档 |

*审批/审核人： 翟晶欣　　*审批/审核时间： 2011-04-21　　*审批/审核结果：

审批/审核意见：

[保存] [信息归档] [打印] [启动用户回访] [发送] [返回]

（3）选择"审批/审核结果"。

*审批/审核结果：
不通过
通过

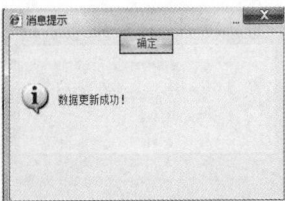

消息提示
数据更新成功！　[确定]

（4）在 [保存] [信息归档] [打印] [启动用户回访] [发送] [返回] 点击"保存"
点击"确定"。

（5）在 [保存] [信息归档] [打印] [启动用户回访] [发送] [返回] 点击"信息归档"。

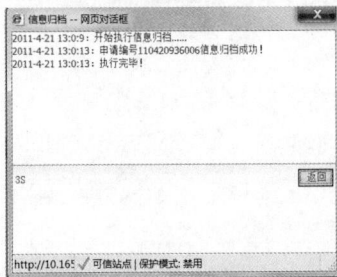

信息归档 -- 网页对话框
2011-4-21 13:0:9: 开始执行信息归档……
2011-4-21 13:0:13: 申请编号110420936006信息归档成功！
2011-4-21 13:0:13: 执行完毕！

3S　　[返回]

http://10.165　✓ 可信站点 | 保护模式: 禁用

点击"返回"。

（6）在 点击"发送"

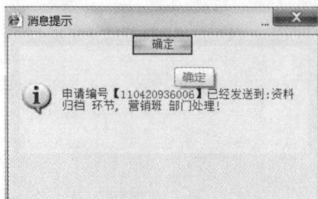

点击"确定"到下一环节。

（7）按上述的"进程查询"查询下一环节待办人的工号重新登录开始资料归档环节。

11. 资料归档

（1）重新登录后，单击"工作任务"中"待办工作单"选择"主单"。

（2）双击要处理的工单。

（3）填写档案号、盒号、柜号。

*档案号：2
*盒号：3
*柜号：1

（4）填写归档人员及归档日期。

*归档人员：宋春月
*归档日期：2011-04-21

（5）在
新增
保存
删除
点击“保存”。

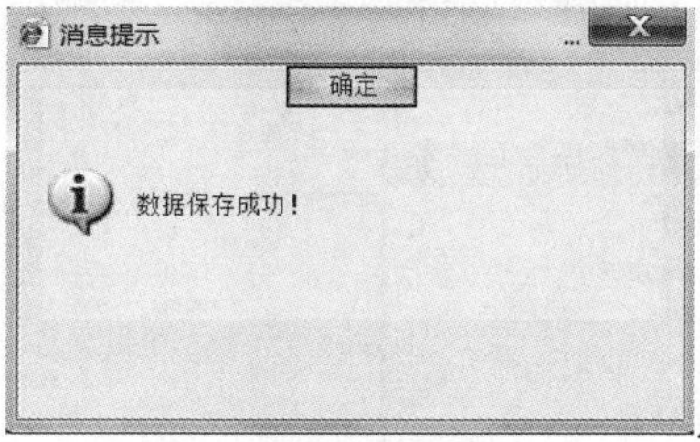
消息提示
确定
数据保存成功！
点击“确定”。

（6）在
打印
发送
返回
点击“发送”。

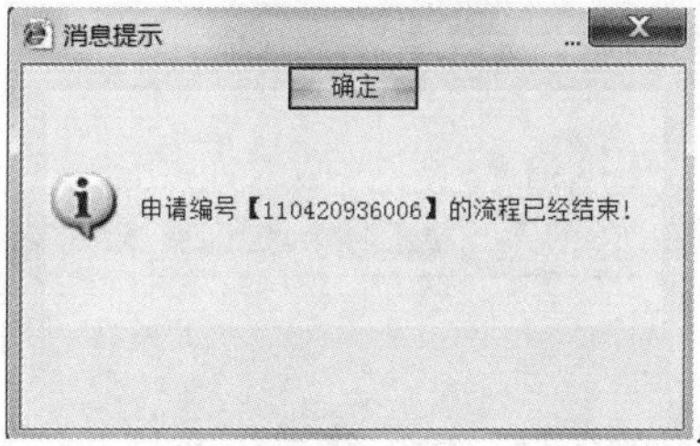
消息提示
确定
申请编号【110420936006】的流程已经结束！
点击“确定”。

（7）低压居民新装的流程全部结束。

二、采集终端的安装调试

电力用户用电信息采集系统是SG186营销技术支持系统的重要组成部分，既可通过中间库、Webservice方式为SG186营销业务应用提供数据支撑，同时也可独立运行，完成采集点设置、数据采集管理、预付费管理、线损分析等功能。

电力用户用电信息采集系统从功能上完全覆盖SG186营销业务应用中电能信息采集业务中所有相关功能，包括基本应用、高级应用、运行管理、统计查询、系统管理，为SG186营销业务应用中的其他业务提供用电信息数据源和用电控制手段。同时还可以提供SG186营销业务应用之外的综合应用分析功能，如配电业务管理、电量统计、决策分析、增值服务等功能，并为其他专业系统如SG186生产管理系统、GIS系统、配电自动化系统等提供基础数据。

（一）主站建档、调试及投运

点击功能菜单【基本应用】→【终端调试】→【集抄终端调试】。

（1）手工建档（新建）。

1）Ⅱ型集中器建档。

点击【新建】，选择对应的条件，输入终端资产号及终端安装位置。

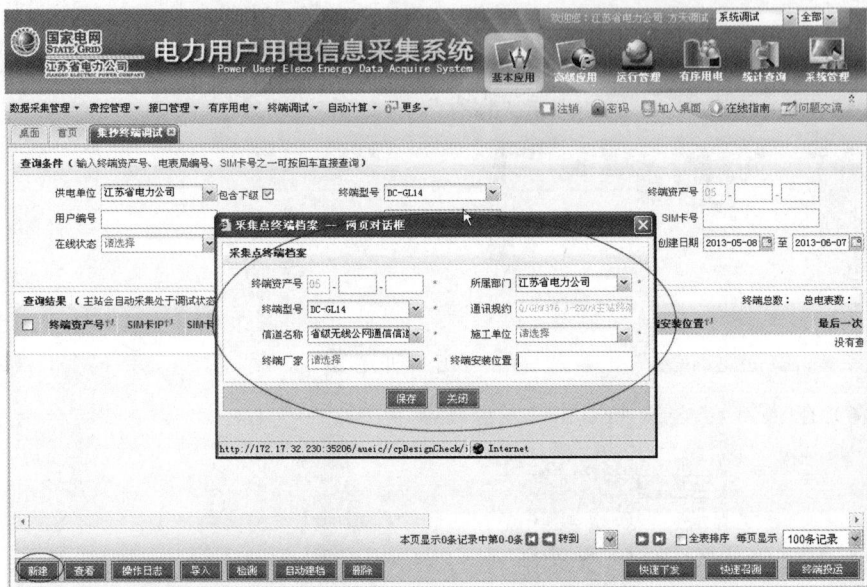

2）Ⅰ型集中器及 GPRS 表建档。

a.Ⅰ型集中器建档：点击【新建】，选择对应的条件，输入终端资产号及终端安装位置，采集端口选系统默认。自带局编号根据实际情况是否填写。

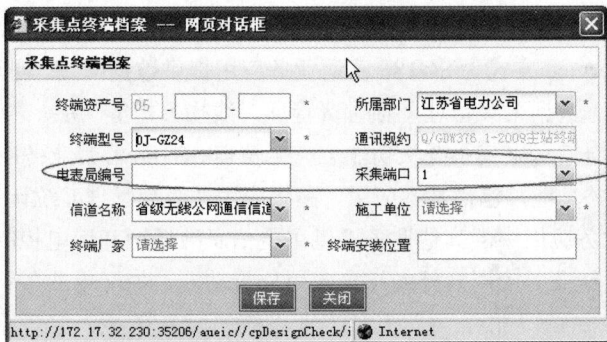

b. GPRS 表建档：点击【新建】，选择对应的条件，输入终端资产号及终端安装位置，自带局编号根据实际表计局编号填写。

（2）批量建档（导入）。

点击【导入】，勾选相应的选择条件，选择做安装档案表格（EXCEL）导入，根据系统提示对报错进行处理（主要为表已挂接，电表局编号错误等）。

（3）电表挂接。

选择终端点击【查看】，根据不同条件添加电表（抄表段、台区编号、局编号等），其余参数选默认。

（4）召测终端时钟。

点击列表中的"终端资产号"链接，召测终端时钟，以确认该终端已正常登录且时钟正确（若召测回的时钟不正确，可在快速下发页面进行终端对时操作）。

注：新建完终端档案后，建议等1min后再召测终端时钟。测试时，可能不会一次就测试成功，请多试几次再判定通信是否成功。

（5）终端检测。

选择需要检测的终端，点击【检测】按钮，召测该终端的版本信息及信号强度，以确认该终端通信正常。

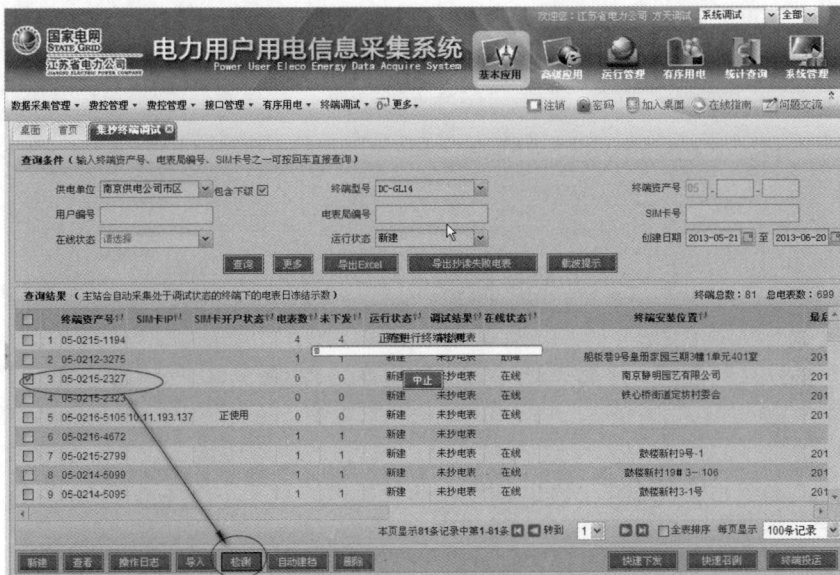

（6）参数下发。

点击【参数下发】，下发成功后主站会显示"已下发"。

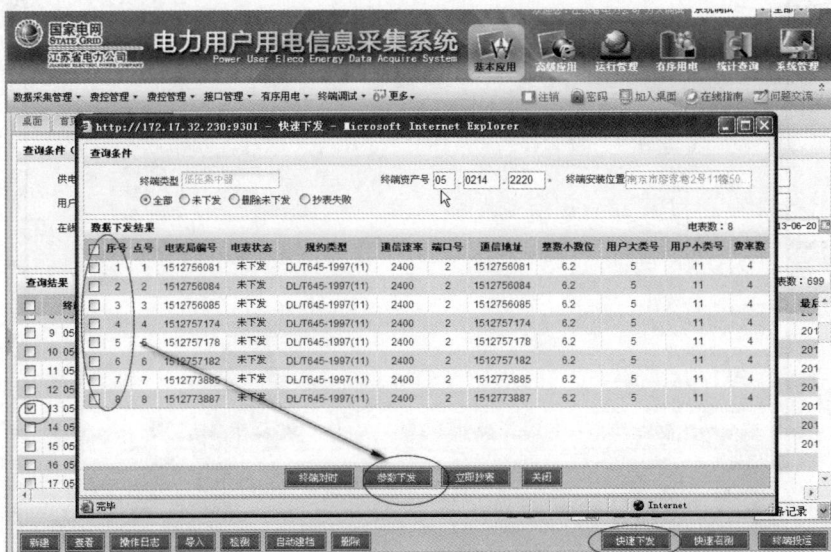

（7）抄表命令下发（立即抄表）。

点击【立即抄表】，下发成功后，终端开始抄表。

（8）数据召测验证。

点击【数据召测】，根据召回的数据，判断终端抄表是否成功（示数、抄表时间、数据、抄表状态等）。

Ⅱ型集中器及 GPRS 表可抄实时数据（一般"立即抄表"几分钟后）。

Ⅰ型集中器需抄日冻结数据（需隔日抄读）。

（9）终端投运。

对抄表成功率 95% 以上的终端，点击【终端投运】，终端运行。

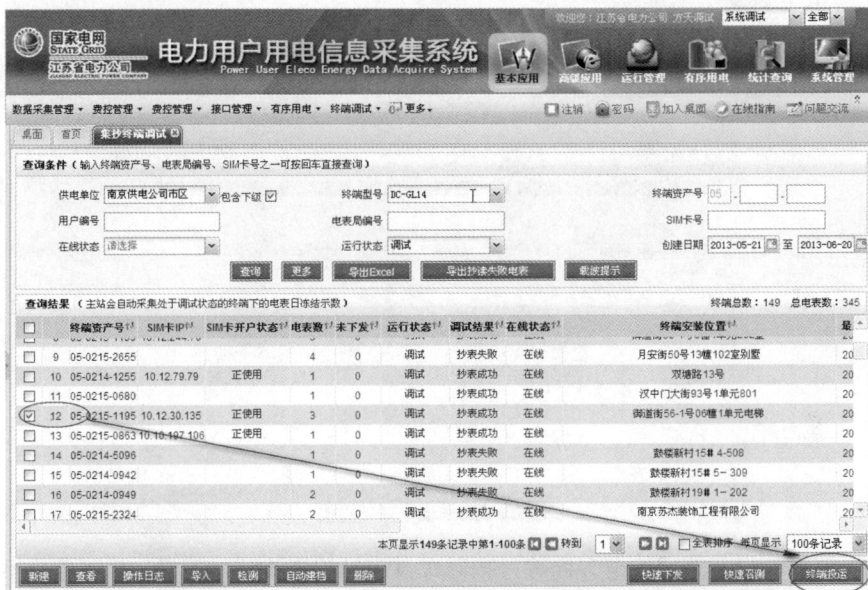

（10）批量检测、调试及投运。

选择多个终端可进行批量检测、批量下发、批量召测、批量投运（操作步骤可参见单个终端调试）。

（二）档案变更

1. 业务描述

本页面完成非流程采集点的终端更换、拆除，新增、删除采集对象（电表装拆更换），并完成参数下发、终端退库操作，可查看变更历史，自动换表清单。

（1）主要功能：

1）更换、拆除终端：更换指定终端，拆除停运终端。

2）更换、拆除电表：查询非运行电表，更换现场已换装的电能表，删除已拆除的电能表。

3）更换自带表计的终端：根据换表记录，更换 GPRS 电表和载波集中器。

（2）辅助功能：

1）终端测量点参数下发：下发已更换对象的测量点参数，查询历史下发失败参数不下发。

2）更换或拆除的终端自动退库。

3）查看终端、电表更换历史记录。

2. 操作说明

（1）拆换终端。

1）点击功能菜单【基本应用】→【终端调试】→【档案变更】。

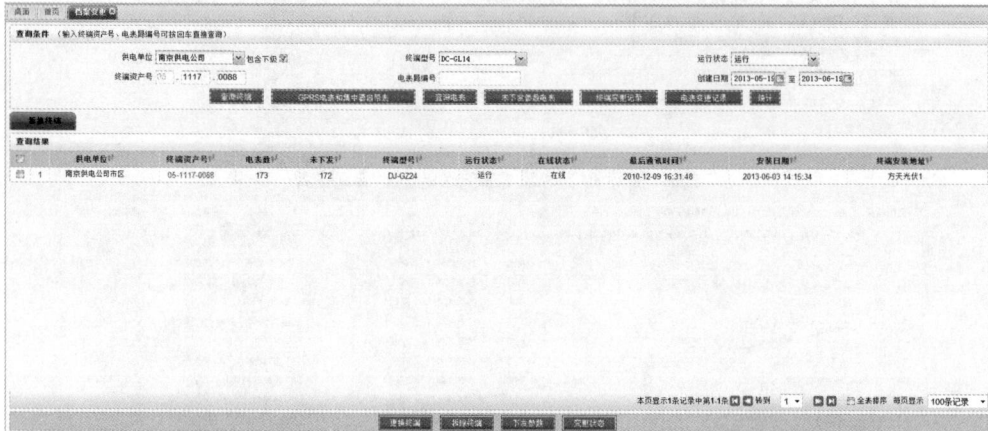

2）输入终端资产号、电表局编号按回车键可精确查询终端记录；也可输出页面查询条件点击【查询终端】，查询终端记录；注：此处的操作对象是所有已投入运行的终端；终端状态为"请选择"，或"运行"时，查询有未下发参数的终端记录。

3）单选终端，点击【更换终端】（注：停运终端不可更换）。

① DC–GL14：直接输入新终端资产号，确认更换（注：输入的终端资产号要未曾建档；更换完成，终端下所有电表置为未下发）。

② DJ–GZ24：先查询换表台账，找出原电表对应的新电表表号，并根据集中器–电表资产关系，查出新集中器的资产号，确认更换；若无换表台账，则需手工输入新集中器资产号，回车后验证唯一性并关联出自带表号，确认更换。

③ GPRS 电表或模块：手工输入"终端资产号"，"查换表台账"，找出原电表对应的新电表表号，如果无法查出新表号，则手工输入新表号，确认更换。

④ 删除终端：

a. 满足以下条件才可删除：终端处于停运状态，或本终端下的采集对象对应的电表均为"非运行"。

b. 选择终端记录，点击【删除终端】按钮，确认删除。

⑤ 参数下发：多选指定终端，下发该终端下所有未下发参数。

⑥ 终端状态变更：配合终端拆除的要求，变更终端的运行状态，仅可由"故障、暂停、运行、停运"变更为"运行或停运"状态。

（2）更换自带表计的终端。

1）点击【GPRS 电表和集中器自带表】，根据供电单位（地市、市县、供电所）、终端型号、终端状态，查询"非运行状态"且是 GPRS 电表载波集中器自带的表对应的所有终端。

2）其他操作同拆换终端。

（3）更换、拆除电表。

1）查询电表：输入终端资产号、电表局编号，按回车键可精确查询电表记录；也可输出页面查询条件点击【查询电表】查询（注：此处的操作对象是所有已投入运行终端挂接的非运行电表）。

2）更换电表：选择电表，点击【更换电表】，若根据换表台账查询到新表号，带出新表号信息；若无换表台账，则手工录入新电表资产号，确认更换，更换后采集对象标记为未下发。

3）电表拆除：选中现有电表，点击【拆除电表】按钮，确认拆除（注：若选择的电表是对应终端的最后一个采集对象，则不允许拆除，应进行终端删除操作，防止出现空终端）。

4）参数下发：向终端下发调整后的采集对象参数。

（4）未下发参数电表。

1）根据供电单位（地市、市县、供电所）、终端型号、终端状态（新建调试除外），点击【未下发参数电表】，查询出全部采集对象中的参数未下发对象。

2）参数下发：向终端下发调整后的采集对象参数。

（5）终端变更记录。

1）根据供电单位（地市、市县、供电所）、终端型号、时间段，点击【终端变更记录】，查询出采集点终端变更的历史操作记录。

2）查询内容分为：采集点终端变更记录和终端资产变更记录的最近一次明细清单，查看指定对象的历史变更过程。

当拆除时，新资产号显示"拆除"。

采集点编号：链接查询本采集点的终端变更历史记录。

3）更换：仅查询显示更换的终端；拆除：仅查询显示拆除的终端。

（6）查看采集对象拆换历史操作记录。

1）指定表号或终端查询采集对象的电表更换或删除的历史操作记录。

2）根据供电单位（地市、市县、供电所）、终端型号、时间段，点击【电表变更记录】，查询出采集对象删除或更换的历史操作记录（列表只显示采集对象变更记录最近一次明细清单）。点击采集对象编号，查看指定对象的历史变更过程。

当拆除时，新资产号位置填写"拆除"。

3）更换：仅查询显示更换的采集对象；拆除：仅查询显示拆除的采集对象。

（7）统计。

根据供电单位（地市、市县、供电所）、时间段，统计各供电单位终端以及电表的成功更换拆除数量。

（三）采集全覆盖查缺补漏

1. 业务描述

按供电单位，分用户类别统计用电信息采集系统用户采集覆盖情况，了解各单位采集覆盖进度、实现采集用户数量、未实现采集用户数量及采集覆盖率等，同时提供查看、导出未实现采集用户清单。

2. 操作说明

（1）点击功能菜单【基本应用】→【终端调试】→【纠错功能】→【采集全覆盖查缺补漏】。

（2）负控用户：应安装负控装置的电力用户。

1）用户总数：此类用户总数，且这些用户至少有一只实装电表。

2）电表数：此类用户下的所有实际安装的电能表只数。

3）全采集：用户的所有电能表都已经被采集，不区分采集的具体终端类型。

4）部分采集：用户下有未被采集的电表。

5）未采集：未安装采集装置的用户。

6）用户覆盖率：（全采集+部分采集）用户/用户总数。

7）电表覆盖率：已装电表数/应装电表数。

（3）集抄大用户："高压用户、低压非居民、低压居民"用户中，合同容量 50kVA 以上且被"应装负控用户"排除的其他全部正常电力用户。

1）用户总数：此类用户总数，且这些用户至少有一只实装电表。

2）电表数：此类用户下的所有实际安装的电能表只数。

3）全采集：用户的所有电能表都已经被采集，不区分采集的具体终端类型。

4）部分采集：用户下有未被采集的电表。

5）未采集：未安装采集装置的用户。

6）用户覆盖率：（全采集+部分采集）用户/用户总数。

7）电表覆盖率：已装电表数/应装电表数。

（4）高压用户：用户分类为"高压用户"的全部电力用户，含合同容量小于 50kVA 的正常电力用户。

1）用户总数：此类用户总数，且这些用户至少有一只实装电表。

2）电表数：此类用户下的所有实际安装的电能表只数。

3）全采集：用户的所有电能表都已经被采集，不区分采集的具体终端类型。

4）部分采集：用户下有未被采集的电表。

5）未采集：未安装采集装置的用户。

6）用户覆盖率：（全采集+部分采集）用户/用户总数。

7）电表覆盖率：已装电表数/应装电表数。

（5）低压用户：用户分类为"低压居民和低压非居民"的全部正常电力用户，含合同容量大于 50kVA 的负控用户。

1）用户总数：此类用户总数，且这些用户至少有一只实装电表。

2）电表数：此类用户下的所有实际安装的电能表只数。

3）全采集：用户的所有电能表都已经被采集，不区分采集的具体终端类型。

4）部分采集：用户下有未被采集的电表。

5）未采集：未安装采集装置的用户。

6）用户覆盖率：（全采集+部分采集）用户/用户总数。

7）电表覆盖率：已装电表数/应装电表数。

（6）公用配变：PMS 台区中的有效运行的配变。

1）台区总数：PMS 台区数，此台区至少有一台运行配变，有归属的电力用户。

2）配变数：PMS 台区内正常运行的配变台数。

3）已采集：台区内所有台区考核的总表已全部采集，且已采集总表数≥运行的配变数。

4）部分采集：台区内已有考核用总表被采集，但不全或少于实际配变台数。

5）未采集：台区内无被采集的考核表。

6）采集覆盖率：已采集配变数/全部配变数。

（四）载波搜表

1. 采集模式见图 14-3-1

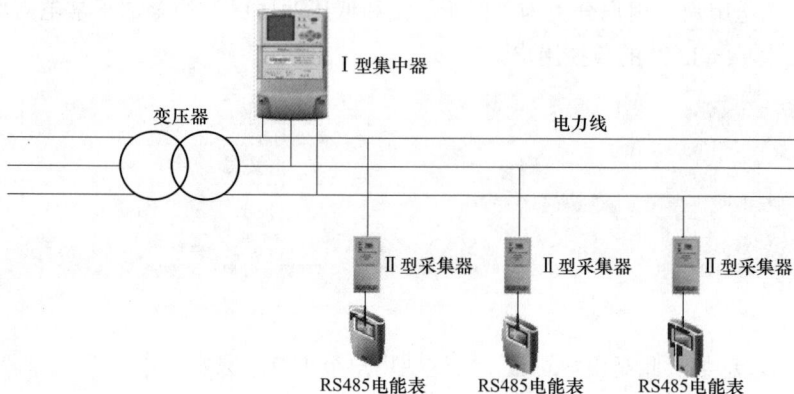

I 型集中器

变压器

电力线

II 型采集器 II 型采集器 II 型采集器

RS485电能表 RS485电能表 RS485电能表

图 14-3-1 采集模式图

2. 实现原理

（1）采集器：建立一个电能表列表，用于记录本采集器能够搜索到的电能表号（实际是指电能表的通信地址号，而非主站上的电能表资产编号）。

1）每次上电初始化后，清空当前列表，立即启动一次自动搜表。

2）定时或在接收到集中器的搜表启动指令后，立即启动一次自动搜表，覆盖原有列表。

3）根据集中器的电表上报指令，将本采集器下当前电表全部上报。

（2）集中器：集中器中建立一个电能表、采集器关系列表，用于记录采集器上报的电表列表及其连接关系。该清单包括所有上报的电表号及其对应的采集器资产号，也包括无表的采集器，与主站对集中器的测量点配置参数无任何关系。

1）在集中器的搜表广播指令下，采集器自动识别并报告本采集器当前连接的电能表。

2）集中器按照采集器的上报更新电表及其对应的采集器关系，删除连续 5 次未接收到上报的电表或空采集器。

3）当出现串台区时，集中器可能会接收到非本台区下的采集器上报信息，同一个电表采集器关系可能会被多个集中器记录，但在主站的控制下仅会有一个被设置了测量点。

3. 自动搜表

（1）在集抄终端调试页面，在查询结果列表中选择一个 I 型集中器，点击【查看】，进入维护采集关系页面，在页面右侧点击【搜表比对】。

第一个窗口标题栏：http://172.17.32.230:9301 — 搜索比对 — Microsoft Internet Explorer

终端信息

终端资产号 05-0210-1690　　【搜索比对】【立即重搜】【拓扑图】

搜索比对结果

	电表局编号	周成功率	本集中器建者 点号	本集中器搜表 电表地址	本集中器搜表 采集器编号	被其它集中器建者 终端资产号	被其它集中器建者 点号	被重复搜表 终端资产号
1	0200884531	6/7		000200884531	000702318861	05-0210-1717	10	05-0210-1717
2	0200878892	6/7		000200878892	000702332901	05-0210-1717	5	05-0210-1717
3	0200884332	6/7		000200884332	000702332950	05-0210-2140	13	05-0210-2140
4	0200884528	6/7		000200884528	000702340729	05-0210-1717	9	05-0210-1717
5	0200884523	6/7		000200884523	000702340734	05-0210-1717	8	05-0210-1717
6	0200878895	6/7		000200878895	000702340735	05-0210-1717	6	05-0210-1717
7	0200878891	6/7		000200878891	000702340737	05-0210-1717	4	05-0210-1717
8	0200878882	6/7		000200878882	000702340738	05-0210-1717	3	05-0210-1717
9	0200878881	6/7		000200878881	000702340744	05-0210-1717	2	05-0210-1717
10	0200884519	6/7		000200884519	000702340748	05-0210-1717	7	05-0210-1717
11	0200884792	6/7		000200884792	000702340750	05-0210-1717	13	05-0210-1717
12	0200884786	6/7		000200884786	000702340751	05-0210-1717	12	05-0210-1717

【关闭】　Internet

（2）点击【立即重搜】，召测集中器中的"采集器资产号与电表号"关系表。

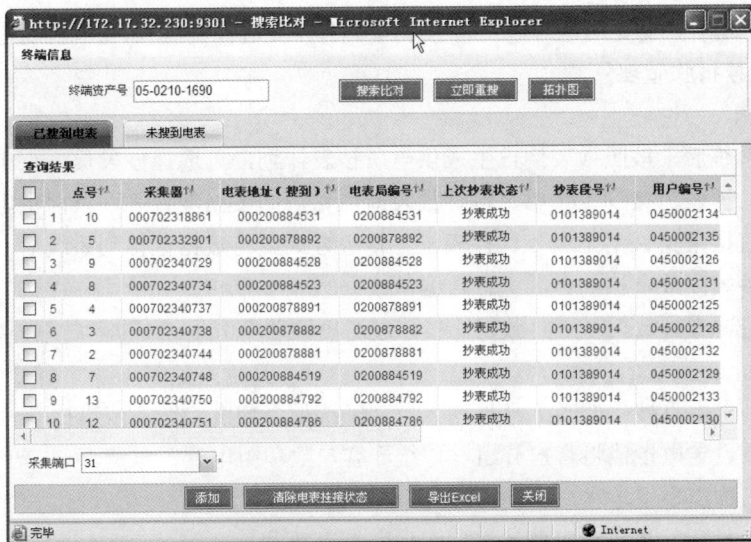

第二个窗口标题栏：http://172.17.32.230:9301 — 搜索比对 — Microsoft Internet Explorer

终端信息

终端资产号 05-0210-1690　　【搜索比对】【立即重搜】【拓扑图】

已搜到电表　未搜到电表

查询结果

	点号	采集器	电表地址（搜到）	电表局编号	上次抄表状态	抄表段号	用户编号
1	10	000702318861	000200884531	0200884531	抄表成功	0101389014	0450002134
2	5	000702332901	000200878892	0200878892	抄表成功	0101389014	0450002135
3	9	000702340729	000200884528	0200884528	抄表成功	0101389014	0450002126
4	8	000702340734	000200884523	0200884523	抄表成功	0101389014	0450002131
5	4	000702340737	000200878891	0200878891	抄表成功	0101389014	0450002125
6	3	000702340738	000200878882	0200878882	抄表成功	0101389014	0450002128
7	2	000702340744	000200878881	0200878881	抄表成功	0101389014	0450002132
8	7	000702340748	000200884519	0200884519	抄表成功	0101389014	0450002129
9	13	000702340750	000200884792	0200884792	抄表成功	0101389014	0450002133
10	12	000702340751	000200884786	0200884786	抄表成功	0101389014	0450002130

采集端口 31

【添加】【清除电表挂接状态】【导出Excel】【关闭】

完毕　Internet

4. 载波拓扑图

点击【拓扑图】。

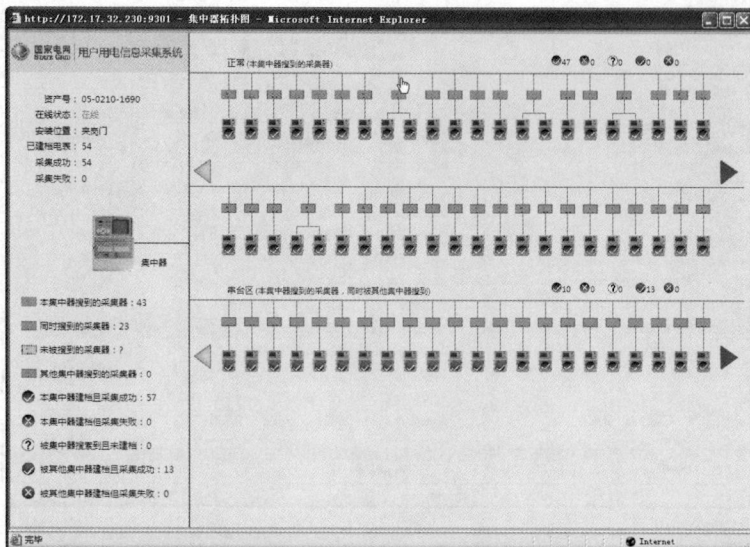

三、其他常见流程简述

新装、增容、变更用电等应从待办事项中选择发起任务流程，其他流程如下所示。

（一）抄核收管理

1. 抄表

进入系统后，按照抄表例日生成供电所抄表计划，再选择抄表员，点击"发起工作单"后，抄表员接到工作单，进行抄表前准备，如数据准备等，目前供电所抄表数据来源有直接采集、手工录入、抄表机上传等方式。将数据上传到系统后，先要由抄表员选中抄表段或审核的台区进行数据审核：

（1）通过本月数据与上月数据比较，过滤出波动率大于 n% 的客户，n 值由复核员设定。

（2）列出本月抄码低于上月抄码客户，确认是否翻度、换表或错抄。

（3）按设定电量值将客户分组，并统计客户数和用电量、电费。

（4）筛选出零用电客户和动力客户。

数据审核后，再进行电费计算，随后发行电费。

2. 收费

以电费坐收为例，点击"电费坐收"后，查到客户以后，显示出客户的姓名、户号、地址、电量、电价、电费、缴费记录等信息。收费员与客户核对相关信息后，输入客户缴费金额，收取电费，打印发票，将发票联交客户，存根保留备查，当日收取的电费及时解交银行。

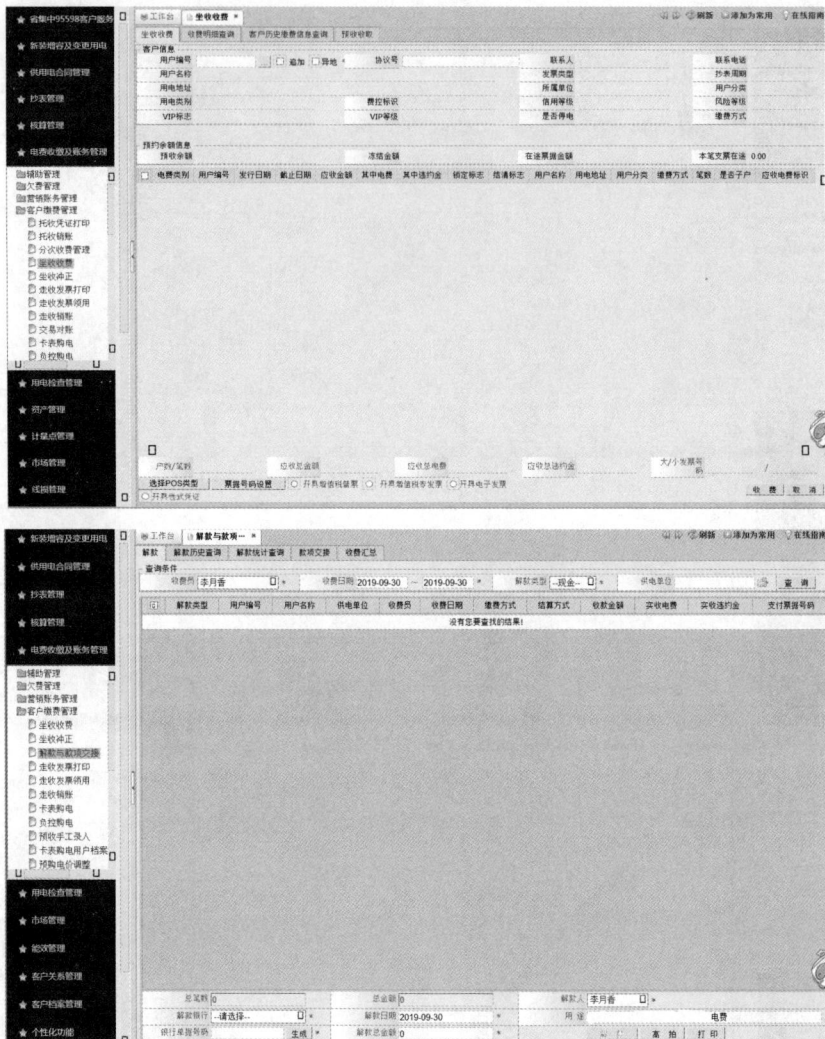

3. 电费账务管理

系统对收费员的每一笔电费自动归类，实时生成报表，月末关账后固定数据，自动生成本月电费、预存电费、陈欠电费相关数据，同时系统自动辅助复核，使各类数据准确。

（二）计量管理

计量资产管理即对从计量资产校验入库，然后配送到各单位，再装配给用户的过程进行管理，确保计量资产数据完整。包括计量资产入库、县总站分配、供电所领用及计量资产退回等工作流程。

（1）输入资产编号查询计量资产。

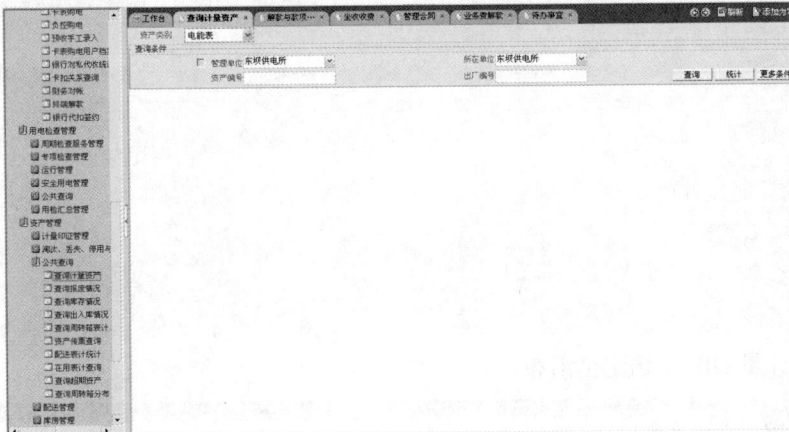

（2）按照资产类别查询库存情况。

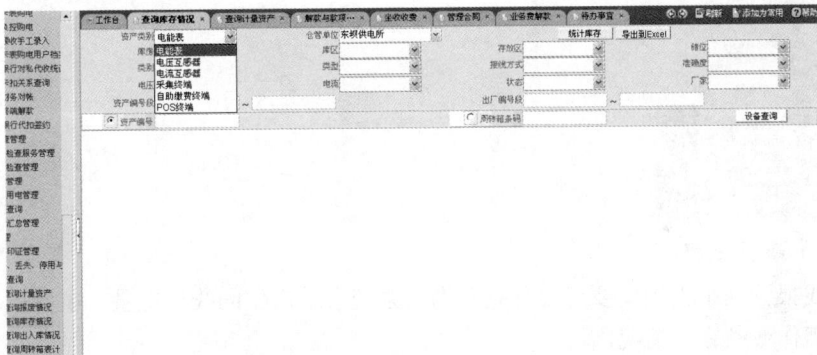

（3）计量资产出入库。

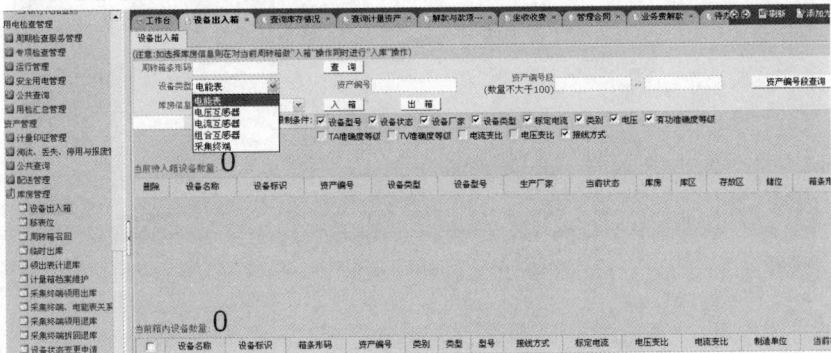

（4）计量库房盘点。

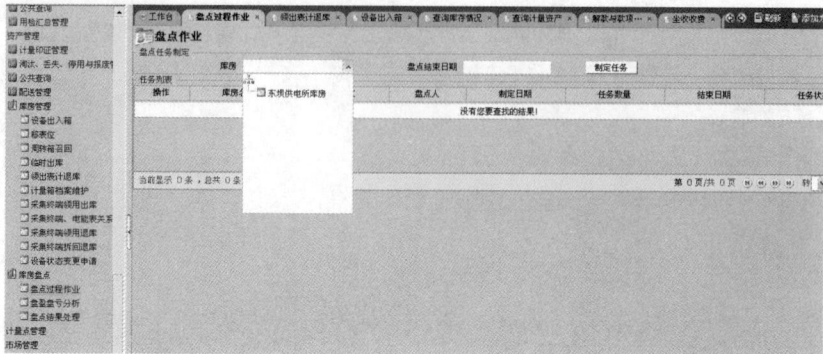

（5）计量 GIS 现场定位沿布。

（三）线损管理

在线损管理中根据需要可以分别查询到系统自动产生的线损电量、电费报表，实时查看工作业绩完成情况。

（1）低压台区资料信息管理。

（2）考核单元管理。

（3）系统自动获取供电量、售电量。

（四）合同管理

新上客户在流程有签订、审核审批环节，当客户变更用电时或需要补签、续签合同时需要按下列流程办理：

（1）补签合同。

（2）整改不规范合同。

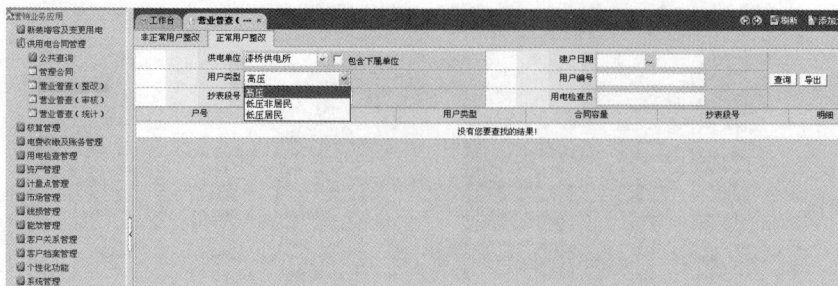

（五）业扩流程监控

规范业扩流程是供电所提升服务水平的重要手段，其中流程监控对业扩超时提供了很好的报警作用。

（1）业扩超时流程查询。

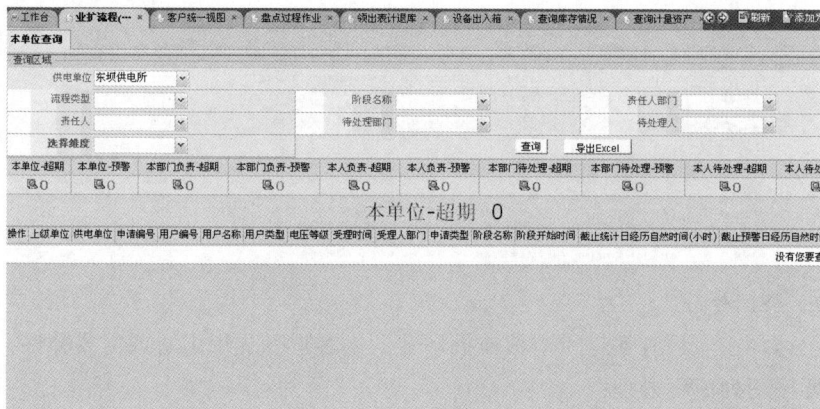

（2）业务收费违规查询。

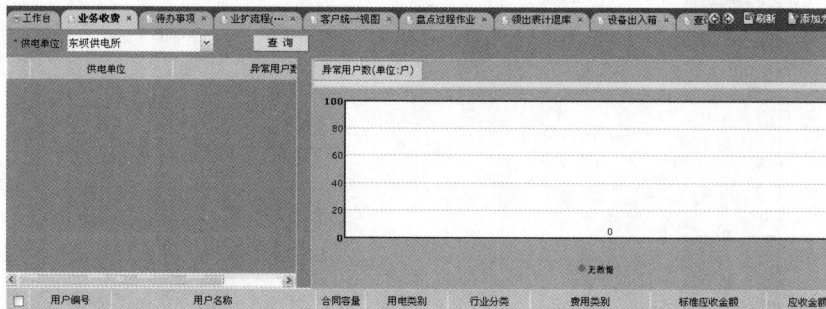

（六）查询功能

1. 查询客户用电情况

（1）通过客户统一视图查询客户用电情况。

1）查询客户基本信息。

2）查询客户电费情况。

3）查询客户电量示数。

4) 查询该用户服务信息。

用电客户信息	客户基本信息							
IP编号 0732017008					查询	更多		
基本信息	电费缴纳信息	客户用电信息变更	客户地理展示	用户电子档案	用户接线图			
业扩报装信息	用户计费相关变更	客户用电公司	业务费用	机动性业务操作记录				
操作	申请编号			计量装置编号	开始时间		结束时间	状态
📷	110002290149				2010-06-10		2010-06-12	完成

当前页显示 1 条 , 总计 1 条						第 1 页 共 1 页	到 1 页	
电费缴纳信息								
	档案名称	申请编号		抄表段号	年月		用户编号	用户名称
	电费进度	110002299044		0107082091	20091207		0732017008	刘亚喜
	电费抄表数量	300014024935		0107082091	201308			
	电费抄表数量	300017535121		0107082091	201310			
	电费抄表数量	300021436449		0107082091	201312			
	电费抄表数量	300026036698		0107082091	201402			

(2) 通过抄表段查询段内用电客户。

查询条件						
用户编号	用户名称		用电地址	抄表段编号 0107082001	线路 0107082001	查询
用户编号	用户名称	用电地址		供电单位	抄表段编号	线路	用电类别	用户
0150924150	陈新山	高淳县阳江镇新村1-3组		阳江供电所	0107082001	PMS_灭湖线	农业生产用电	正常用
0150924153	傅二头	高淳县阳江镇新村1-3组		阳江供电所	0107082001	PMS_灭湖线	农业生产用电	正常用
0150924154	陈根建	高淳县阳江镇新村1-3组		阳江供电所	0107082001	PMS_灭湖线	农业生产用电	正常用
0150924156	徐建云	高淳县阳江镇新村1-3组		阳江供电所	0107082001	PMS_灭湖线	农业生产用电	正常用
0150924473	陈新云	高淳县阳江镇新村1-3组		阳江供电所	0107082001	PMS_灭湖线	农业生产用电	正常用
0150951446	徐三银	高淳县阳江镇新村1-3组		阳江供电所	0107082001	PMS_灭湖线	内陆农业	正常用
0150951448	陈东全	高淳县阳江镇新村1-3组		阳江供电所	0107082001	PMS_灭湖线	内陆农业	正常用
0153044483	余小平	高淳县阳江镇新村1-3组		阳江供电所	0107082001	PMS_灭湖线	内陆农业	正常用
0155429919	马厂长	高淳县阳江镇新村1-3组		阳江供电所	0107082001	PMS_灭湖线 新村1-3组	内陆农业	正常用
0155447786	徐灯娜	高淳阳江镇新村1村新村1-3组服务		阳江供电所	0107082001	PMS_灭湖线	乡村居民生活用电	正常用
0732000050	陈连青	新村1-3组		阳江供电所	0107082001	PMS_灭湖线	乡村居民生活用电	正常用
0732000775	吴三木	新村1-3组		阳江供电所	0107082001	PMS_灭湖线	乡村居民生活用电	正常用
0732000776	徐国珍	新村1-3组		阳江供电所	0107082001	PMS_灭湖线	乡村居民生活用电	正常用
0732000778	吴其丰	新村1-3组		阳江供电所	0107082001	PMS_灭湖线	乡村居民生活用电	正常用
0732000779	吕林龙	新村1-3组		阳江供电所	0107082001	PMS_灭湖线	乡村居民生活用电	正常用
0732000780	徐仔根	新村1-3组		阳江供电所	0107082001	PMS_灭湖线	乡村居民生活用电	正常用
0732000781	徐根根	新村1-3组		阳江供电所	0107082001	PMS_灭湖线	乡村居民生活用电	正常用
0732000782	杭观章	新村1-3组		阳江供电所	0107082001	PMS_灭湖线	乡村居民生活用电	正常用

2. 欠费查询

(1) 按责任人查询。

用户欠费信息		客户电费明细查询		确定应急协住+	每次电费汇总	电费欠费明细									
查询条件							电费年月 2014-08	本行日期 2014-08-01	~2014-08-17	查询	责任人 徐培端			
用户编号	抄表员			收费方式	全部		缴费金额		变出Excel			万用户	欠费或在途		
协议缴费方式	全部														
段号	用户编号	抄表号	户名	欠费金额	抄表员	计算员	费用状态	费用地址		P名	供电单位				
0107082077	0732035474	0601046050	砂T5-6组	58.00	徐培端	徐培端	缴安实(用)	非缴定		徐政明	阳江供电所			
0107082077	0732035482	1516124929	砂T5-6组	61.00	徐培端	徐培端	缴安实(用)	非缴定		徐政飞	阳江供电所			
0107082077	0732035483	0601046052	砂T5-6组	130.00	徐培端	徐培端	缴安实(用)	非缴定		韦桂桂	阳江供电所			
0107082077	0732011544	1515912518	砂T5-6组	120.00	徐培端	徐培端	缴安实(用)	非缴定		徐建头	阳江供电所			
0107082077	0732011557	1515921737	砂T5-6组	145.00	徐培端	徐培端	缴安实(用)	非缴定		徐新明	阳江供电所			
0107082077	0732037034	1515906202	砂T5-6组	123.00	徐培端	徐培端	缴安实(用)	徐进明订正		徐新明订正	阳江供电所			
0107082077	0150196019	A108009598	砂T5-6组	84.00	徐培端	徐培端	缴安实(用)	非缴定		徐根福	阳江供电所			
0107082077	0151942147	1515921743	砂T5-6组	194.00	徐培端	徐培端	缴安实(用)	非缴定		徐连全	阳江供电所			
0107082077	0153252447	1515914243	砂T5-6组	29.00	徐培端	徐培端	缴安实(用)	非缴定		吴三段	阳江供电所			
0107082077	0153252647	0200634554	砂T5-6组	192.00	徐培端	徐培端	缴安实(用)	非缴定		徐端兵	阳江供电所			
0107082077	0155114324	1512765474	砂T5-6组	362.00	徐培端	徐培端	缴安实(用)	非缴定		南京高淳钢结构工程有限公司	阳江供电所			
0107082077	0732012100	1515919263	砂T5-6组	652.00	徐培端	徐培端	缴安实(用)	非缴定		双驰网络工区	阳江供电所			
0107082077	0732034229	1515921400	砂T5-6组	89.00	徐培端	徐培端	缴安实(用)	非缴定		樾相木	阳江供电所			
0107082077	0732037849	1515788862	砂T5-6组	169.00	徐培端	徐培端	缴安实(用)	非缴定		徐禾木	阳江供电所			

（2）按单位查询。

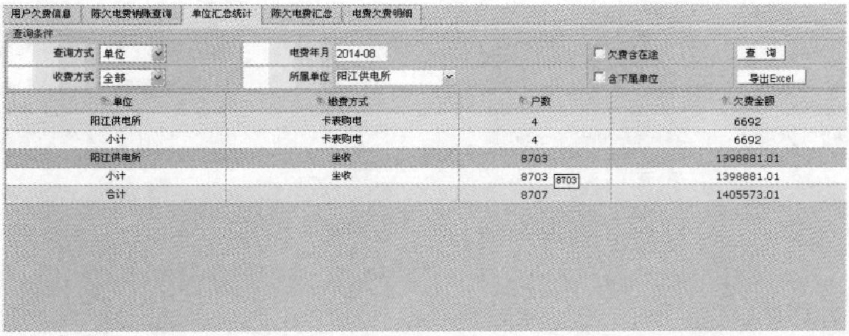

3. 流程查询

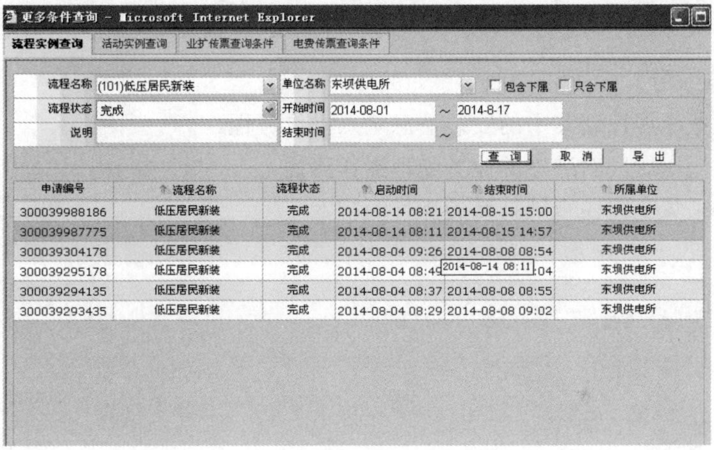

（七）停复电

（1）欠费客户停电管理。

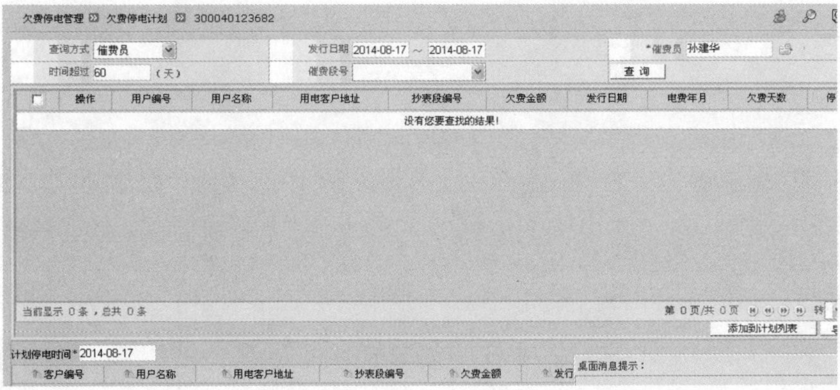

（2）欠费客户复电管理。

【思考与练习】

1. 简述低压居民新装中的安装信息录入操作流程。

2. 简述低压居民新装中的业务受理操作流程。

3. 简述采集全覆盖查缺补漏的操作流程。

第十五章

规　程　规　范

▲ 模块 1　Q/GDW 1799.2—2013《国家电网公司电力安全工作规程（线路部分）》（Z36B8001Ⅰ）

【模块描述】 本模块包含电力线路安全工作的组织措施和技术措施、线路运行和维护等内容。通过条文解释及归纳提炼，掌握《电力安全工作规程》中线路部分的相关内容。

【模块内容】

本规程适用于运用中的发、输、变（包括特高压、高压直流）、配电和用户电气设备上及相关场所的工作人员（包括基建安装、农电人员），其他单位和相关人员参照执行。所谓运用中的电气设备，系指全部带有电压、一部分带有电压或一经操作即带有电压的电气设备。

一、安全工作组织措施

1. 现场勘察制度

进行电力线路施工作业、工作票签发人或工作负责人认为有必要现场勘察的检修作业，施工、检修单位均应根据工作任务组织现场勘察，并填写现场勘察记录。现场勘察由工作票签发人组织。现场勘察应查看现场施工（检修）作业需要停电的范围、保留的带电部位和作业现场的条件、环境及其他危险点等。

2. 工作票制度

（1）填用第一种工作票：

在停电的线路或同杆（塔）架设多回线路中的部分停电线路上的工作；在全部或部分停电的配电设备上的工作；高压电力电缆需要停电的工作；在直流线路停电时的工作；在直流接地极线路或接地极上的工作；所谓全部停电，系指供给该配电设备上的所有电源线路均已全部断开者。

（2）填用第二种工作票：

带电线路杆塔上且与带电导线最小安全距离不小于规定的工作；在运行中的配电

设备上的工作；电力电缆不需要停电的工作；直流线路上不需要停电的工作；直流接地极线路上不需要停电的工作。

（3）填用事故应急抢修单：

事故应急抢修可不用工作票，但应使用事故应急抢修单；事故应急抢修工作是指电气设备发生故障被迫紧急停止运行，需短时间内恢复的抢修和排除故障的工作；非连续进行的事故修复工作，应使用工作票。

3. 工作许可制度

（1）填用第一种工作票进行工作，工作负责人应在得到全部工作许可人的许可后，方可开始工作。

（2）许可开始工作的命令，应通知工作负责人。其方法可采用：

1）当面通知。

2）电话下达。

3）派人送达。

4. 工作监护制度

工作负责人、专责监护人应始终在工作现场，对工作班人员的安全进行认真监护，及时纠正不安全的行为。在线路停电时进行工作，工作负责人在班组成员确无触电等危险的条件下，可以参加工作班工作。工作票签发人或工作负责人对有触电危险、施工复杂、容易发生事故的工作，应增设专责监护人和确定被监护的人员。专责监护人不准兼做其他工作。

5. 工作间断制度

在工作中遇雷、雨、大风或其他任何情况威胁到工作人员的安全时，工作负责人或专责监护人可根据情况，临时停止工作。

6. 工作终结和恢复送电制度

完工后，工作负责人（包括小组负责人）应检查线路检修地段的状况，确认在杆塔上、导线上、绝缘子串上及其他辅助设备上没有遗留的个人保安线、工具、材料等，查明全部工作人员确由杆塔上撤下后，再命令拆除工作地段所挂的接地线。接地线拆除后，应即认为线路带电，不准任何人再登杆进行工作。多个小组工作，工作负责人应得到所有小组负责人工作结束的汇报。

二、保证安全的技术措施

（1）停电。停电设备的各端，应有明显的断开点，若无法观察到停电设备的断开点，应有能够反映设备运行状态的电气和机械等指示。

（2）验电。在停电线路工作地段装接地线前，应先验电，验明线路确无电压。验电时，应使用相应电压等级、合格的接触式验电器。对同杆塔架设的多层电力线路进行验电时，应先验低压、后验高压，先验下层、后验上层，先验近侧、后验远侧。禁止工作人员穿越未经验电、接地的 10kV 及以下线路对上层线路进行验电。

（3）装设接地线。线路经验明确无电压后，应立即装设接地线并三相短路（直流线路两极接地线分别直接接地）。装、拆接地线应在监护下进行。同杆塔架设的多层电力线路挂接地线时，应先挂低压、后挂高压，先挂下层、后挂上层，先挂近侧、后挂远侧。拆除时顺序相反。

（4）使用个人保安线。个人保安线应使用有透明护套的多股软铜线，截面积不准小于 16mm²，且应带有绝缘手柄或绝缘部件。禁止用个人保安线代替接地线。

（5）悬挂标示牌和装设遮拦（围栏）。

在一经合闸即可送电到工作地点的断路器（开关）、隔离开关（刀闸）及跌落式熔断器的操作处，均应悬挂"禁止合闸，线路有人工作！"或"禁止合闸，有人工作！"的标示牌。

三、线路巡视

巡线工作应由有电力线路工作经验的人员担任。单独巡线人员应考试合格并经工区（公司、所）分管生产领导批准。电缆隧道、偏僻山区和夜间巡线应由两人进行。汛期、暑天、雪天等恶劣天气巡线，必要时由两人进行。单人巡线时，禁止攀登电杆和铁塔。夜间巡线应沿线路外侧进行；大风时，巡线应沿线路上风侧前进，以免万一触及断落的导线；特殊巡视应注意选择路线，防止洪水、塌方、恶劣天气等对人的伤害。巡线时禁止泅渡。

事故巡线应始终认为线路带电。即使明知该线路已停电，亦应认为线路随时有恢复送电的可能。巡线人员发现导线、电缆断落地面或悬挂空中，应设法防止行人靠近断线地点 8m 以内，以免跨步电压伤人，并迅速报告调度和上级，等候处理。

四、倒闸操作

应由两人进行，一人操作，一人监护，并认真执行唱票、复诵制。发布指令和复诵指令都应严肃认真，使用规范的操作术语，准确清晰，按操作票顺序逐项操作，每操作完一项，应检查无误后，做一个"√"记号。操作中产生疑问时，不准擅自更改操作票，应向操作发令人询问清楚无误后再进行操作。操作完毕，受令人应立即汇报发令人。操作机械传动的断路器（开关）或隔离开关（刀闸）时，应戴绝缘手套。

五、测量工作

直接接触设备的电气测量工作，至少应由两人进行，一人操作，一人监护。夜间进行测量工作，应有足够的照明。

六、砍剪树木

应有专人监护。待砍剪的树木下面和倒树范围内不准有人逗留，城区、人口密集区应设置围栏，防止砸伤行人。为防止树木（树枝）倒落在导线上，应设法用绳索将其拉向与导线相反的方向。绳索应有足够的长度和强度，以免拉绳的人员被倒落的树木砸伤。砍剪山坡树木应做好防止树木向下弹跳接近导线的措施。

七、挖坑分坑

应及时清除坑口附近浮土、石块，坑边禁止外人逗留。在超过 1.5m 深的基坑内作业时，向坑外抛掷土石应防止土石回落坑内，并做好临边防护措施。作业人员不准在坑内休息。

在土质松软处挖坑，应有防止塌方措施，如加挡板、撑木等。不准站在挡板、撑木上传递土石或放置传土工具。禁止由下部掏挖土层。

在下水道、煤气管线、潮湿地、垃圾堆或有腐质物等附近挖坑时，应设监护人。在挖深超过 2m 的坑内工作时，应采取安全措施，如戴防毒面具、向坑中送风和持续检测等。监护人应密切注意挖坑人员，防止煤气、沼气等有毒气体中毒。在居民区及交通道路附近开挖的基坑，应设坑盖或可靠遮拦，加挂警告标示牌，夜间挂红灯。

八、攀登杆塔

作业前，应先检查根部、基础和拉线是否牢固。新立杆塔在杆基未完全牢固或做好临时拉线前，禁止攀登。遇有冲刷、起土、上拔或导地线、拉线松动的杆塔，应先培土加固，打好临时拉线或支好架杆后，再行登杆。登杆塔前，应先检查登高工具、设施。

九、线路施工

立、撤杆应设专人统一指挥。开工前，应交待施工方法、指挥信号和安全组织、技术措施，作业人员要明确分工、密切配合、服从指挥。在居民区和交通道路附近立、撤杆时，应具备相应的交通组织方案，并设警戒范围或警告标志，必要时派专人看守。立、撤杆作业现场，不准利用树木或外露岩石作受力桩。一个锚桩上的临时拉线不准超过两根，临时拉线不准固定在有可能移动或其他不可靠的物体上。临时拉线绑扎工作应由有经验的人员担任。临时拉线应在永久拉线全部安装完毕承力后方可拆除。

放线、紧线与撤线工作均应有专人指挥、统一信号，并做到通信畅通、加强监护。工作前应检查放线、紧线与撤线工具及设备是否良好。交叉跨越各种线路、铁路、公路、河流等，放、撤线时，应先取得主管部门同意，做好安全措施，放线、紧线前，应检查导线有无障碍物挂住，导线与牵引绳的连接应可靠，线盘架应稳固可靠、转动灵活、制动可靠。放线、紧线时，应检查接线管或接线头以及过滑轮、横担、树枝、房屋等处有无卡住现象。放线、紧线与撤线工作时，人员不准站在或跨在已受力的牵引绳、导线的内角侧和展放的导、地线圈内以及牵引绳或架空线的垂直下方，防止意外跑线时抽伤。紧线、撤线前，应检查拉线、桩锚及杆塔。必要时，应加固桩锚或加设临时拉绳。拆除杆上导线前，应先检查杆根，做好防止倒杆措施，在挖坑前应先绑好拉绳。禁止采用突然剪断导、地线的做法松线。

十、高空作业

凡在坠落高度基准面 2m 及以上的高处进行的作业，都应视作高处作业。梯子应坚固完整，有防滑措施。梯子的支柱应能承受作业人员及所携带的工具、材料攀登时的总重量。硬质梯子的横档应嵌在支柱上，梯阶的距离不应大于 40cm，并在距梯顶1m 处设限高标志。使用单梯工作时，梯与地面的斜角度为 60°左右。梯子不宜绑接使用。人字梯应有限制开度的措施。人在梯子上时，禁止移动梯子。

十一、起重作业

起重设备的操作人员和指挥人员应经专业技术培训，并经实际操作及有关安全规程考试合格、取得合格证后方可独立上岗作业，其合格证种类应与所操作（指挥）的起重机类型相符合。起重设备作业人员在作业中应严格执行起重设备的操作规程和有关的安全规章制度。

十二、带电作业

带电装表接电工作时，应采取防止短路和电弧灼伤的安全措施。应在良好天气下进行。参加带电作业的人员，应经专门培训，并经考试合格取得资格、单位书面批准后，方能参加相应的作业。带电作业工作票签发人和工作负责人、专责监护人应由具有带电作业资格、带电作业实践经验的人员担任。带电作业应设专责监护人。使用有绝缘柄的工具，其外裸的导电部位应采取绝缘措施，防止操作时相间或相对地短路。工作时，应穿绝缘鞋和全棉长袖工作服，并戴手套、安全帽和护目镜，站在干燥的绝缘物上进行。禁止使用锉刀、金属尺和带有金属物的毛刷、毛掸等工具。上杆前，应先分清相、零线，选好工作位置。断开导线时，应先断开相线，后断开零线。搭接导线时，顺序应相反。

十三、施工机具

施工机具和安全工器具应统一编号，专人保管。入库、出库、使用前应进行检查。禁止使用损坏、变形、有故障等不合格的施工机具和安全工器具。机具的各种监测仪表以及制动器、限位器、安全阀、闭锁机构等安全装置应齐全、完好。

【思考与练习】

1. 保证安全工作的组织措施？

2. 保证安全工作的技术措施？

3. 立、撤杆时应注意哪些问题？

▲ 模块 2 《国家电网公司电力安全工作规程（配电部分）（试行）》（Z36B8002 I）

【模块描述】本模块包含配电线路和设备巡视的基本要求、保证安全的组织措施和技术措施、配电线路和设备的安全措施、在配电线路和设备上的工作、在二次回路上的工作等内容。通过条文解释及归纳提炼，掌握《国家电网公司电力安全工作规程（配电部分）（试行）》的相关内容。

【模块内容】

本规程适用于国家电网有限公司系统各单位所管理的运用中的配电线路、设备和用户配电设备及相关场所。变电站、发电厂内的配电设备执行 Q/GDW 1799.1—2013《国家电网公司电力安全工作规程 变电部分》。配电线路系指 20kV 及以下配电网中的架空线路、电缆线路及其附属设备等。配电设备系指 20kV 及以下配电网中的配电站、开闭所（开关站，以下简称开闭所）、箱式变电站、柱上变压器、柱上开关（包括柱上断路器、柱上负荷开关）、环网单元、电缆分支箱、低压配电箱、电表计量箱、充电桩等。运用中的配电线路和设备，系指全部带有电压、一部分带有电压或一经操作即带有电压的配电线路和设备。

一、配电作业基本条件

（1）经医师鉴定，无妨碍工作的病症（体格检查每两年至少一次）。

（2）具备必要的安全生产知识，学会紧急救护法，特别要学会触电急救。

（3）接受相应的安全生产知识教育和岗位技能培训，掌握配电作业必备的电气知识和业务技能，并按工作性质，熟悉本规程的相关部分，经考试合格后上岗。

（4）参与公司系统所承担电气工作的外单位或外来人员应熟悉本规程；经考试合格，并经设备运维管理单位认可后，方可参加工作。

二、在配电线路和设备上工作，保证安全的组织措施

（1）现场勘察制度。

（2）工作票制度。

（3）工作许可制度。

（4）工作监护制度。

（5）工作间断、转移制度。

（6）工作终结制度。

三、保证安全的技术措施

（1）停电。停电设备的各端，应有明显的断开点，若无法观察到停电设备的断开

点，应有能够反映设备运行状态的电气和机械等指示。

（2）验电。低压验电时，应在停电线路或设备的各个电源端或停电设备的进出线处使用相应电压等级的合格验电器逐相验电。工作地段装接地线前，应先验电，验电时，先验下层，后验上层，先验近侧，后验远侧，同时应有人监护。

（3）接地。线路经验明确无电压后，应立即装设接地线并三相短路（直流线路两极接地线分别直接接地）。装、拆接地线应在监护下进行。同杆塔架设的多层电力线路挂接地线时，应先挂低压、后挂高压，先挂下层、后挂上层，先挂近侧、后挂远侧。拆除时顺序相反。

（4）悬挂标示牌和装设遮拦（围栏）。

四、运行和维护

1. 巡视工作

（1）巡视工作应由有配电工作经验的人员担任。单独巡视人员应经工区批准并公布。

（2）电缆隧道、偏僻山区、夜间、事故或恶劣天气等巡视工作，应至少两人一组进行。

（3）正常巡视应穿绝缘鞋；雨雪、大风天气或事故巡线，巡视人员应穿绝缘靴或绝缘鞋；汛期、暑天、雪天等恶劣天气和山区巡线应配备必要的防护用具、自救器具和药品；夜间巡线应携带足够的照明用具。

（4）大风天气巡线，应沿线路上风侧前进，以免触及断落的导线。事故巡视应始终认为线路带电，保持安全距离。夜间巡线，应沿线路外侧进行。

（5）巡线时禁止泅渡。

2. 倒闸操作

倒闸操作有就地操作和遥控操作两种方式。具备条件的设备可进行程序操作，即应用可编程计算机进行的自动化操作。

下列工作可以不用操作票：

（1）事故紧急处理。

（2）拉合断路器（开关）的单一操作。

（3）程序操作。

（4）低压操作。

（5）工作班组的现场操作。

3. 砍剪树木

砍剪树木应有人监护。砍剪靠近带电线路的树木，工作负责人应在工作开始前，向全体作业人员说明电力线路有电；人员、树木、绳索应与导线保持规定的安全距离。

五、架空配电线路工作

1. 坑洞开挖

挖坑前，应与有关地下管道、电缆等设施的主管单位取得联系，明确地下设施的确切位置，做好防护措施。挖坑时，应及时清除坑口附近浮土、石块，路面铺设材料和泥土应分别堆置，在堆置物堆起的斜坡上不得放置工具、材料等器物。

2. 杆塔上作业

（1）登杆塔前，应做好以下工作：

核对线路名称和杆号；检查杆根、基础和拉线是否牢固；检查杆塔上是否有影响攀登的附属物；检查登高工具、设施（如脚扣、升降板、安全带、梯子和脚钉、爬梯、防坠装置等）是否完整牢靠。

（2）杆塔作业应禁止以下行为：

攀登杆基未完全牢固或未做好临时拉线的新立杆塔；携带器材登杆或在杆塔上移位；利用绳索、拉线上下杆塔或顺杆下滑。

3. 杆塔施工

立、撤杆应设专人统一指挥。开工前，应交待施工方法、指挥信号和安全措施。居民区和交通道路附近立、撤杆，应设警戒范围或警告标志，并派人看守。

4. 放线、紧线与撤线

放线、紧线与撤线工作均应有专人指挥、统一信号，并做到通信畅通、加强监护。交叉跨越各种线路、铁路、公路、河流等地方放线、撤线，应先取得有关主管部门同意，做好跨越架搭设、封航、封路、在路口设专人持信号旗看守等安全措施。

5. 高压架空绝缘导线工作

架空绝缘导线不得视为绝缘设备，作业人员或非绝缘工器具、材料不得直接接触或接近。架空绝缘导线与裸导线线路的作业安全要求相同。禁止作业人员穿越未停电接地或未采取隔离措施的绝缘导线进行工作。

6. 邻近带电导线的工作

在带电杆塔上进行测量、防腐、巡视检查、紧杆塔螺栓、清除杆塔上异物等工作，作业人员活动范围及其所携带的工具、材料等与带电导线最小距离不得小于相关规定。若不能满足要求时，应按照带电作业或停电进行。工作中，应使用绝缘无极绳索，风力应小于 5 级，并设人监护。

7. 同杆（塔）架设多回线路中部分线路停电的工作

工作票中应填写多回线路中每回线路的双重称号（即线路名称和位置称号）。工作负责人在接受许可开始工作的命令前，应与工作许可人核对停电线路双重称号无误。

六、配电设备工作

柱上变压器台架工作前，应检查确认台架与杆塔联结牢固、接地体完好。柱上变压器台架工作，应先断开低压侧的空气断路器、隔离开关，再断开变压器台架的高压线路的隔离开关（刀闸）或跌落式熔断器，高低压侧验电、接地后，方可工作。若变压器的低压侧无法装设接地线，应采用绝缘遮蔽措施。柱上变压器台架工作，人体与高压线路和跌落式熔断器上部带电部分应保持安全距离。不宜在跌落式熔断器下部新装、调换引线，若必须进行，应采用绝缘罩将跌落式熔断器上部隔离，并设专人监护。

七、低压电气工作

1. 低压配电网工作

带电断、接低压导线应有人监护。断、接导线前应核对相线（火线）、零线。断开导线时，应先断开相线（火线），后断开零线。搭接导线时，顺序应相反。禁止人体同时接触两根线头。禁止带负荷断、接导线。

2. 低压用电设备工作

在低压用电设备（如充电桩、路灯、用户终端设备等）上工作，应采用工作票或派工单、任务单、工作记录、口头、电话命令等形式，口头或电话命令应留有记录。

八、带电作业

参加带电作业的人员，应经专门培训，考试合格取得资格、单位批准后，方可参加相应的作业。带电作业工作票签发人和工作负责人、专责监护人应由具有带电作业资格和实践经验的人员担任。带电作业应有人监护。监护人不得直接操作，监护的范围不得超过一个作业点。复杂或高杆塔作业，必要时应增设专责监护人。

九、二次系统工作

电流互感器和电压互感器的二次绕组应有一点且仅有一点永久性的、可靠地保护接地。工作中，禁止将回路的永久接地点断开。在带电的电流互感器二次回路上工作，应采取措施防止电流互感器二次侧开路。短路电流互感器二次绕组，应使用短路片或短路线，禁止用导线缠绕。在带电的电压互感器二次回路上工作，应采取措施防止电压互感器二次侧短路或接地。接临时负载，应装设专用的刀闸和熔断器。

十、高压试验与测量工作

配电线路和设备的高压试验应填用配电第一种工作票。在同一电气连接部分，许可高压试验工作票前，应将已许可的检修工作票全部收回，禁止再许可第二张工作票。一张工作票中，同时有检修和试验时，试验前应得到工作负责人的同意。

十一、分布式电源相关工作

接入低压配电网的分布式电源，并网点应安装易操作、具有明显开断指示、具备开断故障电流能力的开断设备。有分布式电源接入的电网管理单位应及时掌握分布式电源接入情况，并在系统接线图上标注完整。

分布式电源并网前，电网管理单位应对并网点设备验收合格，并通过协议与用户明确双方安全责任和义务。并网协议中至少应明确以下内容：

（1）并网点开断设备（属用户）操作方式。

（2）检修时的安全措施。双方应相互配合做好电网停电检修的隔离、接地、加锁或悬挂标示牌等安全措施，并明确并网点安全隔离方案。

（3）由电网管理单位断开的并网点开断设备，仍应由电网管理单位恢复。

十二、机具及安全工器具使用、检查、保管和试验

作业人员应了解机具（施工机具、电动工具）及安全工器具相关性能、熟悉其使用方法。现场使用的机具、安全工器具应经检验合格。机具的各种监测仪表以及制动器、限位器、安全阀、闭锁机构等安全装置应完好。

【思考与练习】

1. 哪些工作可以不用操作票？

2. 在二次系统上工作应注意哪些问题？

3. 分布式电源并网协议中至少应明确哪些内容？

▲ 模块 3 DL 493—2015《农村低压安全用电 规程》（Z36B8003 I ）

【模块描述】本模块包含农村安全用电的基本要求、责任方的职责及本规程的适用范围等内容。通过概念描述、术语说明、条文解释、要点归纳，掌握《农村低压安全用电规程》。

【模块内容】

一、范围、引用标准

本规程规定了农村安全用电的基本要求和责任方的职责，适用于农村电网的管理、经营、使用活动。

引用标准：GB/T 13869—2008《用电安全导则》；DL/T 477—2010《农村低压电气安全工作规程》；DL/T 499—2001《农村低压电力技术规程》；《国家电网公司农电事故调查规程》；《电力设施保护条例》（1998 年 1 月 7 日中华人民共和国国务院令第 239 号）。

二、安全用电管理中各责任方的职责

电力管理部门、电力企业和电力使用者都应该明确并履行各自的职责。

三、安全用电要求

（1）安全用电、人人有责。

（2）用户受、用电设施的选型、设计、安装和运行维护应符合国家和行业的有关标准的规定。

（3）用户用电或临时用电应向当地电力企业申请。

（4）用电设施安装应符合 DL/T 499—2001 规定的要求，验收合格后方可接电，不准私拉乱接用电设备。临时用电期间用户应设专人看管临时用电设施，用完及时拆除。

（5）严禁私自改变低压系统运行方式，禁止采用"一相一地"方式用电。

所谓"一相一地"，就是从电源上只引来一根相线，接于灯泡；再把另一端线埋在地下，将大地作中性线使用。该行为属违章用电。

（6）严禁私设电网防盗和捕鼠、狩猎、捕鱼。

（7）严禁使用"挂钩线"、破股线、"地爬线"和绝缘不合格的导线接电。

"挂钩线"是指用电户自己将相、中性线用挂、钩方式接到架空电源线上使用，该行为属违章用电。"地爬线"是指用电设备电源线随地乱拉、乱敷设，并对导线无任何保护措施。该敷线方式存在很大安全隐患。

（8）严禁攀登、跨越电力设施的保护围墙或遮拦。

（9）严禁往电力线、变压器上扔东西。

（10）不准在电力线附近放炮采石。

（11）不准靠近电杆挖坑或取土，不准在电杆上拴牲畜，不准破坏拉线，以防倒杆断线。

（12）不准在电力线路上挂晒衣物。晒衣线（绳）与低压电力线要保持 1.25m 以上的水平距离。

（13）不准通信线、广播线与电力线同杆架设。通信线、广播线和电力线进户时要明显分开。

（14）不得在电力线路的保护区内盖房子、打井、打场、堆柴草、栽树和种植自然生长最终高度与电力线路的导线之间不符合垂直和水平安全距离规定的竹子、树木。

（15）在电力线附近立井架、修理房屋和砍伐树木时，必须经当地电力企业或产权人同意，采取防范措施。当发生纠纷时，由当地电力管理部门依法协调。

（16）演戏、放电影、钓鱼和集会等活动要远离架空电力线路和其他带电设备，防止触电伤人。

（17）船只通过跨河线时，应及早放下桅杆；马车通过电力线时，不要扬鞭；机动车辆行驶或田间作业时，不要碰电杆和拉线。

（18）教育儿童不玩弄电气设备，不爬电杆，不摇晃拉线，不爬变压器台，不要在电力线附近打鸟、放风筝和有其他损坏电力设施、危及安全的行为。

（19）发现电力线断落时，不要靠近；如距离导线的落地点 8m 以内时，应及时将双脚并立，按导线落地点反方向跳离，并看守现场或立即找电工处理。

（20）发现有人触电，不要赤手拉触电人，应尽快断开电源，并按 Q/GDW 1799.2—2013《国家电网公司电力安全工作规程（线路部分）》附录 R "紧急救护法" 要求进行抢救。

（21）必须跨房的低压电力线与房顶的垂直距离应保持 2.5m 及以上，对建筑物的水平距离应保持 1.25m 及以上。

（22）架设电视天线时应远离电力线路，天线杆与高低压电力线路的最小距离应大于杆高 3m，天线拉线与上述电力线路的净空距离应大于 3m。

（23）剩余电流动作保护器动作后，应迅速查明跳闸原因，排除故障后方能投运。

（24）家庭用电禁止拉临时线和使用带插座的灯头。

（25）用户发现有线广播喇叭发出怪叫时，不准乱动设备，要先断开广播开关，再找电工处理。

（26）擦拭灯头、开关、电器时，要断开电源后进行。更换灯泡时，要站在干燥木凳等绝缘物上。

（27）用电器具出现异常，如电灯不亮，电视机无影或无声，电冰箱、洗衣机不启动等情况时，要先断开电源，再作修理，如果用电器具同时出现冒烟、起火或爆炸的情况，不要赤手去切断电源开关，应尽快找电工处理。

（28）用电器具的外壳、手柄开关、机械防护有破损、失灵等有碍安全情况时，应及时修理，未经修复不得使用。

（29）Ⅰ类用电器具及其启动装置外露可导电部分，均应按照低压电力系统运行方式的要求装设保护接地。

（30）新购置的长时间停用的用电设备，使用前应检查绝缘情况。

（31）为防止电气火灾事故，用电客户应严格遵守相关规定。

（32）有爆炸危险场所、严重腐蚀场所、高温场所的安全检查应按 GB/T 13869—2008 的要求及有关规定执行。

（33）彩灯安装应满足有关要求。

（34）用电设备采用特低安全电压（交流有效值 55V 以下）供电时，必须满足有关条件。

（35）用户自备电源和不并网电源的使用和安装应符合国家电力技术标准和有关规程的规定和要求。凡有自备电源或备用电源的用户，在投入运行前要向电力部门提出申请并签订协议，必须装设在电网停电时防止向电网返送电的安全装置（如联锁、闭锁装置等）。

（36）凡需并网运行的农村电源必须依法与电力企业签订《并网协议》后方可并网运行。

（37）当发生农村人身触电伤亡事故时，按 DL/T 633—1997《农电事故调查统计规程》的规定进行事故调查处理和责任划分。

【思考与练习】

1. 哪些电气设备属于用户受、用电设施？

2. 低压电力线跨越房屋建筑物时安全距离有何规定？

3. 架设电视天线时与电力线路之间的安全距离有何规定？

模块 4　DL/T 477—2010《农村电网低压电气安全工作规程》（Z36B8004 I）

【模块描述】本模块主要介绍《农村电网低压电气安全工作规程》主体结构。通过规程概要介绍、案例分析，引导《农村电网低压电气安全工作规程》的学习和实践。

【模块内容】

一、范围、引用标准

本规程规定了农村低压电网安全工作的基本要求和保证安全的措施，适用于县级及以下从事低压电气工作的人员。

引用标准：Q/GDW 1799.2—2013《国家电网公司电力安全工作规程　线路部分》《国家电网公司电力安全工作规程（配电部分）（试行）》，DL/T 499—2001《农村低压电力技术规程》。本规程如有与 Q/GDW 1799.2—2013《国家电网公司电力安全工作规程　线路部分》《国家电网公司电力安全工作规程（配电部分）（试行）》不同之处，应遵照 Q/GDW 1799.2—2013《国家电网公司电力安全工作规程　线路部分》《国家电网公司电力安全工作规程（配电部分）（试行）》。

二、基本要求

1. 电气工作人员

具备必要的安全生产知识，学会紧急救护法，特别要学会触电急救。各类作业人员应接受相应的安全生产教育和岗位技能培训，经考试合格后上岗。

2. 电气设备

高压电气设备，电压等级在 1000V 及以上者；低压电气设备，电压等级在 1000V 以下者。

3. 配电线路和设备巡视检查

在巡视检查中，发现有威胁人身安全的缺陷时，应采取全部停电、部分停电或其他临时性安全措施，不得越过遮拦或围墙。

4. 电气操作

电气操作必须根据值班负责人的命令执行，执行时应由两人进行，低压操作票由操作人填写，每张操作票只能执行一个操作任务。

三、保证安全工作的组织措施和技术措施

（1）在低压电气设备上工作，保证安全的组织措施。在低压电气设备上工作，工作票的使用应按从事工作的类型正确填写。同时工作票签发人、工作负责人（监护人）、工作许可人、工作班成员的职责明确。

进行电力线路施工作业、工作票签发人或工作负责人认为有必要现场勘察的检修作业，施工、检修单位均应根据工作任务组织现场勘察，并填写现场勘察记录，现场勘察由工作票签发人组织。

现场勘察应查看现场施工（检修）作业需要停电的范围、保留的带电部位和作业现场的条件、环境及其他危险点等。

1）工作票制度。工作票应用黑色或蓝色的钢（水）笔或圆珠笔填写与签发，一式两份，内容应正确，填写应清楚，不得任意涂改。如有个别错、漏字需要修改时，应使用规范的符号，字迹应清楚。一张工作票中，工作票签发人和工作许可人不得兼任工作负责人。第一、二种工作票和带电作业工作票的有效时间，以批准的检修期为限。

工作票所列人员的安全责任应明确。各项目负责人不得随意越位指挥。

2）工作许可制度。填用第一种工作票进行工作，工作负责人应在得到全部工作许可人的许可后，方可开始工作。

填用电力线路第二种工作票时，不需要履行工作许可手续。

3）工作监护制度和现场看守制度。工作负责人、专责监护人应始终在工作现场，对工作班人员的安全进行认真监护，及时纠正不安全的行为。若工作负责人必须长时间离开工作现场时，应由原工作票签发人变更工作负责人，履行变更手续，并告知全体工作人员及工作许可人。原、现工作负责人应作好必要的交接。

4）工作间断和转移制度。在工作中遇雷、雨、大风或其他任何情况威胁到工作人员的安全时，工作负责人或专责监护人可根据情况，临时停止工作。需要临时停止工作时，安全措施可以保留，并派专人看管，恢复工作前，应检查接地线等各项安全措施的完整性。

5）工作终结、验收和恢复送电制度。完工后，工作负责人（包括小组负责人）应检查线路检修地段的状况，确认在杆塔上、导线上、绝缘子串上及其他辅助设备上没有遗留的个人保安线、工具、材料等，查明全部工作人员确由杆塔上撤下后，再命令拆除工作地段所挂的接地线。接地线拆除后，应即认为线路带电，不准任何人再登杆进行工作。

（2）在全部停电和部分停电的电气设备上工作时，必须完成下列技术措施：

1）停电（断开电源）。

2）验电。验电时，应使用相应电压等级、合格的接触式验电器。

3）挂接地线。装设接地线时，应先接接地端，后接导线端，接地线应接触良好，连接应可靠。拆接地线的顺序与此相反。

工作地段如有邻近、平行、交叉跨越及同杆塔架设线路，为防止停电检修线路上感应电压伤人，在需要接触或接近导线工作时，应使用个人保安线。

4）装设遮拦和悬挂标示牌。

四、架空线路工作要求

架空线路施工中的挖坑工作，立杆和撤杆工作，电杆上工作，放线、撤线和紧线工作应符合安全操作规程。同时起重运输工作也应做好各项安全措施。

五、邻近带电导线的工作要求

做好各项安全检查和安全措施，并与带电导线、设备保持足够的安全距离。

六、低压间接带电作业要求

进行间接带电作业时，作业范围内电气回路的剩余电流动作保护器必须投入运行。

七、室内线路和电动机安装使用要求

（1）室内线路安装安全注意事项。

（2）电动机安装、使用安全注意事项。

八、砍伐树木工作要求

砍伐树木工作应严格遵守作业规定，并做好各项安全措施。

九、测量工作与仪表使用

（1）电气测量工作要求。

（2）使用绝缘电阻表安全注意事项。

（3）使用钳型电流表安全注意事项。

（4）使用万用表安全注意事项。

十、安全工器具的使用与保管要求

其中绝缘安全工器具试验项目、周期和要求参见 Q/GDW 1799.2—2013《国家电网公司电力安全工作规程　线路部分》附录 L 内容。

十一、其他工作要求

在没有脚手架或者在没有栏杆的脚手架上工作，高度超过 1.5m 时，应使用安全带，或采取其他可靠的安全措施；遇有电气设备火灾时，应立即将有关设备的电源切断，然后进行救火。

十二、举例

【例 15-4-1】某年某月某日，某安装公司发生一起误登杆触电坠落人身事故。

1. 事故经过

某安装公司线路二班，按照公司生技科周计划布置的"拔杆子工作"任务，计划于某月某日拔除某变电站出口线路移位后 8 根空混凝土杆。当天上班出工前，班组作了工作安排，工作任务为"某变拔杆"，口头指定张××为工作负责人，金××（负责工作地点附近的低压线路停电措施）、王××等 4 人为分负责人，工作班成员有阮××、陈××、杨××、李××（4 人均为劳务工，明确为上杆人员，要求带好上杆工具）等十几人。在工作布置过程中，有关人员分别在站班会记录卡上签了名。

当日早 8:03 分左右，工作班人员准备工具后乘坐工程车出发，工作负责人随后乘吊机前往现场。约 20min 后，工作班到达现场，随后负责低压停电措施的分负责人金××叫 4 名上杆人员上杆工作，拆除附件，但未作具体分配，也没有落实监护人。其间，现场人员发现现场无导线的单杆共有 9 根，其中距 8 根空混凝土杆 12m 处的一根杆上有电缆等设备，并且有人提出电缆杆是否有电，应验电。但金××认为都是空杆，未对工作范围作进一步核实，又因工作任务是拔空杆，现场人员均未带验电器，而未进行验电。随后工作负责人乘吊机到现场，进行吊机定位工作，此时工作班人员已开展工作。

早 8:34，阮××在无人监护情况下，误登运行中的铁路 315 线 1 号杆。在登杆过程中，左手臂攀拉同侧电缆头时造成引线相间短路，被电弧烧灼，从约 7m 处坠下至泥地上，即送市第二医院抢救。经诊断，烧伤面积 28%（均为Ⅰ、Ⅱ度），左胸第 6 根肋骨骨折。

2. 事故原因分析

这起性质恶劣的人身触电伤害并高空坠落事故，是由现场组织措施和安全技术措施不落实、严重违章指挥、违章作业等一系列原因造成的。

事故原因分析如下：

（1）事故的直接原因是误登不属于作业范围的处于带电状态的设备，工作前未进行验电，违章冒险作业，致使阮××受电伤并高空坠落。

（2）工作班成员越位违章指挥是事故主要的间接原因。低压停电措施分负责人在工作负责人未到位前，未弄清施工设备情况，落实监护人，确证杆上设备是否带电的情况下，越位违章指挥。

（3）现场的组织措施不落实是事故的间接原因之一。所指派的工作负责人不具备资格。对简单工作不重视，未进行现场踏勘，拔杆未使用施工作业票，站班会卡流于形式。分工不明确，任务不清，事实上相当部分的工作人员对施工现场设备情况不了解，甚至不清楚应拔几根杆子，盲目施工。

（4）现场安全技术措施不落实是事故的间接原因之二。拨杆附近有条低压线路，虽落实了停电措施负责人，但停电负责人未带验电器和短路接地线。在现场有人提出要对电缆杆进行验电，未落实人员进行验电，违反安规"保证安全的技术措施"有关规定，严重违章。

（5）职工素质、自我保护意识差也是应注意的事故原因之一。工作分项负责人知道自己担任工作负责人违反安规规定；工作负责人到现场看到工作班未经布置已开展工作时，也未能及时制止。工作班人员在非工作负责人越位违章指挥时，无人制止。工作班人员看到现场设备情况有疑问，虽提出对不明设备要进行验电，但在现场无验电器情况时未坚持。上杆人员在设备带电情况不清、没有验电器的情况下，盲目服从，上杆违章作业。

【例 15–4–2】

1. 违章情况

某年某月某日某电力有限公司在 10kV 105 新乔线上滨配电变压器迁移施工现场检查时存在以下违章问题：

（1）该电力工程 A 公司进行配电变压器迁移工作，但现场使用的是低压第一种工作票（而工作人员在高压侧拆跌落式熔断器、避雷器及引下线等高压装置）。

（2）在配电变压器 10kV 侧工作，未经许可人同意，未办理任何设备停电申请手续，也未得到任何工作许可，即开工。

（3）在配电变压器 10kV 侧工作，未实施验电、挂接地线等安全技术措施。

（4）工作人员杆上作业未带吊绳，故拆下设备导致高空抛物，经指出，将吊绳抛给工作人员。

（5）工作人员杆上作业未使用后备保险绳。

2. 违章分析

（1）Q/GDW 1799.2—2013《国家电网公司电力安全工作规程 线路部分》5.3.2规定"在全部或部分停电的配电设备上的工作应填用电力线路第一种工作票"。A 分公司对配电变压器迁移工作使用何种工作票认识不清，没使用电力线路第一种工作票而使用低压工作票工作，违反了工作票管理规定。

（2）Q/GDW 1799.2—2013《国家电网公司电力安全工作规程 线路部分》5.4.4规定"若停电线路作业还涉及其他单位配合停电的线路时，工作负责人应在得到指定的配合停电设备运行管理单位联系人通知这些线路已停电和接地，并履行工作许可书面手续后，才可开始工作"。但是工作负责人未经任何许可即指派工作人员在配电变压器 10kV 侧进行工作，违反了上述《安规》条文。

（3）Q/GDW 1799.2—2013《国家电网公司电力安全工作规程（线路部分）》12.1.5 规定"进行配电设备停电作业前，应断开可能送电到待检修设备、配电变压器各侧的所有线路（包括用户线路）断路器（开关）、隔离开关（刀闸）和熔断器，并验电、接地后，才能进行工作"。在配电变压器 10kV 侧进行工作，未实施验电、挂接地线等安全技术措施，违反了上述安规条文。

（4）同时还违反了 Q/GDW 1799.2—2013《国家电网公司电力安全工作规程 线路部分》中第 9.2.4 条和第 9.2.5 条的规定。

【思考与练习】

1. 填写低压第一种、第二种工作票的工作范围是哪些？

2. 如何正确验电操作？

3. 如何正确挂接地线操作？

4. 电气设备检修如何悬挂标示牌？

▲ 模块 5 DL/T 499—2001《农村低压电力技术规程》（Z36B8005 Ⅰ）

【模块描述】本模块介绍电力行业标准 DL/T 499—2001《农村低压电力技术规程》，涉及低压电力网、配电装置、剩余电流保护、架空电力线路、地埋电力线路、低压电力电缆、接户与进户装置、无功补偿、接地与防雷、临时用电等内容。通过对相关条文进行解释，掌握 380V 及以下农村电力网的设计、安装、运行及检修的基本技术要求。

【模块内容】

一、低压电力网

自配电变压器低压侧或直配发电机母线，经由监测、控制、保护、计量等电器至各用户受电设备的 380V 以下供用电系统组成低压电力网。

农村公用配电变压器应按"小容量、密布点、短半径"的原则进行建设与改造，应选用节能型低损耗变压器。其安装位置应靠近负荷中心，避免易爆、易燃、污秽严重及地势低洼地带，高压进线、低压出线方便，便于施工、运行维护。

低压电力网的布局应与农村发展规划相结合，一般采用放射形供电，供电半径一般不大于 500m，对电压有特殊要求的用户，供电电压的偏差值由供用电双方在合同中确定。

农村低压电力网一般采用 TT 系统，城镇内电力用户采用 TN–C 系统，对安全有特殊要求的可采用 IT 系统。同一低压电力网中不能采用两种保护接地方式。

变压器低压侧装设电能计量装置。变压器低压侧进线和出线应装设有明显断开点的开关，并应装设自动断路器或熔断器。

二、配电装置

1. 配电箱

配电变压器低压侧的配电箱防触电保护类别应为 I 类或 II 类。配电箱的进出引线，应采用具有绝缘护套的绝缘电线或电缆，穿越箱壳时加套管保护。

I 类电器：该类电器的防触电保护不仅依靠基本绝缘，而且还需要一个附加的安全预防措施。其方法是将电器外露可导电部分与已安装在固定线路中的保护接地导体连接起来。

II 类电器：该类电器的防触电方面不仅依靠基本绝缘，而且还有附加绝缘。在基本绝缘损害之后，依靠附加绝缘起保护作用。其方法是采用双重绝缘或加强绝缘结构，不需要接保护线或依赖安装条件的措施。

2. 配电室

配电室进出引线可架空明敷或暗敷；配电室进出引线的导体截面应按允许载流量选择。配电室内应留有维护通道。

3. 配电屏及母线

配电屏宜采用符合我国有关国家标准规定的产品，并应有生产许可证和产品合格证。产品出厂时应附一次系统图、仪表接线图、控制回路二次接线图及相对应的端子编号图，电器元件应注明生产厂家、型号规格。各电器、仪表、端子排等均应标明编号、名称、路别（或用途）及操作位置。

配电屏内二次回路的配线应采用电压不低于 500V，电流回路截面不小于 2.5mm^2，其他回路不小于 1.5mm^2 的铜芯绝缘导线。

母线应按 U 相为黄色，V 相为绿色，W 相为红色，中性线为淡蓝色，保护中性线为黄和绿双色规定涂漆。

4. 控制与保护

配电室（箱）进、出线的控制电器和保护电器的额定电压、频率应与系统电压、频率相符，并应满足使用环境的要求。

三、剩余电流保护

剩余电流动作保护是防止因低压电网剩余电流造成故障危害的有效技术措施，低压电网剩余电流保护一般采用剩余电流总保护（中级保护）和末级保护的多级保护方式。

采用 TT 系统方式运行的，应装设剩余电流总保护和剩余电流末级保护。对于供电范围较大或有重要用户的农村低压电网可增设剩余电流中级保护。

四、架空电力线路

同一供电区导线的排列相序应统一，通常采用水平排列，中性线或保护中性线不应高于相线，如线路附近有建筑物，中性线或保护中性线宜靠近建筑物侧。

架空绝缘电线线路挡距一般为 30～40m，最大不应超过 50m。铝绞线、钢芯铝绞线线路挡距在集镇和村庄时为 40～50m，在田间时为 40～60m。低压线路与高压线路同杆架设时，横担间的垂直距离直线杆不应小于 1.2m；分支和转角杆不应小于 1.0m。

架空导线应采用与线路额定电压相适应的绝缘子固定，其规格根据导线截面大小选定。线路横担及其铁附件均应热镀锌或采用其他先进的防腐措施。

五、地埋电力线路

地埋线的型号选择，北方宜采用耐寒护套或聚乙烯护套型；南方采用普通护套型，严禁用无护套的普通塑料绝缘电线代替。地埋线应敷设在冰土层以下，其深度不宜小于 0.8m。

地埋线穿越铁路、公路时，应加钢管套保护，管的内径不应小于地埋线外径的 1.5 倍，管内不得有接头，保护管距公路路面、铁轨路基面，不应小于 1.0m。

地埋线路的分支、接户、终端及引出地面的接线处，应装设地面接线箱，其位置应选择在便于维护管理、不易碰撞的地方。

地埋线回填土前应核对相序，做好路径、接头与地下设施交叉的标志和保护。

六、低压电力电缆

农村低压电力电缆一般采用聚氯乙烯绝缘电缆或交联聚乙烯绝缘电缆。在有可能遭受损伤的场所，应采用有外护层的铠装电缆，在有可能发生位移的土壤中（沼泽地、流沙、回填土等）敷设电缆时，应采用钢丝铠装电缆。

电缆截面的选择，一般按电缆长期允许载流量和允许电压损耗确定，并考虑环境温度变化、土壤热阻率等影响，以满足最大工作电流作用下的缆芯温度不超过按电缆使用寿命确定的允许值。

敷设电缆时，应防止电缆扭伤和过分弯曲。电缆弯曲半径与电缆外径比值：聚氯乙烯护套多芯电力电缆不应小于 10 倍；交联聚乙烯护套多芯电力电缆不应小于 15 倍。电缆在支架上敷设时，水平敷设和垂直敷设支架间距离不应大于 0.8m 和 1.5m。

三相四线制系统中，不应采用三芯电缆另加单芯电缆作零线，严禁利用电缆外皮作零线。

七、接户与进户装置

用户计量装置在室内时，从低压电力线路到用户室外第一支持物的一段线路为接户线；从用户室外第一支持物至用户室内计量装置的一段线路为进户线。用户计量装置在室外时，从低压电力线路到用户室外计量装置的一段线路为接户线；从用户室外计量箱出线端至用户室内第一支持物或配电装置的一段线路为进户线。

接户线的相线和中性线或保护中性线应从同一基电杆引下，其挡距不应大于 25m，超过 25m 时，应加装接户杆，但接户线的总长度（包括沿墙敷设部分）不宜超过 50m。当接户线与低压线为铜线与铝线连接时，需采取加装铜铝过渡接头的措施。接户线和室外进户线应采用耐气候型绝缘电线，电线截面按允许载流量选择。

农户生活用电应实行一户一表计量，其电能表箱宜安装于户外。电能表箱底部距地面高度宜为 1.8～2.0m，电能表箱应满足坚固、防雨、防锈蚀的要求，应有便于抄表和用电检查的观察窗。计量表后应装设有明显断开点的控制电器、过流保护装置。每户应装设末级剩余电流动作保护器。

八、无功补偿

低压电力网中的电感性无功负荷应用电力电容器予以就地充分补偿，一般在最大负荷月的月平均功率因数应满足：农村公用配电变压器不低于 0.85；100kVA 以上的电力用户不低于 0.90。

1. 低压电力网中的无功补偿原则

（1）固定安装年运行时间在 1500h 以上，且功率大于 4.0kW 的异步电动机，应实行就地补偿，与电动机同步投切。

（2）车间、工厂安装的异步电动机，如就地补偿有困难时可在动力配电室集中补偿。

（3）异步电动机群的集中补偿应采取防止功率因数角超前和产生自励过电压的措施。

2. 补偿容量

（1）单台电动机的补偿容量，应根据电动机的运行工况确定。

机械负荷惯性小的（切断电源后，电动机转速缓慢下降的），补偿容量可按 0.9 倍电动机空载无功功率配置：

$$Q_{com}=0.9\sqrt{3}\,U_nI_0 \qquad\qquad （15-5-1）$$

式中　Q_{com}——电动机所需补偿容量，kvar；

　　　U_n——电动机额定电压，kV；

　　　I_0——电动机空载电流，A。

电动机的空载电流，可由厂家提供，如没有时，可参照式（15-5-2）确定：

$$I_0=2I_N(1-\cos\phi) \qquad\qquad （15-5-2）$$

式中　I_0——电动机空载电流，A；

　　　I_N——电动机额定电流，A；

$\cos\phi$——电动机额定负荷时功率因数。

机械负荷惯性较大时（切断电源后，电动机转速迅速下降的），补偿容量见式（15-5-3）：

$$Q_{com}=(1.3\sim1.5)Q_0 \qquad (15-5-3)$$

式中 Q_{com}——电动机所需补偿容量，kvar；

$\quad\ \ Q_0$——电动机空载无功功率，kvar。

（2）车间、工厂集中补偿容量 Q_{com}，可按式（15-5-4）确定：

$$Q_{com}=P_{av}(\tan\phi_1-\tan\phi_2) \qquad (15-5-4)$$

式中 P_{av}——用户最高负荷月平均有功功率，kW；

$\quad\ \tan\phi_1$——补偿前功率因数角的正切值；

$\quad\ \tan\phi_2$——补偿到规定的功率因数角正切值。

3. 电容器（组）的安装

电容器（组）的连接电线应用软导线，截面应根据允许的载流量选取。电线的载流量：单台电容器为其额定电流的 1.5 倍，集中补偿为总电容电流的 1.3 倍。

室内安装的电容器（组），应有良好的通风条件，使电容器由于热损耗产生的热量，能以对流和辐射散发出来。室外安装的电容器（组）应尽量减小受阳光照射的面积。

电容器的额定电压与低压电力网的额定电压相同时，应将电容器的外壳和支架接地。当电容器的额定电压低于电力网的额定电压时，应将每相电容器的支架绝缘。

九、接地与防雷

1. 工作接地、保护接地和接保护中性线（零）

电力系统中电气设备因正常运行或排除事故的需要而将电路中某一点接地，称为工作接地。如 TT、TN-C 系统配电变压器低压侧中性点直接接地，电流互感器二次绕组（专供计量者除外）一端接地。

为保证人生和设备安全，电气装置正常运行时不带电的金属外壳、配电装置的构架和线路杆塔等与大地作可靠电气连接，称为保护接地。如在 TT 和 IT 系统中，除Ⅱ类和Ⅲ类电器外，所有受电设备（包括携带式和移动式电器）外露可导电部分，电力设备的传动装置、靠近带电部分的金属围栏、电力配电线的金属管、配电盘的金属框架、金属配电箱以及配电变压器的外壳都应作保护接地。在Ⅱ系统中，装设的高压击穿熔断器应装设保护接地。在 TN-C 系统中，各出线回路的保护中性线，其首末端、分支点及接线处应装设保护接地。与高压线路同杆架设的 TN-C 系统中的保护中性线，在共敷段的首末端应装设保护接地。

在中性点直接接地系统中，将电气装置正常运行时不带电的金属外壳、配电装置的构架和线路杆塔与从接地中性点引出的中性线（零线）进行连接，称为保护接零。如在 TN–C 系统中，除Ⅱ类和Ⅲ类电器外，所有受电设备（包括携带式、移动式和临时用电电器）的外露可导电部分用保护线接保护中性线。在 TN–C 系统中，电力设备的传动装置、配电盘的金属框架、金属配电箱，用保护线接保护中性线。

保护线应采用绝缘电线，其截面选择应能保证短路时热稳定的要求。在 TN–C 系统中，保护中性线的接法应正确，即是从电源点保护中性线上分别连接中性线和保护线，其保护线与受电设备外露可导电部分相连，严禁与中性线串接。

2. 接地电阻及降低接地电阻的措施

配电变压器低压侧中性点的工作接地电阻，一般不应大于 4Ω，但当配电变压器容量不大于 100kVA 时，接地电阻可不大于 10Ω。

在 IT 系统中装设的高压击穿熔断器的保护接地电阻，不宜大于 4Ω。TN–C 系统中保护中性线的重复接地电阻，当变压器容量不大于 100kVA，且重复接地点不少于 3 处时，允许接地电阻不大于 30Ω。

在高土壤电阻率的地带，为能降低接地电阻，可采用如下措施：延伸水平接地体，扩大接地网面积；在接地坑内填充长效化学降阻剂；如近旁有低土壤电阻率区，可引外接地。

3. 防雷保护

在多雷区（年平均雷电日大于 40 日的地区）和易受雷击地段的配电变压器低压侧各出线回路的首端，直接与架空电力线路相连的排灌站、车间和重要用户的接户线，架空线路与电缆或地埋线路的连接处，应装设低压避雷器。

在多雷区和易受雷击地段的接户线，在人员密集的教室、影剧院、礼堂等公共场所的接户线和电动机的引接线处应将绝缘子铁脚接地。

低压避雷器的接地电阻不宜大于 10Ω。绝缘子铁脚的接地电阻不宜大于 30Ω，但在 50m 内另有接地点时，铁脚可不接地。

十、临时用电

临时用电架空线路应采用耐气候型的绝缘电线，最小截面不小于 $6mm^2$，电线对地距离不低于 3m，挡距不超过 25m。电线固定在绝缘子上，线间距离不小于 200mm。

临时用电应装设配电箱，配电箱内应配装控制保护电器、剩余电流动作保护器和计量装置。配电箱外壳的防护等级应按周围环境确定，防触电类别可为Ⅰ类或Ⅱ类。如临时用电线路超过 50m 或有多处用电点时，应分别在电源处设置总配电箱，在用电点设置分配电箱，总、分配电箱内均应装设剩余电流动作保护器。配电箱对地高度宜为 1.3～1.5m。

临时线路不应跨越铁路、公路和一、二级通信线路。

【思考与练习】

1. 农村公用配电变压器应按什么原则进行建设与改造？

2. 农村低压电力电缆选用有何要求？

3. 低压电力网中的无功补偿原则是什么？

▲ 模块 6 DL/T 602—1996《架空绝缘配电线路 施工及验收规程》（ Z36B8006 Ⅰ ）

【模块描述】 本模块包含架空绝缘配电线路器材检验、施工技术要求、工程验收规则；通过分类介绍，掌握新建和改建的额定电压 6～10kV（中压）和额定电压 1kV 及以下（低压）架空绝缘配电线路的施工及验收标准。

【模块内容】

本规程适用架空绝缘线路器材检验、施工技术要求、工程验收规则，适用 6～10kV（中压）和额定电压 1kV 及以下（低压）架空绝缘配电线路的施工及验收。

一、器材检验

1. 一般要求

（1）器材应符合现行国家标准，无国家标准时，应符合行业标准；

（2）产品出厂应有试验合格证、产品合格证；

（3）器材检查应符合如下要求：

1）外观检查无损坏或变形；

2）型号、规格正确；

3）技术文件齐全。

2. 架空绝缘线（架空绝缘电缆）

（1）中压架空绝缘线应符合 GB/T 14049 规定，低压架空绝缘线应符合 GB/T 12527 规定。

（2）安装导线前应先检查，且符合下列要求：

1）导线紧压，无腐蚀；

2）绝缘线端部应有密封措施；

3）绝缘层紧密挤包，表面光滑，无尖角，无烧焦痕迹。

3. 金具及绝缘部件

（1）金具及绝缘部件应符合 DL/T 464.1～5 规定；

（2）安装金具前应进行外观检查，符合规定要求；

（3）绝缘管、绝缘包带表面平整，色泽均匀；

（4）绝缘支架、绝缘护罩色泽均匀、平整光滑无裂纹毛刺、关合紧密。

4. 绝缘子

（1）绝缘子应符合 GB/T 772 规定；

（2）安装绝缘子前应进行外观检查，符合规定要求：

1）安装配合紧密；

2）绝缘子光滑，无裂纹、缺釉、气泡等缺陷。

5. 杆塔

（1）钢筋混凝土电杆应符合国标要求；

（2）使用前应外观检查且符合下列要求：

1）表面光洁平整，壁厚均匀，无偏心、露筋、跑浆、蜂窝等缺陷；

2）预应力杆无纵向、横向裂缝；

3）普通电杆无纵向裂缝，横向裂缝不超过 0.1mm，长度不超过 1/3 周长；

4）杆身弯曲不超过 2/1000。

6. 混凝土预制构件

混凝土预制构件无露筋、跑浆、蜂窝等缺陷；强度满足设计要求。

7. 拉线

（1）拉线应符合 GB/T 1200 规定；

（2）镀锌良好，无锈蚀；

（3）无松股、交叉、折叠、断股及破损等情况。

8. 电气设备

电气设备必须符合相应的产品标准规定及产品使用要求。

二、电杆基坑

（1）基坑施工前定位要符合要求：

1）直线杆：顺线路方向位移不超过设计挡距的 5%，垂直线路方向不应超过 50mm；

2）转角杆：位移不应超过 50mm。

（2）基坑底使用底盘时，坑底表面应保持水平，底盘安装尺寸误差符合规定：

1）双杆两底盘中心的根开误差不超过 30mm；

2）双杆的两杆坑深度差不超过 20mm。

（3）电杆埋深应符合设计规定，未做设计规定时应符合下表规定，见表 15-6-1。

表 15-6-1 电杆埋设深度表 （m）

杆长	8.0	9.0	10.0	11.0	12.0	13.0	15.0	18.0
埋深	1.5	1.6	1.7	1.8	1.9	2.0	2.3	2.6~3.0

（4）基础浇筑、焊接应符合国家标准。

（5）混凝土浇筑应定期检查，并满足养护规定日期。

三、杆塔组装

（1）钢筋混凝土杆塔焊接应符合规定；

（2）铁塔组立后，塔脚应与基础面接触良好；

（3）电杆立好后符合规定；

（4）横担安装应平整；

（5）螺栓穿入的方向应符合标准；

（6）绝缘子安装应牢固、可靠。

四、拉线安装

（1）拉线安装时与电杆夹角不宜小于45°，受地形限制不应小于30°；

（2）拉线穿过公路时，对路面中心距离不应小于6m，对路面距离最小不小于4.5m；

（3）拉桩杆安装应符合设计要求。

五、导线架设

（1）放线宜在干燥天气进行，且气温符合规定；

（2）绝缘线损伤需按规定处理；

（3）绝缘线连接不得缠绕，应用专用的线夹、接续管连接；

（4）绝缘线连接接头符合规程要求；

（5）紧线时，绝缘线不宜过牵引，紧好后，线上不应有杂物；

（6）绝缘线固定符合要求。

六、电器设备安装

（1）杆上变压器台应安装牢固，一、二次引线排列整齐，绑扎牢固；

（2）变压器安装后套管表面光洁、油位正常、外壳接地符合要求；

（3）跌落式熔断器安装牢固，各部件完整，排列整齐，符合规定；

（4）低压设备及杆上避雷器安装符合规程要求。

七、对地距离及交叉跨越

绝缘线对地距离满足下表要求，详见表15-6-2～15-6-5。

表 15-6-2　　绝缘线在最大弧垂时，对地面及跨越物的最小垂直距离　　　　　　　　m

线路经过地区	线路电压		线路经过地区	线路电压	
	中压	低压		中压	低压
繁华市区	6.5	6.0	至电车行车线	3.0	3.0

续表

线路经过地区	线路电压		线路经过地区	线路电压	
	中压	低压		中压	低压
一般城区	5.5	5.0	至河流最高水位（通航）	6.0	6.0
交通困难地区	4.5	4.0	至河流最高水位（不通航）	3.0	3.0
至铁路轨顶	7.5	7.5	与索道距离	2.0	1.5
城市道路	7.0	6.0	人行过桥街	4.0	3.0

表 15-6-3　　　导线与街道行道树之间的最小距离 m

最大弧垂情况下的垂直距离		最大风偏情况下的水平距离	
中压	低压	中压	低压
0.8	0.2	1.0	0.5

表 15-6-4　　　绝缘线与弱电线路之间的最小距离 m

类别	中压	低压
垂直距离	2.0	1.0
水平距离	2.0	1.0

表 15-6-5　　绝缘线与中压线路、低压线路之间的交叉跨越最小距离 m

线路电压	中压	低压
中压	1.0	1.0
低压	1.0	0.5

八、接户线

接户线安装满足要求：

（1）低压接户线挡距不超过 25m，中压接户线挡距不超过 30m。

（2）中压接户线截面不小于：

1）铜芯线　25mm²；

2）铝及铝合金芯线　35mm²。

（3）低压接户线截面不小于：

1）铜芯线　10mm²；

2）铝及铝合金芯线 16mm²。

（4）低压绝缘接户线与建筑物有关部分的距离，不应小于下列数值：

1）与接户线下方窗户的垂直距离，0.3m；

2）与接户线上方阳台或窗户的垂直距离，0.8m；

3）与阳台或窗户的水平距离，0.75m；

4）与墙壁、构架的距离，0.05m。

（5）低压绝缘接户线与弱电线路的交叉距离，不应小于下列数值：

1）低压接户线在弱电线路的上方，0.6m；

2）低压接户线在弱电线路的下方，0.3m。

（6）自电杆上引下的低压接户线，应使用悬挂线夹或低压蝶式绝缘子。

（7）不同金属、不同规格、不同绞向的接户线，严禁在挡距内连接。

（8）接户线与主干、分支绝缘线如为铜铝连接，应有可靠的铜铝过渡措施。

九、工程交接验收

（1）需要提供相关的资料：

1）施工协议及文件；

2）设计变更通知单；

3）施工记录图；

4）安装技术记录；

5）接地记录；

6）导线弧垂施工记录；

7）交叉跨越记录；

8）使用器材试验合格证明；

9）交接试验记录。

（2）工程验收应进行检查：

1）绝缘线型号、规格符合设计要求；

2）电杆组合各项误差符合规定；

3）电气设备外观完整无缺损，线路设备标志齐全；

4）拉线制作、安装符合规定；

5）绝缘线弧垂、相间距离、对地距离、交叉跨越距离符合规定；

6）绝缘线上无异物；

7）配套的金具、卡具符合规定；

8）交接试验：① 测量绝缘电阻；② 相位正确；③ 冲击合闸试验。

【思考与练习】

1. 如何检验器材？
2. 杆塔组装有何要求？
3. 导线架设的要求是什么？

▲ 模块 7　SD 292—1988《架空配电线路及设备运行规程》(Z36B8007 Ⅰ)

【模块描述】本模块介绍部颁标准 SD 292—1988《架空配电线路及设备运行规程》，涉及架空配电线路的运行、配电设备的运行、防雷与接地、事故处理、技术管理等内容。通过对本职业相关条文进行解释，掌握标准相关要求。

【模块内容】

为了加强架空配电线路及设备的管理，提高安全、经济运行水平，原水利电力部组织有关单位制订了 SD 292—1988《架空配电线路及设备运行规程》。本模块重点介绍线路运行、设备运行、防雷与接地、事故处理、技术管理等内容。

一、架空配电线路的运行

架空配电线路的运行过程中要做好巡视、检查及维护工作。线路巡视有定期巡视、特殊性巡视、夜间巡视、故障性巡视和监察性巡视。

（一）架空配电线路巡视的主要内容及注意事项

1. 杆塔

杆塔是否倾斜；铁塔构件有无弯曲、变形、锈蚀；螺栓有无松动；混凝土杆有无裂纹、酥松、钢筋外露、焊接处有无开裂、锈蚀；木杆有无腐朽、烧焦、开裂，绑桩有无松动，木楔是否变形或脱出。

基础有无损坏、下沉或上拔，周围土壤有无挖掘或沉陷，寒冷地区电杆有无冻鼓现象。

杆塔位置是否合适，有无被车撞的可能，保护设施是否完好，标志是否清晰。

杆塔有无被水淹、水冲的可能，防洪设施有无损坏、坍塌。

杆塔标志（杆号、相位警告牌等）是否齐全、明显。

杆塔周围有无杂草和蔓藤类植物附生。有无危及安全的鸟巢、风筝及杂物。

2. 横担及金具

木横担有无腐朽、烧损、开裂、变形。铁横担有无锈蚀、歪斜、变形。金具有无锈蚀、变形；螺栓是否紧固，有无缺帽；开口销有无锈蚀、断裂、脱落。

3. 绝缘子

瓷件有无脏污、损伤、裂纹和闪络痕迹。铁脚、铁帽有无锈蚀、松动、弯曲。

4. 导线（包括架空地线、耦合地线）

有无断股、损伤、烧伤痕迹，在化工、沿海等地区的导线有无腐蚀现象。三相弛度是否平衡，有无过紧、过松现象。接头是否良好，有无过热现象（如：接头变色，雪先熔化等）。连接线夹弹簧垫是否齐全，螺帽是否紧固。过（跳）引线有无损伤、断股、歪扭，与杆塔、构件及其他引线间距离是否符合规定。导线上有无抛扔物。固定导线用绝缘子上的绑线有无松弛或开断现象。

5. 防雷设施

避雷器瓷套有无裂纹、损伤、闪络痕迹，表面是否脏污。避雷器的固定是否牢固。引线连接是否良好，与邻相和杆塔构件的距离是否符合规定。各部附件是否锈蚀，接地端焊接处有无开裂、脱落。保护间隙有无烧损、锈蚀或被外物短接，间隙距离是否符合规定。雷电观测装置是否完好。

6. 接地装置

接地引下线有无丢失、断股、损伤。接头接触是否良好，线夹螺栓有无松动、锈蚀。接地引下线的保护管有无破损、丢失，固定是否牢靠。接地体有无外露、严重腐蚀，在埋设范围内有无土方工程。

7. 拉线、顶（撑）杆、拉线柱

拉线有无锈蚀、松弛、断股和张力分配不均等现象。水平拉线对地距离是否符合要求。拉线绝缘子是否损坏或缺少。拉线是否妨碍交通或被车碰撞。拉线棒（下把）、抱箍等金具有无变形、锈蚀。拉线固定是否牢固，拉线基础周围土壤有无突起、沉陷、缺土等现象。顶（撑）杆、拉线柱、保护桩等有无损坏、开裂、腐朽等现象。

8. 接户线

线间距离和对地、对建筑物等交叉跨越距离是否符合规定。绝缘层是否老化、损坏。接点接触是否良好，有无电化腐蚀现象。绝缘子有无破损、脱落。支持物是否牢固，有无腐朽、锈蚀、损坏等现象。弛度是否合适，有无混线、烧伤现象。

9. 沿线情况

沿线有无易燃、易爆物品和腐蚀性液、气体。导线对地、对道路、公路、铁路、管道、索道、河流、建筑物等距离是否符合规定，有无可能触及导线的铁烟筒、天线等。周围有无被风刮起危及线路安全的金属薄膜、杂物等。有无威胁线路安全的工程设施（机械、脚手架等）。查明线路附近的爆破工程有无爆破申请手续，其安全措施是否妥当。查明防护区内的植树、种竹情况及导线与树、竹间距离是否符合规定。线路附近有无射击、放风筝、抛扔外物、飘洒金属和在杆塔、拉线上拴牲畜等。查明沿线污秽情况。查明沿线江河泛滥、山洪和泥石流等异常现象。有无违反"电力设施保护条例"的建筑。

（二）架空配电线路的检查与维护

架空配电线路应按规定的周期进行检查与维护。在线路检修或改造时，凡是变动的元件、设备，都应执行验收规范的标准，因为验收规范规定的对象是新建线路，要高于运行标准。

二、配电设备的运行

运行的配电设备主要包括：变压器和变压器台、配变站（箱式变电站）、柱上油断路器和负荷开关、隔离开关和熔断器、电容器。

配电设备应按规程规定的周期进行巡视、检查、维护和试验。

1. 变压器和变压器台

（1）变压器及变压器台的巡视、检查、维护、试验周期按表15-7-1规定执行。

表15-7-1　　　　变压器和变压器台巡视、检查、维护、试验周期

序号	项目	周期	备注
1	定期巡视	与线路巡视周期相同	
2	清扫套管检查熔丝等维护工作	一般一年一次	脏污地段适当增加
3	绝缘电阻测量	一年一次	
4	负荷测量	每年至少一次	
5	油耐压、水分试验	五年至少一次	

（2）变压器和变压器台的巡视、检查内容。

1）套管是否清洁，有无裂纹、损伤、放电痕迹。

2）油温、油色、油面是否正常，有无异声、异味。

3）呼吸器是否正常，有无堵塞现象。

4）电气连接点有无锈蚀、过热和烧损现象。

5）分接开关指示位置是否正确，换接是否良好。

6）外壳有无脱漆、锈蚀；焊口有无裂纹、渗油；接地是否良好。

7）密封垫有无老化，开裂，缝隙有无渗漏油现象。

8）各部螺栓是否完整、有无松动。

9）铭牌及其他标志是否完好。

10）一、二次熔断器是否齐备，熔丝大小是否合适。

11）一、二次引线是否松弛，绝缘是否良好，相间或对构件的距离是否符合规定，

对工作人员上下电杆有无触电危险。

12）变压器台架高度是否符合规定，有无锈蚀、倾斜、下沉；木构件有无腐朽；砖、石结构台架有无裂缝和倒塌的可能；地面安装的变压器，围栏是否完好。

13）变压器台上的其他设备（如表箱、开关等）是否完好。

14）台架周围有无杂草丛生、杂物堆积，有无生长较高的农作物、树、竹、蔓藤类植物接近带电体。

2. 配变站

（1）配变站的巡视、检查、维护、试验周期按表 15-7-2 规定执行。

表 15-7-2　　　配变站（包括箱式）的巡视、检查、维护、试验周期

序号	项目	周期	备注
1	定期巡视	每月至少一次	重要站适当增加巡视次数
2	清扫及各部检查	每月至少一次	
3	开关维护性修理	每年一次	
4	防火器具检查	每年一次	
5	保护装置、仪表二次线检查、校验	每年一次	

（2）配变站的巡视、检查内容。

1）各种仪表、信号装置指示是否正常。

2）各种设备、各部接点有无过热、烧伤、熔接等异常现象；导体（线）有无断股、裂纹、损伤；熔断器接触是否良好；空气开关运行是否正常。

3）各种充油设备的油色、油温是否正常，有无渗、漏油现象；呼吸器中的变色硅胶是否正常。

4）各种设备的瓷件是否清洁，有无裂纹、损坏、放电痕迹等异常现象。

5）开关指示器位置是否正常。

6）室内温度是否过高，有无异音、异味现象；通风口有无堵塞。

7）照明设备和防火设施是否完好。

8）建筑物、门、窗等有无损坏；基础有无下沉；有无渗、漏水现象；防小动物设施是否完好、有效。

9）各种标志是否齐全、清晰。

10）周围有无威胁安全、影响运行和阻塞检修车辆通行的堆积物等。

11）接地装置连接是否良好，有无锈蚀、损坏等现象。

3. 柱上油断路器和负荷开关

（1）柱上开关设备的巡视，清扫周期与线路周期相同。柱上油断路器、油负荷开关绝缘电阻测量每两年进行一次，大修周期不应超过 5 年，操作频繁的开关应缩短大修周期。

（2）巡视检查内容。

1）外壳有无渗、漏油和锈蚀现象。

2）套管有无破损、裂纹、严重脏污和闪络放电的痕迹。

3）开关的固定是否牢固，引线接点和接地是否良好，线间和对地距离是否足够。

4）油位是否正常。

5）开关分、合位置指示是否正确、清晰。

三、防雷与接地

为防止雷击过电压带来的危害，应在雷季之前投入运行防雷装置，并与线路同时巡视。为了保障安全运行，防雷装置应定期检查、试验，通常避雷器绝缘电阻试验周期为 1～3 年；避雷器工频放电试验周期为 1～3 年。

配电设备的接地电阻应定期测量。变压器、配变站、柱上开关、电容器的接地电阻每两年至少测量一次，其他设备的接地电阻每 4 年至少测量一次。

中性点直接接地的低压电力网中的零线，应在电源点接地，同时在配电线路的干线和分干线（支线）终端处，应重复接地。在线路引入车间或大型建筑物处，也应将零线重复接地。接地引下线与接地装置应可靠连接，一般不得与拉线、拉线抱箍相接触。

四、事故处理

运行单位应建立事故抢修组织和有效的联系办法，以便于迅速、有效地处理事故，最大限度地控制事故影响范围，降低事故造成的损失。

五、技术管理

为保障配电系统安全、经济运行，应加强技术管理，主要包括技术资料、缺陷管理、设备标志、电压管理和负荷管理几个方面。

由于目前全国各地表格式样、内容很不统一，管理记载方法也不一样，所以规程中只列出了资料的目录，没有列出具体的格式、内容。若规定统一格式，改变现有的管理方法，涉及面较广，因此规程中仅作原则规定，各地可根据规程要求完善本地区的技术管理资料。

缺陷管理的目的是为了掌握运行设备存在的问题，以便按轻重缓急消除缺陷，提高设备的健康水平，保障线路、设备的安全运行。另一方面对缺陷进行全面分析总结变化规律，为大修、更新改造设备提供依据。缺陷按照严重程度可分为一般缺陷、重大缺陷和紧急缺陷三类。

配电变压器不应过负荷运行，应经济运行。变压器的三相负荷应力求平衡，这样会降低线损，提高电压质量，增加设备的使用寿命。

【思考与练习】

1. 架空配电线路的巡视有哪几种？

2. 变压器的接地电阻至少多长时间测量一次？

3. 架空配电线路及设备运行的技术管理包括哪些方面？

▲ 模块 8 DL/T 5220—2005《10kV 及以下架空配电线路设计技术规程》(Z36B8008 Ⅰ)

【模块描述】 本模块是线路设计技术规程，适用 10kV 及以下交流架空线路设计；通过规程的学习讲解，掌握 10kV 及以下交流架空线路的设计原则。

【模块内容】

本规程适用于新建和改建的额定电压为 6～10kV（中压）和额定电压为 1kV 及以下（低压）架空绝缘配电线路工程设计。架空绝缘配电线路的设计应与城市的总体规划相协调。

一、导线

（1）架空绝缘配电线路所采用的导线应符合 GB/T 12527、GB/T 14049 的规定。

（2）绝缘导线及悬挂绝缘导线的钢绞线的设计安全系数均不应小于 3。

（3）三相四线制低压绝缘配电线路的最小截面铝绞线不少于 50mm²，铜绞线不少于 35mm²，1kV 以下的三相四线制的零线截面，应与相线截面相同。

（4）悬挂绝缘线的钢绞线的自重荷载应包括绝缘线、钢绞线、绝缘支架质量及 200kg 施工荷重。钢绞线的最小截面不应小于 50mm²。

（5）不同金属、不同规格、不同绞向的导线及无承力线的集束线严禁在挡距内连接。

（6）绝缘导线的弧垂应根据计算确定。导线架设后塑性伸长率对弧垂的影响，宜采用减少弧垂法补偿，弧垂减少的百分数为：

1）铝或铝合金芯绝缘线，20%；

2）铜芯绝缘线，7%～8%。

二、绝缘子、金具及绝缘部件

（1）绝缘配电线路绝缘子应符合 GB/T 1000 和 GB/T 1001 的规定。

（2）低压绝缘配电线路采用的金具及绝缘部件，应符合 DL/T 464.1～5 的规定。

（3）绝缘子机械强度的使用安全系数，不应小于下列数值：

1）棒式绝缘子，2.5；

2）针式绝缘子，2.5；

3）悬式绝缘子，2.0；

4）蝶式绝缘子，2.5。

（4）绝缘子的组装方式应防止瓷裙积水。

（5）金具的使用安全系数不应小于 2.5。

三、导线排列

（1）分相架设的中压绝缘线三角排列、水平排列、垂直排列均可，中压绝缘线路可单回架设，宜可以多回路同杆架设。

（2）城市中、低压架空绝缘线路在同一地区同杆架设，应是同一区段电源。

（3）分相架设的低压绝缘线排列应统一，零线宜靠电杆或建筑物，并应有标志，同一回路的零线不宜高于相线。

（4）沿建筑物架设的低压绝缘线，支持点间的距离不宜大于 6m。

（5）中、低压架空绝缘线路的挡距不宜大于 50m，中压耐张段的长度不宜大于 1km。

（6）中压架空绝缘配电线路的线间距离应不小于 0.4m，采用绝缘支架紧凑型架设不应小于 0.25m。

（7）中压架空绝缘线路的过引线、引下线与邻相的过引线、引下线及低压线路的净空距离不应小于 0.2m。

四、电杆、拉线和基础

（1）架空绝缘配电线路的杆塔分为直线杆型、耐张杆型和混合杆型三类。绝缘线路一般采用水泥杆，条件不允许时亦可采用铁塔和钢管塔。

（2）配电线路的钢筋混凝土杆，应尽量采用定型产品，电杆构造的要求应符合有关国家标准的规定。钢筋混凝土杆的强度计算，应采用安全系数计算方法。普通钢筋混凝土杆的强度设计安全系数不应小于 1.7；预应力混凝土杆的强度设计安全系数不应小于 1.8。

（3）转角杆的横担，应根据受力情况确定。一般情况下，15°以下转角杆，可采用单横担；15°～45°转角杆，宜采用双横担；45°以上转角杆，宜采用十字横担。

（4）配电线路的金属横担及金属附件应热镀锌。

（5）拉线应采用镀锌钢绞线，其强度设计安全系数应不小于 2，最小规格不小于 35mm²。

（6）跨越电车行车线的水平拉线，对路面中心的垂直距离，不应小于 9m。

（7）电杆基础应结合当地的运行经验、材料来源、地质情况等条件进行设计。钢筋混凝土基础的强度设计安全系数不应小于 1.7，预制基础的混凝土标号不宜低于 200 号。

五、变压器台和开关设备

（1）配电变压器台应设在负荷中心或重要负荷附近，且便于更换和检修设备的地方，其配电变压器容量应考虑负荷的发展、运行的经济性等。柱上式变压器台宜安装 315kVA 及以下变压器。315kVA 以上的变压器宜采用室内布置或与其他高低压元件组成箱式变电站布置。

（2）柱上配电变压器台的底部距地面高度不应低于 2.5m。安装变压器后，配电变压器台的平面坡度不大于 1/100。

（3）熔断器、避雷器、变压器的接线柱与绝缘导线的连接部位，宜进行绝缘密封。

（4）在配电线路上装设电容器时，应按有关行业标准的规定执行。

六、防雷和接地

（1）中压绝缘线路，在居民区的钢筋混凝土电杆宜接地，铁杆应接地，接地电阻均不应超过 30Ω。

（2）带承力线的架空绝缘配电线路，其承力线应接地，其接地电阻不应大于 30Ω。

（3）配电变压器应装设防雷装置，该防雷装置应尽量靠近变压器，其接地线应与变压器二次侧中性点及变压器的金属外壳相连接。多雷区，宜在变压器二次侧装设避雷器。

（4）三相四线供电的低压绝缘线在引入用户处，应将零线重复接地。

（5）容量为 100kVA 以上的变压器，其接地装置的接地电阻不应大于 4Ω，该台区的低压网络的每个重复接地的电阻不应大于 10Ω。容量为 100kVA 及以下的变压器，其接地装置的接地电阻不应大于 10Ω，该台区的低压网络的每个重复接地的电阻不应大于 30Ω。

（6）接地体的埋设深度不应小于 0.6m，接地体不应与地下燃气管、送水管接触。

七、接户线

（1）低压绝缘接户线与建筑物有关部分的距离，不应小于下列数值：

1）与接户线下方窗户的垂直距离，0.3m；

2）与接户线上方阳台或窗户的垂直距离，0.8m；

3）与阳台或窗户的水平距离，0.75m；

4）与墙壁、构架的距离，0.05m。

（2）低压绝缘接户线与弱电线路的交叉距离，不应小于下列数值：

1）低压接户线在弱电线路的上方，0.6m；

2）低压接户线在弱电线路的下方，0.3m。

（3）自电杆上引下的低压接户线，应使用悬挂线夹或低压蝶式绝缘子。

（4）不同金属、不同规格、不同绞向的接户线，严禁在挡距内连接。

（5）接户线与主干、分支绝缘线如为铜铝连接，应有可靠的铜铝过渡措施。

八、对地距离及交叉跨越

（1）绝缘导线对地面、建筑物、树木、铁路、道路、河流、管道、索道及各种架空线路的距离，应根据最高气温情况或最大垂直比载求得的最大弧垂和最大风速情况求得的最大风偏计算。计算上述距离，不应考虑由于电流、太阳辐射以及覆冰不均匀等引起的弧垂增大，但应计及导线架线后塑性伸长的影响和设计施工的误差。

（2）绝缘配电线路应尽量不跨越建筑物，如需跨越，导线与建筑物的垂直距离按最大计算。

（3）弧垂情况下，不应小于下列数据：① 中压，2.5m；② 低压，2.0m。线路边线与永久建筑物之间的距离在最大风偏的情况下，不应小于下列数值：① 中压，0.75m（人不宜接近时可为 0.4m）；② 低压，0.2m。导线与树木（考虑自然生长高度）之间的垂直距离，不小于 3m。绝缘配电线路与特殊管道交叉，应避开管道的检查井或检查孔，同时，交叉处管道上所有部件应接地。

【思考与练习】

1. 绝缘子机械强度的使用安全系数如何规定的？

2. 低压绝缘接户线与弱电线路的交叉距离有何规定？

3. 低压绝缘接户线与建筑物有关部分的距离是如何规定的？

▲ 模块 9　DL/T 825—2002《电能计量装置安装接线规则》（Z36B8009Ⅰ）

【模块描述】 本模块包含《电能计量装置安装接线规则》中规定的术语、技术要求、安装要求等内容。通过术语说明、条文解释、要点归纳，掌握国家电网有限公司对电能计量装置安装接线的要求。

【模块内容】

一、适用范围

DL/T 825—2002《电能计量装置安装接线规则》规定了电力系统中计费和非计费用交流电能计量装置的接线方式及安装规定，适用于各种电压等级的交流电能计量装置。电能计量装置中弱电输出部分由于尚无统一规范，故暂不包括在内。

以下着重介绍农网配电、营业工作中重点应用的相关条款。

二、技术要求

1. 接线方式

（1）低压计量。低压供电方式为单相二线者，应安装单相有功电能表；低压供电方式为三相者，应安装三相四线有功电能表；有考核功率因数要求者，应安装三相无功电能表。

（2）高压计量。中性点非有效接地系统一般采用三相三线有功、无功电能表，但经消弧线圈等接地的计费用户且年平均中性点电流（至少每季测试一次）大于 $0.1\%I_N$（额定电流）时，也应采用三相四线有功、无功电能表。中性点有效接地系统应采用三相四线有功、无功电能表。

（3）电能表的实际配置按不同计量方式确定，有功电能表、无功电能表根据需要可换接为多费率电能表、多功能电能表。

2. 二次回路

（1）所有计费用电流互感器的二次接线应采用分相接线方式。非计费用电流互感器可以采用星形（或不完全星形）接线方式（简称为简化接线方式）。

（2）电压、电流回路 U、V、W 各相导线应分别采用黄、绿、红色线，中性线应采用黑色线或采用专用编号电缆。导线颜色参见相关规程。

（3）电压、电流回路导线均应加装与图纸相符的端子编号，导线排列顺序应按正相序（即黄、绿、红色线为自左向右或自上向下）排列。

（4）导线应采用单股绝缘铜质线；电压、电流互感器从输出端子直接接至试验接线盒，中间不得有任何辅助触点、接头或其他连接端子。35kV 及以上电压互感器可经端子箱接至试验接线盒。导线留有足够长的裕度。110kV 及以上电压互感器回路中必须加装快速熔断器。

（5）经电流互感器接入的低压三相四线电能表，其电压引入线应单独接入，不得与电流线共用，电压引入线的另一端应接在电流互感器一次电源侧，并在电源侧母线上另行引出，禁止在母线连接螺钉处引出。电压引入线与电流互感器一次电源应同时切合。

（6）电流互感器二次回路导线截面不得小于 4mm^2。

（7）电压互感器二次回路导线截面应根据导线压降不超过允许值进行选择，但其最小截面不得小于 2.5mm^2。Ⅰ、Ⅱ类电能计量装置二次导线压降的允许值为 $0.2\%U_{2N}$，其他类电能计量装置二次导线压降的允许值为 $0.5\%U_{2N}$。

（8）电压互感器及高压电流互感器二次回路均应只有一处可靠接地。高压电流互感器应将互感器二次 n_2 端与外壳直接接地，星形接线电压互感器应在中性点处接地，V–V 接线电压互感器在 V 相接地。

（9）双回路供电，应分别安装电能计量装置，电压互感器不得切换。

3. 直接接入式电能表

（1）金属外壳的直接接入式电能表，如装在非金属盘上，外壳必须接地。

（2）直接接入式电能表的导线截面应根据额定的正常负荷电流按表 15-9-1 选择。所选导线截面必须小于端钮盒接线孔。

表 15-9-1 　　　　　　　　　　负荷电流与导线截面选择表

负荷电流（A）	铜芯绝缘导线截面（mm²）	负荷电流（A）	铜芯绝缘导线截面（mm²）
$I<20$	4.0	$60\leq I<80$	7×2.5
$20\leq I<40$	6.0	$80\leq I<100$	7×4.0
$40\leq I<60$	7×1.5	—	—

注　按 DL/T 448—2000《电能计量装置技术管理规程》规定，负荷电流为 50A 以上时，宜采用经电流互感器接入式的接线方式。

4. 二次回路的绝缘测试

二次回路的绝缘测试是指测量绝缘电阻。绝缘配合见 GB/T 16935.1—2008《低压系统内设备的绝缘配合　第 1 部分：原理、要求和试验》。绝缘电阻采用 500V 绝缘电阻表进行测量，其绝缘电阻应不小于 5M。试验部位为所有电流、电压回路对地，各相电压回路之间，电流回路与电压回路之间。

三、安装要求

1. 计量柜（屏、箱）

（1）10kV 及以下电力用户处的电能计量点应采用全国统一标准的电能计量柜（箱），低压计量柜应紧靠进线外，高压计量柜则可设置在主受电柜后面。

（2）居民用户的计费电能计量装置必须采用符合要求的计量箱。

2. 电能表

（1）电能表应安装在电能计量柜（屏）上，每一回路的有功和无功电能表应垂直排列或水平排列，无功电能表应在有功电能表下方或右方，电能表下端应加有回路名称的标签，两只三相电能表相距的最小距离为 80mm，单相电能表间的最小距离为 30mm，电能表与屏边的最小距离为 40mm。

（2）室内电能表宜装在 0.8～1.8m 的高度（表水平中心线距地面尺寸）。

（3）电能表安装必须垂直牢固，表中心线向各方向的倾斜不大于 1°。

（4）装于室外的电能表应采用户外式电能表。

3. 互感器

（1）为了减少三相三线电能计量装置的合成误差，安装互感器时，宜考虑互感器合理匹配问题，即尽量使接到电能表同一元件的电流、电压互感器比差符号相反、数值相近，角差符号相同、数值相近。当计量感性负荷时，宜把误差小的电流、电压互感器接到电能表的 W 相元件。

（2）同一组的电流（电压）互感器应采用制造厂、型号、额定电流（电压）变比、准确度等级、二次容量均相同的互感器。

（3）两只或三只电流（电压）互感器进线端极性符号应一致，以便确认该组电流（电压）互感器一次及二次回路电流（电压）的正方向。

（4）互感器二次回路应安装试验接线盒，便于带负荷校表和带电换表。

（5）低压穿芯式电流互感器应采用固定单一的变化，以防发生互感器倍率差错。

（6）低压电流互感器二次负荷容量不得小于 10VA。高压电流互感器二次负荷可根据实际安装情况计算确定。

4. 熔断器

低压计量电压回路在试验接线盒上不允许加装熔断器。

5. 电压监视装置

电力用户用于高压计量的电压互感器二次回路，应加装电压失压计时仪或其他电压监视装置。

6. 电能表端钮盒盖、试验接线盒盖及计量柜（屏、箱）门

施工结束后，电能表端钮盒盖、试验接线盒盖及计量柜（屏、箱）门等均应加封。

7. 基本施工工艺

基本要求是：按图施工，接线正确；电气连接可靠、接触良好；配线整齐美观；导线无损伤，绝缘良好。

（1）二次回路接线应注意电压、电流互感器的极性端符号。接线时可先接电流回路，分相接线的电流互感器二次回路宜按相色逐相接入，并核对无误后，再连接各相的接地线。简化接线方式的电流互感器二次回路可利用公共线，分相接入时，公共线只与该相另一端连接，其余步骤同上。电流回路接好后再按相接入电压回路。

（2）二次回路接好后，应进行接线正确性检查。

（3）电流互感器二次回路每只接线螺钉只允许接入两根导线。当导线接入的端子是接触螺钉，应根据螺钉的直径将导线的末端弯成一个环，其弯曲方向应与螺钉旋入方向相同，螺钉（或螺母）与导线间、导线与导线间应加垫圈。

（4）直接接入式电能表采用多股绝缘导线，应按表计容量选择。若遇到选择的导线过粗时，应采用断股后再接入电能表端钮盒的方式。

（5）当导线小于端子孔径较多时，应在接入导线上加扎线后再接入，再连接各相的接地线。简化接线方式的电流互感器二次回路可利用公共线，分相接入时，公共线只与该相另一端连接，其余步骤同上。电流回路接好后再按相接入电压回路。

【思考与练习】

1. 电能表的安装有哪些要求？
2. 电能计量装置基本施工工艺有哪些要求？
3. 电能计量装置二次回路的绝缘测试有哪些要求？

▲ 模块 10　DL/T 448—2016《电能计量装置技术管理规程》（Z36B8010Ⅱ）

【模块描述】本模块包含 DL/T 448—2016《电能计量装置技术管理规程》的电能计量装置的分类及技术要求、接线方式、配置原则、设计审查、验收、现场检验等内容。通过对本规程重点条款的介绍，掌握电能计量装置技术管理的要求。

【模块内容】

电能计量装置技术管理包括计量点、计量方式、计量方案的确定和设计审查，电能计量装置安装、竣工验收、运行维护、现场检验、故障处理，电能计量器具选用、订货验收、计量检定、存储与运输、运行质量检验、更换、报废的全过程及其全寿命的过程管理，以及与电能计量相关设备的管理。

一、电能计量装置的分类

1. 电能计量装置分类

运行中的电能计量装置按其所计量电能量的多少和计量对象的重要程度和管理需要分为 5 类（Ⅰ、Ⅱ、Ⅲ、Ⅳ、Ⅴ）进行管理。

（1）Ⅰ类电能计量装置。

220kV 及以上贸易结算用电能计量装置，500kV 及以上考核用电能计量装置，计量单机容量 300MW 及以上发电机发电量的电能计量装置。

（2）Ⅱ类电能计量装置。110（66）kV～220kV 及贸易结算用电能计量装置，220kV～500kV 考核用电能计量装置，计量单机容量 100MW～300MW 发电机发电量的电能计量装置。

（3）Ⅲ类电能计量装置。10（6）kV～110kV 及贸易结算用电能计量装置，10kV～220kV 考核用电能计量装置，计量 100MW 以下发电机发电量、发电企业厂（站）用电量的电能计量装置。

（4）Ⅳ类电能计量装置。380V～10kV 的电能计量装置。

（5）Ⅴ类电能计量装置。220V 单相用户计费用电能计量装置。

2. 电能计量装置的接线方式

（1）接入中性点绝缘系统的电能计量装置，应采用三相三线有功、无功电能表。接入非中性点绝缘系统的电能计量装置，应采用三相四线有功、无功电能表或 3 只感应式无止逆单相电能表。接入中性点绝缘系统的 3 台电压互感器，35kV 及以上的宜采用 Yy 方式接线；35kV 以下的宜采用 Vv 方式接线。接入非中性点绝缘系统的 3 台电压互感器，宜采用 YNd 方式接线。其一次侧接地方式和系统接地方式相一致。

（2）低压供电，负荷电流为 60A 及以下时，宜采用直接接入式电能表；负荷电流为 60A 以上时，宜采用经电流互感器接入式的电能表。对三相三线制接线的电能计量装置，其 2 台电流互感器二次绕组与电能表之间宜采用四线连接。对三相四线制连接的电能计量装置，其 3 台电流互感器二次绕组与电能表之间宜采用六线连接。

3. 电能计量装置准确度等级

各类电能计量装置应配置的电能表、互感器的准确度等级不应低于相关标准。

用于贸易结算的电能计量装置中电压互感器二次回路电压降应不大于其额定二次电压的 0.2%。

4. 电能计量装置的配置原则

贸易结算用的电能计量装置原则上应设置在供用电设施产权分界处。经互感器接入的贸易结算用电能计量装置应按计量点配置计量专用电压、电流互感器或者专用二次绕组。电能计量专用电压、电流互感器或专用二次绕组及其二次回路不得接入与电能计量无关的设备。电能计量专用电压、电流互感器或专用二次绕组及其二次回路应有计量专用二次接线盒和试验接线盒。

互感器二次回路的连接导线应采用铜质单芯绝缘线。对电流二次回路，连接导线截面积应按电流互感器的额定二次负荷计算确定，应不小于 4mm²。对电压二次回路，连接导线截面积应按允许的电压降计算确定，应不小于 2.5mm²。互感器实际二次负荷应在 25%～100%额定二次负荷范围内；电流互感器额定二次负荷的功率因数应在 0.8～1.0 内；电压互感器额定二次功率因数应与实际二次负荷的功率因数接近。电流互感器额定一次电流的确定，应保证其在正常运行中的实际负荷电流达到额定值的 60%左右，至少应不小于 30%，否则应选用高动热稳定电流互感器以减小变比。

为提高低负荷计量的准确性，应选用过负荷 4 倍及以上的电能表。经电流互感器接入的电能表，其标定电流不宜超过电流互感器额定二次电流的 30%，其额定最大电流应为电流互感器额定二次电流的 120%左右。直接接入式电能表的标定电流应按正常运行负荷电流的 30%左右进行选择。

二、投运前的管理

1. 电能计量装置设计审查

各类电能计量装置的设计方案应经有关电能计量专业人员审查通过。电能计量装置设计审查的依据是 GB/T 50063—2017《电力装置电测量仪表装置设计规范》、DL/T 5137—2007《电测量及电能计量装置设计技术规程》、DL/T 448—2016《电能计量装置技术管理规程》及用电营业方面的有关管理规定。设计审查的内容包括计量点、计量方式（电能表与互感器的接线方式、电能表的类别、装设套数等）的确定，计量器具型号、规格、准确度等级、制造厂家、互感器二次回路及附件等的选择，电能计量柜（箱）的选用，安装条件的审查等。用电营业部门在与用户签订供用电合同、批复供电方案时，对电能计量点和计量方式的确定以及电能计量器具技术参数等的选择应有电能计量技术机构专职（责）工程师会签。

2. 电能计量器具的验收

验收的内容包括装箱单、出厂检验报告（合格证）、使用说明书、铭牌、外观结构、安装尺寸、辅助部件、功能和技术指标测试等，均应符合订货合同的要求。新购入的 2.0 级电能表，应按 GB/T 3925—1983《2.0 级交流电度表的验收方法》和国家电力行业的有关规定进行验收；Ⅰ级和Ⅱ级直接接入静止式交流有功电能表应按 GB/T 17442—1998《1 级和 2 级直接接入静止式交流有功电度表验收检验》和国家电力行业的有关规定进行验收；其他新购入的电能表、互感器的验收参照 GB/T 3925—1983 或 GB/T 17442—1998 抽样方法抽样，其检验项目和技术指标参照相应产品的国际、国家或行业标准的验收检查项目或出厂检验项目进行。经验收的电能计量器具应出具验收报告，合格的由电能计量技术机构负责人签字接收，办理入库手续并建立计算机资产档案；验收不合格的，应由订货单位负责更换或退货。

3. 资产管理

供电企业应建立电能计量装置资产档案，制定电能计量资产管理制度，内容包括标准装置、标准器具、试验用仪器仪表、工作计量器具等的购置、入库、保管、领用、转借、调拨、报废、淘汰、封存和清查等。

供电企业电能计量技术机构应用计算机建立资产档案，由专人进行资产管理并实现与相关专业的信息共享。资产档案应有可靠的备份和用于长期保存的措施。保存地点应有防尘、防潮、防盐雾、防高温、防火和防盗等措施。

电能计量器具应区分不同状态（待验收、待检、待装、淘汰等），分区放置，并应有明确的分区线和标志。待装电能计量器具还应分类、分型号、分规格放置。待装电能表应放置在专用的架子或周转车上，不得叠放，应取用方便。电能表、互感器的库房应保持干燥、整洁，空气中不得含有腐蚀性的气味，库房内不得存放电能计量器具以外的其他任何物品。电能计量器具出、入库应及时进行计算机登记，做到库存电能计量器具与计算机档案相符。库房应有专人负责管理，应建立严格的库房管理制度。

应予淘汰或报废的电能计量器具包括：在现有技术条件下调整困难或不能修复到原有准确度水平的，或者修复后不能保证基本轮换周期（以统计资料为准）的器具；绝缘水平不能满足现行国家标准的计量器具和上级明文规定不准使用的产品；性能上不能满足当前管理要求的产品。经报废的电能计量器具应进行销毁，并在资产档案中及时销账（注明报废日期）。

4. 电能计量装置的安装及安装后的验收

电能计量装置的安装应严格按照通过审查的施工设计或用户业扩工程确定的供电方案进行。安装的电能计量器具必须经有关电力企业的电能计量技术机构检定合格。使用电能计量柜的用户或发、输、变电工程中电能计量装置的安装可由施工单位进行，其他贸易结算用电能计量装置均应由供电企业安装。电能计量装置安装完工应填写竣工单，整理有关的原始技术资料，做好验收交接准备工作。

电能计量装置投运前应进行全面的验收。验收的项目及内容包括技术资料、现场检查、试验及结果的处理。

验收的技术资料包括：电能计量装置计量方式原理接线图，一、二次接线图，施工设计图和施工变更资料；电压、电流互感器安装使用说明书、出厂检验报告、法定计量机构的检定证书；计量柜的出厂检验报告、说明书；二次回路导线或电缆的型号、规格及长度；电压互感器二次回路中的熔断器、接线端子的说明书等；高压电气设备的接地及绝缘试验报告；施工过程中需要说明的其他资料。

现场检查内容包括：计量器具型号、规格、计量法制标志、出厂编号应与计量检定证书和技术资料的内容相符；产品外观质量应无明显瑕疵和受损；安装工艺质量应符合相关标准要求；电能表、互感器及其二次回路接线情况应和竣工图一致。

验收试验包括：检查二次回路中间触点、熔断器、试验接线盒的接触情况；电流、电压互感器实际二次负载及电压互感器二次回路压降的测量；接线正确性检查；电流、电压互感器的现场检验。

经验收的电能计量装置应由验收人员及时实施封印。封印的位置为互感器二次回路的各接线端子、电能表接线端子、计量柜（箱）门等。实施铅封后应由运行人员或用户对铅封的完好签字认可。经验收的电能计量装置应由验收人员填写验收报告，注明"计量装置验收合格"或者"计量装置验收不合格"及整改意见，整改后再行验收。验收不合格的电能计量装置禁止投入使用。验收报告及验收资料应归档。

三、运行管理

电能计量技术机构应用计算机对投运的电能计量装置建立运行档案，实施对运行电能计量装置的管理并实现与相关专业的信息共享。运行档案应有可靠的备份和用于长期保存的措施，并能方便地进行分用户类别、分计量方式和按计量器具分类的查询统计。

电能计量装置运行档案的内容包括用户基本信息及其电能计量装置的原始资料等。主要有：互感器的型号、规格、厂家、安装日期；二次回路连接导线或电缆的型号、规格、长度；电能表型号、规格、等级及套数；电能计量柜（箱）的型号、厂家、安装地点等；Ⅰ、Ⅱ类电能计量装置的原理接线图和工程竣工图、投运的时间及历次改造的内容、时间；安装、轮换的电能计量器具型号、规格等内容及轮换的时间；历次现场检验误差数据、故障情况记录等。

安装在供电企业生产运行场所的电能计量装置，运行人员应负责监护，保证其封印完好，不受人为损坏。安装在用户处的电能计量装置，由用户负责保护封印完好，装置本身不受损坏或丢失。当发现电能计量装置故障时，应及时通知电能计量技术机构进行处理。电能计量技术机构对发生的计量故障应及时处理，对造成的电量差错，应认真调查、认定，分清责任，提出防范措施，并根据有关规定进行差错电量的计算。

对于窃电行为造成的计量装置故障或电量差错，用电管理人员应注意对窃电事实的依法取证，应当场对窃电事实写出书面认定材料，由窃电方责任人签字认可。

对造成电能计量差错超过 10 万 kWh 及以上者，应及时上报省级电网经营企业用电管理部门。

1. 现场检验

现场检验电能表应采用标准电能表法，宜使用可测量电压、电流、相位和带有错接线判别功能的电能表现场检验仪。现场检验仪应有数据存储和通信功能。

现场检验时不允许打开电能表罩壳和现场调整电能表误差。若现场检验电能表误差超过电能表准确度等级值应在 3 个工作日内更换。

新投运或改造后的Ⅰ、Ⅱ、Ⅲ、Ⅳ类高压电能计量装置应在带负荷 1 个月内进行首次现场检验。Ⅰ类电能表至少每 6 个月现场检验一次，Ⅱ类电能表至少每 12 个月现场检验一次，Ⅲ类电能表至少每 24 个月现场检验一次。

现场检验数据应及时存入计算机管理档案，并应用计算机对电能表历次现场检验数据进行分析，以考核其变化趋势。

2. 周期检定（轮换）与抽检

运行中的Ⅰ、Ⅱ、Ⅲ类电能表的轮换周期一般为 3～4 年。运行中的Ⅳ类电能表的轮换周期为 4～6 年。但对同一厂家、型号的静止式电能表，可按上述轮换周期，到周期抽检 10%，做修调前检验，若满足要求，则其他运行表计允许延长 1 年使用，待第二年再抽检，直到不满足要求时全部轮换。Ⅴ类双宝石电能表的轮换周期为 10 年。

对所有轮换拆回的Ⅰ～Ⅳ类电能表应抽取其总量的 5%～10%（不少于 50 只）进行修调前检验，且每年统计合格率。Ⅰ、Ⅱ类电能表的修调前检验合格率应为 100%，Ⅲ类电能表的修调前检验合格率应不低于 98%，Ⅳ类电能表的修调前检验合格率应不低于 95%。运行中的Ⅴ类电能表，从装出第 6 年起，每年应进行分批抽样，做修调前检验，以确定整批表是否继续运行。低压电流互感器从运行的第 20 年起，每年应抽取 10%进行轮换和检定，统计合格率应不低于 98%，否则应加倍抽取、检定、统计合格率，直至全部轮换。

3. 运输

待装电能表和现场检验用的计量标准器、试验用仪器仪表在运输中应有可靠有效的防振、防尘、防雨措施。经过剧烈振动或撞击后，应重新对其进行检定。

四、计量检定与修调

检定电能表时，其实际误差应控制在规程规定基本误差限的 70%以内。经检定合格的电能表在库房中保存时间超过 6 个月应重新进行检定。电能表、互感器的检定原始记录至少保存 3 个检定周期。经检定合格的电能表应由检定人员实施封印。

电能计量技术机构受理用户提出有异议的电能计量装置的检验申请后，对低压和照明用户，一般应在 7 个工作日内将电能表和低压电流互感器检定完毕；对高压用户，应根据 SD 109—1983《电能计量装置检验规程》在 7 个工作日内先进行现场检验。现场检验时的负荷电流应为正常情况下的实际负荷。如测定的误差超差，应再进行试验室检定。

照明用户的平均负荷难以确定时，可按下列方法确定电能表误差

$$误差 = \frac{I_{max}时的误差 + 3I_b时的误差 + 0.2I_b时的误差}{5}$$

式中　I_{max}——电能表的额定最大电流；

　　　I_b——电能表的标定电流。

注：各种负荷电流时的误差，按负荷功率因数为 1.0 时的测定值计算。

临时检定电能表、互感器时不得拆启原铅封印。临时检定的电能表、互感器暂封存 1 个月，其结果应通知用户，备用户查询。电能计量装置现场检验结果应及时告知用户，必要时转有关部门处理。临时检定均应出具检定证书或检定结果通知书。

五、电能计量信息管理

电能计量管理部门应建立电能计量装置计算机管理信息系统并实现与用电营业及其他有关部门的联网。

六、电能计量印、证管理

电能计量印、证的种类包括检定证书、检定结果通知书、检定合格证、测试报告、

封印（检定合格印、安装封印、现校封印、管理封印及抄表封印等）、注销印。各类证书和报告应执行国家统一的标准格式。计量印、证应定点监制，由电能计量技术机构负责统一制作和管理，所有计量印、证必须编号（计量钳印字头应有编号）并备案，编号方式应统一规定。制作计量印、证时应优先考虑选用防伪性能强的产品。

电能计量印、证的领用发放只限于电能计量技术机构内从事计量管理、检定、安装、轮换、检修的人员，领取的计量印、证应与其所从事的工作相适应，其他人员严禁领用。计量印、证的领取必须经电能计量技术机构负责人审批，领取时印模必须和领取人签名一起备案。使用人工作变动时必须交回所领取的计量印、证。

从事检定工作的人员只限于使用检定合格印；从事安装和轮换的人员只限于使用安装封印；从事现场检验的人员只限于使用现校封印；电能计量技术机构的主管和专责工程师（技术员）有权使用管理封印。运行中计量装置的检定合格印和各类封印未经本单位电能计量技术机构主管或专责工程师（技术员）同意不允许启封（确因现场检验工作需要，现场检验人员可启封必要的安装封印）。抄表封印只适用于必须开启柜（箱）才能进行抄表的人员，且只允许对电能计量柜（箱）门和电能表的抄读装置进行加封。注销印适用于对淘汰电能计量器具的封印。

现场工作结束后应立即加封印，并应由用户或运行维护人员在工作票封印完好栏上签字。实施各类封印的人员应对自己的工作负责，日常运行维护人员应对检定合格印和各类封印的完好负责。

经检定的工作计量器具，合格的，检定人员加封检定合格印，出具检定合格证。对计量器具检定结论有特殊要求的，合格的，检定人员加封检定合格印，出具检定证书；不合格的，出具检定结果通知书。检定证书、检定结果通知书必须字迹清楚、数据无误、无涂改，且有检定、核验、主管人员签字，并加盖电能计量技术机构计量检定专用章。

安装封印只准对计量二次回路接线端子、计量柜（箱）及电能表表尾实施封印。

电能计量技术机构每年应对所有计量印、证以及其使用情况进行一次全面的检查核对。计量合格印和各类封印应清晰、完整，出现残缺、磨损时应立即停止使用并及时登记收回和作废、封存。需更换的应按规定重新制作更换，更换后应重新办理领取手续。

七、技术考核与统计

1. 电能计量装置管理情况的考核与统计指标

（1）计量标准器和标准装置的周期受检率与周检合格率。

$$周期受检率 = \frac{实际检定数}{按规定周期应检定数} \times 100\%$$

$$周期合格率 = \frac{实际检定合格数}{实际检定数} \times 100\%$$

周期受检率不小于 100%，周检合格率应不小于 98%。

（2）在用计量标准装置周期考核（复查）率。

$$周期考核率 = \frac{实际考核数}{到周期应考核数} \times 100\%$$

在用电能计量标准装置周期考核率应达 100%。

（3）运行电能计量装置的周期受检（轮换）率与周检合格率。

1）电能表。

$$周期轮换率 = \frac{实际轮换数}{按规定周期应轮换数} \times 100\%$$

$$修调前检验率 = \frac{修调前检验数}{实际轮换回的电能表数} \times 100\%$$

$$修调前检验合格率 = \frac{修调前检验合格数}{实际修调前检验数} \times 100\%$$

$$现场检验率 = \frac{实际现场检验数}{按规定周期应检验数} \times 100\%$$

$$现场检验合格率 = \frac{实际现场检验合格数}{实际现场检验数} \times 100\%$$

周期轮换率应达 100%，现场检验率应达 100%，Ⅰ、Ⅱ类电能表现场检验合格率应不小于 98%，Ⅲ类电能表现场检验合格率应不小于 95%。

2）电压互感器。

$$周期受检率 = \frac{实际检定数}{按规定周期应检定数} \times 100\%$$

电压互感器二次回路电压降周期受检率应达 100%。

（4）计量故障差错率。

$$计量故障差错率 = \frac{实际发生故障差错次数}{运行电能表和互感器总数} \times 100\%$$

计量故障差错率应不大于 1%。

2. 统计与报表

电能计量技术机构对评价电能计量装置管理情况的各项统计与考核、用户计量点和计量资产，至少每年全面统计一次，并上报主管部门。具体统计与上报期限，由电网经营企业规定。

【思考与练习】

1. 供电企业电能计量技术机构的职责有哪些？
2. 电能计量装置管理情况的考核与统计指标有哪些？
3. 5 类电能计量装置是如何划分的？
4. 电能计量装置的接线方式有哪些规定？
5. 电能计量装置准确度等级有哪些规定？

◢ 模块 11　GB 50052—2009《供配电系统设计规范》（Z36B8011 Ⅱ）

【模块描述】 本模块介绍国家标准 GB 50052—2009《供配电系统设计规范》，涉及负荷分级及供电要求、电源及供电系统、电压选择和电能质量、无功补偿、低压配电等内容。通过对本职业相关条文进行解释，掌握 110kV 及以下供配电系统新建和扩建工程设计规范。

【模块内容】

由于当前一些工业用电负荷增大，有些企业内部设有 110kV 等级的变电站，甚至有些为 220kV 等级的。GB 50052—2009《供配电系统设计规范》为适应一般常用情况，特规定适用于 110kV 及以下电压等级的供配电系统。

一、负荷分级及供电要求

1. 负荷分级

（1）符合下列情况之一时，应为一级负荷：

1）中断供电将造成人身伤亡时。

2）中断供电将在政治、经济上造成重大损失时。例如：重大设备损坏、重大产品报废、用重要原料生产的产品大量报废、国民经济中重点企业的连续生产过程被打乱需要长时间才能恢复等。

3）中断供电将影响有重大政治、经济意义的用电单位的正常工作。例如：重要交通枢纽、重要通信枢纽、重要宾馆、大型体育场馆、经常用于国际活动的大量人员集中的公共场所等用电单位中的重要电力负荷。

在一级负荷中，当中断供电将发生中毒、爆炸和火灾等情况的负荷，以及特别重要场所的不允许中断供电的负荷，应视为特别重要的负荷。

（2）符合下列情况之一时，应为二级负荷：

1）中断供电将在政治、经济上造成较大损失时。例如：主要设备损坏、大量产品报废、连续生产过程被打乱需较长时间才能恢复、重点企业大量减产等。

2）中断供电将影响重要用电单位的正常工作。例如：交通枢纽、通信枢纽等用电单位中的重要电力负荷，以及中断供电将造成大型影剧院、大型商场等较多人员集中的重要的公共场所秩序混乱。

（3）不属于一级和二级负荷者为三级负荷。

2. 一级负荷的供电电源要求

依照《关于加强重要电力用户供电电源及自备应急电源配置监督管理的意见》（国家电监安全〔2008〕43号）文件中对特级电力用户提出要求，即"特级重要电力用户具备三路电源供电条件，其中的两路电源应当来自两个不同的变电站，当任何两路电源发生故障时，第三路电源保证独立正常供电"。

一级负荷应由两个电源供电，即两个电源不能同时损坏。一级负荷中特别重要的负荷，除由两个电源供电外，尚应增设应急电源，为防止电源故障时可能拖垮应急电源，禁止应急电源与工作电源并列运行，并应采取防止反送电造成人身触电事故的措施。

二、电源及供电系统

（1）电力系统所属大型电厂单位功率的投资少，发电成本低，而用电单位的自备中小型电厂则相反，故只有在下列情况下，才宜设置自备电源：

1）需要设置自备电源作为一级负荷中特别重要负荷的应急电源时，或第二电源不能满足一级负荷的条件时。

2）设置自备电源较从电力系统取得第二电源经济合理时。

3）有常年稳定余热、压差、废气可供发电，技术可靠、经济合理时。

4）所在地区偏僻，远离电力系统，设置自备电源经济合理时。

（2）为保证应急电源的专用性，防止正常电源系统故障时应急电源向正常电源系统负荷送电而失去作用，应急电源与正常电源之间必须采取可靠措施防止并列运行。例如应急电源原动机的启动命令必须由正常电源主开关的辅助接点发出，而不是由继电器的接点发出，因为继电器有可能误动作而造成与正常电源误并网。

（3）需要两回电源线路的用电单位，宜采用同级电压供电。因为两回电源线路采用同级电压可以互相备用，提高设备利用率，如能满足一级和二级负荷用电要求时，亦可采用不同电压供电。

（4）为提高供电可靠性，方便管理，高压配电系统宜采用放射式。对供电可靠性要求较低的三级负荷，也可采用树干式。

（5）根据负荷的容量和分布，配变电站宜靠近负荷中心。这样可以节省线材、降低电能损耗，提高电压质量，这也是供配电系统设计的一条重要原则。

三、电压选择和电能质量

（1）用电单位的供电电压应根据用电容量、用电设备特性、供电距离、供电线路的回路数、当地公共电网现状及其发展规划等因素，经技术经济比较确定。目前我国公用电力系统已逐步由 10kV 取代 6kV 电压。因此，采用 10kV 有利于互相支援，有利于将来的发展。故当供电电压为 35kV 及以上时，企业内部的配电电压宜采用 10kV。

（2）在某些情况下，采用 35kV 电压作为配电电压比采用较低电压能减少配变电级数、简化接线。例如：某些企业其负荷不大又较集中，均为低压用电负荷，因工厂位于郊区取得 10（6）kV 电源困难，当采用 35kV 供电，并经 35/0.38kV 直降变压器对低压负荷配电，这样可以减少变电级数，从而可以节约电能和投资，并可以提高电能质量，此时，宜采用 35kV 电压作为配电电压。

（3）正常运行情况下，用电设备端子处电压偏差允许值（以额定电压的百分数表示）宜符合下列要求。

1）电动机为±5%。

2）照明：在一般工作场所为±5%；对于远离变电站的小面积一般工作场所，难以满足上述要求时，可为+5%、−10%；应急照明、道路照明和警卫照明等为+5%。

3）其他用电设备当无特殊规定时为±5%。

（4）电压偏差问题是普遍关系到全国工业和生活用电单位利益的问题，为使用电设备正常运行和有合理的使用寿命，为减小电压偏差，供配电系统在设计时应做到正确选择变压器的变压比和电压分接头，降低系统阻抗，采取补偿无功功率措施，使三相负荷平衡。

另外，电能质量还包括谐波、电压波动和闪变等指标，为提高供电质量，设计时应一并进行综合考虑，如控制各类非线性用电设备产生的谐波引起的电压波形畸变率，降低冲击性负荷引起的电压波动和电压闪变等。

四、无功补偿

供配电设计中应正确选择电动机、变压器的容量，降低线路感抗。当工艺条件适当时，宜采取采用同步电动机或选用带空载切除的间歇工作制设备等，提高用电单位自然功率因数。

当采用提高自然功率因数措施后，仍达不到电网合理运行要求时，应采用并联电力电容器作为无功补偿装置。当经过技术经济比较，确认采用同步电动机作为无功补偿装置合理时，也可采用同步电动机。

采用电力电容器作为无功补偿装置时，宜就地平衡补偿，低压部分的无功功率宜由低压电容器补偿；高压部分的无功功率宜由高压电容器补偿。容量较大、负荷平稳且经常使用的用电设备的无功功率宜单独就地补偿。补偿基本无功功率的电容器组，宜在配变电站内集中补偿。在环境正常的车间内，低压电容器宜分散补偿。

无功补偿装置的投切方式有手动和自动两种。补偿低压基本无功功率的电容器组、常年稳定的无功功率、经常投入运行的变压器或投切次数较少的高压电动机及高压电容器组，可采用手动投切的无功补偿装置。为避免过补偿，防止在轻载时电压过高，满足在各种运行负荷情况下的电压偏差不超出允许值，应采用自动投切的无功补偿装置。

五、低压配电

低压配电电压应采用 220～380V。带电导体系统的型式宜采用单相二线制、两相三线制、三相三线制和三相四线制等。低压配电接线方式，根据环境与负荷情况宜采用树干式配电、放射式配电和链式配电。

在 TN 及 TT 系统接地型式的低压电网中，宜选用 Dyn11 接线组别的三相变压器作为配电变压器。在 TN 及 TT 系统接地型式的低压电网中，当选用 Yyn0 接线组别的三相变压器时，其由单相不平衡负荷引起的中性线电流不得超过低压绕组额定电流的25%，且其一相的电流在满载时不得超过额定电流值。当采用 220～380V 的 TN 及 TT系统接地型式的低压电网时，照明和其他电力设备宜由同一台变压器供电。必要时亦可单独设置照明变压器供电。

由建筑物外引入的配电线路，应在室内靠近进线点便于操作维护的地方装设隔离电器。

【思考与练习】

1. 什么样的负荷为一级负荷？

2. 哪些情况下宜设置自备电源？

3. 低压配电电压带电导体系统宜采用哪几种形式？

▲ 模块 12　GB 50168—2018《电气装置安装工程电缆线路施工及验收标准》（Z36B8012Ⅱ）

【模块描述】本模块介绍 GB 50168—2018《电气装置安装工程电缆线路施工及验收标准》。涉及电缆的运输与保管、电缆管的加工及敷设、电缆支架的配制与安装、电缆的敷设、电缆终端和接头的制作、工程交接验收等内容。额定电压为 500kV 及以下的电力电缆线路及附属设备与构筑物设施施工及验收规范。通过对本职业相关条文进行解释，熟悉施工中的安全技术措施，掌握电缆及其附件安装用的钢制紧固件等的施工及验收标准。

【模块内容】

由于电缆工业的发展，新的施工工艺及施工方法不断采用，施工环境也各不相同。因此，对电缆施工工序、施工方法应遵守各种安全技术规程。掌握 GB 50168—2018《电气装置安装工程电缆线路施工及验收标准》。

一、运输与保管

因各地、各部门运输工具、道路及施工经验不同，不强调用同一种运输方法。但不论用何种方法运输，均以"不应使电缆及电缆盘受到损伤"为目的。电缆本体、附件及有关材料的存放、保管，应符合下列要求：

（1）为方便电缆的使用，存放时应按电压等级、规格等分类存放，盘间留有通道以便人员或运输工具通过。为保证电缆在存放时的质量，存放场所应地基坚实且易于排水，电缆盘应完好而不腐烂。

（2）电缆终端瓷套，无论存放于室内、室外，都易受外部机械损伤而使瓷件遭受破损，严重的致使报废，因此要求所有瓷件在存放时，尤其是大型瓷套，都应有防机械损伤的措施（放于原包装箱内或用泡沫塑料、草袋、本料等围遮包牢）。

（3）电缆终端和接头在出厂时，对其某些部件、材料都采用防潮包装，如充油电缆终端头和接头浸于油中部件、环氧树脂部件等，一般用塑料袋密封包装；电容饼、绕包的绝缘纸浸油用容器密封运输。因此它们到现场后，应检查其密封情况，并存放在干燥的室内保管，以防止贮运过程中密封破坏而受潮。

（4）防火涂料、包带、堵料等防火材料在施工经验尚不成熟时，其贮存保管一定要严格按厂家的产品技术性能要求（包装、温度、时间、环境等）保管、存放，否则会使材料失效、报废。

（5）电缆桥架暂时不能安装时，在保存场所一定要分类轻码轻放，不得摔打，以防变形和防腐层损坏，影响施工和桥架质量。在有腐蚀的环境，还应有防腐蚀的措施。一经发现有变形和防腐层损坏，应及时处理后再行存放。

二、电缆管的加工及敷设

目前使用的电缆管的种类有：钢管、铸铁管、硬质聚氯乙烯管、陶土管、混凝土管、石棉水泥管等。其中铸铁管、陶土管、混凝土管、石棉水泥管用作排管，有些供电部门也采用硬质聚氯乙烯管作为短距离的排管。

硬质聚氯乙烯管因质地较脆，在敷设时的温度不宜低于 0，在使用过程中不受碰撞的情况下，可不受此限制。最高使用温度不应超过 50～60℃。在易受机械碰撞的地方也不宜使用。

在敷设电缆管时应尽量减少弯头。在有些工程如发电厂厂房内，由于各种原因一根电缆管往往需要分几次来敷设，弯头增多造成穿设电缆困难；对于较大截面的电缆不允许有弯头。考虑到上述情况，所以"弯头不应超过 3 个，直角弯不应超过 2 个"，当实际施工中不能满足要求时，可采用内径较大的管子或在适当部位设置拉线盒，以适和电缆的穿设。

硬质聚氯乙烯管的热膨胀系数约为 0.08mm/（m℃），比钢管大 5～7 倍，如一根 30m 长的管子，当其温度改变 40℃时，则其长度变化为：0.08×30×40=96mm。因此，沿建筑结构表面敷设时，要考虑温度变化引起的伸缩（当管路有弯曲部分时有一定的补偿作用）。

钢管的连接采用短管套接时，施工简单方便，采用管接头螺纹连接则较美观。无论采用哪一种方式均应保证牢固、密封。为了保证电缆管连接后的强度，要求短管和管接头的长度不小于电缆管外径的 2.2 倍。金属电缆管直接对焊可能在接缝内部出现疤瘤，穿电缆时会损伤电缆，故不宜要求直接对焊。

硬质塑料管采用短管套接或插接时，在接触面上均需涂以胶合剂，以保证连接牢靠、密封良好。为避免在电缆敷设后焊接地线时烧坏电缆，故要求先焊接地线。有丝扣的管接头处用跳线焊接是为了接地可靠。

三、电缆支架的配制与安装

电缆支架应牢固、整齐、美观。在现场批量制作普通角钢电缆支架时，可事先做出模具。许多地方电缆隧（沟）道内空气潮湿、积水，有时支架浸泡在水中，致使电缆支架腐蚀严重，强度降低。因此在制作普通钢制电缆支架时，应焊接牢固，并应作良好的防腐处理。

电缆支架的固定一般直接焊接在预埋铁件上。

四、电缆的敷设

在敷设前应把电缆所经过的通道进行一次检查，防止影响电缆施工。当施工现场的温度不能满足要求时，应采取适当的措施，避免损伤电缆，如采取加热法或躲开寒冷期敷设等。

1. 生产厂房内及隧道、沟道内电缆的敷设

电力电缆与控制电缆应分开敷设。因为在发电厂或其他大型企业中，由于机组容量和自动化程度的提高，电缆数量增多，控制电缆的抗干扰要求也日益严格，电力电缆与控制电缆敷设在一起，会产生对控制电缆的干扰，造成控制设备误动作。电力电缆发生火灾后波及控制电缆，使控制设备不能及时作出反应，事故进一步扩大，造成巨大损失，修复困难。

电缆在支架上的上下排列顺序，按电压等级的高低、电力电缆和控制电缆、强电和弱电电缆的顺序自上而下排列。但随着高电压和大截面电缆的增多，特别是城市供电系统中电缆外径一般均较大，当电缆从支架上引出或进入电气盘柜，有时弯曲困难，

并难以满足电缆最小允许弯曲半径的要求时也允许将高压电缆放在下面。

考虑到电缆的散热和防火问题，位于锅炉看火孔和制粉系统防爆门前面的电缆，施工组织设计时应采取隔热保护措施。

考虑到电缆沟的积水问题，电缆沟应有良好的排水设施。

2. 管道内电缆的敷设

电缆保护管在垂直敷设时，其弯角应大于 90°，避免因保护管下部弯曲段内积水时电缆冻坏。

室外垂直敷设的电缆保护管，经常受到雨水浸蚀。据反映，这部分电缆和钢管腐蚀相当严重，电缆被锈在钢管里，难以拉出。因此有的单位把保护管沿轴线割成两个半圆，或用 2～2.5mm 厚的铁板加工成两个半圆后用卡子固定，雨水顺着缝隙渗到外面使电缆不受影响，运行多年来，情况良好。这对于室外爬杆敷设的电缆，施工方便，电缆和管子均不易腐蚀。

为了确保电缆能顺利穿管并不损伤电缆护层，在电缆敷设前疏通管路并清除杂物是必要的。疏通时可用直径不小于 0.85 倍管孔直径、长度约 600mm 的钢管来回疏通，再用与管孔等直径的钢丝刷清除管内杂物。

3. 直埋电缆的敷设

在电缆线路通过的地段，有时不可避免地存在机械性损伤、化学作用、地下电流、振动、热影响、腐殖物质、虫鼠等有损电缆的因素，只要采取一些相应措施，如穿管、铺砂、筑槽等处理方法，或采用适当的电缆，可使电缆免于损坏。

电缆穿越农田时，由于深翻土地、挖排水沟和拖拉机耕地等原因，有可能损伤电缆。因此敷设在农田中的电缆埋设深度不应小于 1m。

东北地区的冻土层厚达 2～3m，要求埋在冻土层以下有困难。施工时在电缆上下各铺以 100mm 厚的河砂；还有用混凝土或砖块在沟底砌一浅槽，电缆放于槽内，槽内填充河砂，上面再盖以混凝土板或砖块。这样可防止电缆在运行中受到损坏。电缆表面距地面的最小距离为 0.7m。

混凝土保护板对防止机械损伤效果较好，有条件者应首先采用。

在直埋电缆回填土前，应进行中间检查验收，如电缆上下是否铺砂或软土、盖板是否齐全等，以保证电缆敷设质量。

4. 水底电缆的敷设

水底电缆应按跨越长度订货。大长度水底电缆，当超出制造厂的制造能力时，由制造厂制作软接头。

水底电缆的敷设，要求平放在河床上，因为电缆悬离河床，长期受水流冲刷会磨损电缆。在码头港湾等经常停船处，船只抛锚和航道疏通都可能损坏电缆，为确保电缆安全运行，必须采取可靠的保护措施，有条件时尽可能深埋敷设。

水底电缆敷设要特别注意防止电缆打扭和打圈损伤电缆造成事故。敷设船的放线架保持适当的退扭高度是为消除电缆放出时因旋转而产生的剩余应力，避免电缆入水时打扭或打圈。

5. 桥梁上电缆的敷设

敷设于木桥上的电缆穿在铁管中，一方面加强电缆的机械保护，另一方面避免因电缆绝缘击穿，短路故障电弧损坏木桥或引起火灾。

对钢结构或钢筋混凝土结构的桥梁，放在人行道下或穿在耐火材料的管内，确保电缆和桥梁的安全。

敷设在桥梁上的电缆，应采取防振措施，防止电缆长期受振动，造成电缆护层疲劳龟裂、加速老化。

五、电缆终端和接头的制作

1. 电缆终端和接头的种类

电缆终端和接头的种类和型式较多，结构、材料不同，要求的操作技术也各有特点。

橡塑绝缘电缆常用的终端和接头型式有自粘带绕包型、热缩型、预制型、模塑型、弹性树脂浇注型等。

油浸纸绝缘电缆常用的终端和接头型式有壳体灌注型、环氧树脂型。

选择绝缘材料用于制作电缆终端和接头时，橡塑绝缘电缆的材料应选用弹性较大的材料，确保附加绝缘与电缆本体绝缘有良好接触，如自粘性橡胶带、热收缩制品和硅橡胶、乙丙橡胶制品等；油纸电缆终端和接头的材料常用的有黑玻璃丝带、聚氯乙烯带、聚四氟乙烯带、环氧浇铸剂等。

2. 制作要求

由于电缆及其附件种类繁多，具体施工方法和措施应遵循工艺导则。6kV 及以上电缆在屏蔽或金属护套端部电场集中，场强较高，必须采取有效措施减缓电场集中。常用方法有胀铅，制作应力锥，施加应力带、应力管等措施。

制作塑料绝缘电缆终端和接头必须除去部分半导电屏蔽层。

为了确保制作充油电缆终端和接头的施工质量，包绕附加绝缘时应保持一定油量不间断地从绝缘内部渗出，避免潮气侵入和减少包绕时的外来污染，因此不应完全关闭压力油箱。

三芯电力电缆接头两侧电缆的金属屏蔽层和铠装层不得中断，避免非正常运行时产生感应电热而发生放电的危险。

六、工程交接验收

在电缆线路工程验收时，应检查电缆本体、附件及其有关辅助设施质量。电缆规格一般按设计订货，但因供货不足或其他原因不能满足要求时，现场也可"以大代小"或用其他型式代替，此时一定要以设计的修改通知作为依据，否则不能验收。

充油电缆油系统是保证施工质量的关键，要求供油管路不应渗漏。其渗漏检测靠油压表计指示，因此油压表一定要完好并经校验合格。报警压力指示值要符合要求，压力接点动作可靠，报警系统宜经模拟试验符合设计。

为保证电缆线路的安全运行，要求其辅助设施，如电缆沟盖板齐全、沟道内无杂物障碍、积水，照明线路及灯具齐全完好，通风机运转良好、风道通畅。

防火措施包括阻燃电缆的选型，防火包带、涂料的类型、绕包及部位应符合设计及施工工艺要求。

【思考与练习】
1. 目前使用的电缆管的种类有哪几种？
2. 橡塑绝缘电缆常用的终端和接头型式有哪些？
3. 试述电缆终端和接头的制作要求。

模块 13　GB 50173—2014《电气装置安装工程　66kV 及以下架空电力线路施工及验收规范》(Z36B8013Ⅱ)

【模块描述】　本模块介绍 GB 50173—2014《电气装置安装工程　66kV 及以下架空电力线路施工及验收规范》，涉及原材料及器材检验、电杆基坑及基础埋设、电杆组立与绝缘子安装、拉线安装、导线架设、10kV 及以下架空电力线路上的电气设备、接户线等内容。通过对本职业相关条文进行解释，掌握 GB 50173—2014《电气装置安装工程　66kV 及以下架空电力线路施工及验收规范》相关要求。

【模块内容】

为了保证 66kV 及以下架空电力线路的施工质量，促进工程施工技术水平的提高，确保电力线路安全运行。掌握 GB 50173—2014《电气装置安装工程　66kV 及以下架空电力线路施工及验收规范》。

一、原材料及器材检验

施工前应对原材料及器材按规定要求进行检查，使问题暴露在安装之前，以保证工程质量。可以使缺陷和问题在安装前得以发现，保证线路施工质量。

原材料及器材检验的对象主要包括线材、设备紧固件、金具、绝缘子、电杆、预制构件等。

1. 线材

线材是线路工程中主要器材之一，由于多种因素，可能造成导线损伤，架设前检查是必要的，便于及时发现问题，采取相应措施。同时，增加绝缘线检查内容。

为提高设备紧固件的防锈能力，并便于运行检修拆卸，规定铁制的紧固件采用热浸镀锌。但是地脚螺栓不规定热浸镀锌，是考虑到露出基础外的螺栓已有混凝土保护帽加以保护。

2. 电杆

钢筋混凝土电杆安装前要放置地平面，加强对纵向、横向裂纹宽度检查。电杆裂缝过大是有危害的，容易发生整体刚度降低、电杆挠度增大，并且纵向裂缝使电杆钢筋易腐蚀，影响运行寿命，因此，对裂缝应引起足够重视。

二、电杆基坑及基础埋设

电杆基础坑深度应符合设计规定，实际施工中受客观条件影响，存在着不能完全满足设计要求的事实，电杆基础坑深度的允许偏差应为 100mm、-50mm。同基基础坑在允许偏差范围内应按最深一坑持平。岩石基础坑的深度不应小于设计规定的数值。

双杆基坑应符合下列规定：

根开（杆与杆中心间距）的中心偏差不应超过 30mm；两杆坑深度宜一致。

三、电杆组立与绝缘子安装

（1）钢筋混凝土电杆上端要求封堵，主要是为防止电杆投入运行后，杆内积水，侵蚀钢筋，导致电杆损伤。钢筋混凝土电杆下端封堵，主要考虑部分地区或地段，由于地下水位较高并且气候寒冷，电杆底部不封堵，进水后，在寒冷季节中，有造成电杆冻裂、损坏电杆现象。

（2）电杆组立后，基坑回填土坑时宜设置防沉土层，是防止回填土土壤下沉后，电杆周围土壤产生凹陷，有利于电杆基础稳定。

（3）电杆钢圈采用气焊时，由于钢筋受热膨胀对钢圈下面混凝土产生细微的纵向裂纹，在施工及验收时，应注意以下几点：

1）如用气焊，钢圈宽度不小于 140mm。

2）气焊时尽量减少加热时间，并采取降温措施。

3）当产生宽度大于 0.05mm 的裂缝时，可用补修膏或其他方法涂刷，以防止进水气锈蚀钢筋。

（4）以螺栓连接的构件，连接时首先满足连接强度，所以要求螺杆与构件面垂直，螺头平面与构件平面间无空隙，以保证连接的紧密程度。

为了避开螺杆顶端加工负误差，保证螺栓的承载能力，以及便于采取防松措施，单螺母螺栓紧好后，应外露两扣。

双螺母螺栓的两个螺母有互相并紧的防松作用，所以规定双螺母螺栓并紧后的第二个螺母允许平扣，如能露出扣更好。

（5）连接金具的螺栓尾部所用的锁住销，过去采用国家标准产品开口销，因钢质开口销经热镀锌后失去弹性，且在使用中产生锈蚀，消耗较大。目前广泛采用的是闭口销，这种销子式样有改进，使用的材料为铜制或不锈钢，解决了长期因热镀锌钢开口销而不能解决的锈蚀问题。闭口销比开口销具有更多的优点，当装入销口后，能自动弹开，不需将销尾弯成 45°，当拔出销孔时，亦比较容易。它具有锁住可靠、带电装卸灵活的特点。目前我国生产的闭口销有 R 型、W 型，工程中一般优先采用闭口销。

（6）电瓷绝缘子由于产品制造质量或运输、装卸不当，而使铁帽下的瓷质产生裂缝，绝缘不符合要求，为使这些不合格的绝缘子在安装前检查出来，要求对其逐个进行检查。玻璃绝缘子因有自爆现象，故不规定对它进行逐个检测绝缘值。

四、拉线安装

拉线、拉线柱、顶杆在安装后应保证电杆在架线后受力正常，各固定点的强度满足要求，施工工艺整齐、紧密、美观。

大截面钢绞线（100mm² 以上），由于截面太大，在弯曲处不散股是有困难的。弯曲处散股，形成线股与线夹接触不密实，受力状态不好，目前可采用压接式或预绞式金具解决。

五、导线架设

（1）不同金属、不同规格、不同绞制方向的导线严禁在挡距内连接。

（2）35kV 架空电力线路的标准挡距，最大在 250m 左右，相对应的弧垂为 3.5～4m，允许正偏差为 5%时，绝对值是 175～200mm，这种情况下，平地难以用仪器观测，可采用异长法或平行四边形去目测。

（3）采用并沟线夹连接导线，一般使用在跳线（弓子线）上，是重要的导流部件，对线路正常运行至关重要。应引起施工单位重视，避免并沟线夹发热影响运行。

六、10kV 及以下架空电力线路上的电气设备

10kV 及以下架空电力线路电杆上的电气设备是配电线路中的组成部分，主要包括：杆上变压器及变压器台、跌落式熔断器、杆上断路器和负荷开关、杆上隔离开关、杆上避雷器、低压保险丝（片）。

为了保证安全运行，各种电气设备安装应牢固可靠。电气连接应接触紧密，不同金属连接，应有过渡措施。各部电气距离、安装尺寸等满足设计要求。

七、接户线

接户线是指配电线路到用户建筑物外第一支持点之间的一段线路。其安装应符合下列规定：

（1）挡距内不应有接头。

（2）两端应设绝缘子固定，绝缘子安装应防止瓷裙积水。

（3）采用绝缘线时，外露部位应进行绝缘处理。

（4）两端遇有铜铝连接时，应设有过渡措施。

（5）进户端支持物应牢固。

（6）在最大摆动时，不应有接触树木和其他建筑物现象。

（7）1kV 及以下的接户线不应从高压引线间穿过，不应跨越铁路。

【思考与练习】

1. 钢筋混凝土电杆上端要求封堵主要目的？

2. 电杆基坑及基础埋设的要求有哪些？

3. 10kV 及以下架空电力线路电杆上的电气设备主要有哪些？

◢ 模块 14 《国家电网公司农电事故调查规程》 （Z36B8014 Ⅲ）

【模块描述】本模块包含安全生产事故的种类、事故调查的程序、统计报告以及安全考核等内容。通过概念描述、术语说明、条文解释、要点归纳，掌握国家电网公司对农电安全管理要求，规范农电生产和农村人身触电伤亡事故的调查分析和统计。

【模块内容】

一、总则

（1）为贯彻"安全第一、预防为主"方针，加强国家电网公司系统农电安全管理，规范农电生产和农村人身触电伤亡事故的调查分析和统计，总结经验教训，研究事故规律，采取预防措施，依据《中华人民共和国安全生产法》、最高人民法院《关于审理触电人身损害赔偿案件若干问题的解释》、DL 558—1994《电业生产事故调查规程》、DL/T 633—1997《农电事故调查统计规程》和 DL 493—2001《农村安全用电规程》等法律、法规、规程，特制定本规定。

（2）事故调查必须实事求是，尊重科学，做到事故原因不清楚不放过，事故责任者和应受教育者没有受到教育不放过，没有采取防范措施不放过，事故责任者没有受到处罚不放过（简称"四不放过"）。

（3）县供电企业应积极主动配合当地政府安全生产监督管理部门，做好农村人身触电伤亡事故的调查认定工作。

（4）事故统计报告要及时、如实、准确、完整；事故统计分析应与设备可靠性分析相结合，全面评价安全水平。

（5）任何单位和个人不得对本规定作出降低事故性质标准的解释；任何单位和个人对违反本规定、隐瞒事故或阻碍事故调查的行为有权越级反映。

（6）本规定适用于国家电网公司系统农电安全管理。其事故（障碍）定义、调查程序、统计结果、考核项目不作为处理和判定民事责任的依据。

二、事故（障碍）

1. 人身事故

（1）与电力生产有关的工作是指输变电、供电、发电、试验、电力建设、调度等生产性工作。如设备设施的运行、检修、施工安装、试验、生产性管理工作（领导和管理部门人员到生产现场检查、巡视、调研属生产性管理工作）以及电力设备的更新改造、业扩、客户电力设备的安装、检修和试验等工作，包括在外地区、外系统从事与电力生产有关工作时发生的人身伤亡事故。

电力生产有关工作过程中发生的人身伤亡包括劳动过程中违反劳动纪律而发生的人身伤亡。职工在劳动过程中因病导致伤亡，经县以上医院诊断和劳动安全主管部门调查，确认系职工本人疾病造成的，不按职工伤亡事故统计。

职工"干私活"发生伤亡不作为电力生产伤亡事故，但有下列情况之一的不作为"干私活"：

1）具体工作人员的工作任务是由上级（包括班组长）安排的。

2）具体工作人员的行为不是以个人得利为目的。

生产性急性中毒是指生产性毒物中毒。食物中毒和职业病不属本规程统计范围。

（2）凡职工乘坐企业的交通车上下班、参加企业组织的文体活动、外出开会等发生的交通事故，不作为电力生产事故。

2. 农村人身触电伤亡事故

在农村公用供电设施（包括县供电公司资产、客户资产）和属客户私有资产的用电设施上，发生的非因电力生产工作所导致的人身触电伤亡事故，定义为农村人身触电伤亡事故。不再考虑伤亡者的身份。

三、事故调查

1. 即时报告

上报应按照逐级上报原则进行。县供电企业应先上报市（地）级电力公司农电安全主管部门和企业所在地的负有安全生产监督管理责任的政府部门、公安部门、工会；市（地）级农电安全主管部门再上报省（自治区、直辖市）电力公司农电安全主管部门。

发生农村人身触电伤亡事故，县供电企业应无论责任归属，立即向市（地）级电力公司农电安全主管部门和企业所在地负有安全生产监督管理责任的政府部门报告。

对于重伤以上事故，市（地）级电力公司农电安全主管部门应立即再向省（自治区、直辖市）农电安全主管部门报告。

2．调查组织

（1）人身事故。

1）电力生产人身事故。

2）农村人身触电伤亡事故。由于农村人身触电伤亡事故的具体责任认定由当地政府的安全监督管理部门或法院来决定。其认定事故责任的时间较长，为了及时按"四不放过"原则进行事故处理，县供电企业应在事故发生之初，就成立企业内部调查组，与当地政府的安全监督管理部门同时进行事故调查，对企业负同等及以上责任的事故，独立填写企业内部《农村人身触电伤亡事故报告》。

（2）设备事故。设备事故分特大设备事故、重大设备事故、一般设备事故和设备一类障碍。

1）特大设备事故由国家电网公司或其授权部门组织调查组进行调查，并由调查组专业技术人员填写《设备事故报告》。

2）重大设备事故由发生事故的县供电企业领导组织安监、生技（基建）、调度以及其他有关部门和车间（工区、工地、供电所）负责人参加调查组进行调查，并由调查组技术人员填写《设备事故报告》。

3）一般设备事故由设备事故的县供电企业组织安监、生技（基建）、调度以及其他有关部门和车间（工区、工地、供电所）人员参加调查，并由事故调查组织单位的技术人员填写《设备事故报告》。

4）设备一类障碍由车间（工区、工地、供电所）负责组织调查，并由企业或车间（工区、工地、供电所）技术人员填写《设备一类障碍报告》。

3．调查程序

（1）电力生产事故。

1）保护事故现场。

2）绘制事故现场示意图。如电气系统事故时实时方式状态图、受害者位置图等，并标明尺寸。

3）收集原始资料。

4）调查事故情况。

5）分析原因责任。

6）提出防范措施。事故调查组应根据事故发生、扩大的原因和责任分析，提出防止同类事故发生、扩大的组织措施和技术措施。

7）提出人员处理意见。对下列情况应从严处理。

a. 违章指挥、违章作业、违反劳动纪律造成事故的。

b. 事故发生后隐瞒不报、谎报或在调查中弄虚作假、隐瞒真相的。

c. 阻挠或无正当理由拒绝事故调查，拒绝或阻挠提供有关情况和资料的。

在事故处理中积极恢复设备运行和抢救、安置伤员；在事故调查中主动反映事故真相，使事故调查顺利进行的有关事故责任人员，可酌情从宽处理。

8）事故调查报告书。

（2）农村人身触电伤亡事故。

1）发生农村人身触电伤亡事故时，县供电企业在接到报告后应立即向上级主管部门和当地政府安全生产监督管理部门汇报，应派员赶赴出事地点，配合当地公安机关保护现场、抢救人员，对事故现场进行调查。在未查清事故原因，或未采取有效措施前，不能盲目送电。

2）根据事故调查的事实，如果县供电企业负有责任的，应成立企业内部事故调查组，通过直接原因和间接原因的分析，确定事故的直接责任者和领导责任者；根据其在事故发生过程中的作用，确定事故发生的主要责任者、次要责任者、事故扩大的责任者。提出本企业内部防范措施和人员处理意见。

3）事故资料的归档保存。

四、统计报告

1. 事故报告

事故应由事故调查组填写事故调查报告书。

一般生产人身死亡及重伤事故由市（地）电力公司批复，并报省（自治区、直辖市）电力公司备案，由其再向国家电网子公司或国家电网公司上报备案。其余事故均由省（自治区、直辖市）及以上单位批复，并上报上级单位备案。

2. 例行报告、报表

有关单位应每月将所有发生事故、一类障碍和有关安全情况分别填写对应的报告、报表。

五、安全考核

1. 考核项目

县供电企业应考核以下内容：特大、重大事故次数，职工死亡、重伤人数，电网事故次数，设备事故次数，安全周期个数，县供电企业负同等及以上责任的农村人身触电伤亡事故次数，死亡、重伤人数。

2. 安全记录

安全记录为连续无事故的累计天数，安全记录达到 100 天为一个安全周期。

【思考与练习】

1. 如何认定农村人身触电伤亡事故？
2. 设备事故、设备障碍是如何划分的？
3. 事故调查的程序是怎样的？
4. 哪些电力生产事故应从严处理？
5. 如何处理农村人身触电伤亡事故？

▲ 模块 15 《中华人民共和国电力法》(Z36C1001Ⅰ)

【模块描述】 本模块包含电力法的基本内容，通过对电力法的介绍，掌握电力法的基本原则和条款。

【模块内容】

（1）本法适用于中华人民共和国境内的电力建设、生产、供应和使用活动。

（2）电力事业应当适应国民经济和社会发展的需要，适当超前发展。国家鼓励、引导国内外的经济组织和个人依法投资开发电源，兴办电力生产企业电力事业投资，实行"谁投资谁收益"的原则。

（3）电力设施受国家保护，禁止任何单位和个人危害电力设施安全或非法侵占使用电能。

（4）电力建设、生产、供应和使用应当依法保护环境，采用新技术，减少有害物质排放，防治污染和其他公害。国家鼓励和支持利用可再生能源和清洁能源发电。

（5）电力建设企业、电力生产企业、电网经营企业依法实行自主经营，自负盈亏，并接受电力管理部门的监督。

（6）城市电网的建设与改造规划，应当纳入城市总体规划，城市人民政府应当按照规划，安排变电设施用地、输电线路走廊和电缆通道。

（7）电力投资者对其投资形成的电力，享有法定权益。并网运行的，电力投资者有优先使用权；未并网的自备电厂，电力投资者自行支配使用。

（8）输变电工程、调度通信自动化工程等电网配套工程和环境保护工程，应当与发电工程项目同时设计、同时建设、同时验收，同时投入使用。

（9）电力建设项目使用土地，应当依照有关法律，行政法规的规定办理，依法征用土地的，应当依法支付土地补偿费和安置补偿费，做好迁移居民的安置工作。

（10）电力生产与电网运行应当遵循安全、优质、经济的原则。电网运行应当连续、稳定，保证供电可靠性。

（11）电力企业应当加强安全生产管理，坚持"安全第一，预防为主"的方针，建立健全安全生产责任制度。电力企业应当对电力设施定期进行检修和维护，保证其正常运行。

（12）电网运行实行统一调度、分级管理。任何单位和个人不得非法干预电网调度。

（13）国家提倡电力生产企业与电网、电网与电网并网运行。具有独立法人资格的电力生产企业要求将生产的电力并网运行的，电网经营企业应当接受。并网运行必须符合国家标准或电力行业标准。并网双方应当按照"统一调度，分项管理"和"平等互利，协商一致"的原则，签订并网协议，确定双方的权利和义务，并网双方达不成协议的由省级以上电力管理部门协商决定。

【思考与练习】

1. 电力法适应哪些范围？
2. 电力生产与电网运行应当遵循什么原则？
3. 电力建设项目使用土地有何规定？

模块 16 《电力供应与使用条例》(Z36C1002 I)

【模块描述】本模块包含电力供应与使用条例的内容，通过介绍，了解电力供应与使用条例的内容。

【模块内容】

一、电力供应与使用

（1）国务院电力管理部门负责全国电力供应与使用的监督管理工作。

县级以上地方人民政府电力管理部门负责本行政区域内电力供应与使用的监督管理工作。

（2）电网经营企业依法负责本供区内的电力供应与使用的业务工作，并接受电力管理部门的监督。

（3）国家对电力供应和使用实行"安全用电、节约用电、计划用电"的管理原则。

（4）供电企业和用户应当根据"平等自愿、协商一致"的原则签订供用电合同。

（5）电力管理部门应当加强对供用电的监督管理，协调供用电各方关系，禁止危害供用电安全和非法侵占电能的行为。

二、供电营业区

（1）供电企业在批准的供电营业区内向用户供电。

供电营业区的划分，应当考虑电网的结构和供电合理性等因素。一个供电营业区内只设立一个供电营业机构。

（2）并网运行的电力生产企业按照并网协议运行后，送入电网的电力、电量由供电营业机构统一经销。

（3）用户用电容量超过其所在的供电营业区内供电企业供电能力的，由省级以上电力管理部门指定的其他供电企业供电。

三、供电设施

（1）地方各级人民政府应当按照城市建设和乡村建设的总体规划统筹安排城乡供电线路走廊、电缆通道、区域变电站、区域配电站和营业网点的用地。

供电企业可以按照国家有关规定在规划的线路走廊、电缆通道、区域变电站、区域配电站和营业网点的用地上，架线、敷设电缆和建设公用供电设施。

（2）公用路灯由乡、民族乡、镇人民政府或者县级以上地方人民政府有关部门负责建设，并负责运行维护和交付电费，也可以委托供电企业代为有偿设计、施工和维护管理。

（3）供电设施、受电设施的设计、施工、试验和运行，应当符合国家标准或者电力行业标准。

（4）供电企业和用户对供电设施、受电设施进行建设和维护时，作业区域内的有关单位和个人应当给予协助，提供方便；因作业对建筑物或者农作物造成损坏的，应当依照有关法律、行政法规的规定负责修复或者给予合理的补偿。

四、电力供应

（1）用户受电端的供电质量应当符合国家标准或者电力行业标准。

（2）供电方式应当按照安全、可靠、经济、合理和便于管理的原则，由电力供应与使用双方根据国家有关规定以及电网规划、用电需求和当地供电条件等因素协商确定。

在公用供电设施未到达的地区，供电企业可以委托有供电能力的单位就近供电。非经供电企业委托，任何单位不得擅自向外供电。

（3）因抢险救灾需要紧急供电时，供电企业必须尽速安排供电。所需工程费用和应付电费由有关地方人民政府有关部门从抢险救灾经费中支出，但是抗旱用电应当由用户交付电费。

（4）申请新装用电、临时用电、增加用电容量、变更用电和终止用电，均应当到当地供电企业办理手续，并按照国家有关规定交付费用；供电企业没有不予供电的合理理由的，应当供电。供电企业应当在其营业场所公告用电的程序、制度和收费标准。

（5）供电企业应当按照国家标准或者电力行业标准参与用户受送电装置设计图纸的审核，对用户受送电装置隐蔽工程的施工过程实施监督，并在该受送电装置工程竣工后进行检验；检验合格的，方可投入使用。

（6）供电企业应当按照国家有关规定实行分类电价、分时电价。

（7）用户应当安装用电计量装置。用户使用的电力、电量，以计量检定机构依法认可的用电计量装置的记录为准。用电计量装置，应当安装在供电设施与受电设施的产权分界处。安装在用户外的用电计量装置，由用户负责保护。

（8）供电企业应当按照国家核准的电价和用电计量装置的记录，向用户计收电费。

用户应当按照国家批准的电价，并按照规定的期限、方式或者合同约定的办法，交付电费。

五、电力使用

（1）用户不得有下列危害供电、用电安全，扰乱正常供电、用电秩序的行为：

1）擅自改变用电类别；

2）擅自超过合同约定的容量用电；

3）擅自超过计划分配的用电指标用电；

4）擅自使用已经在供电企业办理暂停使用手续的电力设备，或者擅自启用已经被供电企业查封的电力设备；

5）擅自迁移、更动或者擅自操作供电企业的用电计量装置、电力负荷控制装置、供电设施以及约定由供电企业调度的用户受电设备；

6）未经供电企业许可，擅自引入、供出电源或者将自备电源擅自并网。

（2）禁止窃电行为。

窃电行为包括：

1）在供电企业的供电设施上，擅自接线用电；

2）绕越供电企业的用电计量装置用电；

3）伪造或者开启法定的或者授权的计量检定机构加封的用电计量装置封印用电；

4）故意损坏供电企业用电计量装置；

5）故意使供电企业的用电计量装置计量不准或者失效；

6）采用其他方法窃电。

六、供用电合同

（1）供电企业和用户应当在供电前根据用户需要和供电企业的供电能力签订供用电合同。

（2）供用电合同应当具备以下条款：

1）供电方式、供电质量和供电时间；

2）用电容量和用电地址、用电性质；

3）计量方式和电价、电费结算方式；

4）供用电设施维护责任的划分；

5）合同的有效期限；

6）违约责任；

7）双方共同认为应当约定的其他条款。

七、监督与管理

（1）电力管理部门应当加强对供电、用电的监督和管理。供电、用电监督检查工作人员必须具备相应的条件。供电、用电监督检查工作人员执行公务时，应当出示证件。

（2）在用户受送电装置上作业的电工，必须经电力管理部门考核合格，取得电力管理部门颁发的《电工进网作业许可证》，方可上岗作业。

承装、承修、承试供电设施和受电设施的单位，必须经电力管理部门审核合格，取得电力管理部门颁发的《承装（修）电力设施许可证》后，方可向工商行政管理部门申请领取营业执照。

八、法律责任

（1）违反本条例规定，有下列行为之一的，由电力管理部门责令改正，没收违法所得，可以并处违法所得 5 倍以下的罚款：

1）未按照规定取得《供电营业许可证》，从事电力供应业务的；

2）擅自伸入或者跨越供电营业区供电的；

3）擅自向外转供电的。

（2）逾期未交付电费的，供电企业可以从逾期之日起，每日按照电费总额的千分之一至千分之三加收违约金，具体比例由供用电双方在供用电合同中约定；自逾期之日起计算超过 30 日，经催交仍未交付电费的，供电企业可以按照国家规定的程序停止供电。

（3）违章用电的，供电企业可以根据违章事实和造成的后果追缴电费，并按照国务院电力管理部门的规定加收电费和国家规定的其他费用；情节严重的，可以按照国家规定的程序停止供电。

（4）盗窃电能的，由电力管理部门责令停止违法行为，追缴电费并处应交电费 5 倍以下的罚款；构成犯罪的，依法追究刑事责任。

（5）供电企业或者用户违反供用电合同，给对方造成损失的，应当依法承担赔偿责任。

（6）供电企业职工违反规章制度造成供电事故的，或者滥用职权、利用职务之便谋取私利的，依法给予行政处分；构成犯罪的，依法追究刑事责任。

【思考与练习】

1. 电力供应和使用实行什么管理原则？

2. 窃电行为有哪些?

3. 供用电合同应具备哪些条款?

◢ 模块 17 《供用电监督管理办法》(Z36C1003 Ⅰ)

【模块描述】本模块包含供用电监督管理办法,通过介绍,了解供用电监督管理办法包含电力供应与使用条例的内容。

【模块内容】供用电监督管理必须以事实为依据,以电力法律和行政法规以及电力技术标准为准则,遵循本办法的规定进行。

一、供用电监督管理的职责

(1) 宣传、普及电力法律和行政法规知识;

(2) 监督电力法律、行政法规和电力技术标准的执行;

(3) 监督国家有关电力供应与使用政策、方针的执行;

(4) 负责月用电计划审核和批准工作;

(5) 协调处理供用电纠纷,依法保护电力投资者、供应者与使用者的合法权益;

(6) 负责进网作业电工和承装(修、试)单位资格审查,并核发许可证;

(7) 协助司法机关查处电力供应与使用中发生的治安、刑事案件;

(8) 依法查处电力违法行为,并作出行政处罚;

(9) 供用电监督人员在依法执行监督检查公务时,应出示《供用电监督证》。被检查的单位应接受检查,并根据监督人员依法提出的要求,提供有关情况、回答有关询问、协助提取证据、出示工作证件等。

二、监督检查人员资格

(1) 各级电力管理部门应依法配备供用电监督管理人员。担任供用电监督管理工作的人员必须是经过国家考试合格,并取得相应任聘资格证书的人员。

(2) 供用电监督资格由个人提出书面申请,经申请人所在单位同意,县以上电力管理部门推荐,接受专门知识和技能的培训,参加全国统一组织的考试,合格后发给《供用电监督资格证》。

(3) 申请供用电监督资格者应具备下列条件:① 作风正派,办事公道,廉洁奉公;② 具有电气专业中专以上或相当学历的文化程度;③ 有三年以上从事供用电专业工作的实际经验和相应的管理能力;④ 经过法律知识培训,熟悉电力方面的法律、行政法规和电力技术的标准以及供用电管理规章。

(4) 省级电力管理部门负责本行政区域内的供用电监督管理人员的资格申请、审查和专门知识及技能的培训工作。国务院电力管理部门负责供用电监督资格的全国统一考试，并对合格者颁发《供用电监督资格证》。

三、电力违法行为查处

（1）各级电力管理部门负责本行政区域内发生的电力违法行为查处工作。上级电力管理部门认为必要时，可直接查处下级电力管理部门管辖的电力违法行为，也可将自己查处的电力违法事件交由下级电力管理部门查处。对电力违法行为情节复杂，需由上一级电力管理部门查处更为适宜时，下级电力管理部门可报请上一级电力管理部门查处。

（2）电力管理部门对下列方式要求处理的电力违法事件，应当受理：

1）用户或群众举报的；

2）供电企业提请处理的；

3）上级电力管理部门交办的；

4）其他部门移送的。

（3）电力违法行为，可用书面和口头方式举报。口头方式举报的事件，受理人应详细记录并经核对无误后，由举报人签章。举报人举报的事件如不愿使用真实姓名的，电力管理部门应尊重举报人的意愿。

（4）电力管理部门发现受理的举报事件不属于本部门查处的，应及时向举报人说明，同时将举报信函或笔录移送有权处理的部门。对明显的治安违法行为或刑事违法行为，电力管理部门应主动协助公安、司法机关查处。行政处罚第二十三条规定：违反《电力法》和国家有关规定，未取得《供电营业许可证》而从事电力供应业务者，电力管理部门应以书面形式责令其停止营业，没收其非法所得，并处以违法所得五倍以下的罚款。

（5）供电企业未按《电力法》和国家有关规定中规定的时间通知用户或进行公告，而对用户中断供电的，电力管理部门责令其改正，给予警告；情节严重的，对有关主管人员和直接责任人员给予行政处分。

（6）供电企业违反规定，减少农业和农村用电指标的，电力管理部门责令改正；情况严重的，对有关主管人员和直接责任人员给予行政处分；造成损失的，责令赔偿损失。

（7）电力管理部门对危害供电、用电安全，扰乱正常供电、用电秩序的行为，除协助供电企业追缴电费外，应分别给予下列处罚：

1）擅自改变用电类别的，应责令其改正，给予警告，再次发生的，可下达中止供电命令，并处以一万元以下的罚款。

2）擅自超过合同约定的容量用电的，应责令其改正，给予警告；拒绝改正的，可下达中止供电命令，并按私增容量每千伏（或每千伏安）100元，累计总额不超过五万元的罚款。

3）擅自超过计划分配的用电指标用电的，应责令其改正，给予警告，并按超用电力、电量分别处以每千瓦每次 5 元和每千瓦时 10 倍电度电价，累计总额不超过五万元的罚款；拒绝改正的，可下达中止供电命令。

4）擅自使用已经在供电企业办理暂停使用手续的电力设备，或者擅自启用已经被供电企业查封的电力设备的，应责令其改正，给予警告；启用电力设备危及电网安全的，可下达中止供电命令，并处以每次二万元以下的罚款。

5）擅自迁移、更动或者擅自操作供电企业的用电计量装置、电力负荷控制装置、供电设施以及约定由供电企业调度的用户受电设备，且不构成窃电和超指标用电的，应责令其改正，给予警告；造成他人损害的，还应责令其赔偿，危及电网安全的，可下达中止供电命令，并处以三万元以下的罚款。

6）未经供电企业许可，擅自引入、供出电力或者将自备电源擅自并网的，应责令其改正，给予警告；拒绝改正的，可下达中止供电命令，并处以五万元以下的罚款。

7）电力管理部门对盗窃电能的行为，应责令其停止违法行为，并处以应交电费五倍以下的罚款；构成违反治安管理行为的，由公安机关依照治安管理处罚条例的有关规定予以处罚；构成犯罪的，依照刑法第一百五十一条或者第一百五十二条的规定追究刑事责任。

【思考与练习】

1. 供用电监督管理的职责是什么？

2. 电力管理部门对危害供电、用电安全，扰乱正常供电、用电秩序的行为如何处罚？

3. 电力管理部门对哪些电力违法事件，应当受理？

▲ 模块 18 《供电营业规则》（Z36C1004 I）

【模块描述】本模块包含供电营业规则的主要内容，通过供电营业知识的介绍，掌握供用电双方的权利和义务，掌握确定供电方式、新装、增容、变更用电、受电设施建设与维护管理、计量与收取电费、供用电合同与违约责任的一般规则。

【模块内容】

一、供电方式

（1）供电企业供电的额定率为交流 50Hz。

（2）供电企业供电的额定电压：

1）低压供电：单相为 220V，三相为 380V；

2）高压供电：为 10、35（63）、110、220kV。

（3）用户单相用电设备总容量不足 10kW 的可采用低压 220V 供电。但有单台容量超过 1kW 的单相电焊机、换流设备时，用户必须采取有效的技术措施以消除对电能质量的影响，否则应改其他方式供电。

（4）用户用电设备容量在 100kW 及以下或需用变压器容量在 50kVA 及以下者，可采用低压三相四线制供电，特殊情况也可采用高压供电。用电负荷密度较高的地区，经过技术经济比较，采用低压供电的技术经济性明显优于高压供电的，低压供电的容量界限可适当提高。具体容量界限由省电网企业作出规定。

（5）对基建工地、农田水利、市政建设等非永久性用电，可供给临时电源。临时用电期限除经供电企业准许外，一般不得超过六个月，逾期不办理延期或永久性正式用电手续的，供电企业应终止供电。使用临时电源的用户不得向外供电，也不得转让给其他用户，供电企业也不受理其变更用电事宜。如需改为正式用电，应按新装用电办理。

（6）用户不得自行转供电。

（7）为保障用电安全，便于管理，用户应将重要负荷与非重要负荷、生产用电与生活区用电分开配电。新装或增加用电的用户应按上述规定确定内部的配电方式，对目前尚未达到上述要求的用户应逐步进行改造。

二、新装、增容与变更用电

（1）任何单位或个人需新装用电或增加用电容量、变更用电都必须按本规则规定，事先到供电企业用电营业场所提出申请，办理手续。供电企业应在用电营业场所公告办理各项用电业务的程序、制度和收费标准。

（2）供电企业是统一归口办理用户的用电申请和报装接电工作的营业机构，包括用电申请书的发放及审核、供电条件勘查、供电方案确定及批复、有关费用收取、受电工程设计的审核、施工中间检查、竣工检验、供用电合同（协议）签约、装表接电等项业务。

（3）用户申请新装或增加用电时，应向供电企业提供和工程项目批准的文件及有关的用电资料，包括用电地点、电力用途、用电性质、用电设备清单、用电负荷、保安电力、用电规划等，并依照供电企业规定的格式如实填写用电申请书及办理所需手续。新建受电工程项目在立项阶段，用户应与供电企业联系，新工程供电的可能性、用电容量和供电条件等达成意向性协议，方可定址，确定项目。

（4）供电企业对已受理的用电申请，应尽速确定供电方案，在下列期限内正式书面通知用户：居民用户最长不超过五天；低压电力用户最长不超过十天；高压单电源用户最长不超过一个月；高压双电源用户最长不超过二个月。若不能如期确定供电方案时，供电企业应向用户说明原因。用户对供电企业答复的供电方案有不同意见时，应在一个月内提出意见，双方可再行协商确定。用户应根据确定的供电方案进行受电工程设计。

（5）用户新装或增加用电，在供电方案确定后，应国家的有关规定向供电企业交纳新装增容供电工程贴费（以下简称供电贴费）。

（6）供电方案的有效期，是指从供电方案正式通知书发了之日起至交纳供电贴费并受电工程开工日为止。高压供电方案的有效期为一年，低压供电方案的有效期为三个月，逾期注销。用户遇有特殊情况，需延长供电方案有效期的，应在有效期到期前十天向供电企业提出申请，供电企业视情况予以办理手续。但延长时间不得超过前款规定期限。

（7）有下列情况之一者，为变更用电。用户需变更用电时，应事先提出申请，并携带有关证明文件，到供电企业用电营业所办理手续，变更供用电合同：

1）用户减容，须在五天前向供电企业提出申请。

2）用户暂停，须在五天前向供电企业提出申请。

3）用户暂换（因受电变压器故障而无相同容量变压器替代，需要临时更换大容量变压器），须在更换前向供电企业提出申请。

4）用户迁址，须在五天前供电企业提出申请。

5）用户连续六个月不用电，也不申请办理暂停用电手续者，供电企业须以销户终止其用电。用户需再用电时，按新装用电办理。

三、受电设施建设与维护管理

（1）供电设施的运行维护管理范围，按产权归属确定。责任分界点按下列各项确定：

1）公用低压线路供电的，以供电接户线用户端最后支持物为分界点，支持物属供电企业。

2）10kV及以下公用高压线路供电的，以用户的厂界外或配电室前的第一断路器或第一支持物为分界点，第一断路器或第一支持物属供电企业。

3）35kV及以上公用高压线路供电的，以用户厂界外或用户变电站外第一基电杆为分界点。第一基电杆属供电企业。

4）采用电缆供电的，本着便于维护管理的原则，分界点由供电企业与用户协商确定。

5）产权属于用户且由用户运行维护的线路，以公用线路支杆或专用线接引的公用变电站外第一基电杆为分界点，专用线路第一电杆属用户。在电气上的具体分界点，由供用双方协商确定。

（2）在供电设施上发生事故引起的法律责任，由供电设施产权上归属确定。产权归属于谁，谁就承担其拥有的供电设施上发生事故引起的法律责任，但产权所有者不承担受害者因违反安全或其他规章制度，擅自进入供电设施非安全区域内而发生事故引起的法律责任，以及在委托维护的供电设施上，因代理方发生事故引起的法律责任。

四、供电质量与安全供用电

（1）在电力系统正常状况下，供电频率的允许偏差为：

1）电网装机容量在300万kW及以上的，为±0.2Hz；

2）电网装机容量在300万kW以下的，为±0.5Hz。

在电力系统非正常状况下，供电频率允许偏差不应超过±1.0Hz。

（2）在电力系统正常状况下，供电企业供到用户受电端的供电电压允许偏差为：

1）35kV及以上电压供电的，电压正、负偏差的绝对值之和不超过额定值的10%；

2）10kV及以下三相供电的，为额定值的±7%；

3）220V单相供电的，为额定值的+7%，−10%。在电力系统非正常状况下，用户受电端的电压最大允许偏差不应超过额定值±10%。

（3）供电企业应不断改善供电可靠性，减少设备检修和电力系统事故对用户的停电次数及每次停电持续时间。供用电设备计划检修应做到统一安排。供用电设备计划检修时，对35kV及以上电压供电的用户的停电次数，每年不应超过一次；对10kV供电的用户，每年不应超过三次。

（4）除因故中止供电外，供电企业需对用户停止供电时，应按下列程序办理停电手续：

1）应将停电的用户、原因、时间报本单位负责人批准。批准权限和程序由省电网经营部门制定；

2）在停电前3～7天内，将停电通知书送达用户，对重要用户的停电，应将停电通知书送同级电力管理部门；

3）在停电前30min，将停电时间通知用户一次，方可在通知规定时间实施停电。

五、用电计量与电费计收

（1）供电企业应在用户每一个受电点内按不同电价类别，分别安装用电计量装置。每个受电点作为用户的一个计费单位。用户为满足内部核算的需要，可自行在其内部装设考核能耗用的电能表，但该表所示读数不得作为供电企业计费依据。

（2）在用户受电点内难以按电价类别分别装用电计量装置时，可装设总的用电计量装置，然后按其不同电价类别的用电设备容量的比例或实际可能的用电量，确定不同电价类别的用电量的比例或定量进行分算，分别计价。供电企业每年至少按比例或定量核定一次，用户不得拒绝。

（3）用电计量装置包括计费电能表（有功、无功电能表及最大需量表）和电压、电流互感器及二次连接线导线。计费电能表及附件的购置、安装、移动、更换、校验、拆除、加封、启封及表计接线等，均由供电企业负责办理，用户应提供方便。高压及户的成套设备中装有自备电能表入附件时，经供电企业检验合格、加封并移交供电企业维护管理的，可作为计费电能表。用户销户时，供电企业应将该设备交还用户。

供电企业在新装、换装及现场校验后应对用电计量装置加封，并请用户在工作凭证上签章。

（4）用电计量装置原则上应装在供电设施的产权分界处。

（5）城镇居民用电一般应实行一户一表。

（6）供电企业必须按规定的周期校验、更换计费电能表，并对计费电能表进行不定期检查。

六、并网电厂

（1）在供电营业区建设的各类发电厂，未经许可，不得从事电力供应与电能经销业务。并网运行的发电厂，应在发电厂建设项目立项前，与并网的电网经营企业联系，就并网容量、发电时间、上网电价、上网电量等达成电量购销意向性协议。

（2）用户自备电厂应自发自供厂区内的用电，不得将自备电的电力向厂区外供电。自发自用有余的电量可与供电企业签订电量购销合同。自备电厂如需伸入或跨越供电企业所属的供电营业区供电的，应经省电网经营同意。

七、供用电合同与违约责任

（1）供用电合同的变更或者解除，必须依法进行。有下列情形之一的，允许变更或解除供用电合同：

1）当事人双方经过协商同意，并且不因此损害国家利益和扰乱供用电秩序；

2）由于供电能力的变化或国家对电力供应与使用管理的政策调整，使订立供用电合同时的依据被修改或取消；

3）当事人一方依照法律程序确定无法履行合同；

4）由于不可抗力或一方当事人虽无过失，但无法防止的外因，致使合同无法履行。

（2）用户在供电企业规定的期限内未交清电费时，应承担电费滞纳的违约责任。电费违约金从逾期之日起计算至缴纳日止。每日电费违约金按下列规定计算：

1）居民用户每日按欠费总额的千分之一计算；

2）其他用户：

a. 当年欠费部分，每日按欠费总额的千分之二计算；

b. 跨年度欠度部分，每日按欠费总额的千分之三计算；电费违约金收取总额按日累计收，总额不足 1 元者按 1 元收取。

（3）因电力运行事故引起城乡居民用户家用电器损坏的，供电企业应按《居民用户家用电器损坏处理办法》进行处理。

（4）危害供用电安全、扰乱正常供用电秩序的行为，属于违约用电行为。供电企业对查获的违约用电行为应及时予以制止。有下列违约用电行为者，应承担其相应的违约责任：

1）在电价低的供电线路上，擅自接用电价高的用电设备或私自改变用电类别的，应按实际使用日期补交其差额电费，并承担二倍差额电费的违约使用电费。使用起迄日期难以确定的，实际使用时间按三个月计算。

2）私自超过合同约定的容量用电的，除应拆除私增容设备外，属于两部制电价的用户，应补交私增设备容量使用月数的基本电费，并承担三倍私增容量基本电费的违约使用电费；其他用户应承担私增容量每千瓦（千伏安）50 元的违约使用电费。如用户要求继续使用者，按新装增容办理手续。

3）擅自超过计划分配的用电指标的，应承担高峰超用电力每次每千瓦 1 元和超用电量与现行电价电费五倍的违约使用电费。

4）擅自使用已在供电企业办理暂停手续的电力设备或启用供电封存的电力设备的，应停用违约使用设备。属于两部制电价的用户，应补交擅自使用或启用封存设备容量和使用月数的基本电费，并承担二倍补交基本电费的违约使用电费；其他用户应承担擅自使用或启用封存设备容量每次每千瓦（千伏安）30 元，的违约使用电费。启用属于私增容被封存的设备的，违约使用者还应承担本条第 2 项规定的违约责任。

5）私自迁移、更动和擅自操作供电企业的用电计量装置、电力负荷管理装置、供电设施以及约定由供电企业调度的用户受电设备者，属于居民用户的，应承担每次 500 元的违约使用电费；属于其他用户的，应承担每次 5000 元的违约使用电费。

6）未经供电企业同意，擅自引入（供出）电源或将备用电源和其他电源私自并网的，除当即拆除接线外，应承担其引入（供出）或并网电源容量每千瓦（千伏安）500 元的违约使用电费。

（5）禁止窃电行为。窃电行为包括：

1）在供电企业的供电设施上，擅自接线用电；

2）绕越供电企业用电计量装置用电；

3）伪造或者开启供电企业加封的用电计量装置封印用电；

4）故意损坏供电企业用电计量装置；

5）故意使供电企业用电计量装置不准或失效。

（6）供电企业对查获的窃电者，应予制止并可当场中止供电，窃电者应补交所窃电量电费，并承担补交电费三倍的违约使用电费。拒绝承担窃电责任的，供电企业应报请电力管理部门依法处理。窃电数额较大或情节严重的，供电企业应提请司法机关依法追究刑事责任。

【思考与练习】

1. 用户申请新装或增加用电时应提供哪些客户资料？
2. 电力系统正常状况下，供电频率的允许偏差如何规定的？
3. 供电企业需对用户停止供电时如何操作？
4. 电费违约金按如何进行计算？

▲ 模块 19 《电力设施保护条例实施细则》（Z36C1005 Ⅰ）

【模块描述】本模块包含电力设施保护实施细则的规定，包括适用范围、架空电力线路保护区、设置安全标志，以及违反本条例的相关处理办法。通过学习掌握本实施细则的要求。

【模块内容】

（1999 年 3 月 18 日国家经济贸易委员会、公安部令第 8 号发布，根据 2011 年 6 月 30 日国家发展和改革委员会令第 10 号修改）

第一条 根据《电力设施保护条例》（以下简称《条例》）第三十一条规定，制定本实施细则。

第二条 本细则适用于中华人民共和国境内国有、集体、外资、合资、个人已建或在建的电力设施。

第三条 电力管理部门、公安部门、电力企业和人民群众都有保护电力设施的义务。各级地方人民政府设立的由同级人民政府所属有关部门和电力企业（包括：电网经营企业、供电企业、发电企业）负责人组成的电力设施保护领导小组，负责领导所辖行政区域内电力设施的保护工作，其办事机构设在相应的电网经营企业，负责电力设施保护的日常工作。

电力设施保护领导小组，应当在有关电力线路沿线组织群众护线，群众护线组织成员由相应的电力设施保护领导小组发给护线证件。

各省（自治区、直辖市）电力管理部门可制定办法，规定群众护线组织形式、权利、义务、责任等。

第四条 电力企业必须加强对电力设施的保护工作。对危害电力设施安全的行为，电力企业有权制止并可以劝其改正、责其恢复原状、强行排除妨害，责令赔偿损失、请求有关行政主管部门和司法机关处理，以及采取法律、法规或政府授权的其他必要手段。

第五条 架空电力线路保护区，是为了保证已建架空电力线路的安全运行和保障人民生活的正常供电而必须设置的安全区域。在厂矿、城镇、集镇、村庄等人口密集地区，架空电力线路保护区为导线边线在最大计算风偏后的水平距离和风偏后距建筑物的水平安全距离之和所形成的两平行线内的区域。各级电压导线边线在计算导线最大风偏情况下，距建筑物的水平安全距离如下：

电压等级（kV）	最大风偏距离（m）	电压等级（kV）	最大风偏距离（m）
1 以下	1.0	154～220	5.0
1～10	1.5	330	6.0
35	3.0	500	8.5
66～110	4.0		

第六条 江河电缆保护区的宽度为：

（1）敷设于二级及以上航道时，为线路两侧各 100m 所形成的两平行线内的水域；

（2）敷设于三级及以下航道时，为线路两侧各 50m 所形成的两平行线内的水域。

第七条 地下电力电缆保护区的宽度为地下电力电缆线路地面标桩两侧各 0.75m 所形成两平行线内区域。

发电设施附属的输油、输灰、输水管线的保护区依本条规定确定。

在保护区内禁止使用机械掘土、种植林木；禁止挖坑、取土、兴建建筑物和构筑物；不得堆放杂物或倾倒酸、碱、盐及其他有害化学物品。

第八条 禁止在电力电缆沟内同时埋设其他管道。未经电力企业同意，不准在地下电力电缆沟内埋设输油、输气等易燃易爆管道。管道交叉通过时，有关单位应当协商，并采取安全措施，达成协议后方可施工。

第九条 电力管理部门应在下列地点设置安全标志：

（1）架空电力线路穿越的人口密集地段；

（2）架空电力线路穿越的人员活动频繁的地区；

（3）车辆、机械频繁穿越架空电力线路的地段；

（4）电力线路上的变压器平台。

第十条 任何单位和个人不得在距电力设施周围 500m 范围内（指水平距离）进

行爆破作业。因工作需要必须进行爆破作业时，应当按国家颁发的有关爆破作业的法律法规，采取可靠的安全防范措施，确保电力设施安全，并征得当地电力设施产权单位或管理部门的书面同意，报经政府有关管理部门批准。

在规定范围外进行的爆破作业必须确保电力设施的安全。

第十一条　任何单位或个人不得冲击、扰乱发电、供电企业的生产和工作秩序，不得移动、损害生产场所的生产设施及标志物。

第十二条　任何单位或个人不得在距架空电力线路杆塔、拉线基础外缘的下列范围内进行取土、打桩、钻探、开挖或倾倒酸、碱、盐及其他有害化学物品的活动：

（1）35kV 及以下电力线路杆塔、拉线周围 5m 的区域；

（2）66kV 及以上电力线路杆塔、拉线周围 10m 的区域。

在杆塔、拉线基础的上述距离范围外进行取土、堆物、打桩、钻探、开挖活动时，必须遵守下列要求：

（1）预留出通往杆塔、拉线基础供巡视和检修人员、车辆通行的道路；

（2）不得影响基础的稳定，如可能引起基础周围土壤、砂石滑坡，进行上述活动的单位或个人应当负责修筑护坡加固；

（3）不得损坏电力设施接地装置或改变其埋设深度。

第十三条　在架空电力线路保护区内，任何单位或个人不得种植可能危及电力设施和供电安全的树木、竹子等高杆植物。

第十四条　超过 4m 高度的车辆或机械通过架空电力线路时，必须采取安全措施，并经县级以上的电力管理部门批准。

第十五条　架空电力线路一般不得跨越房屋。对架空电力线路通道内的原有房屋，架空电力线路建设单位应当与房屋产权所有者协商搬迁，拆迁费不得超出国家规定标准；特殊情况需要跨越房屋时，设计建设单位应当采取增加杆塔高度、缩短挡距等安全措施，以保证被跨越房屋的安全。被跨越房屋不得再行增加高度。超越房屋的物体高度或房屋周边延伸出的物体长度必须符合安全距离的要求。

第十六条　架空电力线路建设项目和公用工程、城市绿化及其他工程之间发生妨碍时，按下述原则处理：

（1）新建架空电力线路建设工程、项目需穿过林区时，应当按国家有关电力设计的规程砍伐出通道，通道内不得再种植树木；对需砍伐的树木由架空电力线路建设单位按国家的规定办理手续和付给树木所有者一次性补偿费用，并与其签订不再在通道内种植树木的协议。

（2）架空电力线路建设项目、计划已经当地城市建设规划主管部门批准的，园林部门对影响架空电力线路安全运行的树木，应当负责修剪，并保持今后树木自然生长最终高度和架空电力线路导线之间的距离符合安全距离的要求。

（3）根据城市绿化规划的要求，必须在已建架空电力线路保护区内种植树木时，园林部门需与电力管理部门协商，征得同意后，可种植低矮树种，并由园林部门负责修剪以保持树木自然生长最终高度和架空电力线路导线之间的距离符合安全距离的要求。

（4）架空电力线路导线在最大弧垂或最大风偏后与树木之间的安全距离如下：

电压等级（kV）	最大风偏距离（m）	最大垂直距离（m）
35～110	3.5	4.0
154～220	4.0	4.5
330	5.0	5.5
500	7.0	7.0

对不符合上述要求的树木应当依法进行修剪或砍伐，所需费用由树木所有者负担。

第十七条 城乡建设规划主管部门审批或规划已建电力设施（或已经批准新建、改建、扩建、规划的电力设施）两侧的新建建筑物时，应当会同当地电力管理部门审查后批准。

第十八条 在依法划定的电力设施保护区内，任何单位和个人不得种植危及电力设施安全的树木、竹子或高杆植物。

电力企业对已划定的电力设施保护区域内新种植或自然生长的可能危及电力设施安全的树木、竹子，应当予以砍伐，并不予支付林木补偿费、林地补偿费、植被恢复费等任何费用。

第十九条 电力管理部门对检举、揭发破坏电力设施或哄抢、盗窃电力设施器材的行为符合事实的单位或个人，给予 2000 元以下的奖励；对同破坏电力设施或哄抢、盗窃电力设施器材的行为进行斗争并防止事故发生的单位或个人，给予 2000 元以上的奖励；对为保护电力设施与自然灾害作斗争，成绩突出或为维护电力设施安全做出显著成绩的单位或个人，根据贡献大小，给予相应物质奖励。

对维护、保护电力设施作出重大贡献的单位或个人，除按以上规定给予物质奖励外，还可由电力管理部门、公安部门或当地人民政府根据各自的权限给予表彰或荣誉奖励。

第二十条 下列危害电力设施的行为，情节显著轻微的，由电力管理部门责令改正；拒不改正的，处 1000 元以上 10 000 元以下罚款：

（1）损坏使用中的杆塔基础的；

（2）损坏、拆卸、盗窃使用中或备用塔材、导线等电力设施的；

（3）拆卸、盗窃使用中或备用变压器等电力设备的。破坏电力设备、危害公共安全构成犯罪的，依法追究其刑事责任。

第二十一条　下列违反《电力设施保护条例》和本细则的行为，尚不构成犯罪的，由公安机关依据《中华人民共和国治安管理处罚法》予以处理：

（1）盗窃、哄抢库存或者已废弃停止使用的电力设施器材的；

（2）盗窃、哄抢尚未安装完毕或尚未交付使用单位验收的电力设施的；

（3）其他违反治安管理的行为。

第二十二条　电力管理部门为保护电力设施安全，对违法行为予以行政处罚，应当依照法定程序进行。

第二十三条　本实施细则自发布之日起施行，原能源部、公安部 1992 年 12 月 2 日发布的《电力设施保护条例实施细则》同时废止。

【思考与练习】

1. 江河电缆保护区的宽度有何规定？

2. 架空电力线路导线在最大弧垂或最大风偏后与树木之间的安全距离有何规定？

3. 危害电力设施的行为有哪些？如何处理？

▲ 模块 20　《居民用户家用电器损坏处理办法》（Z36C1006 Ⅰ）

【模块描述】本模块包含居民用户家用电器损坏的处理办法。通过介绍，掌握居民用户家用电器损坏后供电企业应负责的范围，了解供用电双方的处理流程及理赔规定。

【模块内容】

为保护供用电双方的合法权益，规范因电力运行事故引起的居民用户家用电器损坏的理赔处理，公正、合理地调解纠纷，根据《电力法》《电力供应与使用条例》和国家有关规定，制定本办法。

一、适应范围

适用于由供电企业以 220/380V 电压供电的居民用户，因发生电力运行事故导致电能质量劣化，引起居民用户家用电器损坏时的索赔处理。

所称的电力运行事故，是指在供电企业负责运行维护的 220/380V 供电线路或设备上因供电企业的责任发生的下列事件：

（1）在 220/380V 供电线路上，发生相线与零线接错或三相相序接反；

（2）220/380V 供电线路上，发生零线断线；

（3）220/380V 供电线路上，发生相线与零线互碰；

（4）同杆架设或交叉跨越时，供电企业的高电压线路导线掉落到 220/380V 线路上或供电企业高电压线路对 220/380V 线路放电。

二、赔偿规定

（1）由于第三条列举的原因出现若干户家用电器同时损坏时，居民用户应及时向当地供电企业投诉，并保持家用电器损坏原状。供电企业在接到居民用户家用电器损坏投诉后，应在 24h 内派员赴现场进行调查、核实。供电企业应会同居委会（村委会）或其他有关部门，共同对受害居民用户损坏的守信用电器名称、型号、数量、使用年月、损坏现象等进行登记和取证。登记笔录材料应由受害居民用户签字确认，作为理赔处理的依据。

（2）从家用电器损坏之日起七日内，受害居民用户未向供电企业投诉并提出索赔要求的，即视为受害者已自动放弃索赔权。超过七日的，供电企业不再负责其赔偿。

（3）对损坏家用电器的修复，供电企业承担被损坏元件的修复责任。修复时应尽可能以原型号、规格的新元件修复；无原型号规格的新元件可供修复时，可采用相同功能的新元件替代。

（4）对不可修复的家用电器，其购买时间在六个月及以内的，按原购货发票价，供电企业全额予以赔偿；购置时间在六个月以上的，按原购货发票价，并按电器规定的使用寿命折旧后的余额予以赔偿。使用年限已超过规定仍在使用的，或者折旧后的差额低于 10% 的，按原价的 10% 予以赔偿。使用时间以发货票开具的日期为准开始计算。

（5）供电企业如能提供证明，居民用户家用电器的损坏是不可抗力、第三人责任、受害者自身过错或产品质量事故等原因引起，并经县级以上电力管理部门核实无误，供电企业不承担赔偿责任。

（6）各类电器使用年限：

1）电子类：如电视、音响、录像机、充电器等，使用寿命为 10 年；

2）电机类：如电冰箱、空调器、洗衣机、电风扇、吸尘器等，使用寿命为 12 年；

3）电阻电热类：如电饭煲、电热水器、电茶壶、电炒锅等，使用寿命为 5 年；

4）电光源类：白炽灯、气体放电灯、调光灯等，使用寿命为 2 年。

（7）在理赔处理中，供电企业与受害居民用户因赔偿问题达不成协议的，由县级以上电力管理部门调解，调解不成的，可向司法机关申请裁定。

【思考与练习】

1. 电力运行事故指的是哪些？

2. 当发生电力运行事故引起家用电器损坏时，如何进行赔偿？

3. 各类电器使用年限是什么？

附录 A 供电所综合业务培训模块各等级引用关系表

部分名称	章名称	模块名称	等级（级）		
			I	II	III
第一部分 供电所安全质量监督检查	第一章 安全管理体系建立	模块 1 供电所安全管理		√	
	第二章 农网工程现场安全督查	模块 1 施工现场安全管理		√	
	第三章 安全用电检查	模块 1 电气设备安全接地	√		
		模块 2 安全电压	√		
		模块 3 电气安全距离	√		
		模块 4 电气火灾预防与施救	√		
		模块 5 线路设备安全用电检查		√	
	第四章 安全活动与分析	模块 1 供电所安全活动		√	
		模块 2 供电所安全教育培训		√	
		模块 3 供电所安全分析			√
第二部分 营业业务	第五章 业务受理与业务扩充	模块 1 业务扩充的内容	√		
		模块 2 日常营业工作	√		
		模块 3 供电方案的确定与审批		√	
		模块 4 低压用电工程验收项目及标准		√	
		模块 5 变更用电的内容		√	
		模块 6 低压电力客户业务办理		√	
		模块 7 10kV 电力客户申请			√
		模块 8 10kV 电力客户业扩的流程			√
		模块 9 供电可行性审查论证			√
		模块 10 10kV 电力客户供电方案			√
		模块 11 10kV 电力客户配电线路方案			√
		模块 12 高压用户新装的设计审核与现场竣工检验			√

续表

部分名称	章名称	模块名称	等级（级）		
			Ⅰ	Ⅱ	Ⅲ
第二部分　营业业务	第五章　业务受理与业务扩充	模块 13　高压用户新装接电前应履行的工作内容			√
	第六章　供用电合同管理	模块 1　合同的基本知识	√		
		模块 2　供用电合同的种类	√		
		模块 3　供用电合同范本的条款内容	√		
		模块 4　居民用户供用电合同的主要内容	√		
		模块 5　供用电合同文本的规范格式		√	
		模块 6　供用电合同的签订、履行		√	
		模块 7　供用电合同的变更与解除			√
	第七章　用电稽查	模块 1　客户档案	√		
		模块 2　客户用电检查		√	
		模块 3　业务流程检查		√	
	第八章　窃电与违约用电处理	模块 1　窃电及违约用电	√		
		模块 2　窃电查处规定		√	
		模块 3　违约用电处理规定		√	
		模块 4　防止窃电的技术措施		√	
第三部分　供电所生产运行	第九章　供电所生产计划与控制	模块 1　供电质量	√		
		模块 2　供电所生产运行		√	
		模块 3　供电所生产计划与控制			√
	第十章　线路设备检查与评级	模块 1　线路设备巡视		√	
		模块 2　线路设备评级			√
	第十一章　线路设备缺陷管理	模块 1　线路设备缺陷管理		√	
		模块 2　备品备件管理		√	
		模块 3　设备检修管理			√
	第十二章　生产运行数据监测和管理	模块 1　数据监测与采集	√		
		模块 2　电压与无功管理		√	
		模块 3　电力需求侧管理			√

部分名称	章名称	模块名称	等级（级）		
			I	II	III
第三部分 供电所生产运行	第十三章 农网建设改造规划编制	模块 1 农网建设改造规划编制			√
第四部分 系统应用及规程规范	第十四章 系统应用	模块 1 电力营销管理信息系统基本知识	√		
		模块 2 电力营销管理信息系统各子系统介绍	√		
		模块 3 电力营销管理信息系统的操作应用	√		
	第十五章 规程规范	模块 1 Q/GDW 1799.2—2013《国家电网公司电力安全工作规程（线路部分）》	√		
		模块 2 《国家电网公司电力安全工作规程（配电部分）（试行）》	√		
		模块 3 DL 493—2015《农村低压安全用电规程》	√		
		模块 4 DL/T 477—2010《农村电网低压电气安全工作规程》	√		
		模块 5 DL/T 499—2001《农村低压电力技术规程》	√		
		模块 6 DL/T 602—1996《架空绝缘配电线路施工及验收规程》	√		
		模块 7 SD 292—1988《架空配电线路及设备运行规程》	√		
		模块 8 DL/T 5220—2005《10kV及以下架空配电线路设计技术规程》	√		
		模块 9 DL/T 825—2002《电能计量装置安装接线规则》	√		
		模块 10 DL/T 448—2016《电能计量装置技术管理规程》		√	
		模块 11 GB 50052—2009《供配电系统设计规范》		√	
		模块 12 GB 50168—2018《电气装置安装工程 电缆线路施工及验收标准》		√	

续表

部分名称	章名称	模块名称	等级（级）		
			Ⅰ	Ⅱ	Ⅲ
第四部分　系统应用及规程规范	第十五章　规程规范	模块 13　GB 50173—2014《电气装置安装工程　66kV 及以下架空电力线路施工及验收规范》		√	
		模块 14　国家电网公司农电事故调查规程			√
		模块 15　《中华人民共和国电力法》	√		
		模块 16　《电力供应与使用条例》	√		
		模块 17　《供用电监督管理办法》	√		
		模块 18　《供电营业规则》	√		
		模块 19　《电力设施保护条例实施细则》	√		
		模块 20　《居民用户家用电器损坏处理办法》	√		

参 考 文 献

[1] 国家电网公司人力资源部组编，农网配电（上、下）[M]. 北京：中国电力出版社，2010.

[2] 国家电网公司人力资源部组编，农网营销（上、下）[M]. 北京：中国电力出版社，2010.

[3] 国家电网公司农电工作部编，农村供电所人员上岗培训教材 [M]. 北京：中国电力出版社，2006.

[4] 国家电网公司人力资源部组编，供用电常识 [M]. 北京：中国电力出版社，2010.

[5] 农村供电所人员岗位培训必备法规和规程 [M]. 北京：中国水利水电出版社，2007.